韓非子

【清】王先慎 集解
姜俊俊 校点

上海古籍出版社

图书在版编目(CIP)数据

韩非子/(清)王先慎集解；姜俊俊校点.—上海：上海古籍出版社，2015.12
(国学典藏)
ISBN 978-7-5325-7516-9

Ⅰ.①韩… Ⅱ.①王… ②姜… Ⅲ.①法家②《韩非子》—注释 Ⅳ.①B226.52

中国版本图书馆 CIP 数据核字(2015)第 018214 号

国学典藏
韩非子
[清]王先慎 集解
姜俊俊 校点
上海世纪出版股份有限公司
上 海 古 籍 出 版 社 出版
(上海瑞金二路 272 号 邮政编码 200020)
(1)网址：www.guji.com.cn
(2)E-mail：guji1@guji.com.cn
(3)易文网网址：www.ewen.co
上海世纪出版股份有限公司发行中心发行经销
江阴金马印刷有限公司印刷
开本 890×1240 1/32 印张 19 插页 5 字数 527,000
2015 年 12 月第 1 版 2015 年 12 月第 1 次印刷
印数：1—3,100
ISBN 978-7-5325-7516-9

B·905 定价：48.00 元

前　言

姜俊俊

《韩非子》又称《韩子》，二十卷，五十五篇。其中除少数篇目为后人伪托外，大部分为韩非所著。

韩非(约前280—前233)，战国末哲学家，法家主要代表人物。出身韩国贵族，曾与李斯同师于荀子。他“为人口吃，不能道说，而善著书”。曾多次上书韩王，谏以富国强兵之术，韩王不用，于是愤而著书立说。他的著作传到秦国，秦王政读后大为赞赏。后来韩非应秦国之邀出使秦国，但未及被秦王政任用，便为李斯、姚贾谗言害死。

《韩非子》一书包含的思想内容是极其丰富的，涉及政治、经济、军事、文化各方面，而最主要的是韩非的政治思想。

韩非“喜刑名法术之学，而其归本于黄老”(《史记》本传)。他继承和综合了前期法家和道家的各种观点，又“观往者得失之变”，写下了“《孤愤》、《五蠹》、《内外储》、《说林》、《说难》十馀万言，提出了一套完整的法治思想，为此后秦王政统一中国，建立中央集权制的封建国家奠定了思想理论基础。

韩非是战国末期法家思想的集大成者。他的法家思想中最突出的一点就是强调君主必须把法、术、势三者结合起来，缺一不可。韩非所谓“法”是指成文法，“术”是指君主驾驭群臣的权术，“势”是指权势地位。韩非认为这三者是不可分离的整体，前辈法家如“申不害言术而公孙鞅重法”，两人的主张各有偏颇。他说：“君无术则弊于上，臣无法则乱于下，此不可一无，皆帝王之具也。”（《定法》）同时韩非又认为，要推行法术必须占有权势地位，“万乘之主、千乘之君所以制天下而征诸侯者，以其威势也”（《人主》），失去权势地位就无法推行法治，法治和权势的关系是“抱法处势则治，背法去势则乱”（《难势》）。韩非明确提出将法、术、势结合起来，形成完整的法治理论，代表了先秦法家政治思想发展的成果。韩非的法治思想不仅顺应了当时社会从群雄割据转向大一统君主集权制发展的需要，而且也对我国整个封建社会的发展产生了深远的影响，因此，《韩非子》是研究我国古代思想文化的重要资料。

在社会历史观方面，韩非强调社会历史是不断进化的，反复批判尊崇“先王”的复古思想。他以社会物质生产的多寡，将人类历史分为“上古”、“中古”、“当今”三个时期，认为“上古竞于道德，中世逐于智谋，当今争于气力”（《五蠹》）。尽管韩非对社会历史阶段的划分并不科学，但至少说明韩非已经能明确地认识到社会是不断发展变化的，并把这种历史进化观点作为推行变法改革的理论依据，批判儒、墨学者因循守旧，一味称道先王是“非愚则诬”（《显学》）。韩非主张通过变法实现富国强兵，这在当时不能不说是一种观念的进步。

在世界观方面，韩非接受了荀子的思想，并改造了老子的若干观点，富有唯物主义的因素。韩非在他的著作中多次谈到“天”，这个“天”就是指“自然”。韩非认为“聪明睿智天也，动静思虑人也。人也者，乘于天明以视，寄于天聪以听，托于天智以思虑”（《解老》），人只能在天赋的感觉能力的基础上去认识自然。

在认识论方面，韩非吸收和改造了老子“道”的范畴，提出“道者万物之所然也，万理之所稽也”（《解老》）的观点，指出了“理”是事物本身的条理,即规律。他认为万物各有其理,不能相混,而“道”则是万物之“理”的总汇和综合,事物有变化,总汇事物之理的“道”也不是一成不变的。因此,韩非主张人们的行动不要固执常规而不知变通。韩非的这个观点又是直接和他的历史进化论相连接的。

《韩非子》在我国文学史上也具有比较重要的地位。韩非的文章严峻峭拔,气势恢宏。其说理分析精微,讲究逻辑结构的形式完美;其行文缜密,注重修辞,富有文采。善于用浅显幽默的寓言和故事来增强文字的感染力,对后代论说文的发展产生了深刻的影响。

《韩非子》在宋代已经有了刻本,但至明清时已难觅宋本踪影。《韩非子》在长期的流传过程中错简脱讹现象比较严重,引起了明清学者的关注,从而激发了他们对先秦《韩非子》原貌的研究和探索,《韩非子》的翻刻本和研究著作也随之多起来。

清末王先慎撰《韩非子集解》二十卷首一卷,综合各家校勘成果,还广采博引先秦至宋的文献资料,用以求证考辨明清各家各本的得失。其《弁言》云:“顾其注不全备,且有舛误,近儒多所匡益。因旁采诸说,间附己见,为《韩非子集解》一书。其文以宋乾道本为主,间有讹脱,据它本订正焉。”王氏《集解》书成之后影响很大,当时学界“对于《韩子》本文,几皆改从《集解》”,正如王先谦《韩非子集解·序》所谓:“从弟先慎为之《集解》,订补阙讹,推究义蕴,然后是书厘然可诵。”

王先慎集解《韩非子》,以宋乾道元年(1165)黄三八郎刊本(简称乾道本)为主,参校了明正统《道藏》本(简称《藏》本,王氏指出《藏》本有南北之分,故卢文弨与顾广圻所校多不合)、明万历赵用贤本(简称赵本,顾氏《识误》中称今本)、明周孔教大字本、凌瀛初本(简称凌本)、清嘉庆吴鼒覆刻宋乾道本等多种版本。参考了卢文弨《群书拾补》、顾广圻《韩非子识误》、王念孙《读书杂志馀编》、俞樾

《诸子评议》、孙诒让《札迻》等多部研究著作。还搜辑了大量散见于先秦诸子书、史书、类书、宋人专著等几十种有关文献资料，细加梳理，辨析各本是非及其致误原委。王先慎于《集解》中多有创见，这也正是《韩非子集解》一书所具有的学术价值。

本次标点整理，以清光绪二十二年(1896)长沙王氏刻本为底本，参校他本，对原文改动之处，均用括号表示："()"中的字为误或衍字，"〔〕"中的字为改或补字，不出校记。

原宋乾道本存有不题姓名的注文若干，今整理时冠以"旧注"两字，以区别王氏《集解》的文字。

今正文中注码标识位置，均以《集解》原刻本正文夹注位置所示，与标点无关。

王氏《集解》对《韩非子》各篇章节的分段提行与乾道本不尽相同，王氏评判各本，并在校语中有说明。本次标点为方便阅读，悉依文义分段，不涉及任何版本。

因《国学典藏》丛书为简体横排版，也为使王氏《集解》中的校语表述不因简体字而产生异义，也为便于读者了解一些古代典籍中文字的流变情况，本书酌情保留了一些与校语相关的繁体字：凡王氏校语中涉及正文某字者，正文字与注文字同改为繁体字；凡不涉及正文文字者，仅改校语中相关字为繁体。如校语需比较两个字，而这两个字只有在繁体的情况下才会显示出它们或字形相近，或音韵相同，或字义相通；又如有些字必须改作繁体字形，才能与古书俗体字、通假字以及现代汉语中的简化字相区别，符合王氏校语本意。

《韩非子集解》原本每卷下均先集中列出本卷所收全部细目，再分列出每个细目作为标题，本次标点整理时我们作了适当调整。

目　录

[1] 先慎曰:赵本“弑”作“杀”。

[2] 先慎曰:乾道本无“下”字,据赵本补。

[3] 先慎曰:乾道本无“下”字,据赵本补。

[4] 先慎曰:以下目赵本不提行。

序

韩非处弱韩危极之时，以宗属疏远，不得进用。目击游说纵横之徒，颠倒人主以取利，而奸猾贼民，恣为暴乱，莫可救止，因痛嫉夫操国柄者，不能伸其自有之权力，斩割禁断，肃朝野而谋治安。其身与国为体，又烛弊深切，无繇见之行事，为书以著明之。故其情迫，其言核，不与战国文学诸子等。迄今览其遗文，推迹当日国势，苟不先以非之言，殆亦无可为治者。仁惠者，临民之要道，然非以待奸暴也。孟子导时王以仁义而恶言利，今非之言曰："世之学术者说人主，不曰乘威严以困奸衺，而皆曰仁义惠爱。世主亦美仁义之名，而不察其实。"盖世主所美，非孟子所谓仁义；说士所言，非仁义即利耳。至劝人主用威，唯非宗属乃敢言之。非论说固有偏激，然其云明法严刑，救群生之乱，去天下之祸，使强不陵弱，众不暴寡，耆老得遂，幼孤得长，此则重典之用而张弛之宜，与孟子所称及闲暇明政刑，用意岂异也！既不能行之于韩，而秦法暗与之同，遂以钼群雄，有天下。而董子乃曰，秦行韩非之说。考非奉使时，秦政立势成，非往即见杀，何谓行其说哉！书都二十卷，旧注罕所挥发。从弟先慎为之集解，订补阙讹，推究义蕴，然后是书厘然可诵。《主道》以下，盖非平日所为书；《初见秦》诸篇，则后来附入者。非劝秦不举韩，为宗社图存，画至无俚，君子于此，尤悲其志焉！光绪二十二年冬十二月葵园老人王先谦序。

弁　言

《韩非子》旧有尹知章注，见《唐书·艺文志》，不载卷数，盖其亡久矣。元何犿称旧有李瓒注，李瓒无考，宋乾道本不题姓名，未知孰是。《太平御览》、《事类赋》、《初学记》注所引注文，与乾道注本合，则其人当在宋前。顾其注不全备，且有舛误，近儒多所匡益。因旁采诸说，间附己见，为《韩非子集解》一书。其文以宋乾道本为主，间有讹脱，据它本订正焉。光绪二十一年孟冬月长沙王先慎。

考　证

《汉书·艺文志》法家　《韩子》五十五篇。名非，韩诸公子。使秦，李斯害而杀之。

《隋书·经籍志》子部法家　《韩子》二十卷，目一卷。韩非撰。

《旧唐书·经籍志》丙部子录法家　《韩子》二十卷。韩非撰。

《唐书·艺文志》丙部子录法家　《韩子》二十卷。韩非。尹知章注《韩子》。卷亡。

《宋史·艺文志》子类法家类　《韩子》二十卷。韩非撰。

晁公武《郡斋读书志》子类法家类　《韩非子》二十卷。右韩非撰。　非，韩之诸公子也，喜刑名法术之学，作《孤愤》、《五蠹》、《说林》、《说难》十馀万言。秦王见其书，叹曰："得此人与之游，死不憾矣！"急攻韩，得非。后用李斯之毁，下吏，使自杀。书凡五十五篇，其极刻核，无诚悃，谓夫妇父子举不足相信。而有《解老》、《喻老》篇，故太史公以为大要皆原于《道德》之意。夫老子之言高矣，世皆怪其流裔何至于是。殊不知老子之书有"将欲歙之，必固张之；将欲弱之，必固强之；将欲废之，必固兴之；将欲夺之，必固与之"及"欲上人者，必以其言下之；欲先人者，必以其身后之"之言，乃诈也。此所以一传而为非欤！

陈振孙《直斋书录解题》法家类　《韩子》二十卷。韩诸公子韩非撰。《汉志》五十五篇，今同。所谓《孤愤》、《说难》之属皆在焉。

王应麟《汉艺文志考证》　《韩子》五十五篇。　《史记·韩非传》："喜刑名法术之学，而其归本于黄、老。""作《孤愤》、《五蠹》、《内外储》、《说林》、《说难》十馀万言。"《注》：《新序》曰：申子书号曰术，商鞅书号曰法，皆曰刑名。东莱吕氏曰："太史公谓非喜刑名法术之学，则兼治之也。"《索隐》按："韩子书有《解老》、《喻老》二篇，是亦崇黄、老之学也。"今本二十卷，五十六篇。辨见后。沙随程氏曰："非书有《存韩》篇，故李斯言非终为韩不为秦也。后人误以范雎书厕于其书之间，乃有举韩之论。《通鉴》谓非欲覆宗国，则非也。"

《困学纪闻》十　《韩子》曰："殷之法刑弃灰于街者。子贡以为重，问之仲尼，仲尼曰：'知治之道也。'"以商鞅之法为殷法，又托于仲尼，法家侮圣言至此。　又"吏者民之本纲也，圣人治吏不治民"，《内储说右下》。斯言不可以韩非废。

国朝《四库全书总目》子部法家类　《韩子》二十卷。内府藏本。周韩非撰。《汉书·艺文志》载《韩子》五十五篇，张守节《史记正义》引阮孝绪《七录》载《韩子》二十卷，篇数卷数皆与今本相符。惟王应麟《汉艺文志考证》作五十六篇，殆传写字误也。其注不知何人作。考元至元三年何犿本称"旧有李瓒注，鄙陋无取，尽为削去"云云，则注者当为李瓒。然瓒为何代人，犿未之言，王应麟《玉海》已称"《韩子》注不知谁作"，诸书亦别无李瓒注《韩子》之文，不知犿何所据也。犿本仅五十三篇，其序称："内佚《奸劫》一篇，《说林下》、《六微》内《似(烦)〔类〕》以下数章。"明万历十年赵用贤购得宋椠，与犿本相校，始知：旧本《六微》篇之末尚有二十八条，不止犿所云数章；《说林下》篇之首尚有"伯乐教二人相踶马"等十六章，诸本佚脱其文，以《说林上》篇"田伯鼎好士"章径接此篇"虫有蚘"章；《和氏》篇之末自"和虽献璞而未美，未为(玉)〔王〕之害也"以下，脱三百九十六字，《奸劫》篇之首自"我以清廉事上"以上，脱四百六十字，其脱叶适在两篇之间，故其次篇标题与文俱佚，传写者各误以下篇之半连于上篇，遂求其下篇而不得，其实未尝全佚也。今世所传，又有明周孔教所刊大字本，极为精楷。其序不著年月，未知在用贤本前后。考孔教举进士，在用贤后十年，疑所见亦宋椠本，故其文均与用贤本同，无所佚阙，今即据以缮录，而校以用贤之本。考《史记》非本传称："非见韩削弱，数以书谏韩王，韩王不能用。""悲廉直不容于邪枉之臣，观往者得失之变，故作《孤愤》、《五蠹》、《内外储说》、《说林》、《说难》十馀万言。"又云："人或传其书至秦，秦王见其《孤愤》、《五蠹》之书。"则非之著书，当在未入秦前。《史记·自(叙)〔序〕》所谓"韩非囚秦，《说难》、《孤愤》"者，乃史家驳文，不足为据。今书冠以《初见秦》，次以《存韩》，皆入秦后事，虽似与《史记·自序》相符，然《传》

称：韩王遣非使秦，"秦王说之，未信用，李斯、姚贾害之"，"下吏治非，李斯使人遗之药，使自杀"。计其间未必有暇著书。且《存韩》一篇，终以李斯驳非之议及斯上韩王书，其事与文皆为未毕。疑非所著书，本各自为篇，非殁之后，其徒收拾编次，以成一帙。故在韩在秦之作，均为收录，并其私记未完之稿亦收入书中，名为非撰，实非非所手定也。以其本出于非，故仍题非名，以著于录焉。

《四库全书》子部法家类存目　《韩子迂评》二十卷。内府藏本。　旧本题"明门无子评"，前列"元何犿校上"，原序署"至元三年秋七月庚午"，结衔题"奎章阁侍书学士"。考元世祖、顺帝俱以至元纪年，而三年七月以纪志干支排比之，皆无庚午日，疑"子"字之误。奎章阁学士院设于文宗天历二年，止有大学士，寻升为学士院，始有侍书学士。则犿进是书在后至元时矣。观其序中称"今天下所急者，法度之废；所少者，韩子之臣"，正顺帝时事势也。门无子自序称"坊本至不可句读，最后得何犿本，字字而雠之，皆不失其旧，乃句为之读，字为之品，间取何氏注而折衷之，以授之梓人"云云。盖赵用贤翻刻宋本在万历十年，此本刻于万历六年，故未见完帙，仍用何氏之本。然犿序称"李瓒注鄙陋无取，尽为削去"，而此本仍间存瓒注，已非何本之旧。且门无子序又称"取何注折衷之"，则并犿所加旁注，亦有增损，非尽其原文。盖明人好窜改古书，以就己意，动辄失其本来。万历以后，刻版皆然，是书亦其一也。门无子不知为谁，陈深序称："门无子俞姓，吴郡人，笃行君子。"

然新旧志乘，皆不载其姓名。所缀评语，大抵皆学究八比之门径，又出犿注之下。所见如是，宜其敢乱旧文矣。

《四库全书简明目录》《韩子》二十卷。　周韩非撰，凡五十五篇。旧本多所佚脱，明赵用贤始得宋椠校补。又周孔教家大字刻本与赵本亦同，今用以互校，视他刻本为完善。其注不知何人作，元何犿称为李瓒，未知何据也。

《孙氏祠堂书目》诸子法家　《韩非子》二十卷。一、明赵用贤刊本。一、明吴勉学刊本。一、明葛鼎刊本。一、明十行本缺二卷。一、依宋刻校本。

卢文弨《群书拾补》《韩非子》。　是书有明冯舒已苍据宋本、《道藏》本以校张鼎文本外，又有明凌瀛初本，黄策大字本，今并以校明神庙十年赵用贤二十卷全本。而以是者大书，其异同，作小字注于下。此书注乃元人何犿删旧李瓒注而为之者，亦甚略，且鄙谬者亦未刊去。明孙月峰评点本并无注，兹不取在所校本中。

吴山尊《重刻韩非子序》　翰林前辈夏邑李书年先生好藏古书精椠，而宋乾道刻本《韩非子》尤其善者。嘉庆辛未，先生方为吾省布政使察赈凤、颍，鼒以后进礼谒于涂次，求借是书，先生辞以在里中。又六年丙子六月，余在扬州，先生督漕淮上，专使送是册来，乃属好手影钞一本，以原本还先生。明年丁丑五月，携至江宁，孙渊如前辈怂恿付梓。又明年戊寅五月刻成，而渊如已归道山，可痛也。是本为明赵文毅刻本所自出，却有以他本改易处。元和顾君千里实为余校刊。千里十四年前已见此册，抉摘标举，具道此椠之所以善。宋椠诚至宝，得千里而益显矣。千里别有《识误》三卷，出以赠余，附刻书后，仍归之千里。昔鼒为朱文正师恭跋御制文及代拟进御文，屡邀两朝褒赏。文正曾以奏闻今上，退谓其子锡经，必以稿还鼒，听入私集。且与鼒书曰："一不可掠人之美，一不欲乱我之真也。"鼒老且病，然尚思假年居业，以期有以自立，不敢鹖披隼翼，鹿蒙虎皮也。是年月阳在己巳已朏，旧史氏吴鼒序。

顾千里《韩非子识误序》　予之为《韩子识误》也，岁在乙丑，客于扬州太守阳城张古馀先生许。宋椠本，太守所借也，与予向所得述古堂影钞正同。第十四卷失第二叶，以影钞者补之。前人多称《道藏》本，其实差有长于赵用贤刻本者耳，固远不如宋椠也。宋椠首题乾道改元中元日黄三八郎印，亦颇有误。通而论之，宋椠之误由乎未尝校改，故误之迹往往可寻也；而赵刻之误，则由乎凡遇其不解者必校改之，于是而并宋椠之所不误者，方且因此以至于误。其宋椠之所误，又仅苟且迁就，仍归于误，而徒使可寻之迹泯焉，岂不惜哉！予雠勘数过，推求弥年，既窥得失，乃条列而识之，不可解者未敢妄说。庚午在里中，友人王子渭为之写录，间有所论。厥后携诸行箧，随加增定。甲戌以来，再客扬州，值全椒吴山尊学士知宋椠之善，重刊以行，复举《识误》附于末。窃惟智茶学短，曾何足云，庶后有能读此书者，将寻其迹，辄以不敏为之先道也。嘉庆廿一年岁在丙子秋八月，元和顾广圻序。

先慎按：《藏》本有南北之分，故顾氏与卢氏所校多不合。

孙诒让《札迻》卷七 《韩非子》某氏注。吴鼒景宋乾道刻本。顾广圻《识误》校。日本蒲阪圆《增读韩非子》校。卢文弨《群书拾补》校。王念孙《读书杂志馀编》校。俞樾《诸子平议》校。

佚 文

先慎案：史志载《韩子》五十五篇，与今本合，似无残脱，而其佚文不下百馀条。今推究其义，凡可补者，悉注本文之下；其不能附丽者，都为一类，俾后之读者有可考焉。

明主之治国也，适其时事以致财物，论其税赋以均贫富，厚其爵禄以尽贤能，重其刑罚以禁奸邪，使民以力得富，以事致贵，以过受罪，以功置赏而不望慈惠之赐，此帝王之政也。《群书治要》卷四十引。

解狐与邢伯柳为怨，赵简主问于解狐曰："孰可为上党守？"对曰："邢伯柳可。"简主曰："非子之雠乎？"对曰："臣闻忠臣之举贤也，不避仇雠；以上又见《艺文类聚》卷二十二。"邢"并作"荆"。其废不肖也，不阿亲近。"简主曰："善。"遂以为守。邢伯柳闻之，乃见解狐谢。解狐曰："举子，公也；怨子，私也。往矣，怨子如异日。"《群书治要》卷四十引。

师旷鼓琴，有玄鹤衔明月珠在庭中舞。以上又见《初学记》卷十六注引。失珠，旷掩口而笑。《北堂书钞》卷一百九引。

孙叔敖冬日黑裘，夏日葛衣。《北堂书钞》卷一百二十九引。

孙叔敖相楚，粝饭菜羹，以上又见《初学记》卷二十六注引。"相楚”作“为令尹”。枯鱼之膳。《北堂书钞》卷一百四十三引。

昔齐桓公入山问父老：“此为何谷？”答曰：“臣旧畜牛生犊，以子买驹，少年谓牛不生驹，遂持而去。傍邻谓臣愚，遂名愚公谷。”《艺文类聚》卷九引。事又见刘向《说苑》。

势者君之马也，威者君之轮也。势固则舆安，威定则策劲，臣从则马良，民和则轮利。为国有失于此，覆舆奔马，折策败轮矣。舆覆马奔，策折轮败，载者安得不危？《艺文类聚》卷五十二引。

圣人立法，赏足以劝善，威足以胜暴，备足以必完。《艺文类聚》卷五十四引。

水激则悍，矢激则远。《太平御览》卷三百五十引。

楚王有白猿，王自射之，则搏矢而熙；熙，戏也。使养由基射之，始调弓矫矢，未发而猿拥树号矣。由基，楚共王之臣养叔也。调，调张也。矫，直也。拥，抱也。　案此见《太平御览》卷三百五十引。《事类赋》卷十三注引同。“熙”字作“嬉戏”二字，无“始”字。

天下有至贵而非势位也，有至富而非金玉也，有至寿而非千岁也。原心反性则贵矣，适情知足则富矣，明生死之分则寿矣。《太平御览》卷四百五十九引。

木铎以声自毁，膏烛以明自烁。《太平御览》卷四百五十九引。

魏武侯浮西河而下，中流谓吴起曰：“美哉！山河之固，魏国之宝也。”对曰：“在德不在险。昔三苗氏左洞庭而右彭蠡，德义不修，而禹灭之；夏桀之居，左河、济而右太、华，伊阙在其南，羊肠在其北，修政不仁，汤放之；商纣之国，左孟门，右太行，常山在其北，大河经其南，修行不德，而武王灭之。王恃险而不修德，舟中之人尽敌国也。”武侯曰：“善。”《太平御览》卷四百五十九引。

(舆)〔與，下“與”字径改〕人成與，则愿人富贵也；非與人仁，不富不贵则與不(集)〔售〕也。《太平御览》卷四百七十二引。

加脂粉则膜母进御，蒙不洁则西施弃野，学之为脂粉亦厚矣。《太平御览》卷六百七引。

势者君之舆也，威者君之策也，臣者君之马也，民者君之轮也。势固则舆安，威定则策劲，臣顺则马良，人和则轮利。而为国皆失此，有覆舆、走马、折策、败轮矣。《太平御览》卷六百二十引，与《艺文类聚》引文不合。

为人君者犹壶也，民亦水也；壶方水方，壶圆水圆。《外储说》“壶”作“盂”。《太平御览》卷六百二十引。

孙叔敖相楚，衣羖羊裘。《太平御览》卷六百九十四引。

公仪休相鲁，其妻织布，休曰：“汝岂与世人争利哉?”遂燔其机。《太平御览》卷八百二十引。

舜耕于历山，农者让畔；渔于河滨，渔者让泽。《太平御览》卷四百二十四。又八百二十二引：“历山农侵畔，舜往耕，其年让畔。”

物有所宜，才有所施，各处其宜，故上下无为。《意林》卷一引。

爱人不得独利，待誉而后利之；憎人不得独害，待非而后害之。《意林》卷一引。

不蔽人之美，不言人之恶。《意林》卷一引。

韩非子序[1]

韩非者，韩之诸公子也。喜刑名法术之学，而归其本于黄、老。[2]其为人吃口，[3]不能道说，[4]善著书。与李斯俱事荀卿，李斯自以为不如。非见韩之削弱，数以书干韩王，[5]韩王不能用。于是韩非病治国不务[6]求人任贤，反举浮淫之蠹而加之功实之上，以为"儒者用文乱法，而侠者以武犯禁。宽则宠名誉之人，急则用介胄之士。所用非所养，所养非所用。[7]廉直不容于邪枉臣，[8]观往者得失之变，故作《孤愤》、《五蠹》、《内外储》、[9]《说难》五十五篇十馀万言"。[10]人或传其书至秦，秦王见《孤愤》、《五蠹》之书，曰："嗟乎！寡人得见此人与游，死不恨矣！"李斯曰："此韩非之所著书。"[11]秦因急攻韩。韩始不用，[12]及急，乃遣韩非使秦。[13]秦王悦之，未任用。[14]李斯害之。[15]秦王曰：[16]"非，韩之诸公子也，今欲并诸侯，非终为韩不为秦，此人情也。[17]今王不用，久留而归之，此自遗患也，不如过法诛之。"[18]秦王以为然，下吏治非。李斯使人遗药，令早自杀。[19]韩非欲自陈，不见。[20]秦王后悔，使人赦之，非已死矣。

乾道改元中元日黄三八郎印。

［1］先慎曰：此全钞《史记·列传》，不得为序。

［2］先慎曰：《史记》作“而其归本于黄、老”。

［3］先慎曰：《史记》作“非为人口吃”。

［4］先慎曰：《史记》有“而”字。

［5］先慎曰：《史记》“干”作“谏”。《索隐》：韩王，安也。

［6］先慎曰：《史记》“不务”下有“修明其法制，执势以御其臣下，富国(疆)〔强〕兵，而以”十(九)〔八〕字。

［7］先慎曰：《史记》二句互易，上有“今者”二字。

［8］先慎曰：《史记》“臣”上有“之”字。

［9］先慎曰：《史记》有“《说林》”二字。

［10］先慎曰：《史记》无“五十五篇”四字。按《初见秦》、《存韩》二篇系后人汇集，《饰令》一篇全载《商君书》，《奸劫弑臣》“厉怜王”，《国策》以为荀子书，《韩诗外传》同，以五十五篇为非自作，误。《史记》此下全载《说难》篇。

［11］先慎曰：《史记》有“也”字。

［12］先慎曰：《史记》下“韩”字下有“王”字，“用”下有“非”字。

［13］先慎曰：《史记》无“韩”字。

［14］先慎曰：《史记》“任”作“信”。

［15］先慎曰：《史记》“李斯”下有“姚贾”二字。

［16］先慎曰：《史记》“秦王”作“毁之”，“曰”下有“韩”字。

［17］先慎曰：《史记》“人”下有“之”字。

［18］先慎曰：《史记》“如”下有“以”字。

［19］先慎曰：《史记》“遗”下有“非”字，“令”作“使”，无“早”字。

［20］先慎曰：《史记》“见”上有“得”字。

韩非子卷第一

初见秦第一[1]

臣闻不知而言不智，知而不言不忠。[2]为人臣不忠当死，言而不当亦当死。[3]虽然，臣愿悉言所闻，唯大王裁其罪。[4]

[1] 顾广圻曰：《战国策》作张仪说。高诱《注》：秦惠王也。吴师道《补注》云：张仪，误，当作韩非。非以韩王安五年使秦，始皇十三年也。今案：吴依此，是也。先慎曰：《史记·秦本纪》、《六国表》并以韩非使秦在始皇十四年，《韩世家》属之王安五年。案秦攻韩，《纪》、《表》未书。始皇十三年用兵于赵，十四年定平阳、武城、宜安，而后从事于韩，则非之使秦，当在韩王安六年。《纪》、《表》为是。吴师道以非为韩王安五年使秦，据《世家》言之，不知作五年者，史驳文也。又案：赵本篇目顶格，下同，不复出。

[2] 先慎曰：《秦策》"言"下并有"为"字。

[3] 卢文弨曰："言而不当"，《策》作"言不审"。

[4] 先慎曰：《尔雅》："裁，度也。""罪"，即指上"言而不当亦当死"而言。《国策》高诱《注》训"裁"为"制"，失其义。

臣闻：天下阴燕阳魏，[1]连荆固齐，收韩而成从，[2]将西面以与秦强为难。[3]臣窃笑之。世有三亡，而天下得之，[4]其此之谓乎！臣闻之曰："以乱攻治者亡，以邪攻正者亡，以逆攻顺者亡。”[5]今天下之府库不盈，囷仓空虚，悉其士民，张军数十百万。[6]其顿首戴羽为将军，断死于前，不至千人，皆以言死。[7]白刃在前，斧锧在后，而却走不能死也，[8]非其士民不能死也，上不能故也。言赏则不与，言罚则不行，赏罚不信，故士民不死也。[9]今秦出号令而行赏罚，有功无功相事也。[10]出其父母怀衽之中，生未尝见寇耳。[11]闻战，顿足徒裼，[12]犯白刃，蹈炉炭，断死于前者皆是也。夫断死与断生者不同，[13]而民为之者，是贵奋死也。[14]夫一人奋死可以对十，十可以对百，百可以对千，千可以对万，万可以克天下矣。[15]今秦地折长补短，方数千里，名师数十百万。秦之号令赏罚、地形利害，天下莫若也。以此与天下，天下不足兼而有也。是故秦战未尝不克，攻未尝不取，所当未尝不破，开地数千里，此其大功也。[16]然而兵甲顿，士民病，蓄积索，田畴荒，囷仓虚，四邻诸侯不服，霸王之名不成，此无异故，[17]其谋臣皆不尽其忠也。[18]

[1] 旧注：燕北，故曰“阴”；魏南，故曰“阳”。〇先慎曰：高《注》“阴小阳大”。案旧注是，高《注》非也。此不过举关东地形而言，燕在阴，魏在阳耳。《周礼·柞氏疏》引《尔雅》：“山南曰阳，山北曰阴。”阴阳随山水所指，无庸取大小为说。

[2] 卢文弨曰：《策》作“收馀韩成从”。

[3] 卢文弨曰：《策》无“强”字，此倒，当作“强秦”。先慎曰：卢说非，“强”音其两切。

[4] 旧注：知三亡者得天下。〇卢文弨曰：天下得亡之形也，旧注谬甚。宋本“三亡”作“二亡”，注同。吴师道《国策补注》亦云《韩子》作“二”。顾广圻曰：《策》作“三”，末多“以逆攻顺者亡”一句，或此脱。张

文虎曰："三亡"，即下所云"以乱攻治者亡，以邪攻正者亡，以逆攻顺者亡"今本脱，依《秦策》。三端也。"天下"二字，承上"臣闻天下"来，谓天下之攻秦者，犯此三亡也。先慎曰：吴据误本引作"二"，卢说宋本即指吴所引而言，乾道本作"三"，张榜本、赵本并同，不当作"二"，顾、张说是。

[5] 先慎曰：乾道本无"以逆攻顺者亡"句，张榜本有，与《策》合，是也。上言"三亡"，此不当少一句。《御览》三百十八引有"以逆攻顺者亡"六字，是宋人所见本不脱。今据补。

[6] 先慎曰：《策》作"张军数千百万"。姚本云"曾作'张军声'"，案有"声"字者是也。此夺"十"字，当从《策》作"千"，虚张其军号称数千百万耳。下云"秦师数十百万"，则天下之士民应不止此，况自张其声乎，"十"字涉下而误。

[7] 卢文弨曰：《策》无此下二十字。"顿"，《国策补注》引作"颉"。《说文》："颉，直项也。""顿"字无理。孙诒让曰："顿首"疑作"顿足"，下文"顿足徒裼，犯白刃，蹈炉炭，断死于前者皆是也"，正与此文相应，是其证。王先谦曰：《文选·羽猎赋》："贲、育之伦，蒙盾负羽。"《后汉·贾復传》"被羽先登"，谓系鸟羽为标识也。"戴"与"负"、"被"，其义一耳。"千"当为"干"，形近致误。干，犯也。"不至干人，皆以言死"，谓未至犯敌人时，皆言必死。先慎曰："顿首"，当依《策》注作"颉首"，犹言抗首也。"顿足"亦通，然与"戴羽"文义不贯。

[8] 先慎曰："也"与"者"同义，说见王氏《经传释词》。《策》无"也"字及下"非"字，有"罪"字，是合"也"、"非"二字而误，当依此订正。

[9] 先慎曰："不能故"，《策》作"不能杀"。案"杀"乃"故"字，形近而误。士民之不死，其故由上之不能。赏罚无信，正不能之实也。若作"杀"，则文气不属。

[10] 俞樾曰："事"者，治也。高注《吕氏春秋》、《淮南·内篇》屡见。《诗·卷耳》毛《传》："采采，事采之也。"《正义》引《郑志》答张逸云："事，谓事事一一用意之事。"盖"事"训"治"，故"一一用意"谓之"事"也。此言"有功无功相事"，正"一一用意"之义，谓分别其有功无功，不混淆也。

《秦策》作“不攻耳无相攻事也”，与上下文义不属，盖后人不达“事”字之义而臆改。其“功”与“攻”，则古字通用。

[11] 卢文弨曰：当句。《策》作“也”。

[12] 先慎曰：“裼”，赵本及《策》均作“裼”，误。《尔雅·释训》：“襢裼，肉袒也。”郭《注》：“脱衣而见体。”《史记·张仪传》：“秦人捐甲徒裼以趋敌。”《索隐》：“裼，袒也，谓袒而见肉也。”

[13] 先慎曰：《拾补》“者”作“也”。卢文弨云：今从《藏》本、张本，《策》同。

[14] 先慎曰：《策》无“死”字，高《注》：“奋，勇也。”

[15] 先慎曰：四“对”字，《策》作“胜”。

[16] 先慎曰：《策》“其”作“甚”，是也。先言秦之功极大，为下“霸王之名不成”作反势，若作“其”则文气平实。“其”当为“甚”之残字。

[17] 先慎曰：“异故”犹“它故”。

[18] 卢文弨曰：“谋”上“其”字可省，《策》无。先慎曰：不省亦可，卢说非。

臣敢言之，往者齐南破荆，东破宋，[1]西服秦，北破燕，中使韩、魏，土地广而兵强，[2]战克攻取，诏令天下。齐之清济浊河，足以为限；[3]长城巨防，足以为塞。[4]齐五战之国也，[5]一战不克而无齐。[6]由此观之，夫战者，万乘之存亡也。且闻之曰：[7]“削迹无遗根，无与祸邻，祸乃不存。”[8]秦与荆人战，大破荆，袭郢，取洞庭、五湖、江南，[9]荆王君臣亡走，东服于陈。[10]当此时也，随荆以兵，则荆可举，荆可举则民足贪也，地足利也。东以弱齐、燕，[11]中以凌三晋，[12]然则是一举而霸王之名可成也，四邻诸侯可朝也。而谋臣不为，引军而退，复与荆人为和。[13]令荆人得收亡国，聚散民，立社稷主，置宗庙，令率天下西面以与秦为难，[14]此固以失霸王之道一矣。[15]天下又比周而军华下，[16]大王以诏破之，兵至梁郭下，[17]围梁数旬则梁可拔，拔梁则魏可举，举魏则荆、赵之意绝，荆、赵之意绝则赵危，赵危而荆狐疑。[18]东以弱齐、燕，中以凌三晋，然则是一举而霸王之名可成也，四邻诸侯可朝也。而谋臣不为，引军而退，复与魏氏为和，[19]令魏氏反收亡国，聚散民，立社稷主，置宗庙，令[20]此固以失霸王之道二矣。前者穰侯之治秦也，用一国之兵，而欲以成两国之功。[21]是故兵终身暴露于外，士民疲病于内，[22]霸王之名不成，此固以失霸王之道三矣。

[1] 先慎曰："东"，《策》作"中"，误。当依此订。下云"中使韩、魏"，五战之事备矣。

[2] 先慎曰：《策》无"土"字。

[3] 先慎曰：《策》作"济清河浊"，误。《史记·苏秦传》与此同。

[4] 王先谦曰：《水经·济水注》："平阴城南有长城，东至海，西至济，河道所由，名防门，去平阴三里。齐侯堑防门，即此也。其水引济，故渎尚存。"《续汉·郡国志》"济北国卢县"下，刘昭《注》引《史记》苏代说燕王曰："齐有长城巨防。"巨防即防门。先慎曰：《策》作"钜坊"。案"钜"、"巨"字通。"坊"误，当作"防"。《史记》亦作"防"。

[5] 旧注：谓五破国也。

[6] 旧注：为乐毅破齐于济西。○先慎曰：见《齐世家》。"无"字，张榜本、赵本作"不"。卢文弨云：《藏》本、张本作"无"，《策》同。

[7] 先慎曰："且"下脱"臣"字，《策》有。

[8] 旧注：言祸败之迹，削去本根，则无祸败。言秦宜以齐为戒。○卢文弨曰：《策》作"削株掘根"。顾广圻曰：当从《策》。

［9］卢文弨曰："湖"，《策》作"都"，一作"渚"。顾广圻曰：吴师道云"'都'，当从《韩》作'湖'"，今按：吴说非也。《燕策》云"四日而至五渚"，《苏秦列传》同。《集解》引《战国策》"取洞庭五渚"。"渚"、"都"同字，"湖"是"渚"之讹。王先谦曰：《史记·秦纪》："昭王三十年，取江南为黔中郡。"《正义》引《括地志》云："黔中故城，在辰州沅陵县西二十里。"又"三十一年，楚人反我江南。"《六国表》云："秦所拔我江旁反秦。"《楚世家》所谓江旁十五邑也。先慎曰：《苏秦传·集解》引《战国策》云："秦与荆人战，大破荆，袭郢，取洞庭、五渚。"然则五渚在洞庭。案：裴说误读《策》文耳。高《注》："郢，楚都也。洞庭、五渚、江南，皆楚邑也。"《索隐》："五渚，五处洲也。刘氏以为五渚，宛、邓之间，临汉水，不得在洞庭。""湖"乃"渚"之误，顾说是。

［10］张文虎曰："服"，当依《策》作"伏"。《史记·楚世家》："顷襄王二十一年，秦将白起遂拔我郢，烧先王墓，夷陵。楚襄王兵散，遂不复战，东北保于陈城。"《六国表》作"王亡走陈"，《白起列传》作"东走徙陈"。故云"伏"，谓窜伏也。又曰：此秦昭襄王二十九年事，《秦策》以此篇为张仪说秦王文。案仪以秦武王元年去秦入梁，在前三十三年矣。又下文称秦攻魏，军大梁，白起击魏华阳军，及长平之事，更在其后，足以明《国策》之误矣。

［11］顾广圻曰："弱"，《策》作"强"。高《注》："言以强于燕、齐也。"下文同。先慎曰："弱齐、燕"与"凌三晋"对文。齐、燕远于秦，非兵力所能骤及，我灭敌势强，则齐、燕自畏而亲附，故但言"弱"也。下文两言"弱齐、燕"，尤其明证，《策》误。高顺文为说，亦未合。

［12］卢文弨曰：张本"凌"作"陵"，下同，《策》同。

［13］王先谦曰：《史记·秦纪》："昭王二十九年，取郢为南郡，王与楚王会襄陵。"此所谓军退复和也。《楚世家》："襄王二十三年，《六国表》昭王三十一年。襄王收东地兵，得十馀万，复西取秦所拔江旁十五邑以为郡距秦。"下文所谓"与秦为难"也。

［14］顾广圻曰：《策》无"稷"字，以"庙"字句绝，"令"字属下。俞樾曰：《策》是也。"收亡国，聚散民，立社主，置宗庙"，皆三字为句，后人误

以“令”字上属，成四字句，遂于上句加“稷”字配之耳。“置宗庙令”，义不可通。此言荆人“置宗庙”，非言其置令也。古宗庙亦未闻有令，足知其非矣。下文云“令魏氏反收亡国，聚散民，立社稷主，置宗庙令，此固以失霸王之道二矣”，“稷”字亦衍文，“令”下亦当有“率天下西面以与秦为难”十字。《秦策》阙此句，后人据以删《韩子》，而“令”字误属上读，故得仅存耳。夫“率天下以与秦为难”，故失霸王之道。若惟是“收亡国，聚散民，立社主，置宗庙”，则是魏之得犹未足以见秦之失也。然则此句不可阙，因一字之幸存，而全句转可据补。先慎曰：“令”字下属，是也。“立社稷主”四字不误。《白虎通·社稷》篇云：“土地广博，不可遍敬，五谷众多，不可一一祭，立社稷而祭之，故谓之社稷主。”《策》无“稷”字，自是脱文，必欲以四句为对文，亦太泥矣。

[15] 先慎曰：“以失”《策》无，下同。

[16] 顾广圻曰：“周”当作“意”。下文云“天下皆比意甚固”，《策》两“意”字皆作“志”。王先谦曰：高《注》：“华下，华山之下也。”案据《史记·纪》、《表》、《世家》参之，秦昭王九年，魏、齐、韩共败秦军函谷；十一年，齐、韩、魏、赵、宋、中山共攻秦。文盖指此。《天官书》：“中国山川东北流，首在陇、蜀，尾没勃、碣。”张守节所谓“自南山、华山渡河，东北尽碣石”者，是函、崤诸山皆华岳支麓，故函谷亦得称为华下。战国之兵，始终未逾秦关一步，华山之下，固非天下所能军也。“比意”犹言“合谋”。

[17] 先慎曰：《策》无“下”字。

[18] 卢文弨曰：《策》作“荆孤”，是。顾广圻曰：“狐”当从《策》作“孤”，衍“疑”字，《策》无。俞樾曰：《存韩》篇云“赵氏破胆，荆人狐疑”，则“狐疑”字不误，卢、顾说非。先慎曰：彼赵云“破胆”，则楚云“狐疑”，既赵云“危”，则楚不得仅云“狐疑”也。“孤”、“危”之与“破胆”、“狐疑”，语言轻重大相径庭。从《策》作“孤”为是。

[19] 王先谦曰：据《史记·六国表》、《魏世家》“秦昭王三十二年，魏安釐王二年也，秦军大梁下，韩来救，予秦温以和”，又《穰侯传》“穰侯围大梁，纳梁大夫须贾之说而罢梁围。明年，魏背秦，与齐从亲”，即其

事也。

[20] 先慎曰:"令"下脱"率天下西面以与秦为难"句,说详上。

[21] 旧注:穰侯营私邑,谋秦,故非讽云"两国"。〇王先谦曰:高《注》:"穰侯,魏人。治,犹相也。穰侯相秦,欲兴秦而安魏,故曰'欲成两国之功'。"案旧注非,高《注》尤谬。穰侯得罪忧死,下文明斥其非,不须讽也。《史·传》云:"宣太后异父弟,姓魏氏,其先楚人。"则非魏人明矣。又屡用兵于魏,何云"安魏"乎?盖穰侯志在并国拓地,故云"欲成两国之功"耳。

[22] 先慎曰:《策》"露"作"霝","疲"作"潞"。黄丕烈《札记》云:此当各依本书。《策》文下句言潞病,"潞"、"露"同字,此句不得更言"暴露"。"霝"者,"零"之假借。"暴"谓日,"霝"谓雨也。其《策》文作"潞病",不与作"疲病"同,高《注》可证。先慎案:此及《策》并当作"暴霝"于外,"潞病"于内。"霝"乃霝之借字。《说文》:"霝,雨零也。"《诗·定之方中·传》:"零,落也。零当作霝。"亦假霝为之。《郑风》"零露漙兮",《正义》本作"霝",《笺》云:"霝,落也。"是"霝落"即"霝落"矣。"暴霝"二字之义,当如黄说。"潞病",高《注》云:"潞,羸。"《吕览·不屈》篇"士民罢潞","罢潞"与"潞病"义同。浅人多见"暴露"、"疲病",少见"暴霝"、"潞病",故改"霝"为"露",改"潞"为"疲",而古义俱湮矣。

赵氏,中央之国也,杂民所居也。[1]其民轻而难用也。号令不治,赏罚不信,地形不便,[2]下不能尽其民力,[3]彼固亡国之形也。而不忧民萌,[4]悉其士民军于长平之下,以争韩上党。大王以诏破之,拔武安。[5]当是时也,赵氏上下不相亲也,贵贱不相信也,然则邯郸不守。[6]拔邯郸,筦山东河间,[7]引军而去,西攻修武,逾华,[8]绛上党。[9]代四十六县,[10]上党七十县,[11]不用一领甲,不苦一士民,此皆秦有也。代、上党不战而毕为秦矣,[12]东阳、河外不战而毕反为齐矣，中山、呼沲以北不战而毕为燕矣。[13]然则是赵举，赵举则韩亡，[14]韩亡则荆、魏不能独立，荆、魏不能独立则是一举而坏韩、蠹魏、拔荆，东以弱齐、燕，[15]决白马之口以沃魏氏，[16]是一举而三晋亡，从者败也。[17]大王垂拱以须之，[18]天下编随而服矣，[19]霸王之名可成。而谋臣不为，引军而退，复与赵氏为和。夫以大王之明，秦兵之强，弃霸王之业，地曾不可得，[20]乃取欺于亡国，是谋臣之拙也。且夫赵当亡而不亡，秦当霸而不霸，天下固以量秦之谋臣一矣。乃复悉士卒以攻邯郸，不能拔也，弃甲兵弩，战竦而却，天下固已量秦力二矣。[21]军乃引而退，并于李下，[22]大王又并军而至，[23]与战不能克之也，[24]又不能反運，罢而去，[25]天下固量秦力三矣。[26]内者量吾谋臣，外者极吾兵力。由是观之，[27]臣以为天下之从，几不难矣。[28]内者，吾甲兵顿，士民病，蓄积索，田畴荒，囷仓虚；外者，天下皆比意甚固。[29]愿大王有以虑之也。[30]

[1] 旧注：赵居邯郸，燕之南，齐之西，魏之北，韩之东，故曰“中央”。兼四国之人，故曰“杂”。〇先慎曰：乾道本注“中”上衍“东”字，依赵本删。

[2] 先慎曰：高《注》：“赵王都邯郸，无险固，故曰‘不便’。”

[3] 俞樾曰：“下”，当从《秦策》作“上”。惟以“上”言，故曰“其民”，若以“下”言，则但曰“不能尽其力”足矣。上文曰“号令不治，赏罚不信”，此正上之所以不能尽民力。民力之不尽，其故在上，不在下。当言“上不能”，不当言“下不能”也。

[4] 顾广圻曰：“萌”，《策》作“氓”，本书例用“萌”字。先慎曰：《说文》：“民，众萌也。”后人于经传中“萌”字皆改作“氓”，如《周礼·遂人》

“以兴锄利萌”,《说文》引作“萌”,而今本皆作“氓”。又《说文》“众萌”字,毛本作“氓”之类,是也。幸本书尚存其真。

[5] 先慎曰:高《注》:“赵括封于武安,武安君将赵四十万拒秦,秦将白起(抗)〔坑〕括四十万众于长平下,故曰‘拔武安’。”

[6] 先慎曰:“则”下当有“是”字,此与下文“然则是赵举”文法一律。《策》有“是”字。

[7] 顾广圻曰:乾道本“河间”作“可闻”,《藏》本亦作“可”,皆讹。卢文弨曰:《策》作“完河间”,无“山东”二字。先慎曰:“完”,即“筦”字残阙,当依此订正。《乐记》郑《注》:“筦,犹包也。”谓秦军包举其地。“可闻”乃“河间”之讹,改从张榜本、赵本。

[8] 顾广圻曰:当从《策》作“逾羊肠”。高《注》:“羊肠,塞名也。”

[9] 顾广圻曰:当从《策》作“降代、上党”。

[10] 卢文弨曰:“四”,《策》作“三”,疑是。

[11] 顾广圻曰:“七十”,《策》作“十七”。王渭云:即《赵策》“今有城市之邑七十”。今按《史记·赵世家》,彼亦作“十七”。

[12] 先慎曰:乾道本“代”上有“以”字。卢文弨云:凌本无“以”字,《策》同。张文虎云:“以”字疑即上句“也”字讹衍。先慎案:张榜本亦无,今据删。

[13] 先慎曰:秦兵力所不及,则齐、燕将分取之。此皆赵地,故下云“赵举”。

[14] 先慎曰:《策》作“然则是举赵,则韩必亡”。

[15] 先慎曰:乾道本“燕”上有“强”字。卢文弨云:衍“强”字,凌本无。先慎案:《策》无“强”字,今据删。上两言“弱齐、燕”,即其证。

[16] 卢文弨曰:“沃”,《策》作“流”。王先谦曰:《水经·河水注》:“黎阳县东岸有故城,险带长河,谓之鹿鸣城。济取名鹿鸣津,亦曰白马济,津之东南有白马城,河水旧于白马县南泆,通濮、济、黄沟。故苏代说燕曰:决白马之口,魏无黄、济阳。”《魏世家》无忌说魏王曰:“决荥泽水,灌大梁,大梁必亡。”后王贲攻魏,卒引河沟灌大梁而取之。先慎曰:

“沃”、“流”二字义同。《说文》“沃”作“洪”，溉灌也。高《注》：“流，灌也。”

［17］先慎曰：高《注》：“从者，山东六国。败，从不成也。”

［18］俞樾曰：《策》作“大王拱手以须”，吴师道《补》云“《韩》作‘须之’”，然则《韩非》异于《国策》者，但句末多“之”字，其“拱手”字必与《策》同。若作“垂拱以须之”，则吴师道何以不及乎？此必后人所改，当依《国策》订正。

［19］先慎曰：《拾补》“编”作“遍”，“服”作“伏”。卢文弨云：“遍”字高诱注《国策》本同。吴师道《补注》作“编”，云：“以绳次物曰编。”张本、凌本此亦作“编”字。顾广圻云：《藏》本同，今本“编”作“遍”，误。先慎案：吴说是。

［20］卢文弨曰：“曾”，《策》作“尊”。先慎曰：“尊”字误，当依此订正。

［21］先慎曰：乾道本无“却”字。顾广圻云：今本“兵”作“负”，误。“而”下有“却”字，《策》有。高《注》：“却，退也。”吴师道引此无。“弩”，《策》作“怒”，吴引作“拏”，不合。先慎案：“而”下当有“却”字，依今本增。“弃甲兵弩”四字不成文，“兵”当作“与”。《说文》“与”古文作，“兵”作，二字篆形相近而误。

［22］先慎曰：乾道本“退”作“復”，“李”作“孚”。卢文弨云：“復”乃“復”之讹。“李”，吴《注》引《韩》作“孚”。先慎案：“孚”乃“李”之误，《策》作“李”。高《注》：“李下，邑名，在河内。”张榜本、赵本“復”作“退”、“孚”作“李”是，今据改。

［23］卢文弨曰：“至”，《策》作“致”。先慎曰：张榜本作“致”，误。

［24］顾广圻曰：七字为一句。

［25］卢文弨云：“運”，或改作“軍”。顾广圻曰：“又不能反運”句绝，“反”当作“及”，“運”读为“餫”。“罢而去”为一句，“罢”读为“疲”。《策》作“又交罢却”，按无“不能運而”四字不同也。俞樾曰：“運”乃“軍”之误，上云“大王又并軍而至”，此云“軍罢而去”，文义正相应。盖不能胜则宜退，既不能克又不能反，故其軍至于罢病而后去也。先慎曰：顾说较长，

不能及運，言馈運不继也，文义甚顺，当从之。张榜本“運”作“交”，依《策》改，非。

[26] 先慎曰：“固”下当有“以”字，与上文一律，此脱。

[27] 先慎曰：张榜本“观”作“亲”，误。

[28] 旧注：言诸侯知秦兵顿民疲，则从益坚，固曰“不难矣”。〇先慎曰：乾道本“难”作“能”。卢文弨云：案注是“难”字。《策》作“岂其难”。注曰：上当有“故”字。王渭云：“能”当作“难”。先慎按：张榜本作“难”，今据改。“几”，犹殆也。

[29] 俞樾曰：“皆”字衍文，盖即“比”字之误而复者，《秦策》无“皆”字。

[30] 先慎曰：高《注》：“虑，谋也。”

且臣闻之曰：“战战栗栗，日慎一日。苟慎其道，天下可有。”何以知其然也？昔者纣为天子，将率天下甲兵百万，左饮于淇溪，[1]右饮于洹溪，[2]淇水竭而洹水不流，[3]以与周武王为难。武王将素甲三千，战一日，[4]而破纣之国，禽其身，据其地而有其民，天下莫伤。[5]知伯率三国之众以攻赵襄主于晋阳，决水而灌之三月，[6]城且拔矣。襄主钻龟筮占兆，以视利害，[7]何国可降。乃使其臣张孟谈，于是乃潜行而出，[8]反知伯之约，[9]得两国之众，以攻知伯，禽其身，以复襄主之初。[10]今秦地折长补短，方数千里，名师数十百万，秦国之号令赏罚，地形利害，天下莫如也。以此与天下，天下可兼而有也。[11]臣昧死愿望见大王，[12]言所以破天下之从，举赵，亡韩，臣荆、魏，亲齐、燕，以成霸王之名，朝四邻诸侯之道。大王诚听其说，[13]一举而天下之从不破，赵不举，韩不亡，荆、魏不臣，齐、燕不亲，[14]霸王之名不成，四邻诸侯不朝，大王斩臣以徇国，以为王谋不忠者也。[15]

[1] 先慎曰：赵本“溪”作“谿”。卢文弨云：“谿”，《策》作“谷”。先慎按：《御览》六十四、八百九十六，《事类赋》二十一引“饮”下并有“马”字，无“谿”字，下同。

[2] 卢文弨曰：《策》作“水”。

[3] 先慎曰：《御览》、《事类赋》并引作“洹水竭，淇水不流”。

[4] 先慎曰：《策》“千”下有“领”字。张榜本、赵本“日”作“夜”，非。高《注》：“一日，甲子之日也。太公望为号到牧野便克纣，故曰‘一日’。”

[5] 先慎曰：高《注》：“伤，愍也。”《策》“伤”上有“不”字，误。

[6] 卢文弨曰：《秦策》、《赵策》俱作“三年”。先慎曰：此误，下《十过》篇正作“三年”。

[7] 卢文弨曰：《策》作“错龟数筴”，此“筮”上疑脱一字。顾广圻曰：“筮”，当从《策》作“数筴”二字。案《饰邪》篇“凿龟数筴，兆曰大吉”，凡三见，可证此为脱误。先慎曰：吴师道《补》云：“错，《韩》作‘钻’。”是《韩》之异于《国策》止一“钻”字。其“数筴”必与《策》同，当依以订正。

[8] 先慎曰：乾道本“潜”下有“於”字。张文虎云：《秦策》、《吕氏春秋》、《淮南子》皆无“於”字。案“於”疑“游”字之讹，盖《韩子》作“游”，他本作“行”，读者旁注异文，转写并存，又以形近讹为“於”耳。游者，泅水也。此时城为水灌，不没者三版，故泅水而出。孙诒让云：《十过》篇云：(赵)〔张〕孟谈曰：“臣请试潜行而出，见韩、魏之君。”“潜”下亦无“於”字。先慎案：赵本正无“於”字，今据删。

[9] 先慎曰：乾道本无“反”字。顾广圻云：今本“知”上有“反”字，《策》同。先慎案：有“反”字是，今据补。高《注》：“知伯与韩、魏攻襄子，张孟谈辞于韩、魏，韩、魏与赵同，故曰‘反知伯之约’也。”

[10] 卢文弨曰：《策》作“以成襄子之功”。先慎曰：张榜本“初”作“功”。

[11] 先慎曰：乾道本无“以”字，“天下”二字不重，“可”作“何”，无

"而"字。卢文弨云:"一本'此'上有'以'字,《藏》本'兼'下有'而'字,'何'作'可',《策》同。"顾广圻云:"今本重'天下',《策》有。"今据补改。

[12] 先慎曰:《策》无"愿"字,姚校:"刘作'愿望'。"

[13] 卢文弨曰:"诚",《策》作"试"。

[14] 张文虎曰:依上文"亲"当作"弱"。先慎曰:此即承上"举赵,亡韩,臣荆、魏,亲齐、燕"而言,不当作"弱",张说误。

[15] 先慎曰:《拾补》重"为"字。卢文弨云:旧少一"为"字,今据吴《注》引增,上"为"如字,下去声。"者"下张本有"戒"字,《策》作"以主不忠于国者"。顾广圻云:当从《策》作"以主为谋不忠者"。"主"谓为主首也。"为谋",造谋也。此文例言大王,不言王,"王"字必误。吴师道引此无"也"字,是。重"为"字,非。先慎案:姚本《国策》与卢引同,鲍本与顾同,故所引各异。又《策》"国"上有"于"字。今案"王"当作"主",顾说是也。"为"上"以"字当衍,"以徇国为主谋不忠者也"作一句读,文气自顺。

存韩第二

韩事秦三十馀年，出则为扞蔽，入则为席荐，[1]秦特出锐师取韩地而随之[2]怨悬于天下，功归于强秦。[3]且夫韩入贡职，与郡县无异也。今臣窃闻贵臣之计，[4]举兵将伐韩。夫赵氏聚士卒，养从徒，[5]欲赘天下之兵，[6]明秦不弱，则诸侯必灭宗庙，[7]欲西面行其意，非一日之计也。今释赵之患而攘内臣之韩，则天下明赵氏之计矣。[8]夫韩，小国也，而以应天下四击，主辱臣苦，上下相与同忧久矣。修守备，戒强敌，有蓄积，筑城池以守固。今伐韩，未可一年而灭。拔一城而退，则权轻于天下，天下摧我兵矣。[9]韩叛则魏应之，赵据齐以为原，[10]如此，则以韩、魏资赵假齐以固其从，而以与争强，[11]赵之福而秦之祸也。夫进而击赵不能取，退而攻韩弗能拔，则陷锐之卒懃于野战，[12]负任之旅罢于内攻，[13]则合群苦弱以敌而共二万乘，[14]非所以亡赵之心也。[15]均如贵人之计，[16]则秦必为天下兵质矣。[17]陛下虽以金石相弊，[18]则兼天下之日未也。

[1] 旧注：出贡以供，若席荐居人下。○先慎曰：乾道本注"人下"二字作"久"字，今从赵本。

[2] 先慎曰："韩"字当在"而"下。"取地"，略地也。下文："韩与秦兄弟共苦天下。"

[3] 王渭曰："秦"当作"赵"。先慎曰："秦"字不误。谓韩则受其怨，

秦则得其功也。

[4] 先慎曰：乾道本“今”下有“日”字。卢文弨云“‘日’字衍，张本无”，今据删。

[5] 先慎曰：乾道本无“徒”字。顾广圻云“《藏》本、今本‘从’下有‘徒’字”，今据补。

[6] 旧注：赘，缀连也。

[7] 先慎曰：诸侯宗庙，必为秦灭。

[8] 旧注：韩为内臣，秦犹灭之，则天下从赵攻秦，计为得矣。

[9] 先慎曰：《说文》：“摧，折也。”

[10] 旧注：若山原然。○顾广圻曰：“原”当作“厚”，旧注误。

[11] 先慎曰：与秦争强也。

[12] 卢文弨曰：“懃”，张本作“勤”。

[13] 旧注：劳饷者。

[14] 王渭曰：当衍“而共”二字。

[15] 顾广圻曰：“赵”当作“韩”。亡韩，贵人之计也。

[16] 旧注：均，同也，谓同其计而用之。○卢文弨曰：张本“人”作“臣”。

[17] 旧注：既进退不能，则同于为质者。○顾广圻曰：“质”，如字，射的也。旧注误。

[18] 旧注：弊，尽也，尽以召士。○卢文弨曰：冯氏云：“言其时之久也。注解谬，石何可以召士？”王渭曰：《文选》二十九卷注引“以”作“与”，“以”即“与”也。顾广圻曰：《七发》注亦引作“与”。王先谦曰：“与金石相弊”，谓与金石齐寿也，虽永寿而无兼天下之日，极言其非计。

今贱臣之愚计：[1] 使人使荆，重币用事之臣，[2] 明赵之所以欺秦者；与魏质以安其心，从韩而伐赵，赵虽与齐为一，不足患也。二国事毕，[3] 则韩可以移书定也。[4] 是我一举，二国有亡形,[5]则荆、魏又必自服矣。故曰“兵者,凶器也”,不可不审用也。以秦与赵敌衡,加以齐,今又背韩,而未有以坚荆、魏之心。夫一战而不胜,则祸构矣。计者,所以定事也,不可不察也。韩、秦强弱[6]在今年耳,且赵与诸侯阴谋久矣。夫一动而弱于诸侯,危事也;为计而使诸侯有意伐之心,[7]至殆也。见二疏,[8]非所以强于诸侯也。臣窃愿陛下之幸熟图之!夫攻伐而使从者间焉,不可悔也。[9]

[1] 先慎曰:乾道本“愚”上有“遇”字。顾广圻云:《藏》本无“遇”字,是也。今本“遇”作“进”,误。先慎案:“遇”即“愚”之误而衍者,今从《藏》本。

[2] 先慎曰:重币,犹言厚赂。

[3] 旧注:齐、赵。

[4] 先慎曰:“韩”,乾道本作“转”。卢文弨云:《藏》本亦作“转”,是。上已云“从韩而伐赵”,则不待再收韩明矣。顾广圻云:今本“转”作“韩”,误。此言定荆、魏。俞樾云:“转”字无义,赵本作“韩”是也。此篇名《存韩》,本因秦贵臣之计,举兵将伐韩,故为是说劝之释韩而伐赵,赵、齐事毕而韩可移书定,正见韩之不必伐也。乃乾道本、《道藏》本皆作“转”,则字之误久矣。赵本改“转”为“韩”,是也。卢、顾以上文已云“从韩伐赵”,此不必更言定韩。今案韩未闻其将伐赵,秦何得从韩以伐赵?且秦之伐赵,亦何必从韩?疑“韩”字是衍文。盖既使人使荆,又与魏质,则荆、魏不与我为难矣,于是“从而伐赵”。“从而”者,继事之词,明其事次第当如此,非从他国之谓也。后人不达其义,妄补“韩”字以实之;卢、顾不知上“韩”字之衍,而疑下“韩”字之非,误矣。先慎案:俞说是。张榜本“转”亦作“韩”,今据改。

[5] 先慎曰:二国指齐、赵。

[6] 顾广圻曰:“韩”,当作“转”。俞樾曰:“韩、秦强弱”,各本皆同。

顾氏谓当作“转”，误。先慎曰：顾说是。如贵臣之计，秦为天下兵质，则秦必弱；如非之计，齐、赵可亡，荆、魏必服，则秦(弱)〔强〕矣。秦计一定，强弱随之。若韩之强弱，岂非所敢言乎？

[7] 卢文弨曰：“伐”，张本、凌本作“我”，赵敬夫云：“意秦之伐之也，不必作‘我’。”

[8] 先慎曰：乾道本“疏”作“疎”。卢文弨云“从《藏》本作‘疏’”，今依改。

[9] 先慎曰：乾道本“攻”上无“夫”字，“间”作“闻”。卢文弨云：“夫”字脱，张、凌本有“夫”字。“闻”一作“间”。顾广圻云：“闻”当作“间”，“间”，反间也。先慎案：卢校是，今据改。《存韩》文止此，下乃附见其事。

诏以韩客之所上书，书言“韩之未可举”，下臣斯，[1]甚以为不然。[2]秦之有韩，若人之有腹心之病也。[3]虚处则㤥然[4]若居湿地，著而不去，以极走则发矣。[5]夫韩虽臣于秦，未尝不为秦病，今若有卒报之事，韩不可信也。[6]秦与赵为难，荆苏使齐，未知何如。以臣观之，则齐、赵之交未必以荆苏绝也；若不绝，是悉赵而应二万乘也。[7]夫韩不服秦之义而服于强也，今专于齐、赵，则韩必为腹心之病而发矣。韩与荆有谋，诸侯应之，则秦必复见崤塞之患。[8]非之来也，未必不以其能存韩也，为重于韩也。[9]辩说属辞，饰非诈谋，以钓利于秦，而以韩利窥陛下。[10]夫秦、韩之交亲，则非重矣，[11]此自便之计也。臣视非之言，文其淫说，靡辩才甚。臣恐陛下淫非之辩而听其盗心，[12]因不详察事情。今以臣愚议：秦发兵而未名所伐，则韩之用事者以事秦为计矣。[13]臣斯请往见韩王，使来入见；大王见，因内其身而勿遣，[14]稍召其社稷之臣，以与韩人为市，则韩可深割也。[15]因令象武[16]发东郡之卒，窥兵于境上而未名所之，则齐人惧而从苏之计，[17]是我兵未出而劲韩以威擒，强齐以义从矣。闻于诸侯也，赵氏破胆，荆人狐疑，必有忠计。[18]荆人不动，魏不足患也，则诸侯可蚕食而尽，赵氏可得与敌矣。愿陛下幸察愚臣之计，无忽。秦遂遣斯使韩也。

[1] 先慎曰：乾道本"言韩"下有"子"字。俞樾云："子"字衍文。韩非因闻贵臣之计，举兵将伐韩，故上此书，言韩之未可举。误衍"子"字，义不可通。赵本无"子"字，亦当从之。先慎案：张榜本亦无"子"字，今据删。

[2] 先慎曰：《拾补》"甚"上有"臣斯"二字。卢文弨云：旧本不重，一本有。先慎案："臣斯"二字误复。以下皆李斯言。

[3] 卢文弨曰："腹心"，旧本倒，今从《藏》本、张本，与下同。

[4] 旧注：怰，妨心腹虚也。而病为妨，喻秦虚心待韩，韩终为妨。怰，音艾。〇卢文弨曰：注"怰，音艾"，凌本音改。案《说文》："苦也，胡概切。"《玉篇》："恨，苦也。"

[5] 旧注：谓疾得冷，卒然而走必发矣。喻秦虽加恩于韩，有急，韩之不臣之心必见矣。〇顾广圻曰："虚处"逗，平居也，与"极"对文；"则怰然若居湿地著而不去"十一字为一句，"怰"，《说文》"苦也"，《广韵》云"患苦，胡概切"，旧注皆误。"以极"逗，"走"字衍。俞樾曰：顾氏视旧读为长，然"平居"不得谓之"虚处"，且"走"与"处"对文，则"走"字非衍也。按此当以"虚处则怰然若居湿地"为句，"虚"乃衍字也，盖即"处"字之误而复者。"著而不去"为句，"以极走则发矣"为句。"极"，犹"亟"也，古字通用。《荀子·赋》篇"出入甚极"，又曰"反覆甚极"，杨《注》并云"极，读为亟"，是其证。此言腹心之病附著不去，平居犹可，"亟走则发矣"。"亟走"，喻急也。旧注"卒然而走"，是正读"极"为"亟"也。下文"今若有卒

报之事，韩不可信也”，“若有卒报之事”与“亟走”之喻相应。顾训“极”为“困”，而删“走”字，未得其旨。先慎曰：俞说是。乾道本注“冷”作“令”，今依赵本。

[6] 俞樾曰：“报”，读为赴疾之赴。《礼记·少仪》篇“毋报往”，《丧服小记》篇“报葬者报虞”，郑《注》并云“报，读为赴疾之赴”，是也。

[7] 王渭曰：“赵”当作“秦”。

[8] 先慎曰：谓诸国兵将复至函谷。

[9] 先慎曰：非之来秦，为存韩也。则说虽为秦，心必为韩，故云“为重于韩也”。

[10] 旧注：“窥陛下”之意，因隙而入说，以求韩利。

[11] 旧注：见重于二国。

[12] 王先谦曰：浸淫而听纳之。

[13] 旧注：疑伐己也。

[14] 卢文弨曰：凌本“大王”二字重。张本不重，是。

[15] 王先谦曰：韩遣韩非入秦，在王安六年。其时荥阳、上党悉已入秦，存者独颍川一郡地耳。非存韩之说不得已而为宗社计。李斯所云深割者，即尽入其地之谓也。

[16] 王渭曰：“象”，当作“蒙”。蒙武见《始皇本纪》、《蒙恬列传》。

[17] 先慎曰：苏即荆苏，秦使之齐，绝赵交也。

[18] 先慎曰：荆疑四国，必不欺秦。

李斯往诏韩王，未得见，因上书曰：“昔秦、韩勠力一意，以不相侵，天下莫敢犯，如此者数世矣。前时五诸侯尝相与共伐韩，秦发兵以救之。[1]韩居中国，地不能满千里，而所以得与诸侯班位于天下、君臣相保者，以世世相教事秦之力也。[2]先时五诸侯共伐秦，韩反与诸侯先为雁行，以向秦军于關下矣。[3]诸侯兵困力极，无奈何，诸侯兵罢。[4]杜仓相秦,起兵发将以报天下之怨,而先攻荆。[5]荆令尹患之,曰:‘夫韩以秦为不义,而与秦兄弟共苦天下,[6]已又背秦,先为雁行以攻关。韩则居中国,展转不可知。’[7]天下共割韩上地十城以谢秦,解其兵。[8]夫韩尝一背秦而国迫地侵,兵弱至今,所以然者,听奸臣之浮说,[9]不权事实,故虽杀戮奸臣,不能使韩复强。今赵欲聚兵士卒,以秦为事,[10]使人来借道,言欲伐秦。欲伐秦,其势必先韩而后秦。[11]且臣闻之:‘唇亡则齿寒。’夫秦、韩不得无同忧,其形可见。魏欲发兵以攻韩,秦使人将使者于韩。[12]今秦王使臣斯来而不得见,恐左右袭曩奸臣之计,使韩复有亡地之患。臣斯不得见,[13]请归报,秦、韩之交必绝矣!斯之来使,以奉秦王之欢心,愿效便计,岂陛下所以逆贱臣者邪!臣斯愿得一见,前进道愚计,退就菹戮,愿陛下有意焉!今杀臣于韩,则大王不足以强;若不听臣之计,则祸必构矣。秦发兵不留行,而韩之社稷忧矣。臣斯暴身于韩之市,则虽欲察贱臣愚忠之计,不可得已。边鄙残,国固守,鼓铎之声于耳,[14]而乃用臣斯之计,晚矣。且夫韩之兵于天下可知也,今又背强秦。夫弃城而败军,[15]则反掖之寇[16]必袭城矣。城尽则聚散,聚散则无军矣。[17]城固守,[18]则秦必兴兵而围王一都,[19]道不通,则难必谋,[20]其势不救,左右计之者不用,[21]愿陛下熟图之。若臣斯之所言有不应事实者,愿大王幸使得毕辞于前,乃就吏诛不晚也。秦王饮食不甘,游观不乐,意专在图赵,使臣斯来言,愿得身见,因急与陛下有计也。[22]今使臣不通,则韩之信未可知也。夫秦必释赵之患而移兵于韩,愿陛下幸复察图之，而赐臣报决。”[23]

［1］先慎曰：《韩世家》：“釐王二十三年，赵、魏共伐韩，韩使陈筮告急于秦，秦昭王遣白起救韩，八日而至，大破赵、魏之师。”据《六国表》，事在昭王三十一年。

［2］王先谦曰：韩自懿侯后事见《世家》者，如昭侯十一年如秦，宣惠王十九年以太子仓质秦，襄王十年太子婴朝秦，釐王时两会秦王，非不世世事秦，而无世不被秦兵；常出兵佐秦伐诸侯，其得秦救，惟釐王二十三年一役而已。所谓“戮力一意，以不相侵”，特策士之游谈，初无关于事实也。

［3］王先谦曰：秦昭王九年，齐、魏、韩共击秦于函谷，十一年齐、韩、赵、魏、宋、中山五国共攻秦；韩襄王十四、十六年事也。先慎曰：乾道本“關”作“闕”。卢文弨云：《藏》本作“關”，下云：“先为雁行以攻關。”先慎案：“闕”乃“關”字形近而讹，即函谷關。今据《藏》本改。

［4］王先谦曰：秦割地以和，见《表》及《秦纪》，此饰言之。

［5］王先谦曰：据《表》、《（记）〔纪〕》、《世家》，秦昭王二十七年，楚顷襄王十九年，韩釐王十六年也。自是连三年秦击楚，破之，遂拔郢。先慎曰：乾道本“先”作“失”，非也。顾广圻云“今本‘失’作‘先’”，今据改。

［6］先慎曰：谓与秦为兄弟也。

［7］先慎曰：“展转”，犹反覆也。

［8］王先谦曰：据《秦纪》及《表》，昭王四十五年攻韩，取十城，未知即此事否？四十七年，秦即攻上党，亦未尝解兵。

［9］先慎曰：乾道本“臣”作“人”。卢文弨云：张本“人”作“臣”。先慎案：下文亦作“臣”。作“臣”者是，今据改。

［10］先慎曰：“兵”字疑衍，上文“夫赵氏聚士卒”，无“兵”字，即其证。

［11］先慎曰：乾道本不重“欲伐秦”三字。卢文弨云：旧不重，今依张、凌本补。顾广圻云：《藏》本重“欲伐秦”三字，非也。先慎案：重三字

文义较足，未必乾道本独是，而众本皆非也。顾说太泥，今据补。

[12] 王先谦曰：此言魏遣使于秦，约共攻韩，秦欲送其使于韩，所以诳恐之。

[13] 先慎曰：乾道本无“得”字。顾广圻云“《藏》本、今本‘不’下有‘得’字”，今据补。

[14] 先慎曰：“边鄙残”句，“国固守”句。“于”上脱“盈”字。

[15] 顾广圻曰：“败军”当作“军败”，“军”句绝，“败”下属。王先谦曰：言割城而又败其军，于义自顺，无庸倒文。

[16] 旧注：“反掖”者，谓麾下反以禽君掖也。〇卢文弨曰：反于掖下，言内变将作也，注迂晦。王先谦曰：谓韩本国之寇，与下“秦兴兵”对文。

[17] 先慎曰：乾道本不重“聚散”二字。顾广圻云：《藏》本、今本重“聚散”。先慎案：城尽则聚者散，聚者散则国无军。重“聚散”二字，语乃明显，今据补。

[18] 顾广圻曰：《藏》本、今本“城”上有“使”字。先慎曰：“城固守”与上“城尽”对文，无“使”字是。

[19] 王先谦曰：或云“一”字当在“道”字下，非也。古城邑大者，皆谓之都，不必王所居方为都。孟子云“王之为都者，臣知五人”，是也，《韩世家》“公仲请王赂秦以一名都，楚陈轸言秦得韩之名都一”，正与此文“一都”相类。

[20] 王先谦曰：《说文》：“虑难曰谋。”

[21] 顾广圻曰：“用”当作“周”。周，密也。

[22] 先慎曰：乾道本无“见”字。顾广圻云“《藏》本、今本有‘见’字”，今据补。

[23] 赵用贤曰：此当时记载之文，故并叙李斯语。

难言第三

臣非非难言也，所以难言者：言顺比滑泽，洋洋纚纚然，则见以为华而不实；[1]敦厚恭祗，[2]鲠固慎完，则见以为拙而不伦。[3]多言繁称，连类比物，则见以为虚而无用；总微说约，径省而不饰，则见以为刿而不辩；[4]激急亲近，探知人情，则见以为僭而不让；[5]闳大广博，妙远不测，[6]则见以为夸而无用；家计小谈，以具数言，则见以为陋；[7]言而近世，辞不悖逆，则见以为贪生而谀上；[8]言而远俗，诡躁人闲，则见以为诞；[9]捷敏辩给，繁于文采，则见以为史；[10]殊释文学，[11]以质性言，则见以为鄙；[12]时称诗书，道法往古，则见以为诵。[13]此臣非之所以难言而重患也。

[1] 旧注：言顺于慎，比于班。洋洋，美；纚纚，有编次也。○卢文弨曰："顺比"，不拂逆也。注"言顺于慎，比于班"，转难解。凌本"泽"作"泻"，误。先慎曰：《意林》引"见"下有"者"字。"为"作"谓"，下同。

[2] 先慎曰：乾道本作"敦祗恭厚"。《意林》引作"敦厚恭祗"，是也，今据改。

[3] 先慎曰：乾道本"拙"作"掘"。顾广圻云：《藏》本、今本"掘"作"拙"。先慎案：《意林》亦作"拙"，今据改。

[4] 先慎曰：《意林》"刿"作"讷"。

[5] 先慎曰：乾道本"僭"作"谮"，《拾补》"急"下旁注"意"字。卢文弨云：张本"意"作"急"，"探"一作"深"，凌本"谮"作"僭"。顾广圻云：今本"急"作"意"，误。先慎案："谮"，凌本作"僭"，是，今据改。《意林》"急"

亦误作“意”。《释名》：“急，及也，操切之使相逮及也。”《说文》：“探，远取之也。”疏远之臣，虑事广肆，并及人主之亲近，以刺取其向背，即《说难》所谓非间己即卖重也，故见者以为“僭而不让”。

［6］先慎曰：《意林》“妙远”作“深而”。

［7］顾广圻曰：《藏》本同，今本“家”作“纤”，误。卢文弨曰：张本作“家”。先慎曰：此即《说难》篇所谓“米盐博辩”也，作“家”字是。

［8］顾广圻曰：“逆”当作“遻”。《诗》“巧言如流”，《笺》云：“故不悖逆。”《释文》云：“遻，五故反，本亦作逆。”按《说难》篇云：“大意无所拂悟。”“拂”、“悖”同字，“遻”、“悟”同字。作“逆”者，形近之误也。又郑《檀弓注》：“噫，弗寤之声。”“弗寤”即“拂悟”。《正义》读“弗”如字者，非。今本因之改“弗”作“不”，尤误。《列女传》“不拂不寤”，亦用“寤”字。

［9］先慎曰：《释名》：“躁，燥也。物燥，乃动而飞扬也。”则“躁”有华而不实之意。《易·系辞》：“躁人之辞多。”

［10］先慎曰：《仪礼·聘记》云：“辞多则史。”郑《注》：“史，谓策祝。”亦言史官辞多文也。

［11］王先谦曰：“殊释”，犹言绝弃。

［12］先慎曰：乾道本“性”作“信”。卢文弨云：“‘信’，张、凌本皆作‘性’。”顾广圻云：“《藏》本‘信’作‘性’，是也。”今据改。

［13］旧注：诵说旧事。

故度量虽正，未必听也；义理虽全，未必用也。大王若以此不信，则小者以为毁訾诽谤，大者患祸灾害死亡及其身。故子胥善谋而吴戮之，仲尼善说而匡围之，管夷吾实贤而鲁囚之。故此三大夫岂不贤哉！而三君不明也。上古有汤，至圣也；伊尹，至智也。夫至智说至圣，然且七十说而不受，身执鼎俎为庖宰，昵近习亲，而汤乃仅知其贤而用之。故曰：“以至智说至圣未必至而见受，伊尹说汤是也；以智说愚必不听，文王说纣是也。”故文王说纣而纣囚之；[1]翼侯炙；[2]鬼侯腊；[3]比干剖心；梅伯醢；[4]夷吾束缚；而曹羁奔陈；伯里子道乞；[5]傅说转鬻；[6]孙子膑脚于魏；吴起收泣于岸门，[7]痛西河之为秦，卒枝解于楚；[8]公叔痤言国器反为悖；公孙鞅奔秦；关龙逢斩；苌宏分胣；[9]尹子阱于棘；[10]司马子期死而浮于江；田明辜射；[11]宓子贱、西门豹不斗而死人手；董安于死而陈于市；[12]宰予不免于田常；范雎折胁于魏。此十数人者，皆世之仁贤忠良有道术之士也，不幸而遇悖乱暗惑之主而死。然则虽贤圣不能逃死亡避戮辱者何也？则愚者难说也，故君子难言也。[13]且至言忤于耳而倒于心，非贤圣莫能听，愿大王熟察之也！

[1] 先慎曰：乾道本无“而纣”二字。顾广圻云“《藏》本、今本‘纣’下有‘而纣’二字”，今据补。

[2] 顾广圻曰：《战国策》、《史记》皆作“鄂侯”。先慎曰：《左》隐五年：“邢人伐翼，翼侯奔随。”六年：“纳诸鄂谓之鄂侯。”翼、鄂地近，故相通称。《史记·楚世家》“熊渠中子红为鄂王”，《吴越春秋·句践阴谋外传》“号翼侯”，可借证翼、鄂通称。

[3] 先慎曰：《史记》作“九侯”，徐广《注》：“九侯，一作‘鬼侯’，邺县有九侯城。”“九”、“鬼”声近通用。

[4] 先慎曰：见《晏子》。《楚辞》云：“数谏至醢。”

[5] 卢文弨曰：即百里奚亡秦走宛事。顾广圻曰：“伯”读为“百”。

[6] 旧注：转次而佣，故曰“鬻”。

[7] 卢文弨曰：“收”，疑是“抆”字，见《吕氏春秋·长见》篇。顾广圻曰：《仲冬纪》云“抿泣”，《恃君览》云“雪泣”。先慎曰：“收”，当作“抆”，形近而误。

［8］先慎曰：说详《奸劫弑臣》篇。

［9］旧注：磔，裂也，敕氏反。○先慎曰：赵本无注六字。《庄子·胠箧》篇《释文》引司马云："苌弘，周灵王贤臣也。"案周景王、敬王之大夫，鲁哀公三年六月，周人杀苌弘。一云刳肠曰"胣"。《六微》篇以为叔向之谗。

［10］旧注：投之于阱棘中。○顾广圻曰：未详。先慎曰：赵本无注。卢文弨云：张本有注。

［11］旧注：非罪为辜，射而杀之。○顾广圻曰：未详。俞樾曰：旧注曲说，"辜射"即辜磔。"磔"从石声，与"射"声相近，故得通用。"辜"、"磔"本叠韵字，《荀子·正论》篇"斩断枯磔"，以"枯"为"辜"；此云"辜射"，又以"射"为"磔"。古书每无定字，学者当以声求之。《周礼·掌戮》"杀王之亲者辜之"，《注》曰："谓磔之。""田明辜射"，即此刑也。字又作"矺"，《史记·李斯传》"十公主矺死于杜"，《索隐》曰："'矺'与'磔'同，古今字异耳。"

［12］先慎曰："安于"，《十过》、《七术》篇作"阏于"，《观行》篇作"安"，与此同。案"安"、"阏"古通，《左》定十三年《传》作"安"，《淮南·道应训》作"阏"，是也。惟《赵策》"安"、"阏"两有为误。

［13］先慎曰：乾道本"难言"作"不少"。顾广圻云：今本"不少"作"难言"，误；案此句下有脱文。先慎案："君子难言"，文甚明白易晓，今从之。

爱臣第四

爱臣太亲，必危其身；[1]人臣太贵，必易主位；[2]主妾无等，必危嫡子；[3]兄弟不服，必危社稷。[4]臣闻：千乘之君无备，必有百乘之臣在其侧，以徙其民而倾其国；[5]万乘之君无备，必有千乘之家在其侧，以徙其威而倾其国。是以奸臣蕃息，主道衰亡。是故诸侯之博大，天子之害也；群臣之太富，君主之败也。将相之管主而隆国家，[6]此君人者所外也。[7]万物莫如身之至贵也，位之至尊也，主威之重，主势之隆也。[8]此四美者，不求诸外，不请于人，议之而得之矣。[9]故曰：人主不能用其富，则终于外也。[10]此君人者之所识也。

[1] 旧注：威权上逼，故"危其身"。

[2] 卢文弨曰：一作"人臣太擅，必易主命"，与韵不叶，非也。

[3] 旧注：主，谓室主。

[4] 旧注：君之兄弟不相从服。

[5] 王渭曰："民"当作"威"。

[6] 孙诒让曰：日本蒲阪圆本作"后主而隆家"，云："物茂卿本'后'作'管'，'隆'下有'国'字。凌本同，非。《八经》篇：'家隆劫杀之难。'"诒让案："管主"、"后主"并无义，"管"当作"营"，形近而误。"营主"谓营惑其主也。《淮南子·原道训》高《注》："营，惑也。""隆国家"，当依蒲阪圆本删"国"字，"隆家"言构诸大家使争哄，详后《八经》篇。

[7] 旧注：君当疏外斥远之。

[8] 先慎曰：乾道本无"位之至尊也"下三句。顾广圻云：今本"也"下衍十四字。先慎案：下"四美"即指此"身"、"位"、"威"、"势"而言，少三句则下"四美"无著，今据补。

[9] 先慎曰："议"当作"义"。义者，事之宜也。人君合其宜则得之矣。

[10] 旧注：既不能用富，臣则窃之。○先慎曰："富"之言备也。四美不备，则国非其有矣。

昔者纣之亡，周之卑，皆从诸侯之博大也。[1]晋之分也，[2]齐之夺也，[3]皆以群臣之太富也。夫燕、宋之所以弑其君者，[4]皆以类也。[5]故上比之殷、周，中比之燕、宋，莫不从此术也。是故明君之蓄其臣也，尽之以法，[6]质之以备。[7]故不赦死，不宥刑，赦死宥刑，是谓威淫，[8]社稷将危，国家偏威。[9]是故大臣之禄虽大，不得藉威城市；[10]党与虽众，不得臣士卒。故人臣处国无私朝，[11]居军无私交，其府库不得私贷于家。[12]此明君之所以禁其邪。是故不得四从，[13]不载奇兵，[14]非传非遽，载奇兵革，罪死不赦。此明君之所以备不虞者也。

[1] 旧注：殷诸侯文王，周诸侯秦襄王。○先慎曰："从"当作"以"。"以"与古文"从"相似，因误为"从"，校者不审，又改为"从"。下文"皆以群臣之太富也"，与此文正一律，明此"从"为"以"之误。

[2] 旧注：赵、魏、韩也。

[3] 旧注：陈恒弑简公也。

[4] 先慎曰：子罕劫宋，子之夺燕。

[5] 孙诒让曰："以类"当作"此类"。

[6] 旧注：臣虽有贵贱，同以法也。

[7] 旧注：谓薄其赏赐也，臣贫则易制。○王先谦曰：《广雅·释诂》："质，正也。""备"者，未至而设之，所以逆杜其邪心也。旧注误。

[8] 旧注：淫，散也。

[9] 旧注：君威散，臣威成，故曰"偏威"。○先慎曰：乾道本注无"成"字，今从赵本。

[10] 旧注：市，众所聚，恐其乘众而生心也。○俞樾曰："威"字衍文，"藉"当读为"籍"。《诗·韩奕》篇"实亩实籍"，唐石经作"实亩实藉"，是其例矣。《汉·武帝纪》"籍吏民马"，师古《注》："籍者，总入籍录而取之。"即此"籍"字之义。《管子·轻重甲》篇："桓公欲藉于室屋，欲藉于万民，欲藉于六畜，欲藉于树木。"与此正同。言大臣之禄虽大，而城市之地不得藉而取之也。下云"党与虽众，不得臣士卒"，"臣士卒"与"藉城市"相对成文。今涉上文"是谓威淫"及"国家偏威"而误衍"威"字。旧注不解"威"字，是旧本犹未衍也。

[11] 旧注：谓臣自私朝。

[12] 旧注：不欲令其树福也。

[13] 旧注：四邻之国为私交。○孙诒让曰：注说非也。此"四从"，"四"与"驷"通，谓驷乘也；《左》文十一年《传注》："驷乘，四人共车。""从"谓从车。皆论贵臣随从车乘之事，下云"不载奇兵"，即蒙上"四从"而言。《史记·商君传》："赵良曰：五羖大夫之相秦也，行于国中，不从车乘，不操干戈。"又曰："君之出也，后车十数，从车载甲，多力而骈胁者为骖乘。"参乘为骖乘，四乘为驷乘，二者略同。商君正以从车载兵甲，故为赵良所责，可证此文之义。先慎曰："四从"，孙说是。旧注当在"居军无私交"下，传写误置于此耳。

[14] 王先谦曰：《淮南·墬形训》高《注》："奇，隻也。""奇兵"，佩刀剑之属，与上"四从"对文。"不载"，谓不载以从。《战国策》"秦群臣侍殿上者，不得持尺寸之兵"，即此义也。惟传遽以备非常，乃得载兵甲，故下又申言之。秦御臣民至严峻，此法制已然者，非之言此，特以中其意。

主道第五

道者，万物之始，[1]是非之纪也。[2]是以明君守始以知万物之源，[3]治纪以知善败之端。[4]故虚静以待令，令名自命也，令事自定也。虚则知实之情，静则知动者正。[5]有言者自为名，有事者自为形，形名参同，君乃无事焉，归之其情。故曰：君无见其所欲，君见其所欲，臣自将雕琢；[6]君无见其意，君见其意，臣将自表异。[7]故曰："去好去恶，臣乃见素；去旧去智，臣乃自备。"[8]故有智而不以虑，使万物知其处；有行而不以贤，观臣下之所因；[9]有勇而不以怒，使群臣尽其武。是故去智而有明，[10]去贤而有功，[11]去勇而有强。[12]群臣守职，百官有常，因能而使之，是谓习常。故曰：寂乎其无位而处，漻乎莫得其所。[13]明君无为于上，群臣竦惧乎下。[14]明君之道，使智者尽其虑，而君因以断事，故君不穷于智；[15]贤者敕其材，[16]君因而任之，故君不穷于能；有功则君有其贤，有过则臣任其罪，故君不穷于名。[17]是故不贤而为贤者师，[18]不智而为智者正。[19]臣有其劳，君有其成功，[20]此之谓贤主之经也。[21]

[1] 旧注：物从道生，故曰"始"。

[2] 旧注：是非因道彰，故曰"纪"。

[3] 旧注：得其始，其源可知也。〇先慎曰：乾道本注"可"作"亦"，今据张榜本、赵本改。

［4］旧注：得其纪，其端可知也。

［5］俞樾曰：下“知”字当作“为”。“静则为动者正”，犹下文云“不智而为智者正”也。涉上句而误作“知”，于义不可通。先慎曰：俞说是。下“者”字，张榜本作“之”。

［6］旧注：臣因欲雕琢以称之。○卢文弨曰：“自将”二字疑倒，当与下文一例。

［7］旧注：君见其意，臣因其意以称之。

［8］旧注：好恶不形，臣无所效，则戒而自备。○王念孙曰：“去旧去智”，本作“去智去旧”，“恶”、“素”为韵，“旧”、“备”为韵。“旧”，古读若忌，《大雅·荡》篇“殷不用旧”，与“时”为韵，《召闵》篇“不尚有旧”，与“里”为韵，《管子·牧民》篇“不恭祖旧”，与“备”为韵，皆其证也。后人读“旧”为巨救反，则与“备”字不协，故改为“去旧去智”。不知古音“智”属支部，“备”属之部，两部绝不相通，自唐以后始溷为一类。此非精于三代两汉之音者，不能辨也。

［9］先慎曰：当作“有贤而不以行”，与“有智而不以虑”、“有勇而不以怒”文法一律。下文“去智”、“去贤”、“去勇”，不作“去行”，是其证。

［10］旧注：去君智，则臣智自明也。

［11］旧注：去君贤，则臣事自功。

［12］旧注：去君勇，则臣武自强。

［13］顾广圻曰：“漻”，读为寥，正字作“廫”。《说文》云：“空虚也。”

［14］卢文弨曰：“乎”，《藏》本作“于”。

［15］旧注：用臣智，故智不穷。

［16］卢文弨曰：“敕”，一作“效”。

［17］先慎曰：乾道本“君”下有“子”字。卢文弨云：“子”字衍。顾广圻云：《藏》本无“子”字，是也。先慎案：张榜本亦无，今据删。

［18］旧注：君虽不贤，为贤臣之师。

［19］旧注：为臣之正。○先慎曰：乾道本“为”下有“上”字。卢文弨云：“为”下衍“上”字，张、凌本俱无。顾广圻云：《藏》本无“上”字，是

也。先慎案：张榜本亦无，今据删。

[20] 旧注：君取臣劳以为己功。○王先谦曰：依文义文势读之，无“功”字为是。“正”、“成”、“经”又相均也。据旧注则所见本已衍“功”字。

[21] 旧注：经，常法也。

道在不可见，[1]用在不可知。虚静无事，以暗见疵。[2]见而不见，闻而不闻，知而不知。知其言以往，勿变勿更，以参合阅焉。官有一人，[3]勿令通言，则万物皆尽。[4]函掩其迹，匿其端，[5]下不能原。[6]去其智，绝其能，下不能意。保吾所以往而稽同之，谨执其柄而固握之。绝其望，破其意，毋使人欲之。[7]不谨其闭，不固其门，虎乃将存。[8]不慎其事，不掩其情，贼乃将生。弑其主，代其所，人莫不与，故谓之虎。处其主之侧，[9]为奸臣，[10]闻其主之忒，[11]故谓之贼。散其党，收其馀，[12]闭其门，夺其辅，国乃无虎。大不可量，深不可测，同合刑名，[13]审验法式，擅为者诛，国乃无贼。是故人主有五壅：臣闭其主曰壅，臣制财利曰壅，臣擅行令曰壅，臣得行义曰壅，臣得树人曰壅。臣闭其主则主失位，臣制财利则主失德，[14]臣擅行令则主失制，臣得行义则主失名，[15]臣得树人则主失党。此人主之所以独擅也，非人臣之所以得操也。

[1] 旧注：君道必使臣不可见也。○卢文弨曰：张本不提行。

[2] 先慎曰：人不知虚静之道，反以其暗而疵之。

[3] 顾广圻曰：《扬搉》篇“有”作“置”。

[4] 旧注：各令守职，勿使相通，情既相猜，则自尽矣。○先慎曰：

乾道本注“尽”作“静”，据赵本改。

［5］卢文弨曰：“掩”字疑是注，凌本无。顾广圻曰：“则万物皆尽函”句绝，旧注读“函”属下，误。孙诒让曰：“函”当为“亟”，“函”俗作“亟”，形近而误。《尔雅·释诂》云：“亟，疾也。”此当以“亟掩其迹”为句，顾读非，卢校尤误。

［6］先慎曰：“原”当作“缘”，缘，因也。掩迹匿端则下无所因以侵其主。“不能缘”与下“不能意”同义，“原”、“缘”声近而误。《二柄》篇云：“人主不掩其情，不匿其端，而使人臣有缘以侵其主。”作“缘”字，是其证。

［7］旧注：执柄固，则人意望绝也。〇先慎曰：各本“望”上有“能”字，《拾补》删。卢文弨云：注“则人意望绝”，张本作“绝其能望”，亦衍“能”字。顾广圻云：《藏》本同，今本无“望”字，误。此当衍“能”字。先慎案：无“望”字者，因上有“绝其能”而妄删之，不知此“能”字正涉上文而误衍，注“则人意望绝”不释“能”字，明旧本亦无“能”字，依卢校删。

［8］旧注：权柄不固，则篡国之虎因而存矣。

［9］顾广圻曰：句绝。与下文“忒”、“贼”为韵。

［10］王念孙曰：“臣”当为“匿”字之误。“匿”，读为慝，谓居君侧而为奸慝也。《逸周书·大戒》篇：“克禁淫谋，众匿乃雍。”“众匿”即“众慝”。《管子·七法》篇“百匿伤上威”，“百匿”即“百慝”。《明法》篇“比周以相为匿”，《明法解》“匿”作“慝”。《汉书·五行志》“朔而月克东方谓之仄慝”，《书·大传》作“侧匿”。是“匿”与“慝”古字通。“主”、“所”、“与”、“虎”为韵，“侧”、“匿”、“忒”、“贼”为韵，若作“臣”则失其韵矣。顾广圻曰：“臣”当作“以”。“以”，正字作“目”，形相近。先慎曰：王说是。

［11］王念孙曰：“闻”盖“间”之讹。“间”，伺也。

［12］顾广圻曰：“馀”当作“与”。下文“辅”、“虎”其韵也。

［13］顾广圻曰：“刑”，读为“形”，《扬搉》篇同。

［14］王先谦曰：“德”当作“得”，与上“财利”相应，此缘声同而误。

［15］先慎曰：乾道本“名”作“明”。顾广圻云“《藏》本、今本‘明’作‘名’”，今据改。

人主之道，静退以为宝。[1]不自操事而知拙与巧，不自计虑而知福与咎。是以不言而善应，[2]不约而善增。言已应则执其契，事已增则操其符。[3]符契之所合，赏罚之所生也。故群臣陈其言，君以其言授其事，事以责其功。[4]功当其事，事当其言则赏；功不当其事，事不当其言则诛。明君之道，臣不得陈言而不当。[5]是故明君之行赏也，暧乎如时雨，[6]百姓利其泽；其行罚也，畏乎如雷霆，神圣不能解也。故明君无偷赏，无赦罚。赏偷则功臣堕其业，赦罚则奸臣易为非。[7]是故诚有功则虽疏贱必赏，诚有过则虽近爱必诛。[8]近爱必诛，则疏贱者不怠，而近爱者不骄也。

[1] 先慎曰："静退"当作"虚静"。此承上"虚静以待令"而言，下"不操事"、"不计虑"而知巧拙、福咎，即申"虚则知实之情，静则为动之正"之义。今讹作"静退"，则文之前后不相照应矣。

[2] 先慎曰：乾道本无"而"字。顾广圻云"《藏》本、今本'言'下有'而'字"，今据补。

[3] 俞樾曰："增"字义不可通，两"增"字疑皆"會"字之误。"不言而善应"，语本《老子》"不约而善會"，亦即《老子》所谓"善结无绳，约而不可解"也，"善會"犹"善结"也。"會"误作"曾"，又误为"增"耳。先慎曰："约"当作"事"，"言已应"、"事已增"，正承上言之。"增"，读如"簪"，与上"应"为韵。俞改"增"为"會"，迂曲不可从。

[4] 顾广圻曰：《藏》本、今本"事以"作"以事"，按当作"以其事"。先慎曰：《二柄》篇作"专以其事责其功"。

[5] 先慎曰：乾道本无"得"字。卢文弨云："得"字脱，《藏》本有。先慎案：《二柄》篇亦有"得"字，今据补。顾广圻云：此句下有脱文。

［6］顾广圻曰："暖"，读为"爱"。

［7］卢文弨曰："臣"，张本作"人"。

［8］顾广圻曰：此句下有脱文。先慎曰：此下当有"疏贱必赏"四字。

韩非子卷第二

有度第六[1]

国无常强，无常弱。奉法者强则国强，[2]奉法者弱则国弱。荆庄王并国二十六，开地三千里，庄王之氓社稷也，而荆以亡。[3]齐桓公并国三十，启地三千里，桓公之氓社稷也，而齐以亡。燕襄王[4]以河为境，以蓟为国，袭涿、方城，[5]残齐，平中山，[6]有燕者重，无燕者轻，[7]襄王之氓社稷也，而燕以亡。魏安釐王攻赵救燕，[8]取地河东；[9]攻尽陶、魏之地，[10]加兵于齐，私平陆之都；[11]攻韩拔管，[12]胜于淇下；睢阳之事，荆军老而走；[13]蔡、召陵之事，荆军破；兵四布于天下，[14]威行于冠带之国。安釐王死而魏以亡。[15]故有荆庄、齐桓则荆、齐可以霸，[16]有燕襄、魏安釐则燕、魏可以强。今皆亡国者，其群臣官吏皆务所以乱而不务所以治也。其国乱弱矣，又皆释国法而私其外，[17]则是负薪而救火也，乱弱甚矣。故当今之时，能去私曲就公法者，民安而国治；能去私行行公法者，则兵强而敌弱。故审得失有法度之制者加以群臣之上，则主不可欺以诈伪；[18]审得失有权衡之称者以听远事，则主不可欺以天下之轻重。[19]今若以誉进能，则臣离上而下比周；[20]若以党举官，则民务交而不求用于法。[21]故官之失能者其国乱。以誉为赏，以毁为罚也，则好赏恶罚之人释公行，行私术，比周以相为也。[22]忘主外交，以进其与，[23]则其下所以为上者薄矣。交众与多，外内朋党，虽有大过，其蔽多矣。[24]故忠臣危死于非罪，奸邪之臣安利于无功。[25]忠臣危死而不以其罪，则良臣伏矣；[26]奸邪之臣安利不以功，则奸臣进矣，[27]此亡之本也。若是，则群臣废法而行私重，[28]轻公法矣。[29]数至能人之门，[30]不壹至主之廷；[31]百虑私家之便，不壹图主之国。属数虽多，非所以尊君也；[32]百官虽具，非所以任国也。[33]然则主有人主之名，而实托于群臣之家也。[34]故臣曰：亡国之廷无人焉。[35]廷无人者，非朝廷之衰也。家务相益，不务厚国；大臣务相尊，而不务尊君；[36]小臣奉禄养交，不以官为事。[37]此其所以然者，由主之不上断于法，而信下为之也。故明主使法择人，不自举也；使法量功，不自度也。[38]能者不可弊，败者不可饰，誉者不能进，非者弗能退，[39]则君臣之间明辩而易治，[40]故主雠法则可也。[41]

[1] 先慎曰：乾道本"六"作"七"，据赵本改。

[2] 旧注：强，为不曲法从私。○卢文弨曰：注"为"字当作"谓"。先慎曰："为"、"谓"字同。

[3] 旧注：荆全之时与荆亡之时，民及社稷未改易而全、亡遂殊者，则由奉法有强弱故也。○顾广圻曰："氓"当作"民"，下二句同，旧注未讹。

[4] 顾广圻曰："襄"当作"昭"，下同。《史记·年表》、《世家》，燕无襄王。下文云"残齐"，在昭王二十八年，或一谥"襄"也。

[5] 旧注：方城，涿之邑也。○顾广圻曰：句有误。王先谦曰："袭"，谓重绕在外。谓燕都在蓟，涿、方城在外，犹《左传》言"表里"也。

涿与方城二地，注误。方城见《燕世家》，《汉志》涿属涿郡，蓟、方城属广阳国；方城详见《水经》圣水、巨马水《注》中，今直隶固安县西南有方城村，即其地也。

［6］旧注：中山，国名。

［7］旧注：谓邻国得燕为党者则重，反是者则轻也。

［8］顾广圻曰：当云“攻燕救赵”。《年表》：五年击燕，二十年救邯郸，二十一年救赵。又《世家》二十年云：“赵得全也。”

［9］旧注：河东，故南燕国所在，时魏救燕，燕人得之，故以河东故国与魏也。○卢文弨曰：注“河东，故南燕国所在”，凌、张本作“故南燕之地”，无下“河东”二字。“德之”误作“得之”。先慎曰：此盖五年击燕所得，注谓燕人与魏，非也。

［10］旧注：陶，定陶也。○顾广圻曰：“魏”，当作“卫”，见本书《饰邪》篇。

［11］旧注：言魏加兵于齐平陆，以为私都也。

［12］旧注：管，故管叔所都。

［13］旧注：魏与楚相持于睢阳，而楚师遁。师久为老。○先慎曰：注赵本“为老”作“而老”，误。

［14］旧注：兵，魏之兵也。

［15］先慎曰：乾道本无“王”字。卢文弨云“脱，《藏》本有”，今据补。

［16］先慎曰：乾道本“桓”下有“公”字。卢文弨云“‘公’字衍”，顾广圻云“《藏》本无，是也”，今据删。

［17］旧注：外，谓臣之事也。

［18］旧注：谓得守法度之臣，授之以政，位加群臣之上，故不可欺以诈伪。○顾广圻曰：“失”当作“夫”，下文“审得失有权衡之称者”，“失”亦当作“夫”。“加以”当作“以加”，旧注未讹。先慎曰：顾说是。《拾补》“加以”作“加于”，是。注赵本“授”误作“受”。

［19］旧注：权衡，所以称轻重也。臣既妙于轻重，使之听远，故不可欺以轻重也。

［20］旧注：能由誉进，所以比周于下，求其虚誉。

［21］旧注：官由党举，所以务交，求其亲援。

［22］先慎曰：上“行”字当作“法”。“好赏恶罚之人，释公法行私术”，与上“去私曲就公法，去私行行公法”、下“行私重轻公法，奉公法废私术”相应，四处皆作“法”字，此“行”字涉下文而误。

［23］旧注：与，谓党与也。

［24］旧注：朋党既多，递相隐蔽，虽有大过，无从而知也。

［25］旧注：邪臣朋党，则忠臣横以非罪而见陷，邪臣辄以无功而获利也。

［26］旧注：臣伤其类，故良臣伏也。○先慎曰：乾道本“危”上有“之所以”三字，“良”下无“臣”字。卢文弨云：“之所以”三字衍，一本无。顾广圻云：《藏》本、今本“良”下有“臣”字。先慎案：注云“则良臣伏”，是注所见本亦有“臣”字。“之所以”三字不当有，此与下句文法一律，今从卢、顾校改。“伏”，谓隐也。

［27］旧注：同气相求，故奸臣进也。

［28］王渭曰：句绝。

［29］旧注：私重，谓朋党私相重也。

［30］旧注：此其所以私重也。○顾广圻曰：“能”当作“態”。態人，即《荀子》之“態臣”，见《臣道》篇。先慎曰：“能人”，即私人也，见《管子·明法》篇，本书作“能”字不误。《三守》篇“不敢不下适近习能人之心”，即其证。乾道本注“此”作“比”，依张榜本、赵本改。

［31］先慎曰：赵本“壹”作“一”，下同。

［32］旧注：君之徒属之数虽多，皆行私重，故非尊君。○先慎曰：乾道本无“以”字。顾广圻云：今本“所”下有“以”字。先慎案：依下文当有，今据补。

［33］旧注：百官虽备，皆虑私家之便，故非任国。任，谓当其事也。

［34］旧注：威权不移故也。○卢文弨曰：注“下移”误“不移”。

［35］旧注：无忧国之人也。臣，韩非自谓也。○先慎曰：此篇多本

《管子·明法》篇。

[36] 先慎曰：张榜本“相益”作“之益”。案“家务相益”，谓务相益其家，与“大臣务相尊”同。“相益”、“相尊”对“厚国”、“尊君”而言。张榜本“相”作“之”，误。

[37] 顾广圻曰：“奉”当作“持”，见本书《三守》篇。《晏子春秋·问下》云：“士者持禄，游者养交。”《荀子·臣道》篇云：“以之持禄养交而已耳，国贼也。”又见《韩诗外传》。

[38] 旧注：择人量功之法，布在方册，谓成国之旧制。

[39] 旧注：以法量功，故能不可弊，败不可饰也；以法饰人，故誉不能进，非不能退也。○先慎曰：张榜本作“蔽”，《管子》亦作“蔽”。“非”作“诽”，字并通用。

[40] 旧注：明辩，谓善恶不相掩。

[41] 旧注：雠，谓校定可否。

贤者之为人臣，北面委质，无有二心。朝廷不敢辞贱，军旅不敢辞难，[1]顺上之为，从主之法，虚心以待令而无是非也。故有口不以私言，[2]有目不以私视，[3]而上尽制之。为人臣者，譬之若手，上以修头，下以修足。清暖寒热，不得不救入；[4]镆铘傅体，不敢弗搏。[5]无私贤哲之臣，无私事能之士。[6]故民不越乡而交，无百里之感。[7]贵贱不相逾，愚智提衡而立，[8]治之至也。今夫轻爵禄，易去亡，以择其主，臣不谓廉[9]诈说逆法，倍主强谏，臣不谓忠[10]行惠施利，收下为名，臣不谓仁[11]离俗隐居，而以非上，臣不谓义。[12]外使诸侯，内耗其国，伺其危险之陂以恐其主，[13]曰“交非我不亲，怨非我不解”，而主乃信之，以国听之，卑主之名以显其身，毁国之厚以利其家，臣不谓智。[14]此数物者，险世之说也，而先王之法所简也。[15]先王之法曰：[16]“臣毋或作威，[17]毋或作利，从王之指；毋或作恶，[18]从王之路。”古者世治之民，奉公法，废私术，专意一行，具以待任。[19]

［1］旧注：朝廷辞贱则下有缺上之心，军旅辞难则士有偷存之志。○先慎曰：乾道本注“士”作“事”，今依张榜本、赵本改。卢文弨云：注“鈌”讹作“缺”。“士”，《藏》本作“事”。

［2］旧注：为君言也。

［3］旧注：为君视也。

［4］旧注：寒则救之以暖，热则救之以清，凡此皆用手入，故曰“不得不救入”也。○先慎曰：“入”字衍文。下“不敢弗搏”与“不得不救”相对成文，明此不当有“入”字。旧注不审，而曲为之说，非。张榜本删“入”字，是也。又案：“清暖寒热”，据注文当作“寒暖热清”。

［5］旧注：利刃近体，手必搏之。○卢文弨曰：“弗”，《藏》本作“不”。

［6］旧注：贤哲之臣、事能之士，皆以公用之。

［7］旧注：既任臣以公，则政平国理，人无异望、无外心，故不越乡而交，所以无百里之感。○顾广圻曰：“感”，读为戚。

［8］旧注：愚智各得其所，故提衡而立。

［9］旧注：易亡、择主，心贪者耳，如此之臣，不可谓廉也。

［10］旧注：逆法、强谏，凌主者耳，如此之臣，不可谓忠。

［11］旧注：行惠收下，作福者耳，如此之臣，不可谓仁。

［12］旧注：隐居非上，扬主之恶，如此之臣，不可谓义。○先慎曰：乾道本“以”下有“作”字。顾广圻云“《藏》本、今本无‘作’字”，今据删。

［13］先慎曰：“陂”字无义，当作“際”。篆文“祭”上形与“皮”相近，转写残缺以为“陂”耳。

［14］旧注：伺危以怨主，毁国以利家，奸雄者耳，如此之臣，不可谓智也。○卢文弨曰：注“伺危以恐主”，“恐”误作“怨”。

[15] 旧注：险世所说，邀取一时之利，先王所简，必令百代常行。○卢文弨曰："简"，弃也，注非。俞樾曰："险世之说"本作"险世所说"，"说"，读为悦，注所据本尚未误。

[16] 顾广圻曰：此下五句文与《洪范》有异，或别有所出，非引彼也。

[17] 先慎曰：张榜本更有"毋或作福"句。

[18] 先慎曰：乾道本下"毋"字作"无"。顾广圻云：今本"无"(所)〔作〕"毋"。先慎案：作"毋"字是，今据改。《洪范》正作"毋"，"或"作"有"，《吕氏春秋・贵公》篇引亦作"或"，与此同。注："或，有也。"

[19] 旧注：治世之人，所具意行，不用之于私，惟以待君之任耳。

夫为人主而身察百官，则日不足，力不给。[1]且上用目则下饰观，[2]上用耳则下饰声，[3]上用虑则下繁辞。[4]先王以三者为不足，故舍己能而因法数，审赏罚。先王之所守要，[5]故法省而不侵。独制四海之内，聪智不得用其诈，险躁不得关其佞，[6]奸邪无所依。远在千里外，不敢易其辞；势在郎中，不敢蔽善饰非。[7]朝廷群下直凑单微，不敢相逾越。[8]故治不足而日有馀，上之任势使然也。[9]

[1] 旧注：言当用法而察之。○先慎曰：乾道本"为"下有"之"字，据张榜本删。

[2] 旧注：饰观，则目视不得其真也。

[3] 旧注：饰声，则耳听不知其伪也。

[4] 旧注：繁辞，则虑惑于说也。

[5] 旧注：因法数，审赏罚，用此察之，则百官不得混其真伪。斯术也，先王所守之要。○先慎曰："先王之所守要"，即《扬权》篇"圣人执要"之义，注说非。

[6] 顾广圻曰：《藏》本同，今本"险"作"陰"，误。

[7] 旧注：郎，近侍之官也。〇俞樾曰："势"当作"暬"。《国语·楚语》曰："居寝有暬御之箴。"《注》曰："暬，近也。""暬在郎中"与"远在千里外"正相对成义。"暬"、"势"形近而误，或古字通也。

[8] 旧注：虽单微直凑，亦令得其职分，而豪强不敢逾。〇先慎曰：注说非。《说文》："凑，水上人所会也。"故"凑"有会合之义。此言亲近重臣合之疏远卑贱之人，皆用法数以审赏罚，毋有相违。下文"刑过不避大臣，赏善不遗匹夫"是也。

[9] 旧注：立治之功，日尚有馀，而功教既已平，群臣既已穆，则上之任用之势不违，法教使之然也。

夫人臣之侵其主也，[1]如地形焉，即渐以往，[2]使人主失端，东西易面而不自知。[3]故先王立司南以端朝夕。[4]故明主使其群臣不游意于法之外，不为惠于法之内，[5]动无非法。法所以凌过游外私也，[6]严刑所以遂令惩下也。[7]威不贷错，制不共门。[8]威制共则众邪彰矣，[9]法不信则君行危矣，[10]刑不断则邪不胜矣。故曰：巧匠目意中绳，然必先以规矩为度；[11]上智捷举中事，必以先王之法为比。[12]故绳直而枉木斫，准夷而高科削，[13]权衡县而重益轻，[14]斗石设而多益少。[15]故以法治国，举措而已矣。[16]法不阿贵，绳不挠曲。法之所加，智者弗能辞，勇者弗敢争。刑过不避大臣，赏善不遗匹夫。故矫上之失，诘下之邪，治乱决缪，绌羡齐非，[17]一民之轨，莫如法。屬官威民，[18]退淫殆，止诈伪，莫如刑。刑重则不敢以贵易贱，[19]法审则上尊而不侵。上尊而不侵则主强而守要，故先王贵之而传之。[20]人主释法用私，则上下不别矣。

［1］先慎曰：《御览》六百三十八引“人臣”作“大臣”。

［2］旧注：如地形之见耕，渐就削灭也。○先慎曰：“即”当作“积”，声之误也。此谓人之行路，积渐不觉而已易其方，在始未必不知，移步换形遂不能见，故必立司南以定其方。喻人主为臣侵其权势，使人主不自知者，非一朝一夕之故，在人主时以法度自持也。喻意言行路，非言耕者，注非。《御览》引作“既”，亦误。

［3］旧注：既以渐来，故虽至于失端易面，而主尚不能自知。

［4］旧注：司南，即指南车也，以喻国之正法。○先慎曰：《御览》引“立”下有“教”字。

［5］旧注：不令游意法外，为惠法内，皆所以防其侵也。○先慎曰：《御览》引“惠”作“慧”，误。

［6］旧注：既使群臣动皆以法，其或“凌过游外”，即皆私也。○卢文弨曰：“游外”二字，一本作“灭”。顾广圻曰：“凌”字未详，“过”当作“遏”，衍“游”字，旧注误。先慎曰：“过”为“遏”之误，顾说是也。一本脱“外”字，“游”作“灭”，是。“凌”为“峻”字，形近而讹，当在“法”上，传写误倒耳。“峻法所以遏灭外私也”，与下“严刑所以遂令惩下也”句正相对，今本讹误，遂不可读。

［7］旧注：所以严刑者，欲以遂令且惩下也。遂，通也。○王先谦曰：“遂”，竟也。刑以辅令而行，使必下竟。

［8］旧注：威当主错，故不贷臣令错，制当主裁，故不共臣同门。错，置也。

［9］旧注：威制共臣，则制邪显用矣。○先慎曰：注“制邪”当作“众邪”。

［10］旧注：法不信，则后不可行，故君危也。○俞樾曰：“危”，读为诡。《吕氏春秋·淫辞》篇“所言非所行也，所行非所言也，言行相诡，不祥莫大焉”，与此意相近。盖法不信则君之所行前后违反，故曰“诡”也。作“危”者，古字通耳。《汉书·天文志》“司诡星出正西”，《史记·天官书》“诡”作“危”。《淮南子·说林》篇“尺寸虽齐必有诡”，《文子·上德》

篇“诡”作“危”，并其证也。旧注未达假借之旨。“危”当以君位言，不当以君行言，足知旧说之非矣。

[11] 旧注：匠之目意虽复中绳，而不可用，当其规矩为其度。○先慎曰：注上“其”字当为“以”字之讹。

[12] 旧注：君知虽敏而中事，不可用，当以先王之法为其比制也。○卢文弨曰：注“君知”《藏》本作“君智”。先慎曰：“上智”谓极智之人，与“巧匠”同意，非谓君也。“捷”，疾也。“中事”，合于事也，“中”音竹仲反。旧注误。

[13] 旧注：科，等也；削高等令就下也。

[14] 旧注：减重益轻，权衡乃平。

[15] 旧注：减多益少，斗石乃满。

[16] 旧注：举法而措之，治自平。○先慎曰：“措”，当为《论语》“错诸枉”之“错”，以法数治国家，不外“举错”二者。上文“因法数，审赏罚，先王之所守要”，即其义。注说非。

[17] 旧注：绌其健羡，齐其为非。绌，音黜。○王先谦曰：“羡”，有馀也，即上削高、轻重之意。

[18] 旧注：屬官，欲令官之屬己。○王念孙曰：旧注甚谬。“屬”当为“厲”字之误也。“厲官”、“威民”义正相近。《诡使》篇“上之所以立廉耻者，所以屬下也”，“屬”亦“厲”字之误。俗书“屬”字作“属”，形与“厲”相近，故“厲”误作“屬”。《荀子·富国》篇“诛而不赏，则勤厲之民不劝”，今本“厲”误作“屬”。

[19] 旧注：不敢以贵势慢易于贱也。

[20] 旧注：传之于后。

二柄第七

明主之所導制其臣者，二柄而已矣。[1]二柄者，刑、德也。何谓刑、德？曰：杀戮之谓刑，庆赏之谓德。为人臣者畏诛罚而利庆赏，故人主自用其刑、德，则群臣畏其威而归其利矣。故世之奸臣则不然，所恶则能得之其主而罪之，[2]所爱则能得之其主而赏之。[3]今人主非使赏罚之威利出于己也，听其臣而行其赏罚，则一国之人皆畏其臣而易其君，[4]归其臣而去其君矣。[5]此人主失刑、德之患也。夫虎之所以能服狗者，爪牙也，使虎释其爪牙而使狗用之，则虎反服于狗矣。[6]人主者，以刑、德制臣者也，今君人者释其刑、德而使臣用之，则君反制于臣矣。[7]故田常上请爵禄而行之群臣，[8]下大斗斛而施于百姓，[9]此简公失德而田常用之也，故简公见弑。子罕谓宋君[10]曰："夫庆赏赐予者，民之所喜也，君自行之；杀戮刑罚者，民之所恶也，臣请当之。"于是宋君失刑而子罕用之，故宋君见劫。田常徒用德[11]而简公弑，子罕徒用刑[12]而宋君劫。故今世为人臣者兼刑、德而用之，则是世主之危甚于简公、宋君也。故劫杀擁蔽之主，[13]非失刑、德而使臣用之而不危亡者，则未尝有也。[14]

[1] 旧注：導，引也，言道所以引喻其臣而制断之也。○俞樾曰：注训"導"为"引"，此未达古语也。"導"当为"道"，"道"者，由也。"明主所道制其臣者"，犹言"明主所由制其臣者"。古语每以"道"为"由"：本书

《孤愤》篇"法术之士奚道得进",犹言奚由得进也;《吕氏春秋·贵因》篇"孔子道弥子瑕见釐夫人",犹言由弥子瑕见釐夫人也;《晏子春秋·谏上》篇曰"楚巫微導裔款以见景公",亦言由裔款以见景公,而其字作"導"。可证此文"所導"之即"所由"矣。《八奸》篇云"凡人臣之所道成奸者有八术",义与此同。先慎曰:张榜本"導"作"道",云:"由也。"俞说与之合。《艺文类聚》十一引"主"作"王",无"之所導"三字,"臣"下有"下"字。

[2] 旧注:奸臣所恶,则巧诈媚惑其主,得其威而罪也。○卢文弨曰:注"罪之"误"罪也"。

[3] 旧注:奸臣所爱,亦以巧诈媚惑其主,得之恩而赏之。○卢文弨曰:注"其恩"误"之恩"。

[4] 旧注:臣用罚,则民畏臣而轻君。

[5] 旧注:臣用赏,则民归臣而去其君。○卢文弨曰:注"去其君",各本俱无"其"字。

[6] 先慎曰:乾道本无"于"字。案以下文例之,当有"于"字,据《意林》、《御览》六百三十八、八百九十一、《事类赋》二十引补。

[7] 旧注:反为臣所制也。

[8] 旧注:请君爵禄而与群臣,所以树私德于众官。○先慎曰:《外储说右上》篇作"行诸大臣"。

[9] 旧注:于下而用大斗斛以施百姓,所以树私恩于众庶也。

[10] 卢文弨曰:此别一人,非春秋之乐喜。

[11] 旧注:谓不兼刑也。

[12] 旧注:谓不兼德也。

[13] 顾广圻曰:"擁"当作"壅"。

[14] 俞樾曰:失刑、德而使臣用之,不当有"非"字,"非"字衍文。

人主将欲禁奸,则审合刑名者,言与事也。[1]为人臣者陈而言,[2]君以其言授之事,专以其事责其功。[3]功当其事,事当其言，则赏；功不当其事，事不当其言，则罚。故群臣其言大而功小者则罚，非罚小功也，罚功不当名也；群臣其言小而功大者亦罚，非不说于大功也，以为不当名也，害甚于有大功，故罚。[4]昔者韩昭侯醉而寝，[5]典冠者见君之寒也，故加衣于君之上。觉寝而说，[6]问左右曰："谁加衣者？"左右对曰："典冠。"君因兼罪典衣杀典冠。[7]其罪典衣，以为失其事也；其罪典冠，以为越其职也。非不恶寒也，以为侵官之害甚于寒。故明主之畜臣，臣不得越官而有功，不得陈言而不当。越官则死，不当则罪。守业其官，所言者贞也，[8]则群臣不得朋党相为矣。

[1] 旧注：言，名也；事，则也。言事则相考则合不可知也。○先慎曰：乾道本"与"作"异"，《拾补》作"与"。卢文弨云："言"下衍"不"字，《藏》本无"异"字，讹。顾广圻云：今本"言"下有"不"字，误。"异"当作"与"。先慎案：张榜云："'刑'当作'形'。"案"刑"、"形"二字本书通用，"与"字依卢、顾校改。

[2] 顾广圻曰：《藏》本同，今本"陈"下有"事"字，误。案"而"当作"其"，见本书《主道》篇。

[3] 顾广圻曰：当衍"专"字。先慎曰：顾说非，谓因其所言之事以求其效，不外使也。

[4] 旧注：不当名之害甚于大功。功大震主，亦所以为罚。○先慎曰："不当名也害"当作"不当名之害"，下"以为侵官之害甚于寒"句法正同，注所见本尚不误。此言因功失法则国无所守，故不当名之害甚于有大功。注谓"功大震主"，非也。

[5] 先慎曰：《意林》"醉"下有"甚"字。

[6] 旧注：寝寤而觉。

[7] 先慎曰：乾道本“杀”作“与”。《意林》“与”作“杀”，是也，今据改。下文“越官则死，不当则罪”，是其证。

[8] 旧注：守业以当官，守官以当言，如此者，贞也。

人主有二患：任贤，则臣将乘于贤以劫其君；[1]妄举，则事沮不胜。[2]故人主好贤，则群臣饰行以要君欲，则是群臣之情不效；[3]群臣之情不效，则人主无以异其臣矣。[4]故越王好勇，而民多轻死；楚灵王好细腰，而国中多饿人；齐桓公妒而好内，[5]故竖刁自宫以治内；[6]桓公好味，[7]易牙蒸其子首而进之；[8]燕子哙好贤，故子之明不受国。[9]故君见恶则群臣匿端，[10]君见好则群臣诬能；[11]人主欲见，则群臣之情态得其资矣。[12]故子之托于贤以夺其君者也，竖刁、易牙因君之欲以侵其君者也。其卒子哙以乱死，[13]桓公虫流出户而不葬。[14]此其故何也？人君以情借臣之患也。[15]人臣之情，非必能爱其君也，为重利之故也。今人主不掩其情，不匿其端，而使人臣有缘以侵其主，[16]则群臣为子之、田常不难矣。故曰：去好去恶，群臣见素。[17]群臣见素，则大君不蔽矣。

[1] 旧注：贤者必多才术，故能乘贤以劫君也。

[2] 旧注：妄举，谓不择贤则其事必沮而不胜。沮，毁败也。

[3] 旧注：饰行则伪外，故其内情不效。效，显也。

[4] 旧注：莫不饰行，故真伪不分也。

[5] 先慎曰：乾道本“妒”下有“外”字。顾广圻云“《藏》本无‘外’字，是也，本书《十过》篇、《难一》篇并无”，今据删。

[6] 先慎曰：“刁”当作“刀”。《左传》寺人貂，《管子》、《大戴礼》、《公

羊》、《墨子》作“刀”，“刀”有貂音，故通用。

[7] 顾广圻曰：当衍“桓公”二字，此与上相承。

[8] 顾广圻曰：《藏》本、今本“子首”作“首子”。案作“首子”为是，《汉书·元后传》有“首子”可证。《十过》篇及《难一》篇同。先慎曰：本书作“子首”，无作“首子”者，《十过》篇及《难一》篇两见，可证。彼惟赵用贤本作“首子”，明“首子”为后人所改，古本自作“子首”也。

[9] 旧注：子之，燕之臣也。以哙好贤，故陈禅让之事，令哙不受国以让己，因以篡之。○先慎曰：即《外储说右下》篇潘寿谓燕王事，注非。

[10] 旧注：匿其端，避所恶也。○先慎曰：乾道本“君”下有“子”字。顾广圻云：《藏》本、今本无。先慎案：此不当有，今据删。

[11] 旧注：诬其能，欲见用。

[12] 旧注：群臣之情态，皆欲求利，君见其好恶，则知利其所存，故得以为资。○俞樾曰：“欲见”当作“见欲”，与上文“见好”、“见恶”一例。“见好”、“见恶”即自见其所欲矣。下文云“竖刁、易牙因君之欲以侵其君者也”，正承此而言。《主道》篇云“君无见其所欲”，可证此文“见欲”之义。先慎曰：注“利其所存”，“其”当作“之”。

[13] 旧注：子哙，燕王名也。

[14] 先慎曰：乾道本“户”作“尸”。卢文弨云：《藏》本“尸”作“户”。先慎案：作“户”是，今据改。《十过》篇正作“户”。

[15] 旧注：谓见好恶之情，则臣得以为利，此以情借臣求利者也，患所以生。

[16] 旧注：缘其好恶之情得以侵主。

[17] 旧注：君无好恶，则臣无因为伪，其诚素自见。○先慎曰：乾道本“恶”上无“去”字。顾广圻云：《藏》本、今本有。先慎案：当有“去”字，《主道》篇云“去好去恶，臣乃见素”可证，今据补。

扬权第八[1]

天有大命，人有大命。[2]夫香美脆味，厚酒肥肉，甘口而病形；曼理皓齿，说情而捐精。[3]故去甚去泰，[4]身乃无害。权不欲见，素无为也。[5]事在四方，要在中央。[6]圣人执要，四方来效。虚而待之，彼自以之。[7]四海既藏，道阴见阳。[8]左右既立，开门而当。[9]勿变勿易，与二俱行，[10]行之不已，[11]是谓履理也。[12]

[1] 旧注：扬，谓举之使明也。權，谓量事设谋也。○先慎曰：乾道本注“扬”下有“權”字，据赵本删。孙贻穀云：《文选·蜀都赋》刘逵注：“韩非有《扬搉》篇。”今“搉”作“權”，误。注说非。顾广圻云：《广（韵）〔雅〕》：“扬搉，都凡也。”

[2] 旧注：昼夜四时之候，天之大命；君臣上下之节，人之大命也。

[3] 旧注：香肥所以甘口也，用之失中则病形；皓曼所以说情也，耽之过度则损精；贤才所以助理也，用之失宜则危君也。○先慎曰：乾道本“病”作“疾”，“损”作“捐”，注亦作“捐”。《拾补》“疾”作“病”。卢文弨云：“说”，注中作“悦”。“捐”，孙贻穀云：“《意林》及《文选·七发注》皆作‘损’。”注同。顾广圻云：《藏》本“疾”作“病”，是也。李善《七发注》引此作“病”。“捐”，亦当从《七发注》引作“损”。先慎案：注作“病”未误，《意林》正作“病”，今据改。“说”，读为“悦”，非旧本作“悦”也。

[4] 先慎曰：乾道本“甚”上有“泰”字。顾广圻云：《藏》本、今本无上“泰”字。先慎案：“甚”上不当有“泰”字，《意林》无，今据删。

[5] 顾广圻曰：句有误，未详。先慎曰：用人之权，不使人见，虚以

应物,不必自为,执要以观其效,虚心而用其长,即权不见素无为之理。《广雅・释诂》:"素,空也。"

[6] 旧注:四方,谓臣民;中央,谓主君。○先慎曰:乾道本注"君"作"居",改从今本。

[7] 旧注:以,用也。君但虚心以待之,彼则各自用其能也。

[8] 旧注:四海,则四方也。藏,谓不见也。其能如此,则君当导臣之阴以见君之阳,阴阳接则君臣通也。○王先谦曰:"道",由也。详见前。"由阴见阳",谓由一己之虚静,以见四海之动。注非。先慎曰:乾道本注作"以见君子之阳",今从赵本。

[9] 旧注:左右,谓左辅右弼也。君臣既通,辅弼之臣斯立,如此则同类相从,同声相应,四方贤才毕来矣。君但开门而当之,无所遮拥也。当,受也。○先慎曰:乾道本注"类"上无"同"字,"从"作"后",据赵本增改。

[10] 旧注:贤才既来,莫敢变易,但令辅弼二臣,俱行职事。

[11] 旧注:既行职事,有功而可,此皆俱贤臣之助,不须有所除去,无不随化而成。○卢文弨曰:注"俱"字衍。

[12] 旧注:君能履理,故有成功。

夫物者有所宜,材者有所施,各处其宜,故上下无为。使鸡司夜,令狸执鼠,皆用其能,上乃无事。[1]上有所长,事乃不方。[2]矜而好能,下之所欺。[3]辩惠好生,下因其材。[4]上下易用,国故不治。[5]用一之道,以名为首,[6]名正物定,名倚物徙。故圣人执一以静,使名自命,令事自定。[7]不见其采,下故素正。[8]因而任之,使自事之;[9]因而予之,彼将自举之;[10]正与处之,使皆自定之。上以名举之,[11]不知其名,复修其形,[12]形名参同,用其所生。[13]二者诚信,下乃贡情。[14]谨修所事,待命于天。[15]毋失其要,乃为圣人。圣人之道，去智与巧；智巧不去，难以为常。[16]民人用之，其身多殃；主上用之，其国危亡。因天之道，反形之理，督参鞠之，终则有始。[17]虚以静后，未尝用己。[18]凡上之患，必同其端，[19]信而勿同，万民一从。[20]

[1] 先慎曰：《御览》九百一十八引“用”作“因”，《事类赋》十八引“仍”作“用”。

[2] 旧注：所长，谓任材用物皆得其宜，故事不一方而成。○俞樾曰：注失其旨。上文云“使鸡司夜，令狸执鼠，皆用其能，上乃无事”，然则上固不必有所长矣。“上有所长”，是失其为上之道。“事乃不方”，犹言无方也，谓不得其方也。下文云“矜而好能，下之所欺。辩惠好生，下因其材。上下易用，国故不治”，皆承此而言。

[3] 旧注：居上者矜好其能，则下各饰其能以欺之。

[4] 旧注：居上好生辩惠，则下因其材以入其谀佞。材，则辩惠也。

[5] 旧注：上代下任，下操上权，则国不治。

[6] 旧注：一，谓道。可以常行古今莫二者，唯其正名乎，故曰“以名为首”。○先慎曰：乾道本无“之”字。顾广圻云“《藏》本、今本‘一’下有‘之’字”，今据补。卢文弨云：注“其唯”误倒。

[7] 旧注：既使名命事，故事自定也。○先慎曰：《群书治要》引《尸子·分事》篇“执一以静，令名自正，令事自定”，即韩非所本，“使”字作“令”，疑此“使”字涉注文而误。注以“使”释上“令”字，以“命”释下“令”字，非上“令”字本作“使”字也。

[8] 旧注：采、故，皆事也，上不见事，则下事既素且正。○卢文弨曰：注训“采”、“故”皆为事，非也。赵氏云“‘不见其采’，是圣人静以自居，韬匿光采，臣下以故守素而趋于正”，此说是也。

[9] 旧注：因其事而任之，彼则自举其事。○顾广圻曰：句失韵，有误。先慎曰：“事”，当作“定”，下文“使皆自定之”承此而言。若作“事

之”，则“使皆自定”句为无著矣。

[10] 旧注：因其事以与之，彼则自举之。

[11] 旧注：凡事皆使彼自定，在上者从而以名举之，则刑名审矣。○先慎曰：乾道本注“在上”误作“任上”，改从赵本。

[12] 旧注：形，事也。循事以求名，则其名可知也。○顾广圻曰：“修”，当作“循”，注未讹。

[13] 旧注：所生，为形名所从而出者。形名既以参同，故有此人而用之。

[14] 旧注：二者，谓形名也。参同则用其人，是谓“诚信”也。贡，谓陈见也。

[15] 旧注：君人者能谨修其事，天必有符应之命以命之。

[16] 旧注：夫智巧在，必背道而行诈，故须去之。

[17] 旧注：既去智巧，上因天之道，下则反形之理，二者督考参验鞠尽之，其事既终，还从其始也。○先慎曰：乾道本注“督”下有“巧”字，据赵本删。顾广圻疑“督参鞠之”句有误，未审注本之误耳。

[18] 旧注：常当虚静以后人，未尝用己而先唱。

[19] 旧注：端，谓所陈事之首也。臣之陈事，不择可否，每皆同之，则是偏听而致患也。○先慎曰：赵本“上”作“人”。卢文弨云：“人”，张本作“上”。

[20] 旧注：其陈事者，且当信之，无遂与同。然后择其善者以之施教，则万民齐一而随从。

夫道者弘大而无形，德者核理而普至。至于群生斟酌用之，万物皆盛而不与其宁。[1]道者下周于事，因稽而命，与时生死。[2]参名异事，通一同情。[3]故曰：道不同于万物，[4]德不同于阴阳，[5]衡不同于轻重，[6]绳不同于出入，[7]和不同于燥湿，[8]君不同于群臣。[9]凡此六者，道之出也。[10]道无双，故曰一。是故明君贵独道之容。[11]君臣不同道，下以名祷，[12]君操其名，臣效其形，形名参同，上下和调也。[13]

[1] 旧注：道德不与物宁而物自宁。

[2] 旧注：言当因道以考汝报。而，汝也。死生，犹废兴也。谓其教、命时可废则废，时可兴则兴也。○顾广圻曰："生死"，当作"死生"，"生"与下文"情"韵，旧注未讹。先慎曰：注赵本"报"下有"命"字。

[3] 旧注：参考异事之名，必令通一而又同情。

[4] 旧注：故能生于万物。

[5] 旧注：故能成于阴阳。○先慎曰：乾道本无"于"字。顾广圻云：《藏》本、今本有。先慎案：依上下文当有，今据补。

[6] 旧注：故能知其轻重。

[7] 旧注：故能正于出入。

[8] 旧注：故能均于燥湿。

[9] 旧注：故能制于群臣。○先慎曰：乾道本"君"下有"子"字，"于群"作"群于"。顾广圻云："君"下《藏》本、今本无"子"字，"群于"今本作"于群"。先慎案："子"字衍，"群于"二字倒，注不误，今据删改。

[10] 旧注：此六者皆自道生，故曰"道之出也"。

[11] 旧注：道以独为容。

[12] 旧注：下当陈其名言以祷于君。

[13] 卢文弨曰：一无"也"字，是。顾广圻曰："同"、"调"韵，与《诗·车攻》五章合。

凡听之道，以其所出，反以为之入。[1]故审名以定位，明分以辩类。[2]听言之道，溶若甚醉。[3]唇乎齿乎，吾不为始乎；齿乎唇乎，愈惽惽乎。[4]彼自离之，吾因以知之，是非辐凑，上不与構。[5]虚静无为，道之情也；参伍比物，事之形也。

参之以比物，伍之以合虚。根干不革，则动泄不失矣。[6]动之溶之，无为而改之。[7]喜之则多事，恶之则生怨。[8]故去喜去恶，虚心以为道舍。[9]上不与共之，民乃宠之；[10]上不与义之，使独为之。[11]上固闭内扃，从室视庭，参咫尺已具，皆之其处。以赏者赏，以刑者刑，[12]因其所为，各以自成。善恶必及，孰敢不信！[13]规矩既设，三隅乃列。[14]

[1] 旧注：凡听言之道，或有未审，必出言以难之，彼必反求其理以入于此也。

[2] 旧注：审察其名，则事位自定；明识其分，则物类自辩。

[3] 旧注：溶，闲漫之貌。凡听言者，欲暗以招明，愚以求智，故闲然若甚醉者，则言者自尽而敷泰也。○顾广圻曰："溶"字未详，下同，旧注皆训为"闲"，不见所出。俞樾曰："溶若甚醉"，此"溶"字当为"容"，言其容有似乎醉也。下文"动之溶之"，此"溶"字当为"搈"，《说文·手部》："搈，动搈也。""动之溶之"即"动之搈之"也。"动搈"亦作"动容"，《孟子·尽心》篇"动容周旋中礼者"是也。疑古本两"溶"字皆止作"容"，一为容貌之容，一为动容之容，传写增水旁，因失其义矣。先慎曰：俞说是。注"泰"赵本作"奉"。

[4] 旧注：唇、齿可以发言语也，吾不为始，则彼自为始；吾愈惛惛，彼愈昭昭。

[5] 旧注：离，谓分析其所言。彼既分析，吾遂知之，所陈之言，或是或非，如辐之凑，皆发自下情，上不与之为構也。構，结也。○先慎曰："構"、"講"古通，谓解释也。臣下是非，君并听之，不为调解。注训"構"为"结"，似非。

[6] 旧注：参，三也；伍，五也。谓所陈之事或三之以比物之情，或五之以合虚之数。常令根干坚植，不有移革，如此则动之散，皆无所失泄也。○先慎曰："动泄不失"，当作"动不失泄"，"泄"有世音，与"革"字古

合韵。注云“无所失泄”，是注所见本尚不误。

[7] 旧注：凡所举动，溶然闲暇，虽有所改，无为而为也。〇先慎曰：“溶”当作“搈”，说见上。

[8] 旧注：谓臣所陈言，君若喜之，彼必自媚益为其事；若乃恶之，彼必生怨而遂止。〇顾广圻曰：以上皆失韵，未详何句有误。先慎曰：“喜之”、“恶之”并句。“喜”与“事”、“恶”与“怨”为韵。《外储说右上》篇“讴乎，其已乎！苞乎，其往归田成子乎”，“讴”、“苞”为韵，并句首字，虽用韵不同，而以句首字为韵则可借证，顾说非是。

[9] 旧注：去喜恶以虚其心，则道来止，故为“道舍”。

[10] 旧注：谓下之为事，上不与共得，则臣得自专，其事必成，故得受其荣宠也。

[11] 先慎曰：“义”，读为“议”。

[12] 旧注：闭内扃，谓闭心以察臣也。由内以观外，若从室而视庭也。八尺曰“咫”。尺寸者，所以度长短。既闭心以参验之，咫尺以度量之，二者以具，则大小长短皆之其所，不相犯错，如此，则可赏则赏，可刑则刑，无乖谬矣。〇顾广圻曰：“上固闭内扃”，“上”字下当有脱文；“尺”字当衍，旧注以尺寸释“咫”，因误入正文也。先慎曰：案“固”疑“因”字之误。“上不与共”，“不与议”，因闭心以察之，如从室视庭，尺寸不失也。“因”与“固”形近而误，似无脱文。注“谓”字乾道本作“讲”，误，据《拾补》改。“以具”当作“已具”。

[13] 旧注：所为善恶，既各自成，善必及赏，恶必及刑，刑赏不差，谁敢不信！

[14] 旧注：赏罚规矩，既已说于一事二事，则人知他事皆然，故曰“三隅乃列”也。

主上不神，下将有因。[1]其事不当，下考其常。[2]若天若地，是谓累解。[3]若地若天，孰疏孰亲？[4]能象天地，是谓圣人。[5]欲治其内，置而勿亲；[6]欲治其外，官置一人，不使自恣，安得移并。[7]大臣之门，唯恐多人。[8]凡治之极，下不能得。[9]周合刑名，民乃守职。去此更求，是谓大惑，[10]猾民愈众，奸邪满侧。[11]故曰：毋富人而贷焉，毋贵人而逼焉，[12]毋专信一人而失其都国焉。[13]腓大于股，难以趣走。[14]主失其神，虎随其后。[15]主上不知，虎将为狗。[16]主不蚤止，狗益无已。[17]虎成其群，以弑其母。[18]为主而无臣，奚国之有！[19]主施其法，大虎将怯；主施其刑，大虎自宁。[20]法刑苟信，虎化为人，复反其真。[21]

[1] 旧注：神者，隐而莫测其所由者也。既不神，故可测，则可因，故曰"下将有因"也。

[2] 旧注：主事不当，则下以常理考之，所以较其非。

[3] 旧注：天地高厚，不可测者也。君用意如天地，则上因下考之，累可解也。○俞樾曰："累解"乃叠韵字，古人常语也。《荀子·富国》篇"则和调累解"，"累解"与"和调"并言，可知其义，杨《注》以为"婴累解释"，非也。《儒效》篇"解果其冠"，杨《注》引《说苑》"蟹螺者宜禾"为证，然则"累解"犹"蟹螺"矣。古语虽不尽可通，而"累解"二字平列，则确然无疑。旧注之失，与杨《注》同。

[4] 旧注：天无私覆，地无私载，故无疏无亲也。

[5] 旧注：象天地之高厚而无私也。

[6] 旧注：内，谓君之机密也。欲令机事不失，所置之臣，勿私亲之。○先慎曰：乾道本注"欲"作"故"，今从赵本。

[7] 旧注：外，谓百官之政也。欲令官政不失，则每官置一人焉。夫两雄必争，官有二人，适足以增其猜竞，故一人则专而不恣，岂有移易并兼之事。

[8] 旧注：臣门多人，威权在之故也。

[9] 旧注：神隐不恻，故下不能得之，治道无逾此者，故曰“治之极”也。○先慎曰：注“恻”当作“测”。

[10] 旧注：刑名不差则民守职，此治之至要者也。去至要而不用，非惑而何也？○顾广圻曰：“周”，当依本书《主道》篇作“同”。先慎曰：乾道本注“民”作“其”，今从赵本。

[11] 旧注：亦既大惑，故奸众而邪满。○先慎曰：“奸邪”，指臣言。谓狡猾之民则益多，而奸邪之臣盈于左右矣。注说非。

[12] 旧注：君之富臣，更从臣贷；君之贵臣，更令臣逼。此倒置之徒，不识理道者也。

[13] 旧注：专信一人，则形势聚焉，故失其都。○先慎曰：乾道本注“势”上脱“形”字。卢文弨云“张本有”，今据补。又云“‘都’下当有‘国’字”。

[14] 旧注：臣重于君，难以为理。○卢文弨曰：“趣”疑“趋”。

[15] 旧注：失神，谓君可测知，如臣能为虎，随后以伺其隙。○先慎曰：注“如”字当作“则”。

[16] 旧注：主既不知臣之为虎，则臣匿威藏用，外若狗然，所以阴谋其事。

[17] 旧注：臣既以虎为狗，君不知而止之，如此，则同事相求，皆为狗，益其朋党，无有已时也。

[18] 旧注：母，则君也。既朋党相益，即是虎成群也。虎既成群，母必见弑。

[19] 旧注：臣皆为虎，故曰“无臣”也。臣无则国亡，故曰“奚国之有”。○先慎曰：此谓有国必有臣，不能畏臣为虎而不用，惟在主施其刑法以制之，故下云“主施其法，大虎将怯；主施其刑，大虎自宁”是也。旧注误。赵本无注末十一字，因其不合而删之也。卢文弨云：张本注末有此二句。

[20] 旧注：主既施刑，虎则惧而履道，故得安宁也。

[21] 旧注：谓君君、臣臣也。○先慎曰：乾道本"苟"作"狗"，据《拾补》改。卢文弨云："苟"，误作"狗"。顾广圻云："信"，读为"申"，"申"与下文"人"、"真"韵，言申法刑于狗也。上文云"虎将为狗"，又云"狗益无已"，与此相承。先慎案：顾读"信"为"申"，是也。"狗"当从《拾补》改作"苟"，"狗"字涉上文而误，不得反以为证。此谓君苟申其刑法，则臣昔之为虎者，皆反其真而为人矣。"反其真"，指臣而言。旧注"谓君君、臣臣"亦误。

欲为其国，必伐其聚；[1]不伐其聚，彼将聚众。欲为其地，必适其赐；[2]不适其赐，乱人求益。彼求我予，假仇人斧；[3]假之不可，彼将用之以伐我。[4]黄帝有言曰："上下一日百战。"[5]下匿其私，用试其上；上操度量，以割其下。[6]故度量之立，主之宝也；[7]党与之具，臣之宝也。[8]臣之所不弑其君者，党与不具也。故上失扶寸，下得寻常。[9]有国之君，不大其都；[10]有道之臣，不贵其家；[11]有道之君，不贵其臣。[12]贵之富之，备将代之。[13]备危恐殆，急置太子，祸乃无从起。[14]内索出圉，必身自执其度量。[15]厚者亏之，薄者靡之。[16]亏、靡有量，毋使民比周同欺其上。亏之若月，[17]靡之若热。[18]简令谨诛，必尽其罚。[19]

[1] 旧注：聚，谓朋党交结；伐之者，所以离散其朋党也。○顾广圻曰："聚"，读为"藂"，下句同。"藂"与下文"众"韵。

[2] 旧注：地，亦国也。欲治其国，必令赐与适宜。○俞樾曰：《吕氏春秋·重己》篇"故圣人必先适欲"，高《注》："适，犹节也。"《管子·禁藏》篇："故圣人之制事也，能节宫室适车舆以实藏。"是"适"与"节"同义。"必适其赐"者，必节其赐也。旧注失其义。

［3］旧注：乱人求益而与之，则是以斧假仇人也。○卢文弨曰："仇"，一本作"雠"。

［4］旧注：以斧与仇，则是假与不可；仇既得斧，我之见伐，不亦宜哉！

［5］旧注：夫上位可宝，上利可贪，居下者常有羡欲之心，欲静则不能，欲取则不得，二者交战，一日有百也。

［6］旧注：下既有羡之心，常匿私以试上，故上必当操度量以割断其下也。○先慎曰：乾道本"上操"作"下操"。俞樾云：此当作"上操"，旧注未误。先慎案：张榜本、赵本均作"上操"，今据改。

［7］旧注：度量可以割断下，故为主之宝也。

［8］旧注：党与具可以夺君位，故为臣宝。

［9］旧注：四指为"扶"。上于度量少有所失，下之得利已数倍多矣。○卢文弨曰："扶"字误从牛旁，注同。"得"《意林》作"失"，下有"君不可不慎"句，不可从。先慎曰：赵本"扶"误作"𤛙"，《意林》作"肤"。

［10］旧注：大其都，臣将据以叛国。

［11］旧注：大夫称家。贵其家，臣将凌己。

［12］旧注：贵其臣，臣将贵势过己。

［13］旧注：臣既贵富备，必将代君也。○顾广圻曰："备"当作"彼"，旧注误。

［14］旧注："太子"者，君之副贰，国之重镇，今欲备其危殆，必速置之，则祸端自息矣。

［15］旧注：臣人四面谋君，常在圉。今自内欲求出圉，但身执度量则可矣。

［16］旧注：厚，谓臣党与众势位高也。位如此，必亏之使薄也。○卢文弨曰："靡之"，当与《易》"我有好爵，吾与尔靡之"之"靡"同义。

［17］旧注：若明之渐亏也。亦取其既盛必衰，天之道也。○先慎曰："亏之若月"，谓渐移其权势，不使臣自知，犹《有度》篇云"人臣之侵其主，如地形焉，积渐以往"之义。旧注失其旨矣。

[18] 旧注：若钻火之取热，不得中息。○先慎曰："靡"与"縻"通，取縻烂之义。物之縻烂于热，不见其消，有时而尽，故云"靡之若热"。此与上"亏之若月"同意。注"息"乾道本作"急"，今从赵本。

[19] 旧注：尽刑罚之理也。

毋弛而弓，一栖两雄；[1]一栖两雄，其斗噘噘。[2]豺狼在牢，其羊不繁。[3]一家二贵，事乃无功。[4]夫妻持政，子无适从。[5]为人君者，数披其木，毋使木枝扶疏；[6]木枝扶疏，将塞公闾，[7]私门将实，公庭将虚，主将壅围。[8]数披其木，无使木枝外拒；[9]木枝外拒，将逼主处。数披其木，毋使枝大本小；枝大本小，将不胜春风，不胜春风，枝将害心。[10]公子既众，宗室忧吟。[11]止之之道，数披其木，毋使枝茂。木数披，党与乃离。[12]掘其根本，木乃不神。[13]填其汹渊，毋使水清。[14]探其怀，夺之威。[15]主上用之若电若雷。[16]

[1] 旧注：弓以射不当栖之雄，喻刑法罚不当立人官也。○先慎曰：注"立"赵本作"位"，二字古通。"人"当作"之"。言刑法所以罚不当位之官也。

[2] 旧注：争斗貌。

[3] 旧注：豺狼，喻吏之贪残者。

[4] 旧注：二贵争出命，服役者不知谁从，故事无功也。

[5] 旧注：夫唱妇随者，礼之正也。今夫妻争持其政，故子不知所从也。

[6] 旧注：木，喻臣也。披，为落其枝也。数落木枝者，喻数削黜臣之威势也。

[7] 旧注：谓臣威权覆主，充塞公闾。○先慎曰：乾道本"主"作

"王",今从赵本。

［8］旧注：围,圉也。〇顾广圻曰:"围"当作"圉","圉"与下文"拒"、"处"韵。王先谦曰：详文义上属,顾说非。

［9］旧注：拒,谓枝之旁生者也。

［10］旧注：春风,所以发生万物者也,喻君恩赏所以荣益于下者也。枝本大矣,春风又发其荣以增其重,则披枝而害心。喻臣本实矣,君又加之恩赏以增其威重,则臣将二而危君矣。〇先慎曰：注赵本"威"下无"重"字。卢文弨云:"张本有。"

［11］旧注：宗室,谓太宗适子家也。庶子既众,势凌适子,故忧吟也。〇卢文弨曰：注"大宗","大"误"太"。先慎曰:"吟",赵本作"唫",下同。

［12］顾广圻曰:《藏》本同,今本"木"下衍"枝"字。案三字句,上文"数披其木"凡四见。"披"、"离"韵。

［13］卢文弨曰：或云"根本"二字当倒,与韵合。顾广圻曰:"掘其根"三字句,与上文同,"本"字衍,"根"、"神"韵。

［14］旧注:"渊"者,水之停积。水清,鉴之者必众,喻虽族和附之者必多也。〇顾广圻曰:"渊"、"清"失韵,有误。"不",即有缺文也。俞樾曰：顾氏以上句"本"字为衍文,是也。此句"汹"字盖亦衍文。旧注不释"汹"字,是旧本未衍也。上云"木数披,党与乃离",此云"掘其根,木乃不神。填其渊,毋使水清",皆上句三字,下句四字。今衍"本"字、"汹"字,非其旧也。至赵本作"木枝数披",则更失之矣。先慎曰：俞说衍"汹"字,是也。《定之方中》"渊"与"人"协,《楚词》"清"与"人"协,《风赋》"清"亦与"人"协,《诗·燕燕》"渊"与"身"、"人"协,《楚词·卜居》"清"与"身"、"人"协,《诗·猗嗟》"清"与"成"、"正"协,《易·讼》"渊"与"成"、"正"协,则"渊"、"清"古自为韵。顾疑有误,非也。卢文弨云：注"虽"字非误即衍。

［15］旧注：探其怀,谓渊其心,知其所欲焉。〇先慎曰：注"渊"字当作"测"。

［16］旧注：威不下分,则君命神而可畏,故若雷电也。

八奸第九

凡人臣之所道成奸者有八术：[1]一曰在同床。何谓同床？曰：贵夫人，爱孺子，便僻好色，[2]此人主之所惑也。托于燕处之虞，乘醉饱之时，而求其所欲，此必听之术也。[3]为人臣者内事之以金玉，使惑其主，此之谓"同床"。[4]二曰在旁。何谓在旁？曰：优笑侏儒，左右近习，[5]此人主未命而唯唯，未使而诺诺，先意承旨，观貌察色以先主心者也。此皆俱进俱退，皆应皆对，[6]一辞同轨以移主心者也。为人臣者内事之以金玉玩好，[7]外为之行不法，使之化其主，此之谓"在旁"。[8]三曰父兄。何谓父兄？曰：侧室公子，人主之所亲爱也；大臣廷吏，人主之所与度计也。此皆尽力毕议，人主之所必听也。为人臣者事公子侧室以音声子女，[9]收大臣廷吏以辞言，处约言事，事成则进爵益禄以劝其心，使犯其主，此之谓"父兄"。[10]四曰养殃。何谓养殃？曰：人主乐美宫室台池，好饰子女狗马以娱其心，此人主之殃也。为人臣者尽民力以美宫室台池，重赋敛以饰子女狗马，以娱其主而乱其心，从其所欲而树私利其间，此谓"养殃"。五曰民萌。何谓民萌？曰：为人臣者散公财以说民人，行小惠以取百姓，使朝廷市井皆劝誉己，以塞其主[11]而成其所欲，此之谓"民萌"。六曰流行。何谓流行？曰：人主者，固壅其言谈，希于听论议，易移以辩说。[12]为人臣者求诸侯之辩士，养国中之能说者，使之以语其私，为巧文之言、流行之辞，[13]示之以利势，惧之以患害，施属虚辞以坏其主，[14]此之谓“流行”。七曰威强。何谓威强？曰：君人者，以群臣百姓为威强者也。群臣百姓之所善则君善之，非群臣百姓之所善则君不善之。为人臣者，聚带剑之客、养必死之士以彰其威，明为己者必利，不为己者必死，以恐其群臣百姓而行其私，此之谓“威强”。八曰四方。何谓四方？曰：君人者，[15]国小则事大国，兵弱则畏强兵。大国之所索，小国必听，强兵之所加，弱兵必服。为人臣者重赋敛，尽府库，虚其国以事大国，而用其威求诱其君；甚者举兵以聚边境而制敛于内，[16]薄者数内大使以震其君，使之恐惧，[17]此之谓“四方”。凡此八者，人臣之所以道成奸，世主所以壅劫，失其所有也，[18]不可不察焉。

[1] 旧注：道，引也。言奸臣或诱引君之左右，或诱引君之百姓以成其奸邪，其术有八也。〇先慎曰："道"，由也。注误，说详上。

[2] 旧注：便僻，得嬖美好之色。

[3] 旧注：乘，因也。夫人孺子等由因君醉饱之时，进以燕娱之具，以求其所欲，事无不听。〇卢文弨曰：注“由”字衍。

[4] 旧注：以金玉之宝内事贵夫人、爱孺子等，使之惑主，主惑则奸谋可成也。

[5] 旧注：“优笑”者，谓俳优能嘲笑者。侏儒，短人也。

[6] 旧注：谓君所欲进，则左右近习俱共进之；所欲退，则俱共退之。命之则皆应，问之则皆对。〇先慎曰：乾道本注无“应”字，今从赵本。

[7] 先慎曰：乾道本“之”作“比”。顾广圻云“今本‘比’作‘之’”，今据改。

［8］旧注：奸臣既以金玉内事近习之臣，外又为行非法渐化其主，主既习非，则其位可得而夺也。○先慎曰：乾道本注“奸”上有“主”字，今从赵本。

［9］先慎曰：乾道本“事”下有“毕”字。顾广圻云“《藏》本、今本无‘毕’字”，今据删。

［10］旧注：收，谓收摄其心也。谓臣欲收大臣之心，辞言为作声誉，又更处置，邀共言事于君。其事既成，大臣必益爵禄，用此以劝其心，使之犯忤其主。主犯则君臣有隙，奸臣可以施谋也。○先慎曰：乾道本注“必”作“心”，依赵本改。“处约言事”，谓平居约之言事也。注谓“又更处置”，非也。

［11］旧注：臣行其惠则主泽不下流，故曰“塞其主”。

［12］旧注：君门隔于九重，贤俊希得与振，故言谈论议希也。○先慎曰：平日未闻言谈论议，偶有所说，自然易动。注“振”字误，赵作“摄”，亦非。

［13］旧注：谓其言巧便，听者似若流通而可行。

［14］旧注：设施缀属浮虚之辞。

［15］先慎曰：乾道本“人”作“臣”。顾广圻云“《藏》本、今本‘臣’作‘人’”，今据改。

［16］顾广圻曰：“敛”字未详。先慎曰：《诗·桑扈》孔《疏》：“敛者，收摄之名。”为臣者，当强兵压境则在内制摄其君，以便己私。下文“使之恐惧”正承上震摄而言。

［17］先慎曰：《六微》篇公叔因内齐军于郑以劫其君，以固其位，即此义。

［18］俞樾曰：“道”字衍文也。“所以成奸”、“所以壅劫”两文相对，读者见篇首云“凡人臣之所道成奸者有八术”，误以“道成奸”三字连读，故妄增入之。不知“所道成奸”即所由成奸也，义与“所以”同。此既云“所以”，即不得复有“道”字矣。

明君之于内也，娱其色而不行其谒，不使私请。[1]其于左右也，使其身必责其言，不使益辞。[2]其于父兄大臣也，听其言也必使以罚任于后，[3]不令妄举。[4]其于观乐玩好也，必令之有所出，[5]不使擅进，不使擅退，群臣虞其意。[6]其于德施也，纵禁财，发坟仓，[7]利于民者必出于君，不使人臣私其德。[8]其于说议也，称誉者所善，毁疵者所恶，必实其能，察其过，[9]不使群臣相为语。[10]其于勇力之士也，[11]军旅之功无逾赏，邑斗之勇无赦罪，[12]不使群臣行私财。[13]其于诸侯之求索也，法则听之，不法则距之。[14]所谓亡君者，[15]非莫有其国也，而有之者皆非己有也。[16]令臣以外为制于内，则是君人者亡也。[17]听大国为救亡也，而亡亟于不听，[18]故不听。[19]群臣知不听，[20]则不外诸侯；[21]诸侯之不听，则不受臣之诬其君矣。[22]明主之为官职爵禄也，[23]所以进贤材劝有功也。故曰：贤材者，处厚禄，任大官；功大者，有尊爵，受重赏。官贤者量其能，赋禄者称其功。是以贤者不诬能以事其主，有功者乐进其业，故事成功立。今则不然，不课贤不肖，论有功劳，[24]用诸侯之重，[25]听左右之谒。[26]父兄大臣上请爵禄于上，而下卖之以收财利，及以树私党。故财利多者买官以为贵，有左右之交者请谒以成重。功劳之臣不论，[27]官职之迁失谬。是以吏偷官而外交，弃事而财亲。是以贤者懈怠而不劝，有功者隳而简其业，此亡国之风也。[28]

[1] 旧注：所以防初奸之“同床”也。

[2] 旧注：所以防二奸之“在旁”也。

[3] 旧注：当则任之，不当则罚之。○卢文弨曰："任"，谓保任，旧注非。先慎曰：卢说亦非，"使"字衍文。《广雅·释诂》："任，使也。"听父兄大臣之言，恐其妄举，故以罚使于后也。此多一"使"字。

[4] 旧注：防三奸之"父兄"。

[5] 旧注：谓知其所从来。○先慎曰："之"，当作"知"，注不误。

[6] 旧注：防四奸之"养殃"也。虞，度也。必不令度君意擅有所进退也。○王渭曰："擅退"二字当衍。七字为一句，旧注误。先慎曰：案当作"不使擅进擅退群臣虞其意"，今重"不使"二字，注所据本不重"不使"二字，故云"不令度君意擅有所进退"，明以"不使"贯下三项也。张榜本无"擅进不使擅退"六字，是求其说而不得，从而删之，不可从。

[7] 旧注：积粟于仓若坟然。

[8] 旧注：防五奸之"民萌"也。

[9] 旧注：考实其能，察详其过。

[10] 旧注：防六奸之"流行"。

[11] 先慎曰：乾道本无"于"字。顾广圻云：《藏》本、今本有"于"字。先慎案：有"于"字是也。此与上下文法一律，皆有"于"字。明此脱，今据补。

[12] 旧注：邑斗勇者，谓恃力与邑人私斗。

[13] 旧注：防七奸之"威强"也，不使行私财于勇士。○先慎曰："财"字衍文。"不使群臣行私"即上文"人臣彰威以恐其群臣百姓而行其私"也。注依误文释之，亦非。

[14] 旧注：防八奸之"四方"。

[15] 先慎曰：乾道本提行。顾广圻云：当连前，误提行。自此至卷末同。先慎案：张榜本不提行，今从之。

[16] 旧注：亡君虽有国，非已有之，令臣执制而有之。

[17] 旧注：臣自外制内，而君不擅举手，如此者君必亡也。○卢文弨曰："为"，张本作"而"。

[18] 旧注：听大国则诛求无厌，每事皆听，其倾国犹不足，有所不

从，则有辞而见伐。故听从之，亡急于不听也。○卢文弨曰：注“倾国犹不足”上，张本有“其”字。案“其”当作“则”。

[19] 顾广圻曰：句绝。

[20] 顾广圻曰：《藏》本、今本重“群臣”，误。凡此言“不听”，皆是不听大国，与上文云“大国之所索，小国必听”相对，旧注全误。

[21] 旧注：臣之外交，以君之听己，欲有所构结；今君既不听，则交之外心息矣。○先慎曰：《拾补》“外”下有“市”字。卢文弨云：脱，一本有。先慎案：“外”下脱“交”字，注云“臣（不）〔之〕外交”，是注所据本有“交”字。

[22] 旧注：诸侯知我不听用其臣，不受彼臣之浮言以罔诬其君也。○王渭曰：“之不听”当作“知不听”。先慎曰：王说是，注未讹。“臣之”，乾道本作“之臣”。顾广圻云“今本‘之臣’作‘臣之’”，今据乙。

[23] 先慎曰：旧提行，今连上。

[24] 先慎曰：“论”上当有“不”字。

[25] 旧注：诸侯以势位之重也，有所委属而君用之。○先慎曰：诸侯所重，君遂用之，旧注非。

[26] 顾广圻曰：乾道本误提行。先慎曰：赵本不提行，是也，今从之。

[27] 先慎曰：谓不考其功劳也。

[28] 旧注：隳，毁也。或本为“堕”也。○先慎曰：注末“也”字，赵本无。

韩非子卷第三

十过第十

十过：一曰行小忠，则大忠之贼也。二曰顾小利，则大利之残也。三曰行僻自用，无礼诸侯，则亡身之至也。四曰不务听治而好五音，则穷身之事也。[1]五曰贪愎喜利，则灭国杀身之本也。[2]六曰耽于女乐，不顾国政，则亡国之祸也。七曰离内远游而忽于谏士，则危身之道也。[3]八曰过而不听于忠臣，而独行其意，则灭高名，为人笑之始也。九曰内不量力，外恃诸侯，则削国之患也。[4]十曰国小无礼，不用谏臣，则绝世之势也。

[1] 先慎曰："音"下下文有"不已"二字。

[2] 先慎曰："喜"，下文作"好"。

[3] 先慎曰：《群书治要》引无"而"字。

[4] 先慎曰："削国"，下文作"国削"。

奚谓小忠？昔者楚共王与晋厉公战于鄢陵，楚师败而共王伤其目。酣战之时，司马子反渴而求饮，竖穀阳操觞酒而进之。[1]子反曰："嘻，退！酒也。"穀阳曰："非酒也。"子反受而饮之。[2]子反之为人也，嗜酒而甘之，弗能绝于口而醉。战既罢，共王欲复战，[3]令人召司马子反，司马子反辞以心疾。共王驾而自往，入其幄中，闻酒臭而还，曰："今日之战，不穀亲伤，所恃者司马也。而司马又醉如此，是亡楚国之社稷而不恤吾众也！[4]不穀无与复战矣。"[5]于是还师而去，斩司马子反以为大戮。故竖穀阳之进酒，不以仇子反也，其心忠爱之，而适足以杀之。故曰："行小忠，则大忠之贼也。"

[1] 卢文弨曰："穀阳"，《吕氏·权勋》篇、《淮南·人间训》俱作"阳穀"。顾广圻曰：《左传》作"穀阳"。先慎曰：《北堂书钞》一百四十四、《御览》三百八十九、四百九十七引作"穀阳竖"。

[2] 先慎曰：乾道本无"穀阳曰非酒也"六字。顾广圻云：《藏》本有，今本"穀"上又有"竖"字。按本书《饰邪》篇有此句而无"酒"字。先慎案：《吕氏春秋》有"竖穀阳曰非酒也"七字，此脱，今据《藏》本增。《御览》三百八十九引作"竖曰非也"四字。《说苑·敬慎》篇"子反曰退酒也，穀阳曰非酒也"，下有"子反又曰退酒也，穀阳又曰非酒也"二句。

[3] 先慎曰：《饰邪》篇有"而谋事"三字，此脱。

[4] 先慎曰：乾道本"恤"作"言"。顾广圻云："亡"，当作"忘"，《饰邪》篇同。《藏》本无"言"字，今本作"恤"。先慎案：作"恤"是，今据改。《说苑》作"是亡吾国而不恤吾众也"。

[5] 先慎曰：乾道本无"与"字。卢文弨云：脱，《藏》本有，《吕氏》、《淮南》皆有，后《饰邪》篇亦有。先慎案：上文"共王欲复战，召子反而谋"，是欲与子反谋复战也，不当少"与"字，今据《藏》本补。《说苑》"与"作"以"，义同。

奚谓顾小利？昔者晋献公欲假道于虞以伐虢。荀息曰："君其以垂棘之璧与屈产之乘赂虞公，求假道焉，必假我道。"君曰："垂棘之璧，吾先君之宝也；屈产之乘，寡人之骏马也。若受吾币不假之道，将奈何？”荀息曰：“彼不假我道，必不敢受我币。若受我币而假我道，则是宝犹取之内府而藏之外府也，马犹取之内厩而著之外厩也，君勿忧。”君曰：“诺。”乃使荀息以垂棘之璧与屈产之乘，赂虞公而求假道焉。虞公贪利其璧与马而欲许之。宫之奇谏曰：“不可许。夫虞之有虢也，如车之有辅，辅依车，车亦依辅，虞、虢之势正是也。若假之道，则虢朝亡而虞夕从之矣！不可，愿勿许。”虞公弗听，遂假之道。荀息伐虢之，还反处三年，兴兵伐虞，又克之。[1]荀息牵马操璧而报献公，献公说，曰：“璧则犹是也。虽然，马齿亦益长矣。”[2]故虞公之兵殆而地削者何也？爱小利而不虑其害。[3]故曰：“顾小利，则大利之残也。”

[1] 顾广圻曰：《藏》本同。今本“之还”作“而还”，误。“反”字当在“兴”字上，读下属。《公羊传》云“还四年，反取虞”，何休《注》“还，复往，故言反”，此出于彼也。“四年”者，并伐虢之年数之。《穀梁传》云“五年”，不合。本书《喻老》篇云“还反灭虞”，亦可证。俞樾曰：“伐虢”下脱“克”字。下云“又克之”，正承此而言。《吕氏春秋·权勋》篇“荀息伐虢克之，还反伐虞又克之”，是其证。先慎曰：《淮南·人间训》与《吕》同。此“之”上脱“克”字。赵用贤本改“之”为“而”，属下为句，非是。“反”字当依顾移“兴”字上，与《吕览》、《淮南》合。

[2] 王先谦曰：《穀梁传》作荀息语。

[3] 卢文弨曰：“虑”，《藏》本作“虞”。

奚谓行僻？昔者楚灵王为申之会，[1]宋太子后至，执而囚之，狎徐君，[2]拘齐庆封。中射士[3]谏曰：“合诸侯不可无礼，此存亡之机也。昔者桀为有戎之会而有缗叛之，纣为黎丘之蒐而戎、狄叛之，[4]由无礼也。君其图之。”君不听，[5]遂行其意。居未期年，[6]灵王南游，群臣从而劫之，灵王饿而死乾溪之上。故曰：“行僻自用，无礼诸侯，则亡身之至也。”

[1] 先慎曰：乾道本“会”作“命”，《拾补》“命”作“会”。卢文弨云：“命”字讹。今依《拾补》。

[2] 旧注：轻侮之也。

[3] 旧注：中射士，官有上中下。〇顾广圻曰：本书《说林上》、《下》篇皆有“中射之士”，“射”，他书又作“谢”。《吕氏春秋·去宥》篇云“中谢，细人也”，《史记·张仪列传·索隐》云“盖侍御之官”，此与《左》昭四年《传》言“椒举”不同。孙诒让曰：《吕览》高《注》云：“中谢，官名也。”“谢”与“射”通，字当以“射”为正，盖即《周礼·夏官》之“射人”也。《楚策》亦有“中射之士”，鲍彪《注》云：“射人之在中者。”鲍不引《周礼》，则似谓能射之人在中者，与余说不同。“中射”者，射人之给事宫内者，犹涓人之在内者谓之中涓，庶子之在内者谓之中庶子矣。《周礼》射人与大仆并掌朝位，又大丧与仆人迁尸，《礼记·檀弓》云“扶君，卜人师扶右，射人师扶左”。郑《注》云：“卜，当为仆，声之误也。”仆人、射人皆平生时赞正君服位者，是射人与仆人为官联，故后世合二官以为侍御近臣之名曰仆射。《史记·韩信传》“连敖”，《集解》如淳云“楚有连尹、莫敖，其后合为一官”，亦合二官为名之证。《汉书·百官公卿表》云：“仆射，秦官，古者重武，官有主射以督课之。”此义尚与古合。李涪《刊误》引孔衍则云：“仆射，小官，扶掖左右者也。”此因后世仆射字音夜而为之说，不足据也。先慎曰：孙说是，旧注谓“官有上中下”，误。

[4] 旧注：有戎、有缗，皆国名。〇卢文弨曰：“戎”，《左》昭四年《传》作“仍”。“黎丘”，《史记·楚世家》作“黎山”，《左》但云“黎”。“戎、狄”，《左传》、《史记》俱作“东夷”。顾广圻曰：“蒐”下当依《左传》、《史记》补“而东夷叛之，幽王为太室之盟”二句，此上下两事各脱其半也。

[5] 先慎曰：下“君”字涉上文而误衍。

[6] 卢文弨曰：灵王死乾溪，在昭十三年。顾广圻曰：句有误，《左传》云“不过十年”。

奚谓好音？昔者卫灵公将之晋，至濮水之上，税车而放马，设舍以宿。夜分，而闻鼓新声者而说之，使人问左右，尽报弗闻。乃召师涓而告之曰：“有鼓新声者，使人问左右，尽报弗闻，其状似鬼神，子为我听而写之。”[1]师涓曰：“诺。”因静坐抚琴而写之。[2]师涓明日报曰：“臣得之矣，而未习也，请复一宿习之。”灵公曰：“诺。”因复留宿，明日而习之，遂去之晋。晋平公觞之于施夷之台，[3]酒酣，灵公起曰：[4]“有新声，愿请以示。”平公曰：“善。”乃召师涓，令坐师旷之旁，援琴鼓之。[5]未终，师旷抚止之，[6]曰：“此亡国之声，不可遂也。”[7]平公曰：“此道奚出？”[8]师旷曰：“此师延之所作，与纣为靡靡之乐也。及武王伐纣，师延东走，至于濮水而自投，故闻此声者必于濮水之上。先闻此声者其国必削，不可遂。”平公曰：“寡人所好者音也，[9]子其使遂之。”师涓鼓究之。平公问师旷曰：[10]“此所谓何声也？”师旷曰：“此所谓清商也。”公曰：“清商固最悲乎？”师旷曰：“不如清徵。”公曰：“清徵可得而闻乎？”师旷曰：“不可。古之听清徵者，皆有德义之君也。[11]今吾君德薄，不足以听。”平公曰：“寡人之所好者音也，愿试听之。”[12]师旷不得已，援琴而鼓。一奏之，有玄鹤二八[13]道[14]南方来，集于郎门之垝；[15]再奏之，而列；[16]三奏之，延颈而鸣，舒翼而舞，音中宫商之声，声闻于天。平公大说，坐者皆喜。平公提觞而起，为师旷寿。反坐而问曰：[17]“音莫悲于清徵乎?”师旷曰:“不如清角。”平公曰:“清角可得而闻乎?”师旷曰:“不可。昔者黄帝合鬼神于西泰山之上,[18]驾象车而六蛟龙,[19]毕方[20]并辖,[21]蚩尤居前,风伯进扫,[22]雨师洒道,虎狼在前,鬼神在后,腾蛇伏地,[23]凤皇覆上,[24]大合鬼神,作为清角。今主君德薄,[25]不足听之;[26]听之,将恐有败。”平公曰:“寡人老矣,所好者音也,愿遂听之。”师旷不得已而鼓之。一奏,而有玄云从西北方起;[27]再奏之,大风至,大雨随之,裂帷幕,破俎豆,隳廊瓦,[28]坐者散走。平公恐惧,伏于廊室之间。[29]晋国大旱,赤地三年。[30]平公之身遂癃病。[31]故曰:“不务听治,而好五音不已,则穷身之事也。”

[1] 先慎曰：各本无“我”字。《史记·乐书》、《论衡·纪妖》篇、《御览》五百七十九引有“我”字,今据补。

[2] 先慎曰:《初学记》十五引“琴”作“瑟”。

[3] 卢文弨曰：似即《左传》所云“虒祁之宫”。顾广圻曰:《史记》“夷”作“惠”。《正义》曰:“一本‘虒祁之堂’。”先慎曰:《御览》引此作“虒祁之台”,《事类赋》十一引“虒祈”二字倒。

[4] 王念孙曰：旧本“曰”上衍“公”字,今据《论衡》删。顾广圻曰：“起”下有脱字。先慎曰:《史记》无“起公”二字,彼删“起”字,此衍“公”字,惟《论衡》不误。顾氏不知“公”字衍文,故疑有脱字,今依王删。

[5] 先慎曰:《拾补》“鼓”下旁注“抚”字。卢文弨云:“抚”,《藏》本作“鼓”。先慎案：赵本“鼓”作“抚”。案“抚”字涉下而误,《史记》、《论衡》均作“鼓”,《御览》、《艺文类聚》四十一引此亦作“鼓”。

[6] 先慎曰:《史记》、《论衡》“止”上有“而”字。

[7] 王先谦曰:“遂”,竟也。谓终曲。

[8] 王念孙曰:“此道奚出”,本作“此奚道出”。“道”者,由也。言此声何由出也。《史记》作“是何道出”,旧本脱“是”字,今据《御览·地部》所引补。《论衡》作“此何道出”,皆其明证矣。《孤愤》篇“法术之士奚道得进”,《晏子春秋·杂篇》“景公问鲁昭公曰:‘君何年之少而弃国之蚤,奚道至于此乎’”,《吕氏春秋·有度》篇“客问季子曰:‘若虽知之,奚道知其不为私’”,《史记·赵世家》“简子曰:此其母贱翟婢也,奚道贵哉”,义并与此同。今作“此道奚出”者,后人不知“道”字之义而妄改之耳。

[9] 卢文弨曰:“也”字,《藏》本无。

[10] 先慎曰:乾道本“旷”作“涓”。顾广圻云:今本“涓”作“旷”。先慎案:上下文均作“旷”,《艺文类聚》九十引正作“旷”,今据改。

[11] 先慎曰:《艺文类聚》引“听”上有“得”字。

[12] 卢文弨曰:“试”,黄本作“示”。先慎曰:《艺文类聚》、《御览》引并同黄本“试”作“示”,误。又《艺文类聚》九十、《御览》九百一十六引作“得试之乎”,亦非原文。

[13] 先慎曰:《事类赋》十一引脱“八”字,《艺文类聚》与此同。

[14] 旧注:道,从也。

[15] 旧注:栋端也。○卢文弨曰:“郎”、“廊”同。“垝”,与《礼记·丧大记》“中屋履危”之“危”同。顾广圻曰:“垝”,他书又作“危”。先慎曰:《艺文类聚》九十作“道南方来,集于郭门之扈”;《事类赋》引“道”作“自”,“郎”作“郭”,“垝”作“邑”;《御览》五百七十九引“垝”作“邑”,又九百一十六引作“庙门之扈”;《论衡》作“郭门之上危”。案“郭”为“郎”之误,“庙”为“廊”之误,“邑”、“扈”并“危”之误。本书作“垝”,疑本是“上危”二字,校者误改并为一字。《史记·魏世家》:“痤因上屋骑危。”“危”在上,故曰“上危”,即后世所谓屋山,俗称屋脊。

[16] 卢文弨曰:“而”下《风俗通·声音》篇有“成”字。先慎曰:《御览》九百十六引作“再奏成行而列”。五百七十九引作“成列”,无“而”字。《艺文类聚》引作“再奏而列”。

[17] 先慎曰:乾道本无“坐”字。卢文弨云:“坐”字脱,《藏》本、凌本

皆有。顾广圻云：有“坐”字是也，《史记》有。先慎案：《论衡》亦有，今从《藏》、凌本增。

[18] 卢文弨曰：“黄”，《藏》本、张本作“皇”，《文选·赭白马赋》注引亦作“皇”，古通用。先慎曰：旧本无“西”字。《论衡》、《艺文类聚》、《御览》七十九、又九百一十五、又九百三十三引“泰山”上有“西”字，今据补。又《御览》五百七十九及《事类赋》引作“西山”，无“泰”字，脱也。有小泰山称东泰山，故泰山为西泰山，浅人妄删“西”字耳。

[19] 先慎曰：《论衡》、《事类赋》并无“而”字。

[20] 旧注：神名也。

[21] 旧注：蒲末切。〇先慎曰：《论衡》“错”作“辖”。

[22] 顾广圻曰：“进”当作“迅”。先慎曰：《论衡》、《御览》引并作“进”，无作“迅”者，顾说非。《事类赋》引作“清途”，疑后人改之，非《韩子》原文也。

[23] 卢文弨曰：“腾”，《藏》本作“螣”。先慎曰：《事类赋》“腾”作“虫”。

[24] 先慎曰：《论衡》“凤皇”作“白云”。

[25] 顾广圻曰：“主”当作“吾”。先慎曰：《论衡》、《御览》五百七十九引作“主”。

[26] 先慎曰：《艺文类聚》一百、《事类赋》引“足”下并有“以”字。

[27] 卢文弨曰：“而”，《藏》本作“之”。先慎曰：“玄云”，《乐书》作“白云”，《论衡》、《艺文类聚》四十一、又一百、《事类赋》、《御览》一百八十五、又五百七十九、八百七十九引无“玄”字，《北堂书钞》一百九引有。

[28] 先慎曰：“隳”，《乐书》作“飞”。

[29] 先慎曰：“室”，《乐书》作“屋”。

[30] 先慎曰：《事类赋》“三年”作“千里”。

[31] 先慎曰：乾道本“癃”作“瘙”。卢文弨云：“瘙”，“瘙”字之讹，宋本作“癃”。顾广圻曰：“瘙”，正字作“癃”，《说文》：“罢病也。”先慎案：《论衡》、《艺文类聚》一百引作“癃”，今据改。

奚谓贪愎？昔者智伯瑶[1]率赵、韩、魏而伐范、中行，灭之。反归，休兵数年，因令人请地于韩。韩康子欲勿与，段规谏曰："不可不与也。夫知伯之为人也，好利而骜愎。[2]彼来请地而弗与，则移兵于韩必矣。君其与之。与之彼狃，[3]又将请地他国，他国且有不听，不听则知伯必加之兵。如是，韩可以免于患而待其事之变。"康子曰："诺。"因令使者致万家之县一于知伯。知伯说，又令人请地于魏。宣子欲勿与，[4]赵葭谏曰："彼请地于韩，韩与之，今请地于魏，魏弗与，则是魏内自强而外怒知伯也。如弗予，其措兵于魏必矣。"[5]宣子："诺。"[6]因令人致万家之县一于知伯。知伯又令人之赵请蔡、皋狼之地，[7]赵襄子弗与。知伯因阴约韩、魏将以伐赵。襄子召张孟谈而告之曰："夫知伯之为人也，阳规而阴疏，[8]三使韩、魏而寡人不与焉，[9]其措兵于寡人必矣。今吾安居而可？"张孟谈曰："夫董阏于，[10]简主之才臣也。其治晋阳而尹铎循之，[11]其馀教犹存，君其定居晋阳而已矣。"君曰："诺。"乃召延陵生，[12]令将军车骑先至晋阳，[13]君因从之。君至，[14]而行其城郭及五官之藏，城郭不治，仓无积粟，府无储钱，库无甲兵，邑无守具。襄子惧，乃召张孟谈曰："寡人行城郭及五官之藏，皆不备具，吾将何以应敌？"张孟谈曰："臣闻圣人之治，藏于臣[15]不藏于府库，务修其教，不治城郭。君其出令：令民自遗三年之食，有馀粟者入之仓；遗三年之用，有馀钱者入之府；遗有奇人者使治城郭之缮。"[16]君夕出令，明日，仓不容粟，府无积钱，[17]库不受甲兵。居五日而城郭已治，守备已具。君召张孟谈而问之曰："吾城郭已治，守备已具，钱粟已足，甲兵有馀，吾奈无箭何？"张孟谈曰："臣闻董子之治晋阳也，公宫之垣皆以荻蒿楛楚墙之，[18]其高至于丈，[19]君发而用之，有馀箭矣。"[20]于是发而试之，其坚则虽菌簬之劲弗能过也。[21]君曰："吾箭已足矣，奈无金何？"张孟谈曰："臣闻董子之治晋阳也，[22]公宫公舍之堂[23]皆以炼铜为柱质，君发而用之。"于是发而用之，有馀金矣。号令已定，守备已具，三国之兵果至。至则乘晋阳之城，遂战，三月弗能拔。因舒军而围之，[24]决晋阳之水以灌之，围晋阳三年。城中巢居而处，[25]悬釜而炊，[26]财食将尽，士大夫羸病。襄子谓张孟谈曰："粮食匮，财力尽，士大夫羸病，吾恐不能守矣！欲以城下，何国之可下？"张孟谈曰："臣闻之，亡弗能存，危弗能安，则无为贵智矣。君失此计者。[27]臣请试潜行而出，见韩、魏之君。"张孟谈见韩、魏之君曰："臣闻唇亡齿寒。今知伯率二君而伐赵，赵将亡矣。赵亡，则二君为之次。"二君曰："我知其然也。虽然，知伯之为人也，麤中而少亲，[28]我谋而觉，则其祸必至矣，为之奈何？"张孟谈曰："谋出二君之口而入臣之耳，人莫之知也。"[29]二君因与张孟谈约三军之反，与之期日。[30]夜遣孟谈入晋阳以报二君之反。[31]襄子迎孟谈而再拜之，且恐且喜。二君以约遣张孟谈，[32]因朝知伯而出，遇智过于辕门之外。[33]智过怪其色，因入见知伯曰："二君貌将有变。"君曰："何如？"曰："其行矜而意高，非他时之节也，[34]君不如先之。"君曰："吾与二主约谨矣，破赵而三分其地。寡人所以亲之，必不侵欺。[35]兵之著于晋阳三年，今旦暮将拔之而嚮其利，[36]何乃将有他心？必不然，子释勿忧，勿出于口。”明旦，二主又朝而出，复见智过于辕门。智过入见曰：“君以臣之言告二主乎？”君曰：“何以知之？”曰：“今日二主朝而出，见臣而其色动，而视属臣，此必有变，君不如杀之。”君曰：“子置勿复言。”智过曰：“不可。必杀之；若不能杀，遂亲之。”君曰：“亲之奈何？”智过曰：“魏宣子之谋臣曰赵葭，韩康子之谋臣曰段规，此皆能移其君之计。[37]君与其二君约：[38]破赵国，因封二子者各万家之县一。如是则二主之心可以无变矣。”知伯曰：“破赵而三分其地，又封二子者各万家之县一，则吾所得者少，不可。”智过见其言之不听也，出，因更其族为辅氏。至于期日之夜，赵氏杀其守堤之吏而决其水灌知伯军。知伯军救水而乱，韩、魏翼而击之，襄子将卒犯其前，大败知伯之军而擒知伯。[39]知伯身死军破，国分为三，为天下笑。故曰：“贪愎好利，则灭国杀身之本也。”

[1] 旧注：知伯名。

[2] 顾广圻曰：《藏》本同，今本“骜”作“骛”，误。《战国策》作“鸷”，吴师道引此亦作“鸷”。

[3] 旧注：狃，习也。得地于韩将生心他求也。

[4] 顾广圻曰：“宣”上当从《策》更有“魏”字。

[5] 先慎曰：“必矣”下赵本有“不如予之”四字，是也，《策》有。

[6] 先慎曰：“宣子”下当有“曰”字，上“康子曰诺”文法正同，此脱，《策》有“曰”字。

[7] 旧注：邑名。

[8] 顾广圻曰：“规”，当从《策》作“亲”。

［9］旧注：三使阴以相约，知有异志也。

［10］先慎曰：《难言》篇“阏”作“安”，说详彼。

［11］旧注：尹铎，安于之属大夫。〇先慎曰：“循”，遵也。谓尹铎治晋阳仍遵董安于之治也。《国语》“赵简子使尹铎为晋阳”，则安于死，尹铎继之，非尹铎为安于属大夫也。《策》“铎”作“泽”，误。《国语》作“铎”。

［12］顾广圻曰：“生”，《策》误作“王”。

［13］卢文弨曰：“军”字衍。顾广圻曰：《策》无。

［14］先慎曰：“至”上疑衍“君”字，《策》无。

［15］顾广圻曰：“臣”当作“民”。

［16］旧注：奇，馀也。谓闲人。奇，音羁。〇卢文弨曰：“有”上《藏》本无“遗”字。顾广圻曰：“遗”下有脱文，《藏》本删“遗”字，非也。

［17］先慎曰：“无积”，当作“不容”。

［18］顾广圻曰：句绝。“蒿”，读为“稾”。“获”，《策》作“狄”；“楛”，《策》作“苦”。皆同字。先慎曰：“墙”，《事类赋》十三、《御览》三百五十引并作“廧”，并注云：“音墙。”

［19］先慎曰：各本“其”作“有楛”二字。顾广圻云：“有楛”二字当衍，《策》无。今俗本《策》反依此增入，误甚。先慎案：顾说是，《御览》引“有楛”二字作“其”，今据改。

［20］先慎曰：乾道本无此四字，《策》同。案下文“有馀金矣”文法正同，疑此后人据《策》文删之。《事类赋》、《御览》引有“有馀箭矣”四字，今据补。

［21］先慎曰：各本“幹”作“餘”。《拾补》“菌”作“箘”，“餘”作“幹”，旁注“簬”字。卢文弨云：“菌”字讹。“簬”，《藏》本、凌本俱作“幹”。顾广圻云：“餘”作“幹”，是也，今本作“簬”者，误以《策》作“簵”而改耳。“菌”，《策》作“箘”，同字。先慎案：《艺文类聚》六十、《御览》引并作“幹”，今据改。

［22］先慎曰：乾道本脱“之”字，依上文当有，据《艺文类聚》、《御览》引增。

［23］先慎曰：乾道本"公舍"作"令舍"。案"令"当为"公"之误，《御览》引正作"公"，今据改。

［24］先慎曰：乾道本无"舒"字。顾广圻云"《藏》本、今本有，《策》有"，今据补。

［25］先慎曰：《御览》三百二十、又七百五十七引无"居而"二字。

［26］先慎曰：《御览》三百二十有"易子食，析骨炊"，是也，此脱。《史记·赵世家》："赵襄子保晋阳，三国攻晋阳岁馀，引汾水灌其城，不没者三板。城中悬釜而炊，易子而食。"是赵襄子守晋阳固有其事。

［27］卢文弨曰："失"，《策》作"释"。先慎曰："失"当为"释"之误。"者"字衍，《策》作"君释此计，勿复言也"。

［28］顾广圻曰："麤"，《策》作"麄"，按当读为"怚"。《史记·王翦传》"夫秦王怚而不信人"，徐广曰"怚，一作粗"，即此字。

［29］卢文弨曰："臣"下《藏》本、张本皆无"之"字。顾广圻曰："莫之知"，《藏》本作"莫知之"，《策》同。

［30］先慎曰："三"，当作"二"。"军"，指韩、魏之军。赵既被围，不待约也。

［31］卢文弨曰："二君"，三本俱作"三军"。先慎曰：赵本此下有"于襄子"三字。

［32］顾广圻曰："以"，读为已。《策》脱去"二君以约遣"五字，遂误属"张孟谈"于下句，当依此订。

［33］先慎曰：《说苑·贵德》篇作"智果"，《古今人表》作"智过"，颜《注》："即智果。"

［34］先慎曰："意"、"行"二字互误，《策》作"其志矜其行高"，是也，本书"志"多作"意"。张榜本、赵本"其"上无"曰"字。

［35］卢文弨曰："侵"当作"我"。先慎曰：《策》作"必不欺也"。

［36］卢文弨曰："嚮"、"饗"通。

［37］先慎曰："宣"字、"康"字皆后人所加，智过言时不应有也。

［38］先慎曰："与其"二字误倒，《策》作"君其与二子约"，是也。

［39］卢文弨曰“知伯之军”，《藏》本作“知氏之军”。

奚谓耽于女乐？昔者戎王使由余聘于秦，[1]穆公问之曰：“寡人尝闻道而未得目见之也，愿闻古之明主得国失国何常以？”[2]由余对曰：“臣尝得闻之矣，常以俭得之，以奢失之。”穆公曰：“寡人不辱而问道于子，子以俭对寡人何也？”由余对曰：“臣闻昔者尧有天下，饭于土簋，饮于土铏。其地南至交趾、北至幽都，东西到日月之所出入者，莫不宾服。尧禅天下，[3]虞舜受之，作为食器，斩山木而财之，[4]削锯修其迹，[5]流漆墨其上，[6]输之于宫，以为食器，诸侯以为益侈，国之不服者十三。舜禅天下而传之于禹，禹作为祭器，墨漆其外[7]而朱画其内，缦帛为茵，[8]蒋席[9]颇缘，[10]觞酌有采而樽俎有饰，此弥侈矣，而国之不服者三十三。[11]夏后氏没，殷人受之，作为大路而建九旒，[12]食器雕琢，觞酌刻镂，四壁垩墀，[13]茵席雕文，此弥侈矣，而国之不服者五十三。[14]君子皆知文章矣，而欲服者弥少，臣故曰俭其道也。”由余出，公乃召内史廖而告之[15]曰：“寡人闻邻国有圣人，敌国之忧也。今由余圣人也，寡人患之，吾将奈何？”内史廖曰：“臣闻戎王之居，僻陋而道远，[16]未闻中国之声，君其遗之女乐，以乱其政，而后为由余请期[17]以疏其谏，[18]彼君臣有间而后可图也。”君曰：“诺。”乃使史廖以女乐二八遗戎王，[19]因为由余请期，[20]戎王许诺。见其女乐而说之，设酒张饮，日以听乐，终岁不迁，牛马半死。由余归，因谏戎王，戎王弗听，由余遂去之秦。秦穆公迎而拜之上卿，问其兵势与其地形，既以得之，举兵而伐之，兼国十二，开地千里。故曰:“耽于女乐,不顾国政,亡国之祸也。”[21]

[1] 卢文弨曰:“王”,宋本作“主”,下同。先慎曰:《秦本纪》作“王”。

[2] 顾广圻曰:《说苑·反质》篇作“当何以也”,下文“常以俭得之”,“常”亦作“当”。

[3] 顾广圻曰:《说苑》“禅”作“释”,下文亦云“舜释天下”。

[4] 顾广圻曰:《说苑》“财”作“裁”,同字。先慎曰:《御览》七百五十六引作“材”,“财”、“裁”、“材”三字并同。

[5] 旧注:磨其斧迹。○顾广圻曰:《说苑》作“消铜铁修其刃犹漆墨之”,按此文“削锯”是也。《淮南子·本经训》云“无所错其剞劂削锯”,高《注》:“削,两刃句刀也,读绡头之绡。”其下未详,《说苑》即出于此,而传写互有误,仍各依本书。先慎曰:各本“其”作“之”。案“之”当作“其”,注云“磨其斧迹”,是注所据本尚未误,《御览》七百五十六引正作“其”,今据改。

[6] 旧注:流,布也。

[7] 先慎曰:各本“漆”作“染”。王念孙云:“染”当为“漆”。谓黑漆其外也。俗书“漆”字作“柒”,因讹而为“染”。《御览》四百九十三引此正作“漆”,《说苑》亦作“漆”。先慎按:王说是,《御览》又七百五十六引同,今据改。

[8] 顾广圻曰:《说苑》“缦”作“缯”。

[9] 旧注:蒋,草名。

[10] 顾广圻曰:《藏》本同,今本“颇”作“额”,误。“颇缘”,谓其缘邪裂之。《说苑》无此一句,有“褥”字,连“茵”字读,当有误,仍各依本书。

[11] 顾广圻曰:《说苑》作“三十有二”,下文亦作“五十有二”。先慎曰:《御览》四百九十三引作“三十二”,与《说苑》合。

[12] 先慎曰:《御览》引“路”作“辂”,字通。

[13] 顾广圻曰:“四”当作“白”,“白壁”与“垩墀”对文也。《说苑》作“四壁四帷”。

[14] 先慎曰：赵本“服”作“亡”，误。

[15] 顾广圻曰：他书皆同。《韩诗外传》作“内史王缪”，“缪”、“廖”同字，“王”盖姓也。先慎曰：顾说是，《说苑·尊贤》篇作“王子廖”。

[16] 顾广圻曰：“道”，当依《说苑》作“辽”。

[17] 先慎曰：乾道本“期”作“其”。顾广圻云：“后”，当依《说苑》作“厚”。乾道本、《藏》本“期”作“其”，讹，《说苑》作“期”。先慎案：赵本作“期”不误，今据改。

[18] 顾广圻曰：“谏”，《说苑》作“间”，《史记·秦本纪》亦作“间”，皆当读“间”为“谏”。

[19] 顾广圻曰：“史”上当有“内”字。“二八”，《说苑》作“三九”，《韩诗外传》作“二列”，《史记》与此同。先慎曰：《艺文类聚》五十九引作“三人”，误。

[20] 先慎曰：“请”，告也。“期”，归期也。既告之期，又留由余不遣以失其期，使君臣有间，此秦先告以归期之计也。

[21] 先慎曰：“亡”上当有“则”字，上文有。

奚谓离内远游？昔者田成子游于海而乐之，[1]号令诸大夫曰：“言归者死。”颜涿聚曰：[2]“君游海而乐之，奈臣有图国者何？[3]君虽乐之，将安得？”田成子曰：“寡人布令曰‘言归者死’，今子犯寡人之令。”援戈将击之。颜涿聚曰：“昔桀杀关龙逄而纣杀王子比干，今君虽杀臣之身以三之可也。臣言为国，非为身也。”延颈而前曰：“君击之矣！”君乃释戈，趣驾而归。至三日而闻国人有谋不内田成子者矣。[4]田成子所以遂有齐国者，颜涿聚之力也。故曰：“离内远游，则危身之道也。”[5]

[1] 先慎曰：《说苑·正谏》篇作“齐景公”。案《说林上》篇有“鸱夷子皮事田成子，田成子去齐走而之燕”，事当即此。

[2] 先慎曰：“涿聚”，《说苑》作“烛趋”，《晏子春秋·外篇》作“烛邹”，《古今人表》作“烛雏”。本或作“浊邹”。《集韵》、《类篇》：“雏，音聚。”案“涿”与“烛”、“浊”，“聚”与“邹”、“趋”、“雏”，形声相近，古本通用。《左》哀二十三年《传》又作“颜庚”。

[3] 卢文弨曰：《藏》本“臣”作“人”。

[4] 先慎曰：赵本“成子”作“子成”，下同，皆误。

[5] 先慎曰：上文“则”上有“而忽于谏士”句，此脱。

奚谓过而不听于忠臣？昔者齐桓公九合诸侯，一匡天下，为五伯长，管仲佐之。管仲老，不能用事，休居于家，桓公从而问之曰：“仲父家居有病，即不幸而不起，[1]政安迁之？”管仲曰：“臣老矣，不可问也。虽然，臣闻之：知臣莫若君，知子莫若父。君其试以心决之。”君曰：“鲍叔牙何如？”管仲曰：“不可。鲍叔牙为人刚愎而上悍。[2]刚则犯民以暴，愎则不得民心，悍则下不为用，其心不惧。[3]非霸者之佐也。”公曰：“然则竖刁何如？”管仲曰：“不可。夫人之情莫不爱其身，公妒而好内，竖刁自獖[4]以为治内，[5]其身不爱，又安能爱君！”曰：“然则卫公子开方何如？”[6]管仲曰：“不可。齐、卫之间，不过十日之行，开方为事君，欲适君之故，十五年不归见其父母，[7]此非人情也。其父母之不亲也，又能亲君乎！”[8]公曰：“然则易牙何如？”管仲曰：“不可。夫易牙为君主味，君之所未尝食唯人肉耳，易牙蒸其子首而进之，[9]君所知也。人之情莫不爱其子，今蒸其子以为膳于君，其子弗爱，又安能爱君乎！”公曰：“然则孰可？”管仲曰：“隰朋可。

其为人也,坚中而廉外,少欲而多信。夫坚中则足以为表,廉外则可以大任;少欲则能临其众,多信则能亲邻国。此霸者之佐也,君其用之。”君曰:“诺。”居一年馀,管仲死,君遂不用隰朋而与竖刁。刁涖事三年,桓公南游堂阜,竖刁率易牙、卫公子开方及大臣为乱,桓公渴馁而死南门之寝,公守之室,身死三月不收,虫出于户。[10]故桓公之兵横行天下,为五伯长,卒见弑于其臣而灭高名,为天下笑者,何也?不用管仲之过也。故曰:“过而不听于忠臣,独行其意,则灭其高名,为人笑之始也。”

[1] 先慎曰:乾道本“起”下有“此病”二字。卢文弨云“凌本无”,今据删。

[2] 卢文弨曰:“鲍”上脱“夫”字,各本皆有。“悍”,《藏》本作“捍”,下同。先慎曰:《苍颉》篇:“悍,桀也。”《荀子·大略》篇注:“悍,凶戾也。”“捍”为捍御之字,非此义,《藏》本误。

[3] 卢文弨曰:“惧”,《藏》本、张本作“具”。先慎曰:“惧”字是,言下不为用而不畏也。

[4] 旧注:亏势也。

[5] 先慎曰:“为”字衍,《二柄》篇、《难一》篇并无。

[6] 先慎曰:乾道本“则”下无“卫”字,“如”下有“曰”字。卢文弨云:“卫”字脱,各本有。顾广圻云:《藏》本有“卫”字,是也。乾道本“如”下衍“曰”字。先慎案:卢、顾说是,今据补“卫”字,删“曰”字。

[7] 先慎曰:“故”字疑衍,“欲”字当在“之”字下,《难一》篇作“适君之欲”,是其证。此因“欲”字误倒在上,后人遂于“之”下加“故”字耳。

[8] 先慎曰:以上下文例之,“又”字下当有“安”字。

[9] 先慎曰:“子首”,赵本作“首子”,误,说见前《二柄》篇。

[10] 先慎曰:《二柄》篇、《难一》篇"户"作"尸",误。

奚谓内不量力?昔者秦之攻宜阳,[1]韩氏急,公仲朋谓韩君曰:[2]"与国不可恃也,岂如因张仪为和于秦哉?因赂以名都而南与伐楚,是患解于秦而害交于楚也。"[3]公曰:"善。"乃警[4]公仲之行,[5]将西和秦。楚王闻之惧,召陈轸而告之曰:"韩朋将西和秦,今将奈何?"陈轸曰:"秦得韩之都一,[6]驱其练甲,[7]秦、韩为一,以南乡楚,此秦王之所以庙祠而求也,其为楚害必矣。王其趣发信臣,多其车,重其币以奉韩曰:'不穀之国虽小,卒已悉起,愿大国之信意于秦也。[8]因愿大国令使者入境视楚之起卒也。'"韩使人之楚,楚王因发车骑陈之下路,谓韩使者曰:"报韩君,言弊邑之兵今将入境矣。"使者还报韩君,韩君大悦,止公仲。公仲曰:"不可。夫以实告我者秦也,[9]以名救我者楚也,听楚之虚言而輕誣强秦之实祸,则危国之本也。"[10]韩君弗听,公仲怒而归,十日不朝。宜阳益急,韩君令使者趣卒于楚,冠盖相望而卒无至者,宜阳果拔,[11]为诸侯笑。故曰:"内不量力,外恃诸侯者,则国削之患也。"

[1] 顾广圻曰:《国策》作"秦、韩战于浊泽",《史记·韩世家》同,在宣惠王十六年。

[2] 顾广圻曰:"朋",《策》误作"明",当依此订。他书又作"冯"。

[3] 旧注:秦害交于楚也。

[4] 旧注:警,饬戒也。○先慎曰:"警",《策》作"儆",字同。

[5] 先慎曰:连上为一句。

[6] 顾广圻曰：《藏》本同。今本“一”作“而”，属下，误，当句绝。《策》作“今又得韩之名都一”，《史记》同。上文皆作“以一名都”。

[7] 先慎曰：《史记》、《国策》作“而具甲”。

[8] 旧注：信，申也。

[9] 顾广圻曰：《策》同。姚校云：“告，一作困。”今案“告”当作“苦”，形近之误。《史记》作“伐”。

[10] 王引之曰：此言韩王听虚言而轻实祸，则“輕”下不得有“誣”字，“誣”即“輕”之讹，《韩策》及《史记·韩世家》俱无“誣”字，是其证也。今作“輕誣强秦之实祸”者，一本作“輕”，一本作“誣”，而后人误合之耳。凡从“巠”从“巫”之字，传写往往讹溷，说见《经义述闻·大戴礼》“喜之而观其不誣”下。

[11] 顾广圻曰：《策》作“秦果大怒。兴师与韩氏战于岸门”，在十九年，其拔宜阳在襄王之五年，后此凡七年也，不同。

奚谓国小无礼？昔者晋公子重耳出亡，过于曹，曹君袒裼而观之。釐负羁与叔瞻侍于前。[1]叔瞻谓曹君曰：“臣观晋公子非常人也。君遇之无礼，彼若有时反国而起兵，即恐为曹伤，君不如杀之。”曹君弗听。釐负羁归而不乐，其妻问之曰：“公从外来而有不乐之色，何也？”负羁曰：“吾闻之：有福不及，祸来连我。[2]今日吾君召晋公子，其遇之无礼，我与在前，吾是以不乐。”其妻曰：“吾观晋公子万乘之主也，其左右从者万乘之相也，今穷而出亡，过于曹，曹遇之无礼，此若反国，必诛无礼，则曹其首也。子奚不先自贰焉？”负羁曰：“诺。”乃盛黄金于壶，充之以餐，[3]加璧其上，夜令人遗公子。公子见使者，再拜，受其餐而辞其璧。公子自曹入楚，自楚入秦。入秦三年，秦穆公召群臣而谋曰：“昔者晋献公与寡人交，诸侯莫弗闻。献公不幸离群臣，出入十年矣。嗣子不善，[4]吾恐此将令其宗庙不拔除而社稷不血食也。如是弗定，则非与人交之道。吾欲辅重耳而入之晋，何如？”群臣皆曰：“善。”公因起卒，革车五百乘，畴骑二千，[5]步卒五万，辅重耳入之于晋，立为晋君。重耳即位三年，举兵而伐曹矣。因令人告曹君曰：“悬叔瞻而出之，我且杀而以为大戮。”又令人告釐负羁曰：“军旅薄城，[6]吾知子不违也。[7]其表子之间，寡人将以为令，令军勿敢犯。”曹人闻之，率其亲戚而保釐负羁之间者七百馀家，此礼之所用也。故曹小国也，而迫于晋、楚之间，其君之危犹累卵也，而以无礼涖之，此所以绝世也。故曰：“国小无礼，不用谏臣，则绝世之势也。”

[1] 顾广圻曰：“叔瞻”与《左传》及本书《喻老》篇皆不合。

[2] 旧注：君有福未必及己，其祸之至当连我也。

[3] 先慎曰：乾道本无“乃”字，《拾补》有。卢文弨云：“‘乃’字脱，‘餐’当作‘飧’，下同。”今依《拾补》增。

[4] 顾广圻曰：《藏》本、今本“嗣”上有“其”字。

[5] 旧注：畴，等也。言马齐等皆精妙也。

[6] 先慎曰：“薄”，迫也。

[7] 旧注：知不敢违君言，非本心也。○先慎曰：谓知不背吾也，注说非。

韩非子卷第四

孤愤第十一[1]

智术之士，必远见而明察，不明察不能烛私；能法之士，必强毅而劲直，不劲直不能矫奸。[2]人臣循令而从事，案法而治官，非谓重人也。[3]重人也者，无令而擅为，亏法以利私，耗国以便家，力能得其君，此所为重人也。[4]智术之士，明察听用，且烛重人之阴情；[5]能法之士，劲直听用，且矫重人之奸行。故智术能法之士用，则贵重之臣必在绳之外矣。[6]是智法之士与当涂之人不可两存之仇也。[7]

[1] 旧注：言法术之士，既无党与，孤独而已，故其材用，终不见明。卞生既以抱玉而长号，韩公由之寝谋而内愤。

[2] 先慎曰：《广雅·释诂》："矫，直也。"《庄子·天下》篇"以绳墨自矫"，《荀子·性恶》篇"以矫饰人之性情而正之"，其义并同。

[3] 先慎曰："重人"，非此之谓。

[4] 旧注：擅为亏法，逆理而动，其力尚能得君从己，况其馀乎，此为重人也。言其贵贱国人所共重之也。〇王渭云："为"当作"谓"，旧注未讹。先慎曰："为"、"谓"古通，不必改作。

[5] 旧注：智术之士既明且察，今见听用，能烛见重人之阴情。

[6] 旧注：言必见削除也。

[7] 旧注：既不可两存，所存以相仇也。〇卢文弨曰：注"所"下衍"存"字。

当涂之人擅事要，则外内为之用矣。[1]是以诸侯不因则事不应，故敌国为之讼；[2]百官不因则业不进，故群臣为之用；郎中不因则不得近主，故左右为之匿；[3]学士不因则养禄薄礼卑，故学士为之谈也。[4]此四助者，邪臣之所以自饰也。重人不能忠主而进其仇，[5]人主不能越四助而烛察其臣，[6]故人主愈弊而大臣愈重。[7]

[1] 旧注：外，谓百官也；内，谓君之左右也。皆与当涂之人为用也。○先慎曰："外"，指敌国，下文"诸侯不因"是也。百官、左右、学士皆属"内"。注误。

[2] 旧注：邻国诸侯，或来求事，不因当涂者，其求必不见应，故重人有事，敌国为之讼冤。○先慎曰："讼"，说也。说见下。此谓敌国之人称誉其重人，如燕哙为秦使燕，而为子之之类。注谓"重人有事，敌国为讼冤"，非。

[3] 旧注：郎中，为郎居中，则君之左右之人也。既因重人而得近主，故为之匿非也。

[4] 旧注："谈"者，谓为重人延誉。○先慎曰："养"、"禄"二字当衍其一。

[5] 旧注：重人所仇者，法术之士也。

[6] 旧注：臣，亦谓法术之臣也。

[7] 顾广圻曰："弊"，读为"蔽"，下文"比周以弊主"，又"是以弊主上"，皆同。先慎曰：本书"蔽"多作"弊"，《奸劫弑臣》篇云"为奸利以弊主"，又云"非不弊之术也"，《难一》篇云"赏罚不弊于后"，是也。

凡当涂者之于人主也，希不信爱也，又且习故。[1]若夫即主心同乎好恶，固其所自进也。[2]官爵贵重，朋党又众，而一国为之讼。[3]则法术之士欲干上者，非有所信爱之亲、习故之泽也；又将以法术之言矫人主阿辟之心，是与人主相反也。处势卑贱，[4]无党孤特。夫以疏远与近爱信争，[5]其数不胜也；[6]以新旅与习故争，其数不胜也；以反主意与同好争，[7]其数不胜也；以轻贱与贵重争，其数不胜也；以一口与一国争，[8]其数不胜也。法术之士操五不胜之势，以岁数而又不得见；[9]当涂之人乘五胜之资，而旦暮独说于前：[10]故法术之士奚道得进，而人主奚时得悟乎？[11]故资必不胜而势不两存，法术之士焉得不危！[12]其可以罪过诬者，以公法而诛之；[13]其不可被以罪过者，以私剑而穷之。[14]是明法术而逆主上者，不僇于吏诛，必死于私剑矣。[15]朋党比周以弊主，言曲以便私者，必信于重人矣。故其可以功伐借者，以官爵贵之；[16]其可借以美名者，以外权重之。[17]是以弊主上而趋于私门者，不显于官爵，必重于外权矣。[18]今人主不合参验而行诛，[19]不待见功而爵禄，[20]故法术之士安能蒙死亡而进其说，奸邪之臣安肯乘利而退其身！故主上愈卑，私门益尊。夫越虽富兵强，中国之主皆知无益于已也，曰："非吾所得制也。"[21]今有国者虽地广人众，然而人主壅蔽，大臣专权，是国为越也。[22]智不类越，而不智不类其国，不察其类者也。[23]人主所以谓齐亡者，非地与城亡也，[24]吕氏弗制而田氏用之；所以谓晋亡者，亦非地与城亡也，姬氏不制而六卿专之也。今大臣执柄独断而上弗知收，是人主不明也。[25]与死人同病者，不可生也；与亡国同事者，不可存也。今袭迹于齐、晋，欲国安存，不可得也。[26]

［1］旧注：重人得主信爱者多，又用事既久，乃惯习故旧也。

［2］顾广圻曰：《藏》本同，今本无“乎”字，误。先慎曰：“即”，就也。就主心之好恶者而好恶之也。“自进”，谓己之进身也。其所以自进，则与主信爱、习故、同好恶三者而已。注训“自进”为“己自进举之人”，误。

［3］旧注：讼，即说也。重人举措，常就主心而同其好恶，己自进举之人，官爵重之，朋党众，及其有事，一国为之讼冤，则君无德而诛之。○先慎曰：注“讼，即说”，是也。又以“讼冤”释之，非。“众”上脱“又”字，“无德”当作“无得”。

［4］先慎曰：乾道本“势”作“世”。顾广圻云：《藏》本、今本“世”作“势”。先慎案：作“势”是。此对官爵贵重言，不当作“世”，今据改。

［5］旧注：近爱信，谓重人是也。○先慎曰：“近”字衍文，“爱信”当作“信爱”。“疏远”、“信爱”相对成文，不当有“近”字；上文“希不信爱”、“非有所信爱之亲”，皆作“信爱”，此承上言，明“爱信”二字误倒。注亦作“近爱信”，则其讹旧矣。

［6］旧注：数，理也。

［7］旧注：重人与君同好。○王渭曰：“好”下当有“恶”字。

［8］旧注：重人与一国为朋党。

［9］旧注：所经时岁已至于数，犹不得见君。○顾广圻曰：“又”当作“犹”，旧注未讹。

［10］旧注：法术之士既不得见，故当涂之人独讼而称冤。○先慎曰：案依注所据本“说”作“讼”，故云“独讼而称冤”，此解非也。“讼”，古通“诵”；“诵”，犹说也。《史记·吕后纪》“未敢讼言攻之”，《汉书》作“诵言”，《索隐》云：“诵，说也。”此谓当涂之人独常常与君言说，而法术之士见且犹不得亟，况得与言乎。此“旦暮独讼于前”，反对法术之士言。旧注误。

［11］旧注：法术之士既不得进，则人主何从而悟乎？○先慎曰：王氏念孙、俞氏樾并训此“道”字为“由”。案“奚道得进”犹言何时得进也。士无时得进，则人主无时得悟，语正相当。“奚道得进”即蒙上“以岁数而

又不得见”言，则“道”为“时”字变文，尤其明证。不得以他处“道”有“由”义，以例此也。《人主》篇正作“奚时得进”。

[12] 旧注：法术之士，既资必不可胜之数，而又与重人势不两存，则法术之士必危而见陷。○先慎曰：乾道本注“又”下无“与”字，今据赵本增。

[13] 旧注：法术之士有过失可诬罔者，重人则举以为罪而诛之。○先慎曰：乾道本“公”上无“以”字，依下文当有，今据张榜本增。

[14] 旧注：若无过失可诬者，则使侠客以剑刺之，以穷其命也。

[15] 先慎曰：乾道本“僇”作“憀”。顾广圻云：今本“憀”作“僇”。先慎案：“僇”与“戮”通，“憀”字误，改从今本。

[16] 旧注：彼有功伐重人借为己用者，则官爵贵其人也。

[17] 旧注：彼虽无功伐，可使近权令者威重之。○先慎曰：顾广圻于“其”下添“不”字，云：“《藏》本同，今本无‘不’字，误。乾道本‘名’作‘明’，讹。”先慎案：“名”字是，今据改。“借”字当在“名”字下，“其可以美名借者”与“其可以功伐借者”句法一律，上不当有“不”字。“借”、“藉”古通，《庄子·应帝王》篇《释文》引崔注：“藉，系也。”其人可以功伐维系者，则贵以官爵；可以美名维系者，则重以外权。二事平说，旧注误。

[18] 旧注：趋，向也。

[19] 旧注：谓于法术之士，不参验以知其真伪即行诛罚。

[20] 旧注：重人所进，虽未见功，先与之爵禄也。

[21] 旧注：越国为异国，即敌国也。○顾广圻曰：《藏》本、今本“虽”下有“国”字。先慎曰：注以“越国”连文，是所见本“虽”字即“国”之误。“夫越”微逗，“国富兵强”句绝。中国视越国最远，故取以为况。《外储说上》“越人虽善溺”，亦借越为喻，是其证。注训“异国”，非。

[22] 旧注：大臣专国，常有谋君之心，即己国还为越国，故曰“是国为越也”。

[23] 旧注：纵臣专权，国变成越，是不自知己国即与越国不异，所以然者，良以不察知己国类于越国故也。○先慎曰：《拾补》“不智”作“不

知”。卢文弨云:“知”,各本俱作“智”。案“智”与“知”通,此上“智”字义亦当为“知”。顾广圻云:两“类”字当作“赖”。“赖”,利也,涉下“不察其类者也”句而误。今本“智”作“知”,误。二“智”字皆读为“知”,本书屡见。先慎案:既读为“知”,则今本之作“知”,不得为误。“类”,似也。知己之国不似越之不得制,究不能自制其国,是不知国之不似己之国也。顾改“类”为“赖”,非。

[24] 孙诒让曰:“主”字衍。

[25] 旧注:不知收取其柄而自执之,令臣于上独断,此主之不明也。今,谓秦也。○先慎曰:此书作于韩,秦王见之,始伐韩得非,非在秦时作也。“今”字泛言当时诸侯,注误。

[26] 旧注:袭,重也。

凡法术之难行也,不独万乘,千乘亦然。人主之左右不必智也,人主于人有所智而听之,因与左右论其言,是与愚人论智也。[1]人主之左右不必贤也,人主于人有所贤而礼之,因与左右论其行,是与不肖论贤也。智者决策于愚人,贤士程行于不肖,[2]则贤智之士羞而人主之论悖矣。人臣之欲得官者,其修士且以精絜固身,[3]其智士且以治辩进业。[4]其修士不能以货赂事人,[5]恃其精潔,而更不能以枉法为治,[6]则修智之士不事左右,不听请谒矣。[7]人主之左右,行非伯夷也,求索不得,货赂不至,则精辩之功息,而毁诬之言起矣。[8]治乱之功制于近习,[9]精潔之行决于毁誉,则修智之吏废,而人主之明塞矣。[10]不以功伐决智行,[11]不以参伍审罪过,[12]而听左右近习之言,则无能之士在廷,而愚污之吏处官矣。[13]

[1] 先慎曰：《人主》篇“因”上有“入”字，下同。

[2] 先慎曰：智者之策决于愚人，贤士之行程于不肖。

[3] 旧注：修士，谓修身之士，但精潔自固其身。〇先慎曰：《拾补》“絜”下旁注“潔”字。卢文弨云：“潔”，《藏》本、张本俱作“絜”，下同。先慎案：乾道本此作“絜”，下二“絜”字皆作“潔”，“潔”、“絜”字通用。

[4] 旧注：“智”者，谓智谋之士也。

[5] 旧注：既修身，故不以货事人也。

[6] 旧注：既精潔，故不能枉法为治。智士不重说，似阙文也。〇顾广圻曰：“其修士”，“修”下当脱“智之”二字。“精潔”当作“精辨”。下文云“则修智之士不事左右”即谓货赂，“不听请谒”即谓枉法，文相承也。下文又云“则精辨之功息”，并言“精辨”与并言“修潔”同例。旧注“智士不重说，似有脱文”，误。俞樾曰：“其修士”三字，衍文也。上文云“其修士且以精絜固身，其智士且以治辩进业”，此云“不能以货赂事人”，则总蒙修士、智士为文，言其皆不能也。“恃其精潔”当作“恃其精潔治辨”，因衍“其修士”三字，则此文专属修士，遂删去“治辩”二字耳。旧注谓“不重智士，似有阙文”，是其所据本已误。先慎曰：俞说是。

[7] 旧注：左右，谓财货修智之士，不肯听从也。〇先慎曰：谓不以财货赂左右，不能枉法从请谒。注说非。

[8] 旧注：精，谓修士精潔也。辩，谓智士辞辩也。

[9] 旧注：治乱，谓智士材辩能治于乱也。〇顾广圻曰：“乱”当作“辩”，旧注误。先慎曰：张榜本“乱”作“辨”。

[10] 旧注：修智之士，能发人主之聪明，今既废而不用，则主明自塞矣。〇先慎曰：乾道本“而”作“则”。顾广圻云“今本‘则’作‘而’”，今据改。

[11] 旧注：决智行当以功伐。积功曰“伐”也。

[12] 旧注：审罪过当参伍之。参，比验也；伍，偶会也。

[13] 旧注：近习之人既皆小人，同气相求，同声相应，故所亲者无能之人，所爱者愚污之人；亦既亲爱，必用之在廷，举之处官矣。

万乘之患，大臣太重；千乘之患，左右太信。此人主之所公患也。[1]且人臣有大罪，人主有大失，臣主之利与相异者也。[2]何以明之哉？曰：主利在有能而任官，臣利在无能而得事；主利在有劳而爵禄，臣利在无功而富贵；主利在豪杰使能，[3]臣利在朋党用私。是以国地削而私家富，主上卑而大臣重。故主失势而臣得国，主更称蕃臣，[4]而相室剖符。[5]此人臣之所以谲主便私也。[6]故当世之重臣，主变势而得固宠者，十无二三。[7]是其故何也？人臣之罪大也。臣有大罪者，其行欺主也，其罪当死亡也。智士者远见而畏于死亡，必不从重人矣；[8]贤士者修廉而羞与奸臣欺其主，必不从重臣矣。是当涂者之徒属，非愚而不知患者，必污而不避奸者也。[9]大臣挟愚污之人，上与之欺主，下与之收利，侵渔朋党，[10]比周相与，[11]一口惑主败法，以乱士民，[12]使国家危削，主上劳辱，此大罪也。臣有大罪而主弗禁，此大失也。使其主有大失于上，臣有大罪于下，索国之不亡者，不可得也。

[1] 旧注：公，正也。正当以此当患也。○先慎曰：注说非。“公”训为“共”，《荀子·解蔽》篇“此心术之公患也”语句正同，杨《注》“公，共也”，是其证。又案注“当患”应作“为患”。

[2] 顾广圻曰：“与”当在“相”字下。

[3] 旧注：豪杰之人有材能，然后使之矣。

[4] 旧注：君臣易位，故主称蕃臣于其臣。

[5] 旧注：相室，家臣也。剖符，言得专授人官与之剖符也。○先慎曰：赵本注“授”误“投”。

[6] 旧注：谲，诳也。设诈谋以诳误于主也。〇先慎曰：乾道本注“诳”作“谁”，误，改从赵本。

[7] 旧注：变，谓行谲诳以移主意，十中但有二三，故曰“十无二三”也。〇王先谦曰：“主势变”，谓国君相嬗之时也，注误。先慎曰：注“有二三”当作“有一二”，涉正文而误。

[8] 先慎曰：《拾补》“人”下旁注“臣”字。卢文弨云：“臣”，《藏》本、张本俱作“人”。

[9] 旧注：重人所为必不轨，故智士恐与同之；廉士羞与之欺主，莫有从之游者。同恶相济，故与之为徒属者，必污愚之人也。〇先慎曰：乾道本注“与”字上有“上”字，“污愚”作“恶愚”，并误，改从赵本。

[10] 旧注：言侵夺百姓，若渔者之取鱼也。〇先慎曰：“侵渔朋党”当作“朋党侵渔”，与下“比周相与”对文。

[11] 旧注：阿党为“比”，忠信为“周”也。“比周”者，言以阿党之人为忠信与亲也。〇先慎曰：注乾道本“忠”作“心”，改从赵本。

[12] 旧注：雷同是非，故曰“一口”。

说难第十二[1]

凡说之难，非吾知之有以说之之难也；[2]又非吾辩之能明吾意之难也；[3]又非吾敢横失而能尽之难也。[4]凡说之难，在知所说之心，可以吾说当之。[5]所说出于为名高者也，而说之以厚利，则见下节而遇卑贱，必弃远矣。[6]所说出于厚利者也，而说之以名高，则见无心而远事情，必不收矣。[7]所说阴为厚利而显为名高者也，而说之以名高，则阳收其身而实疏之；说之以厚利，则阴用其言显弃其身矣。[8]此不可不察也。

[1] 旧注：夫说者有逆顺之机，顺以招福，逆而制祸，失之毫厘，差之千里，以此说之，所以难也。○顾广圻曰：《史记·列传》有。《索隐》云："然此篇亦与《韩子》微异，烦省小不同。"今按各依本书者，不悉著。

[2] 旧注：不知而说，虽忠见疑，故曰"非吾知之说之难也"。○顾广圻曰：当依《史记》不重"之"字。按此文首三句三"吾"字，皆吾说者也，与下文所说相对。言在吾者之非难，所以起下文在所说者之难也。在吾者必先知之有以说，然后辩之能明吾意，又然后敢横佚而能尽，三者相承，旧注全误，《史记·正义》所解，亦未谛，今正之。此句之义与下文云"则非知之难也"同。先慎曰：旧注固失，顾说亦未为得也。"凡说之难"四字总挈一篇，"非吾"三句又别说难本意，再以"凡说之难"引起正文，此言知其事理则能说其是非，此非吾所难也。又案：注"吾知之"，"之"当作"其"。

[3] 旧注：吾虽不自辩数，则能明吾所说之意，如此者万不失一，有

所以则为难也。○卢文弨曰："辩之"下《史记·韩非传》有"难"字，衍。注"所以则为难也"，"则"当作"明"。先慎曰：此言辩论能令吾意明晰，又非所难也。旧注非。赵本注脱"失"字。

[4] 旧注：吾之所说，其不可循理，非敢横失，能尽此意亦复难有。○卢文弨曰：《史记·索隐》云"《韩子》'横失'作'横佚'"，此作"横失"，疑后人依《史记》改之。顾广圻曰："失"，当依《索隐》引此作"佚"，《史记》作"失"。案"佚"、"失"同字，故《史记》以"失"为"佚"。刘伯庄说及《正义》读"失"如字，又于"横失"断句者，非，当十二字为一句。下文云"然后极骋智辩焉"，即此句之义也，旧注亦误。先慎曰：张榜本"横失"作"横佚"，据《索隐》改也。"横失"二字，顾谓"极骋智辩"，是。《索隐》云："陈辞发策，能尽说情，此虽是难，尚非难也。"

[5] 旧注：既知所说之心，则能随心而发唱，故所说能当。○卢文弨曰：注"唱"字误从卩旁。先慎曰：张榜本"知"误"之"。

[6] 旧注：所说之人意在名高，今以厚利说之，彼则为己志节凡下，而以卑贱相遇；亦既贱之，必弃遗而疏远矣。○卢文弨曰：注"为己"当作"谓己"。先慎曰："为"、"谓"字同。此如李克治中山，苦陉令上计而入多之类。

[7] 旧注：所说之人意在厚利，今以名高说之，此则为己无相时之心而阔远事情矣；如此则必见弃而不收矣。○卢文弨曰：注"为己"当作"谓己"。先慎曰：此商鞅说秦孝公以帝王，故怒而不用是也。

[8] 旧注：所说之人，内阴为厚利，外阳为名高。今见其外说以名高，彼虽阳收其身，内实疏远。若察知其内，说以厚利，私用其言，外明弃其身，以饰其名高也。○卢文弨曰：注"私用其言"上有"则"字，脱。先慎曰："阳收其身而实疏之"，如齐宣王欲中国而授孟子室之类；"阴用其言显弃其身"，如晋文公行爵先雍季而后舅犯之类。

夫事以密成，语以泄败。[1]未必其身泄之也，而语及所匿之事，如此者身危。[2]彼显有所出事，而乃以成他故，说者不徒知所出而已矣，又知其所以为，如此者身危。[3]规异事而当，知者揣之外而得之，事泄于外，必以为己也，如此者身危。[4]周泽未渥也，而语极知，[5]说行而有功则德忘，[6]说不行而有败则见疑，如此者身危。[7]贵人有过端，而说者明言礼义以挑其恶，如此者身危。[8]贵人或得计而欲自以为功，说者与知焉，如此者身危。强以其所不能为，止以其所不能已，如此者身危。[9]故与之论大人，则以为间己矣；[10]与之论细人，则以为卖重；[11]论其所爱，则以为藉资；[12]论其所憎，则以为尝己也；[13]径省其说，则以为不智而拙之；[14]米盐博辩，则以为多而交之；[15]略事陈意，则曰怯懦而不尽；[16]虑事广肆，则曰草野而倨侮。[17]此说之难，不可不知也。

[1] 卢文弨曰："语"，《史》作"而"。先慎曰：《御览》四百六十二引"语"作"亦"，"败"作"祸"。

[2] 旧注：所说之人其所谋事，身虽不泄谋，说者泛语言及所匿，似若说者先知其事，今以发动之，既怀此疑，其身必危矣。○先慎曰：注误。此谓有其心而未发，说者及之，故其身危，即下郑大夫关其思对武公言"胡可伐"之类。

[3] 旧注：所说之人，显出其事有所避讳，乃托以他故；而说者深知其事，既所出入知所为，所说既知情，露，必有危己之心。○卢文弨曰："彼显有所出事"下，《史》作"乃自以为也，故说者与知焉，则身危"。此注"既所出入知所为"，当作"既知所出又知所为"。先慎曰：卢说是。隰斯弥使人伐树，数创而止之，曰"知人之所不言，其罪大矣"，即其意。

[4] 旧注：说者为君规谋异事，而智谋之士当知此者，自外揣之，遂得其谋，因泄于外；君则疑己漏之，便以为不密而加诛也。○先慎曰："规异事而当"句，"知者揣之外而得之"句。"当"，谓当其主之心也。"知"，

读为智。“当”音丹浪反。注以“当知”连文，误。此如《汉·夏侯胜传》云“霍光与张安世谋废昌邑王。夏侯胜谏王，谓有臣下谋上者。吏白光，光让安世，以为泄语，安世实不泄”之类。

[5] 先慎曰：“语极知”，谓说已尽其智能也。《史记·正义》谓“说事当理”，非。

[6] 卢文弨曰：“忘”，《史》作“亡”，《索隐》引此作“见忘”，并云：“胜于德亡。”先慎曰：据《索隐》云云，则唐人所见之本作“见忘”，不作“德忘”。此作“德忘”者，后人依《史记》而改也。注云“犹忘其德”，则宋时已改矣。“亡”、“忘”古字通。

[7] 旧注：君之于己，周给之泽未有渥厚，遂以知之极妙而以语之；行说有功，犹忘其德，若不行有败，则羞始生焉。此正危身之道也。○卢文弨曰：注“羞始生”，“羞”疑“妒”之误，若袁绍之于田丰是也。先慎曰：卢说非，此即下“邻父以墙坏有盗，因疑邻父”之类。注“羞”字即“疑”字之误。又案：注“行说”当作“说行”。

[8] 旧注：挑，谓发扬也。○先慎曰：乾道本“此”下脱“者”字。卢文弨云：凌本有。先慎按：依上下文当有，《史记》亦有“者”字，今据补。

[9] 旧注：不能而强，不已而止，必以不许而兴怒，故危也。○先慎曰：乾道本“已”作“以”，据赵本改。“强其所不能为”，若项羽欲东归而说者言关中之类。“止其所不能已”，若景帝决废栗太子而周亚夫强欲止之之类。注“不许”一本作“不讨”。卢文弨云：“不讨”或是“不忖”之误，有谓当是“不计”，犹言失计也。此皆未见作“不许”之本耳。

[10] 旧注：间，代也。论大人必谈以道德宏旷，彼则以为荐大人以代之也。○先慎曰：此篇皆对人君而言，断无荐大人代君之理。盖人君行事，大臣与焉，论其臣而即疑其论己。《史记·正义》云“说彼大人之短，以为窃己之事情，乃为刺讥间之”是也。此“大人”指位言，注以“间己”为代己，误。“间”，读为谏。

[11] 旧注：论细人必谈以器斗筲，彼则以为短人而卖重也。○先慎曰：“卖重”，《史记》作“鬻权”。案“卖”、“鬻”义同；《和氏》篇“大臣贪重”，

又云“近习不敢卖重”,“重”即“权”也。《索隐》云“荐彼细微之人,言堪大用,则疑其挟诈而卖我之权”,是也。注谓“斗筲”之人,误。

[12] 旧注:谓为藉君之所爱以为己资。

[13] 旧注:尝,试也。论君所憎则谓为试己也含怒之深浅。○先慎曰:乾道本“憎”作“增”,注同。顾广圻云“今本‘增’作‘憎’,《史记》作‘憎’”,今据改。卢文弨云:注“试己”下衍“也”字。

[14] 旧注:径,直。○卢文弨曰:《史》作“则不知而屈之”,“智”本与“知”通,此加“以为”二字,疑非。

[15] 旧注:米盐之为物,积群萃以成㪷斛,谓博明细杂之物,则谓己多合而猥交之也。○卢文弨曰:《史》作“泛滥博文,则多而久之”。顾广圻曰:《正义》云:“时乃永久,人主疲倦。”今按“交”、“久”二文皆误,当作“史”,本书《难言》篇:“捷敏辩给,繁于文采,则见以为史。”先慎曰:顾说是。张榜本“交”作“久”,依《史记》改也。

[16] 旧注:略言其事,粗陈其意,则谓己怯懦而有所畏惧,不敢具言。○卢文弨曰:“略”,《史》作“顺”。先慎曰:注“所”字,赵本脱。

[17] 旧注:肆,陈也。所说之事广有陈说,不为忌讳,则谓草野凡鄙俗直而侮慢也。

凡说之务,在知饰所说之所矜而灭其所耻。[1]彼有私急也,必以公义示而强之。其意有下也,然而不能已,说者因为之饰其美而少其不为也。[2]其心有高也,而实不能及,说者为之举其过而见其恶而多其不行也。[3]有欲矜以智能,则为之举异事之同类者,多为之地;使之资说于我,而佯不知也以资其智。[4]欲内相存之言,则必以美名明之,而微见其合于私利也。[5]欲陈危害之事,则显其毁诽,而微见其合于私患也。[6]誉异人与同行者,规异事与同计者。有与同污者,则必以大饰其无伤也;有与同败者,则必以明饰其无失也。[7]彼自多其力，则毋以其难概之也；[8]自勇其断，则无以其謫怒之；[9]自智其计，则毋以其败穷之。[10]大意无所拂悟，辞言无所繫縻，然后极骋智辩焉。[11]此道所得亲近不疑而得尽辞也。[12]伊尹为宰，百里奚为虏，皆所以干其上也。[13]此二人者，皆圣人也，然犹不能无役身以进，如此其污也。[14]今以吾言为宰虏，而可以听用而振世，[15]此非能仕之所耻也。[16]夫旷日弥久，而周泽既渥，[17]深计而不疑，引争而不罪，则明割利害以致其功，[18]直指是非以饰其身。[19]以此相持，此说之成也。[20]

[1] 旧注：凡欲说彼，要在知其所矜，则随而光饰之；知其所耻，则随而掩灭之。如此，则顺旨而不忤。〇卢文弨曰：注"顺旨"张本作"顺指"。

[2] 旧注：所说而成者，或有私事，将欲急为，则示以公义而勉强之。彼虽下意从己而不能止其私，此则为之饰其背私之义，而以不能顺公为少，有以激彼存公也。

[3] 旧注：若所说心以公义高而其材实不能及，如此者则举简私之过，见背公之恶，以不行私急为多，所以成其高。〇俞樾曰：此两文相对，言其意虽甚卑下，而有所不能已，则说者必为之饰其美，反若以其不行而少之；如此，乃见不能已之不足为病矣。其意虽甚高尚，而有所不能及，则说者必为之举其过而见其恶，反若以其不行而多之；如此，乃见不能及之不足为耻矣。"不能已"者，若犬马声色之好是也；"为之饰其美"，若管子以是数者为不害霸是也；"不能及"者，若尧、舜之道仁义之说是也；"为之举其过而见其恶"，若陈贾谓仁知周公未能尽是也。旧注所说皆未了。且此与上文"彼有私急也，必以公义示而强之"本不相蒙，旧注必牵合为说，宜其不可通矣。

［4］旧注：所说或矜以广智，则多与举彼同类之异事以宽所取之地；令其取说于我，而我佯若不知，如此者所以助其智也。○顾广圻曰：《藏》本同，今本"有欲"作"有所"，误。

［5］旧注：欲彼内有存恤之言，则为陈显义之名，明其人能为此，又微言成此美名，于私有则利其人必得而相存者也。○顾广圻曰："内"，读为纳，旧注误。

［6］旧注：欲为陈危之事，其有毁诽之者，则为之显言，又微毁诽当为私患，其人必以诚而可试之。

［7］旧注：说者或延誉异人与彼同行，或规谋异事与彼同计。其异人之行若与彼同污，则大文饰之，言此污何所伤；其异事之计若与彼同败者，则明为文饰，言此败何所失。如此必以己为善补过而崇重之也。○先慎曰：《史记》脱"有与同污者则必以大"九字。乾道本注"其异人之行"，"行"上有"计"字，据赵本删。

［8］旧注：彼或自多矜其力，当就誉之，无得以其所难滞碍之。概，碍也。

［9］旧注：彼或自以断为勇，则无得以其先所罪讁而动怒之也。○先慎曰：乾道本"其断"作"之断"，《拾补》作"其断"。卢文弨云："无"，《藏》本作"毋"；"讁"，《史》作"敵"。顾广圻云："之断"当依《史记》作"其断"。先慎案：张榜本作"其断"，与上下文合，今据改。"讁"、"敵"古通，注云"罪讁"，非。

［10］旧注：彼或自以计谋为智，则无得以其先所因败而穷屈之。凡此皆所以护其短而养其锐者，说可以无伤也。○先慎曰：赵本注"因"作"困"，误。

［11］旧注：意无拂忤，辞无繫縻，其智辩得以极骋。○卢文弨曰："意"，《史》作"忠"。《史》"拂"、"辞"互易。案"悟"与"忤"通，《索隐》、《正义》所见《史记》尚不倒。"繫縻"，各本作"擊摩"，注同，《史》作"擊排"。顾广圻曰："忠"字非。"悟"，《藏》本、今本作"忤"。《正义》云："'拂悟'当作'咈忤'，古字假借耳。""繫縻"，《藏》本作"擊摩"，是也，《索隐》引正作

“擊摩”。先慎曰：《御览》四百六十二引“意”作“怒”，“悟”作“忤”，“繫縻”作“擊排”。案“大怒”谓盛怒也，“意”、“忠”并误。《说文》：“啎，屰也。”“啎”为正字，“悟”、“忤”并通假字。大怒之时，说尤为难。“无所怫啎”者，若触詟之谏(齐)〔赵〕太后是也。“繫縻”、“擊摩”古字相通，《说文》“繫，缚也；縻，牛辔也”，引申为“羁束”字。《易·蒙·释文》：“擊，本作‘繫’。”《中孚·释文》：“靡，本又作‘縻’，陆作‘緜’，京作‘劘’。”《礼记·学记·释文》：“摩，又作‘靡’。”《一切经音义》十：“摩，古文‘劘’、‘攠’二形同。”本书作“繫縻”者，谓无缚束也。《史记》作“擊排”，《索隐》谓：“说谏之词本无别，有所擊射排摈也。”案辞言恐有所擊排，即多瞻顾缚束而不敢言，则必如“梁子之告季子，语必可与商太宰三坐”是也。

[12] 旧注：说者因道此术，则得亲近于君，终不见疑，其辞又得自尽也。○顾广圻曰：“此道所得亲近不疑”句有误，“尽”下当依《索隐》引此有“之”字，《史记》作“知尽之难也”。徐广曰：“知”，一作“得”；“难”，一作“辞”。俞樾曰：上“得”字衍文也。“道所”当作“所道”。“此所道亲近不疑”，犹曰“此所由亲近不疑”，古书每以“道”为“由”，说已见前矣。《史记》作“此所以亲近不疑”，“所道”即“所以”也。读者不解“道”字而误倒之，又妄增入“得”字，遂至不可通矣。

[13] 旧注：二人自托于宰虏者，所以干其上也。

[14] 先慎曰：乾道本“如”上有“加”字。卢文弨云：“加”字各本无。顾广圻云：《藏》本无“加”字，“以进加”《史记》作“而涉世”。先慎按：“加”即“如”字误而复衍，今据删。

[15] 先慎曰：《说文》：“振，举救也。”

[16] 卢文弨曰：“仕”与“士”通，《索隐》云：“《韩子》作‘士’。”先慎曰：今作“仕”者，后人依《史记》改之也。

[17] 旧注：弥，犹经也。谓所经久远也。○先慎曰：乾道本“弥”作“离”，注同。“既”作“未”，据张榜本改，《史记》同。《索隐》谓：“君臣道合，旷日已久，诚著于君也，君之渥泽周浃于臣，鱼水相须，梅盐相和也。”

[18] 旧注：断割。○顾广圻曰：“割”，《史记》作“计”。

[19] 旧注：直指，言无所回避也。饰身，谓以宠荣光饰相持其身也。

[20] 旧注：君则以不疑不罪以固臣，臣则以致功饰身以输忠，故曰“相持”。如此者，说之成也。

昔者郑武公欲伐胡，[1]故先以其女妻胡君以娱其意，因问于群臣：“吾欲用兵，谁可伐者？”大夫关其思对曰：“胡可伐。”武公怒而戮之，曰：“胡，兄弟之国也，子言伐之何也？”胡君闻之，以郑为亲己，遂不备郑，郑人袭胡，取之。宋有富人，[2]天雨墙坏，其子曰：“不筑，必将有盗。”其邻人之父亦云。暮而果大亡其财。[3]其家甚智其子，而疑邻人之父。此二人说者皆当矣，[4]厚者为戮，薄者见疑，[5]则非知之难也，处之则难也。[6]故绕朝之言当矣，其为圣人于晋而为戮于秦也，此不可不察。[7]

[1] 先慎曰：《正义》引《世本》云：“胡，归姓也。《括地志》：‘胡城，在豫州郾城县界。’”

[2] 先慎曰：(《外储说下》)〔《说林下》〕篇“宋”作“郑”。

[3] 旧注：此夕盗至，故大亡也。

[4] 先慎曰：“当”，音丁浪反，下同。

[5] 旧注：二人，谓关其思、邻人之父。郑武公所以戮其所厚，欲令胡不疑也。富人所以疑其薄者，不当为己同忧也。

[6] 旧注：其思、邻父非不知也，但处用其知不得其宜，故或见疑，或见戮，故曰“处之难也”。○先慎曰：乾道本“处之”作“处知”，据张榜本改。注云“处之难也”，亦作“之”，未误。其作“知”者，依《史记》改也。

[7] 旧注：晋人谲取士会于秦，绕朝赠之以策曰：“吾谋适不用。”其言非不当也，晋人虽以为圣，后秦竟以言戮之，是亦处知失宜也。○卢文

弨曰：绕朝赠士会以策曰："子无谓秦无人，吾谋适不用也。"则朝当已言于秦君，留士会不遣，而秦君不用其谋，故云然。注乃云"后秦竟以言戮之"，此不知出何书，殆因非之言傅会耳。

昔者弥子瑕有宠于卫君。卫国之法，窃驾君车者罪刖。[1]弥子瑕母病，人闻，有夜告弥子，[2]弥子矫驾君车以出。[3]君闻而贤之，曰："孝哉！为母之故，忘其犯刖罪。"[4]异日，与君游于果园，食桃而甘，不尽，以其半啗君。[5]君曰："爱我哉！忘其口味，以啗寡人。"[6]及弥子色衰爱弛，得罪于君，君曰："是固尝矫驾吾车，又尝啗我以馀桃。"[7]故弥子之行未变于初也，[8]而以前之所以见贤而后获罪者，[9]爱憎之变也。[10]故有爱于主，则智当而加亲；有憎于主，则智不当见罪而加疏。[11]故谏说谈论之士，不可不察爱憎之主而后说焉。夫龙之为虫也，柔可狎而骑也；然其喉下有逆鳞径尺，[12]若人有婴之者，则必杀人。[13]人主亦有逆鳞，说者能无婴人主之逆鳞，则几矣！[14]

[1] 先慎曰：《治要》"刖"作"跀"，下同。

[2] 先慎曰：乾道本"闻有"作"间往"。卢文弨云：李善注《文选》陆韩卿《中山王孺子妾歌》引作"人闻"，无"往"字。《史》作"人闻往"。先慎按："往"，《治要》作"有"，是唐人所见本自作"有"，李《注》无"有"字，脱也。此谓人闻其母病，有夜来告者，形弥子得传闻之言而归，已显卫君之称为孝，文相照应，今据二唐本改。《艺文类聚》三十三引"人闻有"作"其人有"。

[3] 先慎曰：《治要》"出"作"归"，《艺文类聚》亦作"出"。

[4] 先慎曰：各本无"犯"字。卢文弨云：《选》注引作"犯跀罪"，

“刖”，古“刖”字。案此书《外储说左下》“刖危生子皋”，作“刖”字，此与上文“罪刖”亦当本作“刖”，后人改之。《史》作“而犯刖罪”。先慎按：《治要》、《艺文类聚》引作“犯刖罪”，是唐人所见皆有“犯”字，今据补。

[5] 先慎曰：张榜本“不尽”作“而尽”，属下为句，《治要》、《艺文类聚》八十六、《白孔六帖》九十九、《御览》八百二十四、九百六十七、《事类赋》二十六、《意林》引“啗”并作“啖”，下同。按《说文》：“啖，焦啖也；啗，食也，读与‘含’同。”自食为“啖”，食人为“啗”，二字义别。此作“啗”，是也。

[6] 先慎曰：《治要》、《艺文类聚》、《白孔六帖》引“以”作“而”。

[7] 先慎曰：《史记》“啗我”作“食我”。

[8] 先慎曰：《治要》“变”作“移”。

[9] 卢文弨曰：《史》作“前见贤而后获罪者”，此多剩字。先慎曰：《治要》无上“以”字、“之”字及下“而”字。

[10] 先慎曰：《治要》“爱”上有“人主”二字。

[11] 先慎曰：《治要》无“见罪”二字。

[12] 卢文弨曰：《文选》袁彦伯《三国名臣序赞》注引“柔”上有“扰”字。《史》无“柔”字，有“扰”字，在下句“可”字之下。“径尺”，《选》注作“径寸之处”，非。顾广圻曰：“柔”、“扰”同字。先慎曰：《史记》“虫”作“蟲”，《正义》：“龙，蟲类也，故言龙之为蟲。”《御览》九百二十九引“虫”作“蟲”，无“柔”字、“其”字，《事类赋》二十八引亦无“柔”字、“其”字。

[13] 旧注：婴，触。

[14] 先慎曰：《索隐》：“几，庶也，谓庶几于善谏说也。”

和氏第十三

楚人和氏得玉璞楚山中，[1]奉而献之厉王。[2]厉王使玉人相之，玉人曰："石也。"王以和为诳而刖其左足。[3]及厉王薨，武王即位，和又奉其璞而献之武王。武王使玉人相之，又曰："石也。"王又以和为诳而刖其右足。武王薨，文王即位，和乃抱其璞而哭于楚山之下；[4]三日三夜，泣尽而继之以血。[5]王闻之，使人问其故，曰："天下之刖者多矣，子奚哭之悲也？"和曰："吾非悲刖也，悲夫宝玉而题之以'石'，贞士而名之以'诳'，此吾所以悲也。"王乃使玉人理其璞而得宝焉，[6]遂命曰"和氏之璧"。

[1] 先慎曰：《艺文类聚》七、《白孔六帖》五、《事类赋》九引"和氏"作"卞和"，"楚"上有"于"字。《艺文类聚》、《白孔六帖》无"璞"字。

[2] 卢文弨曰：孙贻穀云："《楚世家》无厉王，《后汉书·孔融传》注引作'武王、文王、成王'，是也。疑今本误。"顾广圻曰：《新序》云"荆厉王、武王、共王"，亦不同。先慎曰：《后汉书》注引是，《御览》三百七十二、六百四十八引作"武王、文王、成王"，是其证。

[3] 卢文弨曰：《后汉》注引"诳而"作"谩己"。先慎曰：《御览》六百四十八、八百五、《事类赋》引并作"谩"，无"而"字。

[4] 先慎曰："楚山"当作"荆山"，涉上文"得玉于楚山"而误。《艺文类聚》荆山下引正作"荆山"，《白孔六帖》同。

[5] 先慎曰：乾道本"泣"作"泪"，今本作"涙"。卢文弨云："涙"，《藏》本作"泣"，《后汉》注引同。先慎案：《艺文类聚》、《事类赋》注、《御

览》并引作“泣”，今据改。

［6］先慎曰：《事类赋》“宝”下有“玉”字。

夫珠玉，人主之所急也，和虽献璞而未美，未为王之害也；[1]然犹两足斩而宝乃论，论宝若此其难也。今人主之于法术也，未必和璧之急也，而禁群臣士民之私邪；[2]然则有道者之不僇也，特帝王之璞未献耳。[3]主用术则大臣不得擅断，近习不敢卖重；官行法则浮萌趋于耕农，[4]而游士危于战陈。[5]则法术者乃群臣士民之所祸也。人主非能倍大臣之议，越民萌之诽，独周乎道言也，[6]则法术之士虽至死亡，道必不论矣。[7]

［1］旧注：所献之宝，设令未美，亦无害于王也。○先慎曰：乾道本“王”作“主”。卢文弨云“《藏》本‘主’作‘王’”，王先谦云“依注当作‘王’”，今据改。顾广圻云：“害”字起，《藏》本脱。

［2］旧注：人主之于法术，未必如和璧之急，乃更禁其臣人为卞和之忠，苟无卞和之忠，谁肯犯禁而论其法术乱也。○先慎曰：此下当有脱文。注“急”、“忠”二字，乾道本互讹，今据赵本改。“乱”字亦误，未详所当作。

［3］旧注：帝王之璞，即法术也。有道之士所以不见僇者，则以未献法术也。○先慎曰：乾道本“特”作“持”。顾广圻云：今本“持”作“特”。《新序》云：“直白玉之璞未献耳。”先慎案：“特”即“直”也，“持”当为“特”残缺字，改从今本。

［4］先慎曰：无执业者有禁，故流民急于耕农。

［5］先慎曰：故游说之士以其言责其功，不敢言战陈。

［6］先慎曰：“周”当为“用”之误。“道言”，谓法术之言也，下同。

[7] 先慎曰：珠玉人主之所急，然两足刖而始论；法术不如和璧之急，故至死亡而不论。

昔者吴起教楚悼王以楚国之俗曰："大臣太重，封君太众，若此则上偪主而下虐民，此贫国弱兵之道也。[1]不如使封君之子孙三世而收爵禄，[2]绝灭百吏之禄秩；[3]损不急之枝官，[4]以奉选练之士。"悼王行之期年而薨矣，[5]吴起枝解于楚。商君教秦孝公以连什伍，设告坐之过，[6]燔诗书而明法令，[7]塞私门之请而遂公家之劳，[8]禁游宦之民[9]而显耕战之士。孝公行之，主以尊安，国以富强，八年而薨，[10]商君车裂于秦。楚不用吴起而削乱，秦行商君法而富强，二子之言也已当矣，然而枝解吴起而车裂商君者何也？大臣苦法而细民恶治也。当今之世，大臣贪重，[11]细民安乱，[12]甚于秦、楚之俗，[13]而人主无悼王、孝公之听，则法术之士安能蒙二子之危也而明己之法术哉！[14]此世所乱无霸王也。[15]

[1] 先慎曰：乾道本"贫"作"贪"。按"贪"即"贫"字形近而误，《拾补》改作"贫"，今从之。

[2] 先慎曰：《喻老》篇"楚邦之法，禄臣再世而收地"，则"三世而收爵禄"，不起于吴起。盖楚法废弛，故吴起云然。

[3] 卢文弨曰："绝灭"二字，疑当作"减"。顾广圻曰："绝灭"当作"纔灭"，"纔"、"裁"同字。先慎曰：顾说是，"纔"、"絶"(编)〔偏〕旁同，故误。

[4] 旧注：枝官，谓非要急者，若树之枝也。然养树者必披落其枝，为政者亦损其闲宂。

[5] 先慎曰："矣"字，依下文不当有。

[6] 旧注：使什家伍家相拘连，中有犯罪，或有告者，则并坐其什伍，故曰“告坐”。

[7] 先慎曰：《困学纪闻》云：“《史记·商君传》不言‘燔诗书’，盖诗书之道废，与李斯之焚无异也。”

[8] 旧注：于公有劳者，不滞其功赏。

[9] 旧注：不守本业、游散求官者，设法以禁之也。

[10] 先慎曰：《国策》“孝公行商君法十八年而死”，《史记》“商君相秦十年”，《索隐》云：“《国策》盖连其未作相之年说也。”案此作“八年”，与《史记》、《国策》皆不合，疑“八”上夺“十”字。

[11] 旧注：大臣亏公法而行私惠，所以成其重也。

[12] 先慎曰：游宦之民因请谒而得禄。

[13] 旧注：此篇非未入秦时为韩著之，故得引秦以为喻。

[14] 先慎曰：“也”字衍文。

[15] 顾广圻曰：今本“所”下有“以”字。

奸劫弑臣第十四

凡奸臣皆欲顺人主之心，以取信幸之势者也。[1]是以主有所善，臣从而誉之；主有所憎，臣因而毁之。凡人之大体，取舍同者则相是也，取舍异者则相非也。今人臣之所誉者，人主之所是也，此之谓同取；人臣之所毁者，人主之所非也，此之谓同舍。夫取舍合[2]而相与逆者，未尝闻也。此人臣之所以取信幸之道也。[3]夫奸臣得乘信幸之势以毁誉进退群臣者，人主非有术数以御之也，[4]非参验以审之也，[5]必将以曩之合己信今之言，此幸臣之所以得欺主成私者也。故主必蔽于上[6]而臣必重于下矣。此之谓擅主之臣。国有擅主之臣，则群下不得尽其智力以陈其忠，百官之吏不得奉法以致其功矣。[7]何以明之？夫安利者就之，危害者去之，此人之情也。今为臣尽力以致功，竭智以陈忠者，其身困而家贫，父子罹其害；为奸利以弊人主，[8]行财货以事贵重之臣者，身尊家富，父子被其泽。人焉能去安利之道而就危害之处哉！治国若此其过也，而上欲下之无奸，吏之奉法，其不可得亦明矣。故左右知贞信之不可以得安利也，[9]必曰："我以忠信事上，积功劳而求安，是犹盲而欲知黑白之情，必不几矣。[10]若以道化行正理，不趋富贵，事上而求安，[11]是犹聋而欲审清浊之声也，愈不几矣。二者不可以得安，[12]我安能无相比周，蔽主上、为奸私以适重人哉！"此必不顾人主之义矣。其百官之吏，亦知方正之不可以得安也，[13]必曰："我以清廉事上而求安，若无规矩而欲为方圆也，必不几矣。若以守法不朋党治官而求安，是犹以足搔顶也，愈不几也。[14]二者不可以得安，能无废法行私以适重人哉！"[15]此必不顾君上之法矣。故以私为重人者众，[16]而以法事君者少矣。是以主孤于上而臣成党于下，此田成之所以弑简公者也。

［1］先慎曰：各本"信"作"亲"，今据《治要》改，下正作"信"。

［2］先慎曰：《治要》"合"下有"同"字，疑"合"即"舍"字之误而衍者，"合"当作"同"，蒙上"此之谓同取"、"此之谓同舍"而言。

［3］先慎曰：各本无"取"字，依下文当有，据《治要》增。

［4］先慎曰：各本"非"作"所"，今据《治要》改，下文正作"非"。

［5］先慎曰：依上文，"非"下脱"有"字。

［6］先慎曰：各本"蔽"作"欺"。《孤愤》篇云"故人主愈蔽，而大臣愈重"，语意正同，是"欺"当为"蔽"之误，今据《治要》改。

［7］先慎曰：《治要》"法"作"令"，"功"作"力"。

［8］先慎曰："弊"，读为"蔽"。

［9］先慎曰："利"字涉上文而衍，下"知方正之不可以得安也"，"知诈伪之不可以得安也"，并无"利"字，即其证。

［10］先慎曰：《解老》篇："目不能决黑白之色，则谓之盲"，此"情"字当作"色"。

［11］先慎曰："化"，疑"术"之误。"事上"二字，当在"行正理"上。"若以道术事上"，与上"我以忠信事上"相对。

［12］王渭曰：句绝。

［13］顾广圻曰：《道藏》本脱止"不"字。按此乃乾道本之第七、八两叶也，《藏》本出于乾道本，可知矣。

[14] 先慎曰："也"当作"矣"。

[15] 顾广圻曰："(人)〔能〕"上当有"我安"二字。

[16] 卢文弨曰："人"，《藏》本作"臣"。

夫有术者之为人臣也，得效度数之言，上明主法，下困奸臣，以尊主安国者也。[1]是以度数之言得效于前，则赏罚必用于后矣。人主诚明于圣人之术，而不苟于世俗之言，[2]循名实而定是非，因参验而审言辞。是以左右近习之臣知伪诈之不可以得安也，必曰："我不去奸私之行，尽力竭智以事主，而乃以相与比周，[3]妄毁誉以求安，是犹负千钧之重，陷于不测之渊而求生也，必不几矣。"百官之吏亦知为奸利之不可以得安也，必曰："我不以清廉方正奉法，乃以贪污之心枉法以取私利，是犹上高陵之颠，堕峻溪之下而求生，[4]必不几矣。"安危之道若此其明也，左右安能以虚言惑主，而百官安敢以贪渔下！是以臣得陈其忠而不弊，[5]下得守其职而不怨。此管仲之所以治齐，而商君之所以强秦也。从是观之，则圣人之治国也，固有使人不得不爱我之道，而不恃人之以爱为我也。[6]恃人之以爱为我者危矣，[7]恃吾不可不为者安矣。夫君臣非有骨肉之亲，正直之道可以得利，[8]则臣尽力以事主；正直之道不可以得安，则臣行私以干上。明主知之，故设利害之道以示天下而已矣。夫是以人主虽不口教百官，不目索奸邪，而国已治矣。人主者，非目若离娄乃为明也，非耳若师旷乃为聪也。不任其数，[9]而待目以为明，所见者少矣，非不弊之术也；[10]不因其势，[11]而待耳以为聪，所闻者寡矣，非不欺之道也。明主者，使天下不得不为己视，使天下不得不为己听。[12]故身在深宫之中，而明照四海之内，[13]而天下弗能蔽、弗能欺者何也？暗乱之道废而聪明之势兴也。故善任势者国安，不知因其势者国危。古秦之俗，君臣废法而服私，是以国乱兵弱而主卑。商君说秦孝公以变法易俗而明公道，赏告奸，[14]困末作而利本事。[15]当此之时，秦民习故俗之有罪可以得免，无功可以得尊显也，故轻犯新法。于是犯之者其诛重而必，告之者其赏厚而信，故奸莫不得而被刑者众，民疾怨而衆过日闻。[16]孝公不听，遂行商君之法，民后知有罪之必诛，而私奸者众也，[17]故民莫犯，其刑无所加。是以国治而兵强，地广而主尊。此其所以然者，匿罪之罚重，而告奸之赏厚也。此亦使天下必为己视听之道也。至治之法术已明矣，而世学者弗知也。

[1] 俞樾曰："得"字衍文。此论有术者之为人臣，其道如此，非论得不得也。盖涉下文"度数之言得效于前"而衍。

[2] 先慎曰："苟"当作"徇"，形近而误。

[3] 先慎曰：依下文，"而"字当衍。

[4] 先慎曰：依上文，当有"也"字。

[5] 顾广圻曰：《藏》本、今本"弊"作"蔽"。

[6] 俞樾曰："不得不爱我"当作"不得不为我"，涉下句而误耳。下文云"恃吾不可不为者安矣"，"不可不为"即不得不为也。又曰"明主者，使天下不得不为己视，天下不得不为己听"，此使人不得不为我之义也，可据以订正。先慎曰：俞说是。

[7] 先慎曰：乾道本无"为"字。卢文弨云："凌本有，《藏》本、张本倒，作'为爱'，讹。"今据凌本增。

[8] 先慎曰:“利”当作“安”,下云“不可以得安”,正反对“得安”而言,即其证。

[9] 先慎曰:各本“不”上有“目必”二字。卢文弨云:“目必”二字疑衍。先慎案:《治要》无,今据删。

[10] 先慎曰:《治要》“弊”作“蔽”,二字本书通用。

[11] 先慎曰:乾道本“不”上有“耳必”二字,“因”作“固”。卢文弨云:《藏》本、张本皆无“耳必”二字。顾广圻云:《藏》本、今本“固”作“因”。先慎案:《(政)〔治〕要》亦无“耳必”二字,“固”作“因”,今据删改。

[12] 先慎曰:各本无下“使”字,据《治要》增。

[13] 先慎曰:《治要》无“而”字。

[14] 先慎曰:《史记·卫鞅传》:“告奸者与斩敌首同赏。”

[15] 先慎曰:“末作”,工商也;“本事”,耕织也。《卫鞅传》:“事末利及怠而贫者,举以为收孥;大小僇力本业,耕织致粟帛多者复其身。”故末作困而本事利。

[16] 顾广圻曰:“眾”字衍。先慎曰:“眾”当作“罪”,涉上文而误。

[17] 顾广圻曰:“私”下当有“告”字。先慎曰:商君之法赏告奸,则告奸非私也。“私”即“告”之误。

且夫世之愚学,皆不知治乱之情;[1] 讘䛟多诵先古之书,以乱当世之治;[2] 智虑不足以避阱井之陷,[3] 又妄非有术之士。[4] 听其言者危,[5] 用其计者乱,[6] 此亦愚之至大而患之至甚者也。俱与有术之士,[7] 有谈说之名,而实相去千万也。[8] 此夫名同而实有异者也。夫世愚学之人比有术之士也,犹蚁垤之比大陵也,其相去远矣。而圣人者,审于是非之实,察于治乱之情也。故其治国也,正明法,陈严刑,将以救群生之乱,去天下之祸,使强不陵弱,众不暴寡,耆老得遂,幼孤得长,边境不侵,君臣相亲,父子相保,而无死亡係虏之患，[9]此亦功之至厚者也。愚人不知，顾以为暴。愚者固欲治而恶其所以治，[10]皆恶危而喜其所以危者。何以知之？夫严刑重罚者，民之所恶也，而国之所以治也；哀怜百姓，轻刑罚者，民之所喜，而国之所以危也。圣人为法国者，必逆于世，[11]而顺于道德。知之者，同于义而异于俗；弗知之者，异于义而同于俗。天下知之者少，则义非矣。

[1] 先慎曰："情"，实也。

[2] 先慎曰：《说文》："谍，多言也；咹，妄语也。"此"诶"字当作"咹"。言愚学溺于所闻，妄谈治乱，诵说先古之书，使人主闻之不敢变法而理。

[3] 顾广圻曰：句有误。先慎曰："阱井"当作"井阱"。《韩诗外传》五云："两瞽相扶，不陷井阱，则其幸也。"作"井阱"，是其证。《礼记》"人皆曰予知，驱而纳诸罟获陷阱之中，而莫知避也"，即"智虑不足以避陷阱"义。

[4] 先慎曰：乾道本无"非"字。顾广圻云"《藏》本、今本有'非'字"，今据补。

[5] 先慎曰：狃于故习，轻犯新法。

[6] 先慎曰：法古循礼，不敢变更。

[7] 先慎曰："与"，读若"为"。《礼记·内则》"小切之与稻（末）〔米〕"，《周礼·醢人》注作"小切之为稻米"，是其证。此言世之愚学与法术之士，皆名为有术之士，而其实不同也。

[8] 先慎曰：乾道本"相"作"于"。顾广圻云"《藏》本、今本'于'作'相'"，今据改。

[9] 先慎曰：赵本"係"作"繫"。卢文弨云："《藏》本、张本'繫'作'係'。"案二字古通。

[10] 先慎曰：依下文，"治"下当有"者"字。

[11] 顾广圻曰："国者"当作"者固"。"者"句绝，"固"下属。《藏》本

“圣”上有“故”字，非也。

处非道之位，被众口之谮，溺于当世之言，而欲当严天下而求安，几不亦难哉！[1]此夫智士所以至死而不显于世者也。[2]楚庄王之弟春申君[3]有爱妾曰余，春申君之正妻子曰甲，余欲君之弃其妻也，因自伤其身以视君而泣，[4]曰：“得为君之妾，甚幸。虽然，适夫人非所以事君也，适君非所以事夫人也。身故不肖，力不足以适二主，其势不俱适，与其死夫人所者，不若赐死君前。妾以赐死，[5]若复幸于左右，愿君必察之，无为人笑。”君因信妾余之诈，为弃正妻。余又欲杀甲而以其子为后，因自裂其亲身衣之里，以示君而泣，曰：“余之得幸君之日久矣，甲非弗知也，今乃欲强戏余，余与争之，至裂余之衣，而此子之不孝，莫大于此矣。”君怒，而杀甲也。故妻以妾余之诈弃，而子以之死。从是观之，父之爱子也，犹可以毁而害也。[6]君臣之相与也，非有父子之亲也，而群臣之毁言，非特一妾之口也，何怪夫贤圣之戮死哉！此商君之所以车裂于秦，而吴起之所以枝解于楚者也。[7]凡人臣者，有罪固不欲诛，无功者皆欲尊显。而圣人之治国也，赏不加于无功，而诛必行于有罪者也。然则有术数者之为人也，[8]固左右奸臣之所害，非明主弗能听也。

[1] 顾广圻曰：“几”当在“难”字下。

[2] 卢文弨曰：《藏》本无“而”字。

[3] 顾广圻曰：与《楚世家》、《春申君列传》皆不合。

[4] 先慎曰：“视”当作“示”。“以示君”，谓以身受伤之处示君也，与

下“自裂其亲身〔衣〕之里以示君”同义。下正作“示”，明此“视”为“示”之讹。

[5] 先慎曰：“以”当作“不”。谓不赐妾死也。

[6] 先慎曰：乾道本“以”下无“毁”字，《藏》本“父”上有“夫”字。卢文弨云：“毁”字脱，凌本有。俞樾云：“以”字衍文，“可而”即可以也。此文本云“父之爱子也，犹可而害也”，浅人不达古语，于“而”上又增入“以”字，则不可通矣。先慎按：凌本作“犹可以毁而害也”，是也。下文“群臣之毁言，非特一妾之口也”，即蒙此句，明各本脱“毁”字。俞氏据误本，势不得不删字以就己说。今据凌本补。

[7] 先慎曰：《释名》：“车裂曰‘轘’。轘，散也，肢体分散也。”是二子皆受轘死，各国名刑不同，韩非亦因而称之耳。“枝”当作“支”。

[8] 顾广圻曰：《藏》本、今本“人”下有“臣”字。先慎曰：“人”下当有“主”字。“为”音于伪反。

世之学术者说人主，不曰“乘威严之势以困奸邪之臣”，而皆曰“仁义惠爱而已矣”。世主美仁义之名而不察其实，是以大者国亡身死，小者地削主卑。何以明之？夫施与贫困者，[1]此世之所谓仁义；哀怜百姓、不忍诛罚者，此世之所谓惠爱也。夫有施与贫困，[2]则无功者得赏；不忍诛罚，则暴乱者不止。国有无功得赏者，则民不外务当敌斩首，[3]内不急力田疾作，皆欲行货财，事富贵，为私善，立名誉，以取尊官厚俸。故奸私之臣愈众，而暴乱之徒愈胜，不亡何待！夫严刑者，民之所畏也；[4]重罚者，民之所恶也。故圣人陈其所畏以禁其邪，设其所恶以防其奸，是以国安而暴乱不起。吾以是明仁义爱惠之不足用，而严刑重罚之可以治国也。无捶策之威，衔橛之备，虽造父不能以服焉。无规矩之法，绳墨之端，虽王尔不能以成方圆。无威严之势，赏罚之法，虽尧、舜不能以为治。今世主皆轻释重罚严诛，行爱惠，而欲霸王之功，亦不可几也。[5]故善为主者，明赏设利以劝之，使民以功赏而不以仁义赐；严刑重罚以禁之，使民以罪诛而不以爱惠免。是以无功者不望，而有罪者不幸矣。托于犀车良马之上，[6]则可以陆犯阪阻之患；乘舟之安，持楫之利，则可以水绝江河之难；[7]操法术之数，行重罚严诛，则可以致霸王之功。治国之有法术赏罚，犹若陆行之有犀车良马也，水行之有轻舟便楫也，乘之者遂得其成。伊尹得之汤以王，管仲得之齐以霸，商君得之秦以强。此三人者，皆明于霸王之术，察于治强之数，而不以牵于世俗之言；适当世明主之意，则有直任布衣之士，立为卿相之处；[8]处位治国，则有尊主广地之实。此之谓足贵之臣。汤得伊尹，以百里之地，立为天子；桓公得管仲，立为五霸主，九合诸侯，一匡天下；孝公得商君，地以广，兵以强。故有忠臣者，[9]外无敌国之患，内无乱臣之忧，长安于天下而名垂后世，所谓忠臣也。若夫豫让为智伯臣也，上不能说人主使之明法术、度数之理，以避祸难之患，[10]下不能领御其众，以安其国。及襄子之杀智伯也，豫让乃自黔劓，[11]败其形容，以为智伯报襄子之仇。是虽有残刑杀身以为人主之名，[12]而实无益于智伯若秋毫之末。此吾之所下也，而世主以为忠而高之。古有伯夷、叔齐者，武王让以天下而弗受，二人饿死首阳之陵。若此臣者，[13]不畏重诛，不利重赏，不可以罚禁也，不可以赏使也。此之谓无益之臣也，吾所少而去也，而世主之所多而求也。

[1] 先慎曰：乾道本无“与”字。卢文弨云：“与”字脱，一本有。先慎按：有“与”字是也，下有“与”字，即其证，今依《拾补》增。

[2] 顾广圻曰：当衍“有”字。

[3] 顾广圻曰：“不外”当作“外不”。

[4] 先慎曰：乾道本无“刑”字。顾广圻云：《藏》本、今本“严”下有“刑”字。先慎按：“严刑”、“重罚”相对，明此脱，今据补。

[5] 卢文弨曰：《藏》本无“欲”字。

[6] 顾广圻曰：“犀”字未详。俞樾曰：顾氏偶失考耳，《汉书·冯奉世传》注引晋灼云：“犀，坚也。”然则“犀车良马”，即坚车良马矣。《吴子·应变》篇云“车坚马良”，是其义也。

[7] 先慎曰：赵本“水”误“永”。

[8] 卢文弨曰：“处”，凌本作“功”。

[9] 先慎曰：乾道本无“臣”字。卢文弨云：“臣”字脱，凌本有。先慎按：有“臣”字是，下“所谓忠臣也”即承此，今据补。

[10] 先慎曰：乾道本“人”字在“使”字下。顾广圻云：“《藏》本、今本‘人’字在‘主’字上”，今据改。

[11] 卢文弨曰：“黔”，《藏》本、张本作“黚”，本当作“钳”。顾广圻曰：当作“黥”。先慎曰：顾说是。《书·吕刑》：“爰始淫为劓、刵、椓、黥。”黥、劓刑在面，《赵策》所谓“自刑以变其容”也。

[12] 先慎曰：“刑”当作“形”。

[13] 先慎曰：乾道本无“者”字。卢文弨云“凌本有‘者’字”，今据补。

谚曰：“厉怜王。”[1]此不恭之言也。虽然，古无虚谚，不可不察也。此谓劫杀死亡之主言也。[2]人主无法术以御其臣,[3]虽长年而美材,[4]大臣犹将得势,擅事主断,而各为其私急。而恐父兄豪杰之士,借人主之力以禁诛于己也,[5]故弑贤长而立幼弱,废正的而立不义。[6]故《春秋》记之曰:"楚王子围将聘于郑,未出境,闻王病而反,因入问病,以其冠缨绞王而杀之,遂自立也。[7]齐崔杼,其妻美,而庄公通之,数如崔氏之室。及公往,崔子之徒贾举率崔子之徒而攻公。公入室,[8]请与之分国,崔子不许;公请自刃于庙,崔子又不听。公乃走,逾于北墙。[9]贾举射公,中其股,公坠,崔子之徒以戈斫公而死之,而立其弟景公。"近之所见,[10]李兑之用赵也,饿主父百日而死;[11]卓齿之用齐也,[12]擢湣王之筋,悬之庙梁,[13]宿昔而死。[14]故厉虽痈肿疕疡,上比于春秋,未至于绞颈射股也;[15]下比于近世,[16]未至饿死擢筋也。[17]故劫杀死亡之君,此其心之忧惧,形之苦痛也,必甚于厉矣。[18]由此观之,虽"厉怜王"可也。

[1] 顾广圻曰:乾道本、《藏》本提行,今本连前,误。《战国策》以此至末"可也",皆作孙子为书谢春申君,《韩诗外传》同。

[2] 先慎曰:"谓",读为"为"。"杀",《策》作"弑"。

[3] 先慎曰:乾道本无"主"字。卢文弨云:"主"字脱,凌本有。先慎按:《楚策》、《韩诗外传》皆有,今据补。

[4] 卢文弨曰:"美材",《藏》本、张本作"材美"。

[5] 先慎曰:"父兄",谓侧室公子,人主之所亲爱也。见《八奸》篇。"豪杰之士",即上所云"有术之士"。

[6] 卢文弨曰:"弑",《外传》作"舍"。顾广圻曰:《藏》本"的"作"适",是也。《策》、《外传》皆作"适"。

[7] 先慎曰:事见《左》昭元年《传》。

[8] 先慎曰：《左》襄二十五年《传》作“台”。

[9] 先慎曰：“北”，《策》、《外传》作“外”。

[10] 卢文弨曰：“之”，《外传》作“世”。

[11] 先慎曰：事互见《喻老》篇。

[12] 顾广圻曰：《藏》本、今本“卓”作“淖”，《策》、《外传》皆作“淖”。今按“卓”、“淖”同字。乾道本未尝误，改者非也。《古今人表》淖齿，师古曰：“淖，或作卓。”先慎曰：《御览》三百七十五引作“淖”。

[13] 先慎曰：“滑”，《策》、《外传》作“闵”，《御览》引亦作“闵”。

[14] 先慎曰：“宿昔”，《策》作“宿夕”。

[15] 先慎曰：乾道本无“射”字。顾广圻云“《藏》本、今本‘股’上有‘射’字，《策》、《外传》有”，今据增。

[16] 顾广圻曰：《藏》本同。今本“近世”作“近臣”，误。

[17] 顾广圻曰：《藏》本同。今本“至”下有“于”字，“饿”作“餓”。《策》作“未至擢筋而饿死也”。《外传》无“而”字，馀同。

[18] 先慎曰：乾道本无“于”字。卢文弨云：“于”字脱，《藏》本、张本有，《外传》同。先慎按：《策》有“于”字，今据补。

韩非子卷第五

亡征第十五

凡人主之国小而家大，权轻而臣重者，可亡也。简法禁而务谋虑，荒封内而恃交援者，可亡也。群臣为学，门子好辩，商贾外积，小民内困者，可亡也。[1]好宫室台榭陂池，事车服器玩好，[2]罢露百姓，煎靡货财者，可亡也。[3]用时日，事鬼神，信卜筮而好祭祀者，可亡也。听以爵不以众言参验，[4]用一人为门户者，可亡也。官职可以重求，爵禄可以货得者，可亡也。[5]缓心而无成，[6]柔茹而寡断，好恶无决而无所定立者，可亡也。饕贪而无餍，近利而好得者，可亡也。喜淫刑而不周于法，[7]好辩说而不求其用，滥于文丽而不顾其功者，可亡也。浅薄而易见，漏泄而无藏，不能周密而通群臣之语者，可亡也。很刚而不和，[8]愎谏而好胜，不顾社稷而轻为自信者，可亡也。恃交援而简近邻，怙强大之救而侮所迫之国者，可亡也。羁旅侨士，重帑在外，上间谋计，下与民事者，可亡也。民信其相，[9]下不能其上，主爱信之而弗能废者，可亡也。境内之杰不事，而求封外之士，不以功伐课试，而好以名问举错，羁旅起贵以陵故常者，可亡也。轻其適正，庶子称衡，太子未定而主即世者，可亡也。大心而无悔，国乱而自多，不料境内之资而易其邻敌者，可亡也。

国小而不处卑，力少而不畏强，无礼而侮大邻，贪愎而拙交者，可亡也。太子已置，而娶于强敌以为后妻，则太子危，如是，则群臣易虑者，可亡也。[10]怯慑而弱守，蚤见而心柔懦，知有谓可，断而弗敢行者，可亡也。[11]出君在外而国更置，[12]质太子未反而君易子，如是则国携，国携者，可亡也。挫辱大臣而狎其身，刑戮小民而逆其使，[13]怀怒思耻而专习则贼生，[14]贼生者，可亡也。大臣两重，父兄众强，内党外援以争事势者，可亡也。婢妾之言听，爱玩之智用，外内悲惋而数行不法者，可亡也。简侮大臣，无礼父兄，劳苦百姓，杀戮不辜者，可亡也。好以智矫法，时以行杂公，[15]法禁变易，号令数下者，可亡也。无地固，[16]城郭恶，无畜积，财物寡，无守战之备而轻攻伐者，可亡也。种类不寿，[17]主数即世，[18]婴儿为君，大臣专制，树羁旅以为党，数割地以待交者，可亡也。太子尊显，徒属众强，多大国之交，而威势蚤具者，可亡也。变褊而心急，[19]轻疾而易动发，[20]心悁忿而不訾前后者，可亡也。[21]主多怒而好用兵，简本教而轻战攻者，可亡也。[22]贵臣相妒，[23]大臣隆盛，外藉敌国，内困百姓，以攻怨仇，而人主弗诛者，可亡也。君不肖而侧室贤，[24]太子轻而庶子伉，官吏弱而人民桀，如此则国躁，国躁者，可亡也。藏怒而弗发，[25]悬罪而弗诛，使群臣阴憎而愈忧惧，而久未可知者，可亡也。出军命将太重，边地任守太尊，专制擅命，径为而无所请者，可亡也。后妻淫乱，主母畜秽，外内混通，男女无别，是谓两主，两主者，可亡也。后妻贱而婢妾贵，太子卑而庶子尊，相室轻而典谒重，如此则内外乖，内外乖者，可亡也。大臣甚贵，偏党众强，壅塞主断而重擅国者，可亡也。私门之官用，马府之世，[26]乡曲之善举，官职之劳废，贵私行而贱公功者，可亡也。公家虚而大臣实，正户贫而寄寓富，耕战之士困，末作之民利者，可亡也。见大利而不趋，闻祸端而不备，浅薄于争夺之事，而务以仁义自饰者，可亡也。不为人主之孝，而慕匹夫之孝，不顾社稷之利，而听主母之令，女子用国，刑馀用事者，可亡也。辞辩而不法，心智而无术，主多能而不以法度从事者，可亡也。亲臣进而故人退，[27]不肖用事而贤良伏，无功贵而劳苦贱，如是则下怨，下怨者，可亡也。父兄大臣禄秩过功，章服侵等，宫室供养太侈，[28]而人主弗禁，则臣心无穷，臣心无穷者，可亡也。公婿公孙与民同门，暴慠其邻者，可亡也。[29]

[1] 先慎曰：乾道本"内困"作"右仗"。卢文弨云"'右仗'，凌本作'内困'"，今据改。

[2] 顾广圻曰：句绝。"器"下当有脱字。

[3] 先慎曰："露"当作"潞"，羸也。《吕氏春秋·不屈》篇："士民罢潞。"

[4] 先慎曰：乾道本"不以众言"四字作"以待"二字。卢文弨云：一本作"不以众言"。顾广圻云：今本下"以"字作"不"。先慎案：谓听以爵之尊卑，不参验众言得失。今据卢校改。

[5] 先慎曰：《八奸》篇"财利多者买官以为贵，有左右之交者请谒以成重，此亡国之风也"，即此意。

[6] 先慎曰：乾道本"而无"作"无而"。顾广圻云"《藏》本、今本'无而'作'而无'"，今据乙。

[7] 先慎曰：乾道本无"刑"字。卢文弨云：凌本"淫"下有"刑"字。

顾广圻云："淫"，淫辞也，见本书《存韩》篇。又《吕氏春秋·审应览》有"淫辞"，义同，皆可证也。别本于此"淫"下妄加"刑"字，乃误之甚者。凡别本异同，大率类此，故略不复载。先慎案：训"淫"为"淫辞"，已嫌添设，且与下言"辩说"无别，顾说非也。"喜淫刑"与下"好辩说"对文，不当少一字，今依凌本增。

[8] 卢文弨曰："很"，《藏》本作"佷"。

[9] 顾广圻曰：句有误。俞樾曰："民"下脱"不"字。"民不信其相"、"下不能其上"两文相对。民所不信，下所不能，而人主弗能废，故曰"可亡也"。

[10] 顾广圻曰：《藏》本、今本重"群臣易虑"。

[11] 卢文弨曰："谓"字衍，凌本无。顾广圻曰："知有谓可"四字为一句。

[12] 先慎曰：乾道本无"更"字。顾广圻云"《藏》本、今本'国'下有'更'字"，今据补。

[13] 顾广圻曰："民"当作"人"，"逆"当作"近"。按此言近刑人也。

[14] 先慎曰："习"字疑误，未详所当作。

[15] 顾广圻曰：《藏》本同。今本"行"作"私"，误。按简行而贵公者，韩子之家法也。

[16] 卢文弨曰："无地"，一本倒。

[17] 先慎曰：《楚语》"臣能自寿也"，《注》："寿，保也。"

[18] 先慎曰："数"，音色各反。

[19] 先慎曰：《拾补》"变"作"偏"。卢文弨云：一作"挛"。顾广圻云：《藏》本同。今本"变"作"偏"，误。按当作"挛"，形相近。俞樾云："变"当读为"辩"。《说文·心部》："辩，一曰急也。"是与"褊"同义。作"变"者，声近假借也。《易·文言传》"由辩之不早辩也"，《释文》："辩，荀作'变'。"《孟子·告子》篇"万钟则不辨礼义而受之"，《音义》引丁音云"辨，本作'变'"，皆其例矣。

[20] 顾广圻曰：六字为一句。

[21] 顾广圻曰:“心”当作“必”。先慎曰:“訾”,量也。

[22] 先慎曰:乾道本“教”上有“欲”字。顾广圻云“《藏》本、今本无‘欲’字”,今据删。

[23] 卢文弨曰:“臣”,各本皆作“人”。

[24] 先慎曰:《八奸》篇云:“何谓父兄?曰:侧室公子。”是“侧室”即君之父兄行也。

[25] 先慎曰:乾道本“怒”作“怨”。顾广圻云“《藏》本、今本‘怨’作‘怒’”,今据改。

[26] 旧注:军马之府,立功者也。○顾广圻曰:《藏》本同。今本“世”下有“绌”字。按“世”下脱字,未详其所当作。

[27] 先慎曰:“亲”,读为“新”。

[28] 先慎曰:张榜本、赵本“太”作“大”,字同。

[29] 先慎曰:赵本“慠”作“傲”。《说文》:“傲,倨也,从人,敖声。”古本作“敖”,通作“慠”。《释文》:《礼记・乐记》“傲”字又作“敖”。《左》襄二十年《传》“大夫敖”,本又作“慠”。是其证。卢文弨《拾补》“慠”下旁注“傲”字,云:“《藏》本作‘慠’。”下张本多同。

亡征者,非曰必亡,[1]言其可亡也。夫两尧不能相王,两杰不能相亡;亡王之机,必其治乱、其强弱相踦者也。[2]木之折也必通蠹,墙之坏也必通隙。然木虽蠹,无疾风不折;墙虽隙,无大雨不坏。万乘之主,有能服术行法以为亡征之君风雨者,其兼天下不难矣。

[1] 卢文弨曰:一本有“也”字。

[2] 先慎曰:下“其”字疑衍。

三守第十六

人主有三守，三守完则国安身荣，三守不完则国危身殆。何谓三守？人臣有议当途之失，用事之过，举臣之情，[1]人主不心藏而漏之近习能人，[2]使人臣之欲有言者，不敢不下适近习能人之心，而乃上以闻人主；然则端言直道之人不得见，而忠直日疏。[3]爱人不独利也，待誉而后利之；憎人不独害也，待非而后害之。然则人主无威，而重在左右矣。[4]恶自治之劳惮，使群臣辐凑用事，[5]因传柄移藉，使杀生之机、夺予之要在大臣，如是者侵。[6]此谓三守不完。三守不完，则劫杀之征也。

[1] 王先谦曰："举臣"，犹言众臣，若后世言举朝之比。

[2] 先慎曰："能人"，解见《有度》篇。

[3] 先慎曰：是守之不完者一也。

[4] 先慎曰：是守之不完者又其一也。

[5] 先慎曰：乾道本"用事"作"之变"。顾广圻云"今本'之变'作'用事'"，今据改。

[6] 先慎曰：是又其守之不完也。

凡劫有三：有明劫，有事劫，有刑劫。人臣有大臣之尊，外操国要以资群臣，使外内之事非己不得行。虽有贤良，逆者必有祸，而顺者必有福。然则群臣莫敢忠主忧国以争社稷之利害。[1]人主虽贤，不能独计，而人臣有不敢忠主，则国为亡国矣。此谓国无臣。国无臣者，岂郎中虚而朝臣少哉！群臣持禄养交，行私道而不效公忠，此谓明劫。鬻宠擅权，矫外以胜内，险言祸福得失之形，以阿主之好恶。人主听之，卑身轻国以资之，事败与主分其祸，而功成则臣独专之。诸用事之人，壹心同辞以语其美，[2]则主言恶者必不信矣。[3]此谓事劫。至于守司囹圄，禁制刑罚，人臣擅之，此谓刑劫。三守不完，则三劫者起；三守完，则三劫者止。三劫止塞，则王矣。[4]

[1] 先慎曰：乾道本"群臣"下有"直"字。顾广圻云：《藏》本、今本无"直"字。按"直"当作"且"。先慎案：无"直"字是，今据删。

[2] 先慎曰："壹"，赵本作"一"。

[3] 顾广圻曰："主"，谓为主首也，与《初见秦》篇"主谋"义同。

[4] 先慎曰：《拾补》"止塞"下旁注"者止"二字。卢文弨云：张本"止塞"，别本多同。顾广圻云：《藏》本同。今本"止塞"作"者止"。

备内第十七

人主之患在于信人，信人则制于人。人臣之于其君，非有骨肉之亲也，缚于势而不得不事也。故为人臣者，窥觇其君心也，无须臾之休，而人主怠慠处其上，此世所以有劫君弑主也。为人主而大信其子，则奸臣得乘于子以成其私，故李兑傅赵王而饿主父。为人主而大信其妻，则奸臣得乘于妻以成其私，故优施傅丽姬杀申生而立奚齐。夫以妻之近与子之亲而犹不可信，则其馀无可信者矣。

且万乘之主，千乘之君，后妃、夫人、適子为太子者，或有欲其君之蚤死者。何以知其然？夫妻者，非有骨肉之恩也，[1]爱则亲，不爱则疏。语曰："其母好者其子抱。"然则其为之反也，其母恶者其子释。丈夫年五十而好色未解也，妇人年三十而美色衰矣。以衰美之妇人事好色之丈夫，则身死见疏贱，[2]而子疑不为后，此后妃夫人之所以冀其君之死者也。唯母为后而子为主，则令无不行，禁无不止，男女之乐不减于先君，而擅万乘不疑，此鸩毒扼昧[3]之所以用也。故《桃左春秋》曰：[4]"人主之疾死者不能处半。"人主弗知则乱多资，故曰：利君死者众则人主危。故王良爱马，越王勾践爱人，为战与驰。医善吮人之伤，[5]含人之血，非骨肉之亲也，利所加也。[6]故舆人成舆，则欲人之富贵；匠人成棺，则欲人之夭死也。非舆人仁而匠人贼也，人不贵则舆不售，人不死则棺不买，情非憎人也，利在人之死也。故后妃、夫人、太子之党成而欲君之死也，君不死则势不重，情非憎君也，利在君之死也。故人主不可以不加心于利己死者。故日月晕围于外，[7]其贼在内，备其所憎，祸在所爱。是故明王不举不参之事，[8]不食非常之食；远听而近视，以审内外之失；[9]省同异之言，以知朋党之分；偶参伍之验，[10]以责陈言之实；执后以应前，按法以治众，众端以参观。[11]士无幸赏，[12]无逾行，[13]杀必当罪不赦，[14]则奸邪无所容其私矣。[15]

[1] 先慎曰："恩"疑"亲"之误。上下文并作"骨肉之亲"，即其证。

[2] 顾广圻曰：《藏》本、今本无"死"字。按以下句例之，"死"字当作"疑"。下又云"而擅万乘不疑"，相承也。先慎曰：顾说是也。

[3] 旧注：扼昧，谓暗中绞缢也。

[4] 顾广圻曰：《藏》本"桃"作"挑"，案皆未详。俞樾曰："左"疑"兀"字之误，"桃兀"盖即"梼兀"之异文。楚之"梼兀"，亦有《春秋》之名。《楚语》申叔时所谓"教之《春秋》"是也。故谓之《梼兀春秋》矣。

[5] 先慎曰：《御览》七百二十四、《初学记》二十引"伤"作"肠"。

[6] 先慎曰：《御览》、《初学记》引"利"下有"之"字。

[7] 顾广圻曰：《国策・赵》四有此下四句，"晕围"作"晖"，误，当依此订。

[8] 卢文弨曰："王"，《藏》本作"主"。

[9] 先慎曰：《拾补》"内外"作"外内"。卢文弨云：倒。今从张本、凌本。先慎案：乾道本未误。

[10] 先慎曰：《拾补》"参"下旁注"三"字。卢文弨云："三"，凌本作"参"。顾广圻云：今本作"三"。

[11] 旧注：众事之端皆相参而观之。○卢文弨曰：注张本作“皆相观而参之”。旧脱“皆”字、“之”字。先慎曰：赵本无“皆”、“之”二字。

[12] 顾广圻曰：句绝。

[13] 顾广圻曰：《藏》本同。今本重“赏”字，误。按本书《南面》篇云“虽有贤行不得逾功而先劳”，即此“无逾行”之意。

[14] 卢文弨曰：“当”字下，凌本有“罪有”二字。

[15] 先慎曰：乾道本无“矣”字。顾广圻云：《藏》本、今本“私”下有“矣”字。今按此与“徭役多”不相接，“私”字下当有脱文。先慎案：“矣”字当有，今据补。

徭役多则民苦，民苦则权势起，权势起则复除重，[1]复除重则贵人富。苦民以富贵人，起势以藉[2]人臣，[3]非天下长利也。故曰：徭役少则民安，民安则下无重权，下无重权则权势灭，权势灭则德在上矣。今夫水之胜火亦明矣，然而釜鬵间之，[4]水煎沸竭尽其上，而火得炽盛焚其下，水失其所以胜者矣。今夫治之禁奸又明于此，[5]然守法之臣为釜鬵之行，则法独明于胸中，而已失其所以禁奸者矣。上古之传言，《春秋》所记，犯法为逆以成大奸者，未尝不从尊贵之臣也；而法令之所以备，[6]刑罚之所以诛，常于卑贱，是以其民绝望无所告诉。大臣比周，蔽上为一，阴相善而阳相恶以示无私，相为耳目以候主隙。人主掩蔽，无道得闻，有主名而无实，臣专法而行之，周天子是也。偏借其权势则上下易位矣，此言人臣之不可借权势也。[7]

[1] 赵用贤曰：谓权势之人，得为民复除重役也。先慎曰：赵说非也。“重”字承“权势”而言，下云“下无重权”，即其证。复除徭役，则苦民

归心，故其权势重也。

[2] 旧注：藉，假借也。

[3] 先慎曰：下云“遍借其权势”，即此义。

[4] 卢文弨曰：“鬻”，张本作“鬲”，下同。

[5] 先慎曰：乾道本无“于”字。顾广圻云“《藏》本、今本‘明’下有‘于’字”，今据补。

[6] 先慎曰：乾道本“而”上有“然”字。卢文弨云“‘然’字衍，张、凌本无”，今据删。

[7] 顾广圻曰：此十一字乃旧注误入正文。乾道本以末“也”字作旁注，是其迹之未尽泯者。先慎曰：疑“权势”下有脱文，校者因旁注“也”字，以完此句。

南面第十八

人主之过，在已任在臣矣，[1]又必反与其所不任者备之，[2]此其说必与其所任者为仇，而主反制于其所不任者。[3]今所与备人者，且曩之所备也。人主不能明法而以制大臣之威，[4]无道得小人之信矣。[5]人主释法而以臣备臣，则相爱者比周而相誉，相憎者朋党而相非，[6]非誉交争，则主惑乱矣。[7]人臣者，非名誉请谒无以进取，非背法专制无以为威，非假于忠信无以不禁，[8]三者，惛主坏法之资也。人主使人臣虽有智能不得背法而专制，虽有贤行不得逾功而先劳，虽有忠信不得释法而不禁，[9]此之谓明法。

[1] 顾广圻曰：当衍"任"下"在"字。

[2] 先慎曰：卫嗣君贵薄疑以敌如耳是也。见《七术》篇。

[3] 先慎曰：是恐为任者所制，而反制于不任者，故听不任者之言，以绌前之所任者。

[4] 顾广圻曰：当衍"而"字，以十二字为一句。

[5] 顾广圻曰：《藏》本、今本"人"作"臣"。

[6] 先慎曰：《意林》"非"作"诽"，下同。

[7] 先慎曰：《意林》无"乱"字。

[8] 旧注：伪为忠信，然后不禁。

[9] 王先谦曰：不以无心之过为解而不加罪。

人主有诱于事者，[1]有壅于言者，二者不可不察也。人臣易言事者,[2]少索资,以事诬主,[3]主诱而不察,因而多之,[4]则是臣反以事制主也;如是者谓之诱,[5]诱于事者困于患。[6]其进言少,其退费多,虽有功,其进言不信;[7]不信者有罪,事有功者必赏,[8]则群臣莫敢饰言以惛主。主道者,[9]使人臣前言不复于后,后言不复于前,事虽有功,必伏其罪,谓之任下。[10]人臣为主设事而恐其非也,则先出说设言曰:"议是事者,妒事者也。"人主藏是言,不更听群臣;群臣畏是言,不敢议事。二势者用,[11]则忠臣不听而誉臣独任;如是者谓之壅于言,壅于言者制于臣矣。主道者,使人臣有必言之责,[12]又有不言之责。言无端末,辩无所验者,此言之责也;以不言避责持重位者,此不言之责也。人主使人臣言者必知其端以责其实,[13]不言者必问其取舍以为之责,[14]则人臣莫敢妄言矣,又不敢默然矣,言、默则皆有责也。人主欲为事,不通其端末而以明其欲,[15]有为之者,[16]其为不得利,必以害反。知此者,任理去欲,举事有道,计其入多、其出少者,可为也。惑主不然,计其入不计其出,出虽倍其入,不知其害,则是名得而实亡,如是者功小而害大矣。凡功者,其入多,其出少,乃可谓功。今大费无罪而少得为功,则人臣出大费而成小功,小功成而主亦有害。

[1] 先慎曰:旧连上,顾广圻云"当以此句提行",今从之。

[2] 顾广圻曰:句绝。

[3] 顾广圻曰:"少索资"逗,"以事诬主"句。《藏》本同。今本"少"作"必",误。俞樾曰:"诬"字无义,疑"诱"字之误。下云"主诱而不察,因而多之",即承此而言。盖先少索资而以事诱其主,主既为其所诱,乃因

而多之也。王先谦曰:“少索资”,矫为廉让。《广雅·释诂》:“诬,欺也。”俞说非,下乃言“诱”也。

[4] 王先谦曰:“多之”,犹言贤之。

[5] 顾广圻曰:“诱”下当有“于事”二字。

[6] 王先谦曰:言如此者,必为忧患所困。

[7] 王先谦曰:下云“出大费而成小功”也,如此者谓之“进言不信”。

[8] 卢文弨曰:“不”上脱“夫”字,凌本有。“有”上“事”字衍,凌本无。顾广圻曰:“事有功者必赏”,当作“事虽有功不赏”。先慎曰:顾说是。下云“事虽有功必伏其罪”,即其证。凌本不审而妄改,不可从。

[9] 先慎曰:谓为主之道。

[10] 先慎曰:人主之患在于任臣。然以言责事,以事责功,不专任一臣,凡下之人皆得而任之,故谓之“任下”。

[11] 王先谦曰:“二势”者,主拒谏,臣缄默,两有必然之势。

[12] 先慎曰:乾道本“有必”作“必有”。卢文弨云:“必有”倒,张本作“有必”,凌本作“知有”。先慎案:张本是,今据改。

[13] 先慎曰:依上下文,“端”下当有“末”字。

[14] 顾广圻曰:《藏》本同。今本“责”作“资”,误。

[15] 王先谦曰:“明其欲”者,群下之意同晓然于主心。

[16] 顾广圻曰:《藏》本同。今本“之”下有“意”字,误。

不知治者,[1]必曰:“无变古,毋易常。”变与不变,圣人不听,正治而已。然则古之无变,常之毋易,在常、古之可与不可。伊尹毋变殷,太公毋变周,则汤、武不王矣。管仲毋易齐,郭偃毋更晋,[2]则桓、文不霸矣。凡人难变古者,惮易民之安也。夫不变古者,袭乱之迹;适民心者,恣奸之行也。民愚而不知乱,上懦而不能更,是治之失也。人主者,明能知治,严必行之,故虽拂于民心,[3]立其治。[4]说在商君之内外而铁殳重盾而豫戒也。故郭偃之始治也,文公有官卒;管仲始治也,桓公有武车:戒民之备也。[5]是以愚戆窳堕之民,[6]苦小费而忘大利也,[7]故夤虎受阿谤。[8]而辗小变而失长便,[9]故邹贾非载旅。[10]狎习于乱而容于治,[11]故郑人不能归。[12]

[1] 先慎曰:旧连上,顾广圻云"当以此句提行",今从之。

[2] 先慎曰:"郭偃",《墨子·所染》篇作"高偃","高"与"郭"一声之转。《左传》作"卜偃"。韦、杜注:"晋掌卜大夫。"

[3] 顾广圻曰:逗。

[4] 顾广圻曰:《藏》本、今本"心"作"必"。按"拂于民心"与上"适民心"相对,唯乾道本为未误。先慎曰:乾道本脱"必"字,《藏》本、赵本脱"心"字耳。当作"拂于民心,必立其治"。顾氏知"拂民心"与"适民心"相对,而不知"必立其治"与"严必行之"又相承也。

[5] 先慎曰:"管仲"下当有"之"字,与上句相对。

[6] 卢文弨曰:以下多不可晓,疑有脱误。先慎曰:乾道本"愚"作"遇"。顾广圻云"《藏》本同。今本'赣'作'戆','堕'作'惰'。按'赣'或省字也。乾道本'愚'作'遇',讹",今据改。

[7] 顾广圻曰:逗。

[8] 顾广圻曰:句。

[9] 顾广圻曰:逗。按"辗"字有误,未详所当作。

[10] 顾广圻曰:句。

[11] 顾广圻曰:逗。

[12] 顾广圻曰:句绝。按此皆未详。自上文"说在商君"云云以下句例,全与本书《内储说·七术》、《六微》、《外储说左》、《右》四篇之经相同,必《韩子》此下尚有其说,亦如四篇之说者,而今佚之耳。先慎曰:顾说是。《外储说左下》:"郑县人卖豚,人问其价。曰:'道远日暮,安暇语汝。'"当即"郑人不能归"佚文。

饰邪第十九

凿龟数筴，兆曰大吉，而以攻燕者，赵也。凿龟数筴，兆曰大吉，而以攻赵者，燕也。剧辛之事，燕无功而社稷危。[1]邹衍之事，燕无功而国道绝。[2]赵代先得意于燕，后得意于齐，[3]国乱节高。[4]自以为与秦提衡，[5]非赵龟神而燕龟欺也。赵又尝凿龟数筴而北伐燕，将劫燕以逆秦，兆曰大吉。始攻大梁而秦出上党矣，[6]兵至釐而六城拔矣，至阳城，秦拔邺矣，[7]庞援揄兵而南，则鄣尽矣。[8]臣故曰：赵龟虽无远见于燕，且宜近见于秦。秦以其大吉，辟地有实，救燕有有名。[9]赵以其大吉，地削兵辱，[10]主不得意而死，[11]又非秦龟神而赵龟欺也。初时者，魏数年东乡攻尽陶、卫，[12]数年西乡以失其国。[13]此非丰隆、五行、太一、[14]王相、摄提、六神、五括、天河、殷抢、岁星非数年在西也，[15]又非天缺、弧逆、刑星、荧惑、奎台非数年在东也。[16]故曰：龟筴鬼神不足举胜，左右背乡不足以专战。然而恃之，愚莫大焉。

[1] 顾广圻曰：《史记·赵世家》"悼襄王三年，庞煖将，攻燕，禽其将剧辛"，即其事，详见《燕世家》。

[2] 顾广圻曰：未详。

[3] 先慎曰：乾道本"后"下无"得"字。王渭云"当衍'代'字"。顾广圻云"《藏》本、今本'后'下有'得'字"，今据补。〔顾广圻〕按《赵世家》，四年移攻齐，取饶安，即其事也。

[4] 顾广圻曰：《藏》本同。今本“节”作“饰”，误。《十过》篇“其行矜而意高，非他时之节也”，即此“节高”之义。

[5] 先慎曰：《世家》：“悼襄王四年，庞煖将赵、楚、魏、燕之锐师攻(春)〔秦〕蕞，不拔。”

[6] 先慎曰：“攻”、“出”二字互误。

[7] 顾广圻曰：《世家》：“九年，攻燕，取魏阳城，兵未罢，秦攻邺，拔之。”又《年表》云：“秦拔我阏与邺，取九城。”即其事也。

[8] 卢文弨曰：“庞援”即“庞煖”，亦作“庞涓”。顾广圻曰：“援”，读为煖。《史记·燕》、《赵世家》、《汉书·人表》、《艺文志》皆作“煖”，“援”、“煖”同字耳。“南”者，兵自燕返也。

[9] 顾广圻曰：《藏》本、今本不重“有”字。王渭曰：上“有”字读为“又”。

[10] 先慎曰：乾道本“地”作“利”。卢文弨云“凌本‘利’作‘地’”，今据改。

[11] 先慎曰：《赵世家》：悼襄王九年卒。

[12] 先慎曰：魏安釐王事见《有度》篇。

[13] 先慎曰：魏景湣王事，见《史表》、《世家》。

[14] 先慎曰：张、赵本“一”作“乙”，字同。《汉书·天文志》作“泰一”。

[15] 先慎曰：《天文志》：“岁星所在，国不可伐，可以伐人。”“数”上不当有“非”字，承上“此非”言；下“非数年在东也”，“非”字亦衍。

[16] 先慎曰：《天文志》：“荧惑出则有大兵，入则兵散，周还止息，乃为其死丧寇乱，在其野者亡地，以战不胜。”

古者先王尽力于亲民，加事于明法。彼法明则忠臣劝，罚必则邪臣止。忠劝邪止而地广主尊者，秦是也。群臣朋党比周以隐正道，行私曲而地削主卑者，山东是也。乱弱者亡,[1]人之性也。治强者王,古之道也。越王勾践恃大朋之龟与吴战而不胜,[2]身臣入宦于吴;[3]反国弃龟,明法亲民以报吴,则夫差为擒。故恃鬼神者慢于法,恃诸侯者危其国。曹恃齐而不听宋,齐攻荆而宋灭曹。荆恃吴而不听齐,越伐吴而齐灭荆。[4]许恃荆而不听魏,荆攻宋而魏灭许。郑恃魏而不听韩,魏攻荆而韩灭郑。[5]今者韩国小而恃大国,主慢而听秦、[6]魏,恃齐、荆为用,而小国愈亡。[7]故恃人不足以广壤,而韩不见也。荆为攻魏而加兵许、鄢,齐攻任扈而削魏,不足以存郑,[8]而韩弗知也。此皆不明其法禁以治其国,恃外以灭其社稷者也。

[1] 顾广圻曰:四字为一句,下"治强者王"句同。

[2] 先慎曰:乾道本"吴"作"吾"。顾广圻云:今本"吾"作"吴",按"吾"、"吴"二字,他书亦有相乱者。先慎案:下均作"吴",似应一律,今据改。

[3] 顾广圻曰:"臣"字当衍。先慎曰:赵本"宦"作"官"。案作"官"者,盖以《越语》与范蠡入官于吴,《越绝书·请糴内传》、《外传·记地传》、《吴越春秋·句践入臣传》改也,本书自作"宦"。《喻老》篇"句践入宦于吴",又云"越王之霸也不病宦",是其证。

[4] 顾广圻曰:二"荆"字皆当作"邢"。

[5] 先慎曰:乾道本"魏攻"作"攻魏",今据《藏》本、今本改。王渭云:《战国策》二作"魏攻蔡而郑亡"。蔡、荆异同,未详孰是。顾广圻云:今按《魏策》四又云"伐榆关而韩氏亡郑",皆即其事,蔡入楚者也。榆关,详见吴师道《补正》。

[6] 顾广圻曰:当补"不"字于"听秦"上,此与上诸"不听"相承为文也。先慎曰:顾说非也,此正言韩听秦之弊,玩下文自知,不当以上文

为说。

［7］顾广圻曰："魏"上当有脱文，此复说上文邢、郑、曹、许之恃吴、魏，恃齐、荆为用也，故曰"而小国愈亡"。

［8］顾广圻曰：以上皆有脱误。此"荆攻魏"、"削魏"，当为不足以存许言之。"齐攻任扈"，当为不足以存曹言之。其"不足以存郑"，当言魏攻也。

臣故曰：明于治之数，则国虽小，富；[1]赏罚敬信，民虽寡，强。赏罚无度，国虽大兵弱者，地非其地，民非其民也。[2]无地无民，尧、舜不能以王，三代不能以强。人主又以过予，人臣又以徒取。舍法律而言先王以明古之功者，[3]上任之以国。臣故曰：是愿古之功，以古之赏赏今之人也，主以是过予，[4]而臣以此徒取矣。主过予则臣偷幸，[5]臣徒取则功不尊。无功者受赏，则财匮而民望；[6]财匮而民望，则民不尽力矣。故用赏过者失民，用刑过者民不畏。有赏不足以劝，有刑不足以禁，则国虽大必危。故曰：小知不可使谋事，小忠不可使主法。荆恭王与晋厉公战于鄢陵，荆师败，恭王伤，酣战。而司马子反渴而求饮，其友竖榖阳[7]奉卮酒而进之，子反曰："去之，此酒也。"竖榖阳曰："非也。"子反受而饮之。子反为人嗜酒，甘之，不能绝之于口，醉而卧。恭王欲复战而谋事，使人召子反，子反辞以心疾。恭王驾而往视之，入幄中闻酒臭而还，曰："今日之战，寡人目亲伤，所恃者司马，司马又如此，是亡荆国之社稷而不恤吾众也，寡人无与复战矣！"[8]罢师而去之，斩子反以为大戮。故曰：竖榖阳之进酒也，非以端恶[9]子反也，实心以忠爱之，而适足以杀之而已矣。此行小忠而贼大忠者也。故曰：小忠，大忠之贼也。若使小忠主法，则必将赦罪，赦罪以相爱，[10]是与下安矣，然而妨害于治民者也。

[1] 顾广圻曰："则国虽小"逗，"富"句绝。下文"民虽寡"逗，"强"句绝。"国虽大"逗，"兵"句绝。其句例同。先慎曰："国虽大，兵"句读，误。

[2] 顾广圻曰："弱者"二字逗，"地非其地民非其民也"九字为一句，与上文"民虽寡，强"相对。自"则国虽小"至此，今皆失其读也。俞樾曰：此言赏罚无纪，则国虽大而兵必弱，所以然者，由地非其地，民非其民也。文义本甚分明，顾氏读"国虽大"逗，"兵"句，谓与上文"国虽小，富"，"民虽寡，强"一律，则"兵"之一字，殊不成义，而"弱者"二字属下读，于义亦未安矣。先慎曰：俞说是也。

[3] 先慎曰：乾道本"明"上无"以"字，"古"作"君"。卢文弨云"凌本有'以'字，'君'作'古'"，今据改。

[4] 先慎曰：乾道本"主以"作"以主"。顾广圻云：《藏》本、今本"以主"作"主以"。先慎案："主以是过予"、"臣以此徒取"相对成文，乾道本误倒耳，今据改。

[5] 先慎曰：乾道本"臣"作"人"。卢文弨云"'人'，张本作'臣'"，今据改。

[6] 先慎曰：望，怨也。

[7] 顾广圻曰：《十过》篇无"其友"二字。先慎曰：他书无以竖穀阳为子反友者，《吕览·权勋》篇、《淮南·人间训》高诱《注》："竖，小使也。"《左传》成十六年杜《注》："穀阳，反内竖。"《正义》云："郑元云：'竖，未冠之名。'故杜以为'内竖'也。""友"字当为衍文。

[8] 顾广圻曰：《十过》篇无"与"字。先慎曰："与"字当有，说见《十过》篇。

[9] 旧注：端，故也。

[10] 先慎曰：乾道本不重"赦罪"二字。顾广圻云"《藏》本、今本重'赦罪'"，今据补。

当魏之方明立辟，[1]从宪令行之时，[2]有功者必赏，有罪者必诛，强匡天下，威行四邻；及法慢，妄予，[3]而国日削矣。当赵之方明国律，从大军之时，人众兵强，辟地齐、燕；及国律慢，用者弱，[4]而国日削矣。当燕之方明奉法，审官断之时，东县齐国，南尽中山之地；及奉法已亡，官断不用，左右交争，论从其下，则兵弱而地削，国制于邻敌矣。故曰：明法者强，慢法者弱。强弱如是其明矣，而世主弗为，国亡宜矣。语曰："家有常业，虽饥不饿；国有常法，虽危不亡。"夫舍常法而从私意，则臣下饰于智能；[5]臣下饰于智能，则法禁不立矣。是妄意之道行，治国之道废也。治国之道，去害法者，则不惑于智能，不矫于名誉矣。

[1] 顾广圻曰：逗。

[2] 顾广圻曰：当衍"行"字。按下文"当赵之方明国律"逗，"从大军之时"句；"当燕之方明奉法"逗，"审官断之时"句。其句例同。又下文云"故曰明法者强"，承此三句之三"明"字也。

[3] 顾广圻曰："及法慢"三字为一句，"妄予"二字为一句。

[4] 顾广圻曰：三字为一句。

[5] 先慎曰：乾道本无"下"字。卢文弨云：张、凌本皆有"下"字。顾广圻云：《藏》本"臣"下有"下"字，是也。先慎案：《意林》"臣"下有"下"字，今据补。

昔者舜使吏决鸿水，先令有功而舜杀之；禹朝诸侯之君会稽之上,[1]防风之君后至而禹斩之。以此观之,先令者杀,后令者斩,则古者先贵如令矣。[2]故镜执清而无事,美恶从而比焉;衡执正而无事,轻重从而载焉。夫摇镜则不得为明,摇衡则不得为正,法之谓也。故先王以道为常,以法为本,本治者名尊,本乱者名绝。凡智能明通,有以则行,无以则止。故智能单,道不可传于人,[3]而道法万全,智能多失。夫悬衡而知平,设规而知圆,万全之道也。明主使民饰于道之故,[4]故佚而有功。[5]释规而任巧,释法而任智,惑乱之道也。乱主使民饰于智,[6]不知道之故,故劳而无功。

[1] 卢文弨曰:"之君"二字,凌本无。

[2] 顾广圻曰:《藏》本同。今本"先"作"必"。按此字有误,未详。王先谦曰:首以遵令为贵,故曰"先贵如令",说亦可通。

[3] 王先谦曰:"单",尽也。言虽智能竭尽,虚而无征,不能为后人法守,故云"道不可传于人"。

[4] 王渭曰:"于"下当有"法知"二字。顾广圻曰:按"法"句绝,"知"下属。

[5] 先慎曰:乾道本无"故"字,"有"作"则"。顾广圻云:今本"佚"上更有"故"字,"则"作"有"。《藏》本有"故"字,是也。先慎案:下"故劳而无功"与此句相承,今本是,今据改。

[6] 先慎曰:乾道本"于"作"将"。顾广圻云"今本'将'作'于'",今据改。

释法禁而听请谒,群臣卖官于上,取赏于下,[1]是以利在私家而威在群臣。故民无尽力事主之心,而务为交于上。民好上交,则货财上流,[2]而巧说者用,[3]若是则有功者愈少。奸臣愈进而材臣退,则主惑而不知所行,民聚而不知所道。[4]此废法禁、后功劳、举名誉、听请谒之失也。凡败法之人,必设诈托物以来亲,[5]又好言天下之所希有,此暴君乱主之所以惑也,人臣贤佐之所以侵也。故人臣称伊尹、管仲之功,[6]则背法饰智有资;称比干、子胥之忠而见杀,则疾强谏有辞。[7]夫上称贤明,下称暴乱,不可以取类,[8]若是者禁。[9]君之立法,[10]以为是也。[11]今人臣多立其私智,[12]以法为非者是邪。[13]以智[14]过法立智,[15]如是者禁。[16]主之道也。[17]禁主之道,[18]必明于公私之分,明法制,去私恩。夫令必行,禁必止,人主之公义也。必行其私,信于朋友,不可为赏劝,不可为罚沮,人臣之私义也。私义行则乱,公义行则治,故公私有分。人臣有私心,有公义:修身洁白而行公行正,居官无私,[19]人臣之公义也;污行从欲,安身利家,人臣之私心也。明主在上,则人臣去私心行公义。乱主在上,则人臣去公义行私心。故君臣异心,君以计畜臣,臣以计事君。君臣之交,计也。害身而利国,臣弗为也;害国而利臣,君不为也。[20]臣之情,害身无利;君之情,害国无亲。君臣也者,以计合者也。至夫临难必死,尽智竭力,为法为之。[21]故先王明赏以劝之,严刑以威之。赏刑明则民尽死,民尽死则兵强主尊。刑赏不察,则民无功而求得,有罪而幸免,则兵弱主卑。故先王贤佐尽力竭智。故曰:公私不可不明,法禁不可不审,先王知之矣。

[1] 先慎曰:"赏",读为"偿"。

[2] 先慎曰:"流",行也。

［3］先慎曰：谓请谒也。

［4］旧注：道，从也。

［5］顾广圻曰：《藏》本同。今本“来”作“求”。

［6］先慎曰：此下疑脱“而见用”三字，与下“而见杀”对文。

［7］顾广圻曰：“疾”下当有脱字。

［8］王先谦曰：能用伊尹、管仲，是贤明之主，杀子胥、比干，是暴乱之主。凡此称说古人，皆以劫制其君，使下易于干进，上难于行罚。然伊尹、管仲不世出，进谏者非必比干、子胥，故曰“不可以取类”。

［9］先慎曰：乾道本无“者”字。顾广圻云“《藏》本、今本‘是’下有‘者’字，按有‘者’字是也，四字为句，属上”，今据补。

［10］顾广圻曰：句绝。

［11］顾广圻曰：四字为一句。

［12］顾广圻曰：逗，此与上“君之立法”句相对。

［13］卢文弨曰：“者”字衍。顾广圻曰：“以法为非者”五字句，与上“以为是也”句对。先慎曰：顾读误。当于下“是耶”句。此立私智之臣，动与法违，故以法为非是也。上言“是”，此言“非是”，语意相承。“者”字不当有。

［14］旧注：以此思之，则知凡臣下之情皆欲过公法立私智也。○先慎曰：乾道本注“臣下”二字作“官”，“公”作“功”。卢文弨云：皆从凌本改。

［15］俞樾曰：上“邪”字衍文。“是以智过法立智”七字为句。言自以其智过公法，立私智也。旧注不说“邪”字，疑其所据本作“是以智过法立智”。今衍“邪”字，于义难通。顾氏于前后文句读一一订正，而此句未了，由不知“邪”字之衍耳。凌本作“以邪为智”，与旧注不合，非是。先慎曰：俞说非。“邪”，语辞，属上为句。“以智过法立智”，当作“以知过法立智”，古文“知”、“智”同用“知”字，后人于“知”之读为“智”者，并加“日”字于下。此涉上下文而误，旧注云“以此思之，则知凡臣下之情皆欲过公法立私智”，是其所见本尚作“知”字，不误。

[16] 顾广圻曰：句绝。

[17] 顾广圻曰：四字为句。

[18] 卢文弨曰："禁"，凌本作"明"。顾广圻曰："禁"字衍。"主之道"三字逗，属下。自"若是者禁"至此，今皆失其读。

[19] 先慎曰："正"字衍文。

[20] 先慎曰：乾道本"害"作"富"，"为"作"行"。案《意林》"富"作"害"，"行"作"为"，今据改。

[21] 顾广圻曰：《藏》本、今本"之"下有"也"字。王先谦曰：上"为"字，于伪反。

韩非子卷第六

解老第二十[1]

德者，内也；得者，外也。上德不德，言其神不淫于外也。神不淫于外则身全，身全之谓得。得者，得身也。[2]凡德者，以无为集，以无欲成，以不思安，以不用固。为之欲之，则德无舍；[3]德无舍则不全。用之思之则不固，不固则无功，无功则生有德。[4]德则无德，[5]不德则有德。[6]故曰："上德不德，是以有德。"

[1] 卢文弨曰：此及下篇当依《老子》各章分段。

[2] 先慎曰："谓得得者"，两"得"字各本作"德"。案"身全之谓得，得者，得身也"，正承上"得者"言之，《御览》七百二十引正作"得"，明作"德"误，今据正。

[3] 王先谦曰："舍"，止也。"无舍"，言不能安其止。

[4] 先慎曰："生有德"，承上"不全"、"无功"两者言，疑"无功"上脱"不全"二字。乾道本"有"作"于"。卢文弨云：《藏》本、张、凌本"有"作"于"，凌本无"则"字。顾广圻云：今本"于"作"有"，误。先慎案：作"生有德"者是也。本无而致有之之谓生，《老子》云："下德为之而有以为也。""有以为"即所谓"生有德"也。改从今本。

[5] 王先谦曰："德"，非病也。"德则无德"文不成义。"德"上当有"生有"二字。

[6] 先慎曰：乾道本作"不得则在有德"。卢文弨云："在"字疑衍。

顾广圻云:《藏》本、今本“得”作“德”。先慎案:作“德”是,今据改。“在”字衍,张榜本无,今据删。

所以贵无为无思为虚者,[1]谓其意无所制也。夫无术者,故以无为无思为虚也。[2]夫故以无为无思为虚者,其意常不忘虚,是制于为虚也。虚者,谓其意所无制也。[3]今制于为虚,是不虚也。虚者之无为也,不以无为为有常,不以无为为有常则虚,虚则德盛,德盛之谓上德。故曰:“上德无为而无不为也。”[4]

[1] 先慎曰:旧连上,今提行。

[2] 先慎曰:《说文》:“故,使为之也。”灵台清静,自然而虚。若无道术之人,有意为虚,所谓“故”也。

[3] 卢文弨曰:“所”、“无”疑倒。

[4] 先慎曰:《德经》河上公、王弼本“不”作“以”,叶梦得“不”作“非”,傅奕本无“无”字,各本无末“也”字。按此篇及《喻老》每条末“也”字、“矣”字,多非《老子》文。

仁者,谓其中心欣然爱人也。其喜人之有福而恶人之有祸也,生心之所不能已也,非求其报也。故曰:“上仁为之而无以为也。”[1]

[1] 先慎曰:今《德经》无“也”字。

义者,君臣上下之事,[1]父子贵贱之差也,知交朋友之接也,亲疏内外之分也。臣事君宜,下怀上宜,[2]子事父宜,贱敬贵宜，[3]知交友朋之相助也宜，[4]亲者内而疏者外宜。[5]义者，谓其宜也，宜而为之。故曰：“上义为之而有以为也。”

[1] 卢文弨曰：凌本“事”作“礼”。先慎曰：《御览》四百二十一引亦作“礼”。

[2] 先慎曰：乾道本脱下“宜”字。顾广圻云：此下当有“宜”字。先慎按：《拾补》有“宜”字，今依增。

[3] 先慎曰：乾道本“贱”作“众”。顾广圻云：《藏》本、今本“众”作“贱”，今本无“宜”字，误，《藏》本有。先慎按：“众”字亦误，此承上“父子”、“贵贱”言，明字当作“贱”，依《藏》本、今本改。

[4] 先慎曰：九字为句。谓知交朋友宜相助也。今本“宜”字属下为句，非。“友朋”，依上当作“朋友”。

[5] 顾广圻曰：今本无“宜”字，《藏》本有。

礼者，所以貌情也，[1]群义之文章也，君臣父子之交也，贵贱贤不肖之所以别也。中心怀而不谕，故疾趋卑拜以明之；[2]实心爱而不知，故好言繁辞以信之。礼者，外飾之所以谕内也。[3]故曰：“礼以貌情也。”[4]凡人之为外物动也，不知其为身之礼也。众人之为礼也，以尊他人也，故时劝时衰。君子之为礼，以为其身；[5]以为其身，故神之为上礼；上礼神而众人贰，故不能相应；不能相应，故曰：“上礼为之而莫之应。”众人虽贰，圣人之复恭敬尽手足之礼也不衰，[6]故曰：“攘臂而仍之。”[7]道有积而德有功，[8]德者道之功。功有实而实有光，仁者德之光。光有泽而泽有事，义者仁之事也。事有礼而礼有文，礼者义之文也。故曰：“失道而后失德，失德而后失仁，失仁而后失义，失义而后失礼。”[9]

［1］先慎曰：乾道本“貌情”作“情貌”，下同。卢文弨云：“情貌”倒，从张本作“貌情”。先慎案：卢说是。作“情貌”者，涉下条“礼为情貌也”而误。“貌”与“饰”同义。《荀子·大略》篇“文貌情用，相为表里”，“文貌”即“文饰”也。《礼记·月令疏》引定本“饰，谓容饰也”，“容饰”即“容貌”也。下文“礼者，外饰之所以谕内也”，“内”指“情”言，“饰”即“貌”也。《御览》五百四十二引作“礼者所以饰貌情也”，“貌”上更有“饰”字，盖校者旁注“饰”字以释“貌”义，刊书者失删，亦见“饰”、“貌”二字古通，而作“情貌”者误，今据乙。

［2］先慎曰：乾道本“故”作“其”，“以”作“而”，误。下文“故好言繁辞以信之”，与此正相对。顾广圻云：今本“其”作“故”。先慎案：《御览》引“其”作“故”，“而”作“以”，今据改。

［3］先慎曰：乾道本“飾”误作“節”。卢文弨云“凌本‘節’作‘飾’”，今据改。

［4］顾广圻曰：当衍“曰”字。案此及《喻老》凡“故曰”之下，例必引《老子》文，其不然者，即有误也，今皆正之。

［5］先慎曰：乾道本下“之”字作“以”。顾广圻云：今本上“以”字作“之”。先慎案：作“之”者是也，“以”字涉下文而误。上文“众〔人〕之为礼”与此“君子之为礼”相对，明此不当作“以”，改从今本。

［6］顾广圻曰：《藏》本同。今本无上“之”字，误。案此以十四字为一句。

［7］顾广圻曰：《经典释文》“仍”作“扔”，傅本及今《德经》皆作“仍”。先慎曰：“仍”，王弼作“扔”。《说文》：“仍，因也；扔，亦因也。”“仍”、“扔”字异义同。

［8］顾广圻曰：“德”当作“积”。

［9］卢文弨曰：凡“而后”下俱不当有“失”字。顾广圻曰：傅本及《德经》无下“失”字。

礼为情貌者也，[1]文为质饰者也。夫君子取情而去貌，好质而恶饰。夫恃貌而论情者，其情恶也；须饰而论质者，其质衰也。何以论之？和氏之璧不饰以五采，隋侯之珠不饰以银黄，[2]其质至美，物不足以饰之。夫物之待饰而后行者，其质不美也。是以父子之间，其礼朴而不明。[3]故曰："礼，薄也。"[4]凡物不并盛，阴阳是也；理相夺予，威德是也；实厚者貌薄，父子之礼是也。由是观之，礼繁者实心衰也。[5]然则为礼者，事通人之朴心者也。[6]众人之为礼也，人应则轻欢，[7]不应则责怨。今为礼者事通人之朴心，而资之以相责之分，能毋争乎？有争则乱，[8]故曰："夫礼者，忠信之薄也，[9]而乱之首乎！"[10]

[1] 先慎曰：乾道本连上。卢文弨云：当提行。此"为情貌"与前文自别。先慎案：卢说是，今从《拾补》，提行。

[2] 先慎曰：《御览》八百三、八百六引"隋"并作"随"，八百六引"银黄"作"黄金"。

[3] 先慎曰：乾道本无"朴"字。顾广圻云：今本"礼"下有"朴"字，按句有误，未详。先慎案："朴而不明"，即下文"实厚者貌薄"之意，无"朴"字则文不成义，改从今本。

[4] 顾广圻曰：句有误。先慎曰：顾氏谓"曰"下必引《老子》文，故疑误。不知此即本《老子》"夫礼者，忠信之薄也"，所以亦用"故曰"以明之，非必尽引《老子》成文而不节也。下文"是谓深其根，固其柢"，本书无"是谓"二字，"善建者不拔"，本书仅云"故曰拔"之类是也。又有增多其字以足义者。"是谓道纪"，本书作"道理之者也"；《喻老》篇"子孙以其祭祀世世不辍"，而《老子》原文作"子孙祭祀不辍"是也。此既云"礼薄也"，下又申明"故曰夫礼者忠信之薄也"；正与下文"故曰道之华也"，又申之以"故曰前识者道之华也"；"故曰迷"，又申之以"故曰人之迷其日故以久

矣”；“故曰重积德”，又申之以“故曰蚤服是谓重积德”；“故曰无不克”，又申之以“故曰无不克则莫知其极”之类同例。

[5] 王先谦曰：“礼繁者实衰”与“实衰者貌薄”对文，“心”字不当有，此缘下文“朴心”而衍。

[6] 王先谦曰：“通人”，谓众人。缘众人之实心而形之于事则为礼之貌，故曰“为礼者事通人之朴心者也”。

[7] 顾广圻曰：“欢”当作“劝”。上文云“时劝时衰”。

[8] 先慎曰：依下文“是以曰愚之首也”文例，此当脱“是以曰乱之首也”一句。

[9] 顾广圻曰：傅本及今《德经》皆无“也”字，下“道之华也”同。

[10] 顾广圻曰：今《德经》无“乎”字，傅本作“也”。

先物行先理动之谓前识，[1] 前识者，无缘而忘意度也。[2] 何以论之？詹何坐，弟子侍，有牛鸣于门外。[3] 弟子曰：“是黑牛也而白在其题。”[4] 詹何曰：“然，是黑牛也，而白在其角。”[5] 使人视之，果黑牛而以布裹其角。以詹子之术，婴众人之心，华焉殆矣，[6] 故曰：“道之华也。”尝试释詹子之察，而使五尺之愚童子视之，亦知其黑牛而以布裹其角也。故以詹子之察，苦心伤神而后与五尺之愚童子同功，是以曰：“愚之首也。”[7] 故曰：“前识者，道之华也，[8] 而愚之首也。”[9]

[1] 王先谦曰：与物来顺应异。

[2] 先慎曰：“忘”与“妄”通，《左传》哀二十七年《注》“言公之多忘”，《释文》：“忘，本又作‘妄’。”《庄子·盗跖》篇“故推正不忘耶”，《释文》：“忘，或作‘妄’。”此“忘”、“妄”古通之证。“无缘而忘意度”，谓无所因而

妄以意忖度之也。《用人》篇"去规矩而妄意度",是其证。

[3] 先慎曰:乾道本无"有"字。顾广圻云:《藏》本、今本有"有"字。先慎案:《御览》八百九十九、《事类赋》二十二引并有,今据补。

[4] 先慎曰:乾道本无"在其"二字。案下文"而白在其角"文法一律,明乾道本脱"在其"二字,今据《御览》、《事类赋》引补。"题",《御览》、《事类赋》作"蹄"。

[5] 先慎曰:《御览》引无"是"字;"角"作"(颈)〔头〕",误,下仍作"角"可证。

[6] 先慎曰:竭其聪明,役其智力,使众人之心为之营惑,如华之末,庶几近之。

[7] 顾广圻曰:句有误,当衍"以曰"二字。先慎曰:"是以"二字不误,与"故"字同用。上文"故曰道之华也",此言"是以曰愚之首也",语正相同,皆本《老子》文。变"故"言"是以"者,避下"故曰"以成文也。

[8] 先慎曰:"也"字,《德经》诸本皆无。

[9] 顾广圻曰:今《德经》无"也"字,傅本有,与此合。"首"皆作"始"。

所谓大丈夫者,谓其智之大也。所谓处其厚不处其薄者,[1]行情实而去礼貌也。所谓处其实不处其华者,必缘理不径绝也。[2]所谓去彼取此者,去貌径绝[3]而取缘理好情实也。[4]故曰:"去彼取此。"[5]

[1] 顾广圻曰:今《德经》下"处"字作"居",非。傅本与此合,下"不处其华"同。

[2] 先慎曰:"径绝",即妄意度也。"径绝"与"经绝"同义,解见下文。

[3] 顾广圻曰:"去"下当有"礼"字。

[4] 顾广圻曰：当衍“好”字。

[5] 先慎曰：以上见三十八章。

人有祸则心畏恐，心畏恐则行端直，行端直则思虑熟，思虑熟则得事理。行端直则无祸害，无祸害则尽天年，得事理则必成功。尽天年则全而寿；必成功则富与贵；全寿富贵之谓福。[1]而福本于有祸，故曰：“祸兮福之所倚。”[2]以成其功也。

[1] 先慎曰：乾道本“富”下无“贵”字。卢文弨云：脱，张本有。顾广圻云：《藏》本有“贵”者是也。先慎案：依上文应有，今据补。

[2] 先慎曰：《老子》明皇、陆希声本无“之”字。“倚”，因也。

人有福则富贵至，富贵至则衣食美，[1]衣食美则骄心生，骄心生则行邪僻而动弃理。[2]行邪僻则身死夭，动弃理则无成功。夫内有死夭之难，而外无成功之名者，大祸也。而祸本生于有福，[3]故曰：“福兮祸之所伏。”[4]

[1] 先慎曰：乾道本“至”下无“则”字。顾广圻云：《藏》本有“则”字，是也。先慎案：《御览》四百七十二引亦有“则”字，今据补。

[2] 先慎曰：乾道本无“行”字。顾广圻云：今本“则”下有“行”字，依下文当补。先慎案：《御览》引有“行”字，今据补。“理”下《御览》有“也”字。

[3] 王先谦曰：上“福本于有祸”，与此对文，不当更有“生”字，此缘上“生”字而误衍。

[4] 先慎曰：明皇、陆希声本无“之”字。“伏”，匿也。

夫缘道理以从事者，无不能成。无不能成者，大能成天子之势尊，而小易得卿相将军之赏禄。夫弃道理而妄举动者，虽上有天子诸侯之势尊，而下有倚顿、陶朱、卜祝之富，[1]犹失其民人而亡其财资也。众人之轻弃道理而易妄举动者，不知其祸福之深大而道阔远若是也，故谕人曰："孰知其极。"[2]人莫不欲富贵全寿，而未有能免于贫贱死夭之祸也。心欲富贵全寿，而今贫贱死夭，是不能至于其所欲至也。凡失其所欲之路而妄行者之谓迷，迷则不能至于其所欲至矣。今众人之不能至于其所欲至，故曰"迷"。[3]众人之所不能至于其所欲至也，自天地之剖判以至于今，[4]故曰："人之迷也，其日故以久矣。"[5]

[1] 先慎曰：乾道本"下"上有"天"字。顾广圻云：《藏》本、今本无"天"字。"卜祝"，未详。先慎案："天"字衍，今依顾校删。"卜祝"，疑为"十倍"之讹。

[2] 先慎曰：此变文而言，与"是以曰愚之首也"同例。

[3] 先慎曰：与失路等。下"故曰拔"与此句例同。

[4] 卢文弨曰："于"字，张本无。

[5] 卢文弨曰："日"字，凌本无。顾广圻曰：今《德经》"人"作"民"，无"也"字、"矣"字。傅本与此合。"故"皆作"固"，皆无"以"字。先慎曰：王弼作"人"，与此同。陆希声、赵孟頫本作"民迷其日固以久矣"。

所谓方者，内外相应也，[1]言行相称也。[2]所谓廉者，必生死之命也，[3]轻恬资财也。[4]所谓直者，义必公正，心不偏党也。[5]所谓光者，官爵尊贵，衣裘壮丽也。今有道之士，虽中外信顺，不以诽谤穷堕；[6]虽死节轻财，不以侮罢羞贪；虽义端不党，[7]不以去邪罪私；虽势尊衣美，不以夸贱欺贫。其故何也？使失路者而肯听习问知，即不成迷也。[8]今众人之所以欲成功而反为败者，生于不知道理而不肯问知而听能。众人不肯问知听能，而圣人强以其祸败適之，则怨。[9]众人多而圣人寡，寡之不胜众，数也。[10]今举动而与天下为雠，[11]非全身长生之道也，是以行轨节而举之也。[12]故曰：“方而不割，廉而不刿，[13]直而不肆，光而不耀。”[14]

[1] 卢文弨曰：“内外”二字，凌本倒。

[2] 先慎曰：“称”，副也，昌证反。

[3] 先慎曰：谓能死节。

[4] 先慎曰：“恬”，淡也。

[5] 先慎曰：乾道本“心”上有“公”字。顾广圻云：今本“公”作“立”，当衍此字。卢文弨云：下“立”字，凌本无此字。先慎案：顾说是，今依凌本删。

[6] 卢文弨曰：“诽”，张本作“非”。先慎曰：《论语》“子贡方人”，《释文》：“郑本作‘谤’，谓言人之过恶。”“堕”当作“隋”。《礼记·曲礼》“上言不隋”，注：“隋，不正之言。”顺从自不言人之过恶，忠信则无不正之言，然己虽信顺自持，不以信顺责人，则世之谤隋者，吾不诽之穷之，所谓“方而不割”。

[7] 顾广圻曰：《藏》本同。今本“义”作“异”，误。“端”，正也。

[8] 王渭曰：“习”当作“能”，见下文。顾广圻曰：案下文二“能”字，或本皆作“习”，而后人改之耳。“知”，如字。

[9] 王渭曰：“適”，读为“讁”。

[10] 先慎曰：“数”，音索角反。

[11] 先慎曰：乾道本“下”下有“之”字。顾广圻云“今本无‘之’字”，今据删。

[12] 顾广圻曰：句有误。先慎曰："行"，谓己之所行。"轨节"，即方、廉、直、光。"举之"，谓以此正众人也。《吕览》"自知所以举过也"，注"举，犹正也"，是其证。

[13] 先慎曰：乾道本"刿"作"秽"。顾广圻云：《藏》本"秽"作"刿"，今《德经》作"害"，傅本作"刿"，《经典释文》云"刿，河上作'害'"，《淮南子·道应训》引亦作"刿"。今案《藏》本乃以他本《老子》改耳，《韩子》自作"秽"，上文云："不以侮罢羞贪"即"不秽"之义。先慎案：王弼《注》"刿，伤也，不以清廉刿伤于物也"，即"死节轻财，不以侮罢羞贪"之义。"刿"、"秽"声近而误，非《韩子》本作"秽"也，今据《藏》本改。

[14] 先慎曰：《说文》无"耀"字，河上公作"曜"，傅本作"燿"，李约本作"方而不割，直而不肆，光而不燿，廉而不刿"，与各本全异，误倒。以上见五十八章。

聪明睿智，天也；动静思虑，人也。人也者，乘于天明以视，寄于天聪以听，托于天智以思虑。故视强则目不明，听甚则耳不聪，思虑过度则智识乱。目不明则不能决黑白之分，[1]耳不聪则不能别清浊之声，智识乱则不能审得失之地。目不能决黑白之色则谓之盲，耳不能别清浊之声则谓之聋，心不能审得失之地则谓之狂。盲则不能避昼日之险，[2]聋则不能知雷霆之害，狂则不能免人间法令之祸。书之所谓治人者，[3]适动静之节，省思虑之费也。所谓事天者，不极聪明之力，不尽智识之任。苟极尽则费神多，费神多则盲聋悖狂之祸至，是以啬之。啬之者，爱其精神，啬其智识也。故曰："治人事天莫如啬。"[4]

[1] 先慎曰："分"，当依下文作"色"。

[2] 王先谦曰：言非独夜迷。

[3] 先慎曰："书"，谓《德经》。

[4] 顾广圻曰：傅本及今《德经》"如"皆作"若"，《经典释文》作"如"，同此。先慎曰：赵孟頫本亦作"如"。

众人之用神也躁，躁则多费，多费之谓侈。圣人之用神也静，静则少费，少费之谓啬。啬之谓术也，生于道理。[1]夫能啬也，是从于道而服于理者也。众人离于患，[2]陷于祸，犹未知退，而不服从道理。圣人虽未见祸患之形，[3]虚无服从于道理，以称蚤服。故曰："夫谓啬，是以蚤服。"[4]

[1] 卢文弨曰："谓"，张本作"为"。先慎曰："为"、"谓"古通，俗人妄改。

[2] 先慎曰："离"，罹也。

[3] 卢文弨曰："祸患"二字，张、凌本倒。

[4] 卢文弨曰：张本"谓"作"惟"，"以"作"谓"。凌本"服"作"復"，上下句皆同。王弼本作"復"。《释文》："復，音服。"顾广圻曰：傅本及今《德经》"谓"皆作"惟"，今《德经》"以"作"谓"，傅本与此合。先慎曰：凌本作"復"者，用《老子》误本改也。上文"从于道而服于理"，又云"不服从道理"，又云"虚无服从道理"，即解《老子》"蚤服"之义。服从之"服"字，当作"服"，更无疑义，知韩子所见《德经》本作"服"，不作"復"也。《困学纪闻》卷十引《老子》"服"作"復"，并引司马公、朱文公说云"不远而復"，谓王弼本作"早服"，而注云"早服常也"，亦当作"復"。据此，则王弼本仍作"(復)〔服〕"，与本书合。宋儒据《释文》为训，未检《韩子》也。凌氏依误本《老子》改本书，非是。

知治人者，其思虑静；知事天者，其孔窍虚。思虑静，故德不去;[1]孔窍虚,则和气日入。故曰:“重积德。”夫能令,故德不去,新和气日至者,蚤服者也。故曰:“蚤服是谓重积德。”[2]积德而后神静,神静而后和多,和多而后计得,计得而后能御万物,能御万物则战易胜敌,战易胜敌而论必盖世,论必盖世,故曰“无不克”。[3]无不克本于重积德,故曰:“重积德则无不克。”战易胜敌则兼有天下,论必盖世则民人从。进兼天下而退从民人,其术远则众人莫见其端末。莫见其端末,[4]是以莫知其极。故曰:“无不克则莫知其极。”

[1] 先慎曰:“故”上当有“则”字。“故”,旧也。

[2] 顾广圻曰:今《德经》及傅本“是谓”皆作“谓之”。先慎曰:河上公作“是谓”,与此合。

[3] 先慎曰:河上公作“剋”,下同。

[4] 先慎曰:下“末”字,乾道本无。顾广圻云“《藏》本、今本‘端’下有‘末’字”,今据增。

凡有国而后亡之,有身而后殃之,不可谓能有其国,能保其身。夫能有其国必能安其社稷,能保其身必能终其天年,而后可谓能有其国,能保其身矣。夫能有其国保其身者,必且体道。体道则其智深,其智深则其会远,其会远,众人莫能见其所极。唯夫能令人不见其事极,[1]不见其事极者为能保其身,有其国。[2]故曰:“莫知其极,莫知其极则可以有国。”[3]

[1] 卢文弨曰:“夫”,张本作“天”。顾广圻曰:“能”上当有“体道”二

字。先慎曰：顾说是。

[2] 先慎曰：乾道本“见”下脱“其”字，“为”下脱“能”字。卢文弨云“张本有”，今据增。

[3] 卢文弨曰：复“莫知其极”四字，疑衍。顾广圻曰：今《德经》及傅本皆无“则”字。

所谓有国之母，母者，道也。道也者，生于所以有国之术，所以有国之术，故谓之“有国之母”。夫道以与世周旋者，其建生也长，持禄也久，故曰：“有国之母，可以长久。”树木有曼根，有直根。根者，书之所谓柢也。[1]柢也者，木之所以建生也；曼根者，木之所以持生也。[2]德也者，人之所以建生也；禄也者，人之所以持生也。今建于理者，其持禄也久，故曰：“深其根。”体其道者，其生日长，故曰：“固其柢。”柢固则生长，根深则视久，故曰：“深其根，固其柢，长生久视之道也。”[3]

[1] 顾广圻曰：今《德经》“柢”作“蒂”，傅本作“柢”，与此合。《经典释文》云：“柢，亦作蒂。”今案“蒂”字非此之用。俞樾曰：“根”上当有“直”字。上云“有曼根，有直根”。此云“直根”者，下云“曼根”者，盖承上而分释之。《韩子》之意以《老子》所谓“深根固柢”者，“根”即“曼根”，“柢”是“直根”也。今夺“直”字，失其旨矣。

[2] 先慎曰：乾道本“持”上脱“以”字。顾广圻云：今本“所”下有“以”字，依下文当补。先慎案：上文亦有“以”字，明乾道本脱，改从今本。

[3] 顾广圻曰：傅本及今《德经》皆无两“其”字、“也”字，“深”上有“是谓”二字。先慎曰：“是谓”二字，本《韩子》节去，彼以“是谓”承上文，此以“故曰”二字代之，顾说非。以上见五十九章。

工人数变业则失其功，作者数摇徙则亡其功。一人之作日亡半日，十日则亡五人之功矣。[1]万人之作日亡半日，十日则亡五万人之功矣。[2]然则数变业者，其人弥众，其亏弥大矣。凡法令更则利害易，[3]利害易则民务变，民务变谓之变业。[4]故以理观之，事大众而数摇之则少成功，藏大器而数徙之则多败伤，烹小鲜而数挠之则贼其宰，[5]治大国而数变法则民苦之。是以有道之君贵虚静而重变法。[6]故曰："治大国者若烹小鲜。"[7]

[1] 先慎曰：《治要》无"矣"字。

[2] 先慎曰：《治要》无"矣"字。

[3] 先慎曰：乾道本提行。顾广圻云：《藏》本连上，自"工人数变业"至"若烹小鲜"止，通为一条，是也。先慎案：《治要》亦连上为一条，今据改。"易"，音夷益切。

[4] 先慎曰：各本无下"民"字，"谓之"作"之谓"，据《治要》改。

[5] 先慎曰：各本"宰"作"澤"。案"澤"字误，当作"宰"。割烹，宰夫之职，当烹时而频数挠乱，则宰夫不能尽其烹饪之功，是谓贼害其宰。"宰"与"睪"隶形相似，因讹为"睪"，浅人不审，妄加水旁作"澤"耳。《治要》引作"宰"，明唐本《韩子》不误，今据改。

[6] 先慎曰：各本无"虚"字，"而"作"不"。案"不"字误。"重"，犹难也。"贵虚静而难变法"，文曲而有致，作"不"则率然矣。《治要》、《艺文类聚》五十四、《御览》六百三十八引"静"上并有"虚"字，据补。《治要》、《艺文类聚》"不"作"而"，据改。

[7] 顾广圻曰：傅本及今《德经》皆无"者"字。先慎曰：《治要》有"者"字。

人处疾则贵医，[1]有祸则畏鬼。圣人在上则民少欲，民少欲则血气治而举动理，举动理则少祸害。[2]夫内无痤疽瘅痔之害，[3]而外无刑罚法诛之祸者，其轻恬鬼也甚。[4]故曰："以道莅天下，[5]其鬼不神。"治世之民不与鬼神相害也，故曰："非其鬼不神也，其神不伤人也。"[6]鬼祟也疾人[7]之谓鬼伤人，人逐除之之谓人伤鬼也。民犯法令之谓民伤上，上刑戮民之谓上伤民。民不犯法则上亦不行刑，上下不行刑之谓上不伤人，故曰："圣人亦不伤民。"[8]上不与民相害，而人不与鬼相伤，故曰："两不相伤。"民不敢犯法，则上内不用刑罚而外不事利其产业；上内不用刑罚而外不事利其产业则民蕃息，民蕃息而蓄积盛，民蕃息而蓄积盛之谓有德。凡所谓祟者，魂魄去而精神乱，精神乱则无德。鬼不祟人则魂魄不去，魂魄不去则精神不乱，[9]精神不乱之谓有德。上盛蓄积而鬼不乱其精神，则德尽在于民矣。故曰："两不相伤则德交归焉。"[10]言其德上下交盛而俱归于民也。[11]

[1] 先慎曰：旧连上，今提行。

[2] 先慎曰：乾道本不重"举动理"三字。顾广圻云：《藏》本、今本重"举动理"，按当重"血气治而举动理"七字。先慎案：顾说是，今据《藏》本、今本增三字。

[3] 顾广圻曰："痔"当作"疛"，《说文》："疛，小腹病也。"小徐本云："读若纣。"《诗·小弁·释文》云："挬，韩《诗》作'疛'。"《集韵》四十九宥"疛痔"云："或从寿。"先慎曰："痔"字不误，此皆指身可见之病而言。《说文》："痤，小肿也。""疽，痈也。""瘅，劳病也"，谓劳倦。"痔，后病也"。《急就篇》："瘅热瘘痔眵蔑眼。""瘅痔"古本连文，无庸改"疛"。

[4] 先慎曰："恬"，安也。相安不以为怪也。《荀子·富国》篇"轻非

誉而恬失民”，“轻”、“恬”对文，是“轻”、“恬”义近。

[5] 顾广圻曰：傅本此下有“者”字，与各本全异。先慎案：《治要》引《老子》亦有“者”字，盖唐人所见《老子》本有“者”字。

[6] 先慎曰：乾道本无“人”字。卢文弨云：“‘伤’下脱‘人’字，张、凌本皆有。”顾广圻云：“傅本及今《德经》皆无上下两‘也’字。《藏》本‘伤’下有‘人’字，是也，傅本及今《德经》皆有。”今据补。

[7] 王渭曰：“也”字衍，“鬼祟疾人”四字作一句读，与下文“民犯法令”同。又按“人逐除之”、“上刑戮民”句例皆同。

[8] 顾广圻曰：傅本及今《德经》“民”皆作“人”，按《韩子》自作“民”。先慎曰：上当有“非其神不伤人”句，惟赵孟頫本无，疑刊本书者从误本《老子》删之也。河上公、王弼、傅本并有。

[9] 先慎曰：乾道本下“则”字作“而”。卢文弨云“凌本‘而’作‘则’”，今据改。

[10] 顾广圻曰：傅本及今《德经》“则”皆作“故”。先慎曰：“两”上并有“夫”字。

[11] 先慎曰：以上见六十章。

有道之君，外无怨雠于邻敌，而内有德泽于人民。夫外无怨雠于邻敌者，其遇诸侯也外有礼义；[1]内有德泽于人民者，其治人事也务本。[2]遇诸侯有礼义则役希起，治民事务本则淫奢止。凡马之所以大用者，外供甲兵而内给淫奢也。今有道之君，外希用甲兵而内禁淫奢。上不事马于战斗逐北，而民不以马远通淫物，[3]所积力唯田畴，积力于田畴[4]必且粪灌，故曰：“天下有道，却走马以粪也。”[5]

[1] 顾广圻曰：“外”字当衍，八字为一句。

[2] 先慎曰：“人”当作“民”，下文“治民事务本”即承此而言。

[3] 先慎曰：乾道本“通淫”作“淫通”。顾广圻曰：今本作“通淫”，误。先慎案：顾说非。《礼·王制·疏》“淫，谓过奢侈”，是“淫物”，奢侈之物。谓不以马远致奢侈之物也。若作“远淫通物”，则不辞矣。下文“得于好恶，怵于淫物”，“淫物”连文，是其证。改从今本。

[4] 先慎曰：乾道本无“积力于田畴”五字。顾广圻云：“《藏》本有。今本‘于’仍作‘唯’。”今据《藏》本补。

[5] 顾广圻曰：傅本“粪”作“播”，与各本全异。又傅本及今《德经》皆无“也”字，按《喻老》无。先慎曰：“粪”、“播”古通。

人君者无道，[1]则内暴虐其民，而外侵欺其邻国。内暴虐则民产绝，外侵欺则兵数起。民产绝则畜生少，兵数起则士卒尽。畜生少则戎马乏，士卒尽则军危殆。戎马乏则将马出，[2]军危殆则近臣役。马者，军之大用，郊者，言其近也。今所以给军之具于将马近臣，[3]故曰：“天下无道，戎马生于郊矣。”[4]

[1] 先慎曰：乾道本无“者”字，“道”下更有“道”字。卢文弨云：张、凌本“君”下有“者”字。顾广圻云：《藏》本“君”下有“者”字，乾道本重“道”字，讹。先慎按：乾道本脱“者”字，空格于下，浅人妄增“道”字以补之。今据卢、顾校改。

[2] 顾广圻曰：“将”当作“牸”，形近之误。《盐铁论·未通》云“当此之时，却走马以粪，其后师旅数发，戎马不足，牸牝入阵，故驹犊生于战地”，即本于此也。他书又作“字”，《史记·平准书》云：“而乘字牝者，摈而不得聚会。”下文“于将马近臣”，误同。

[3] 先慎曰：“牸马近臣”，非军中之用，今因乏殆，故并及之。

[4] 顾广圻曰：傅本及今《德经》皆无“矣”字，《喻老》无。

人有欲则计会乱，计会乱而有欲甚，[1]有欲甚则邪心胜，邪心胜则事经绝，事经绝则祸难生。[2]由是观之，祸难生于邪心，邪心诱于可欲。可欲之类，进则教良民为奸，退则令善人有祸。[3]奸起则上侵弱君，祸至则民人多伤。[4]然则可欲之类，上侵弱君而下伤人民。夫上侵弱君而下伤人民者，大罪也。故曰："祸莫大于可欲。"[5]是以圣人不引五色，不淫于声乐，明君贱玩好而去淫丽。

[1] 先慎曰："而"字，依上下文当作"则"。

[2] 卢文弨曰：二"经"字，张本作"轻"。顾广圻曰：《藏》本二"经"字皆作"轻"。按"经"当作"径"。上文"必缘理不径绝也"，陆行不缘理为"径"，《周礼》云"禁径逾者"是也；水行不缘理为"绝"，《尔雅》云"正绝流曰乱"是也。《藏》本所改，失之，先慎曰："经"、"径"二字义同。《易·上经·释文》、《广雅·释言》："经，径也。"《释名》："径，经也，言人之所经由也。"二字叠训。《左》僖二十五年《传》"赵衰以壶飧从径"，《释文》"径，读为'经'"，是"经"、"径"古通用。

[3] 王先谦曰：可欲之类，非善人不能退之。既退之后，更思窥伺中伤，故令有祸也。

[4] 先慎曰：依下文"民人"当作"人民"。

[5] 顾广圻曰："祸"当作"罪"，与上文"大罪也"相承，《喻老》不误，傅本及今《德经》皆作"罪"。据《经典释文》、王弼《老子》无此句，非是。

人无毛羽，[1]不衣则不犯寒。[2]上不属天，而下不著地，以肠胃为根本，不食则不能活。是以不免于欲利之心，欲利之心不除，其身之忧也。故圣人衣足以犯寒，食足以充虚，则不忧矣。众人则不然，大为诸侯，小馀千金之资，其欲得之忧不除也。胥靡有免,死罪时活,[3]今不知足者之忧,终身不解,故曰:"祸莫大于不知足。"

[1] 先慎曰:旧连上,今提行。

[2] 俞樾曰:"犯寒"上当有"足以"二字,下文"故圣人衣足以犯寒"是其证。先慎曰:俞说非,此与下文"不食则不能活"句例正同,不当有"足以"二字。"犯",胜也。

[3] 王先谦曰:"有"字当在"罪"字下,"罪有时活"与"终身不解"文义相对。

故欲利甚于忧,[1]忧则疾生;疾生而智慧衰,智慧衰则失度量;失度量则妄举动,妄举动则祸害至;祸害至而疾婴内,疾婴内则痛,祸薄外则苦。[2]苦痛杂于肠胃之间,[3]则伤人也憯,憯则退而自咎,退而自咎也生于欲利。故曰:"咎莫憯于欲利。"[4]

[1] 先慎曰:旧连上,今提行。

[2] 先慎曰:乾道本重"痛祸薄外"四字,"苦"下有"痛杂于肠胃之间"七字。卢文弨云:张本不复"痛祸薄外"四字,"苦"下"痛杂于肠胃之间"七字衍。顾广圻云:"痛祸薄外"四字,《藏》本不重。按此"疾婴内则痛"为一句,"祸薄外则苦"为一句,下多复衍。先慎按:卢、顾说是,据《藏》本、张本删四字,依《拾补》删七字。

[3] 顾广圻曰:八字为句。"肠胃"当作"外内"。

[4] 顾广圻曰:今《德经》"憯"作"大",非。傅本与此合。傅本及《德经》"利"皆作"得"。按当作"得",上文云"欲利",犹欲得也,又云"其欲得之忧不除也",仍作"得",可证。《喻老》不误。先慎曰:李约本"憯"作

"甚",《说文》"憯,痛也",古音"甚"、"憯"同。"利"当作"得",顾说是。以上见四十六章。

道者,万物之所然也,[1]万理之所稽也。理者,成物之文也;道者,万物之所以成也。故曰:"道,理之者也。"[2]物有理,不可以相薄。[3]物有理不可以相薄,故理之为物之制。万物各异理,[4]万物各异理而道尽。[5]稽万物之理,故不得不化;[6]不得不化,故无常操;[7]无常操,是以死生气禀焉,万智斟酌焉,万事废兴焉。天得之以高,地得之以藏,维斗得之以成其威,[8]日月得之以恒其光,[9]五常得之以常其位,列星得之以端其行,四时得之以御其变气,轩辕得之以擅四方,赤松得之与天地统,[10]圣人得之以成文章。道与尧、舜俱智,与接舆俱狂,与桀、纣俱灭,与汤、武俱昌。以为近乎,游于四极;以为远乎,常在吾侧;以为暗乎,其光昭昭;[11]以为明乎,其物冥冥。而功成天地,和化雷霆,宇内之物,恃之以成。凡道之情,不制不形,柔弱随时,与理相应。万物得之以死,得之以生;万事得之以败,得之以成。[12]道譬诸若水,[13]溺者多饮之即死,渴者适饮之即生;譬之若剑戟,愚人以行忿则祸生,圣人以诛暴则福成。故得之以死,得之以生,得之以败,得之以成。[14]

[1] 先慎曰:"然",可也。

[2] 顾广圻曰:句有误。按自上文"道者万物之所然也"以下,不见所解何文。详《老子》第十四章有云"是谓道纪",此当解彼也。"纪",理也。先慎曰:顾说是也。"道"字逗。"纪"、"理"义同,故《道经》作"纪",

《韩子》改为“理”。

[3] 王先谦曰：“薄”，迫也。

[4] 王先谦曰：“制”上“之”字衍。

[5] 先慎曰：乾道本“万”下五字不重。顾广圻云“《藏》本、今本重”，今据补。

[6] 王先谦曰：稽合万物之理，不变则不通。

[7] 王先谦曰：言不执一。

[8] 先慎曰：乾道本无“之”字。顾广圻云：今本“得”下有“之”字，按依上下文当补。先慎案：顾说是，依今本补。《庄子·大宗师》篇“维斗得之，终古不忒；日月得之，终古不息”，并有“之”字，是其证。

[9] 先慎曰：乾道本无“之”字。顾广圻云“《藏》本、今本‘得’下有‘之’字”，今据补。

[10] 孙诒让曰：“统”，疑当作“终”。言寿与天地同长也。“终”、“统”二字篆文形相近而误。

[11] 先慎曰：乾道本无“其”字。顾广圻云“《藏》本、今本‘光’上有‘其’字”，今据补。

[12] 先慎曰：乾道本“事”作“物”。案“物”字缘上文而误，依《拾补》改。

[13] 先慎曰：《意林》“诸”作“之”。

[14] 先慎曰：“故”下当有“曰”字。“得之以死”四句，《老子》各本无，盖佚文也。

人希见生象也，而得死象之骨，案其图以想其生也，故诸人之所以意想者皆谓之象也。今道虽不可得闻见，圣人执其见功以处见其形，[1]故曰：“无状之状，无物之象。”[2]

[1] 先慎曰：今人不闻道见一，圣人则执其显见之功，以处见其

形也。

［2］先慎曰：赵孟頫本“物”作“象”。以上见十四章。

凡理者，方圆、短长、粗靡、坚脆之分也，故理定而后物可得道也。[1]故定理有存亡，有死生，有盛衰。夫物之一存一亡，乍死乍生，初盛而后衰者，不可谓常。唯夫与天地之剖判也俱生，[2]至天地之消散也不死不衰者谓常。而常者，无攸易，无定理。[3]无定理，非在于常，是以不可道也。[4]圣人观其玄虚，用其周行，强字之曰道，[5]然而可论。[6]故曰：“道之可道，非常道也。”[7]

［1］先慎曰：乾道本无“物”字。卢文弨云“张、凌本有”，今据补。

［2］先慎曰：乾道本“地”上有“与”字，“俱”作“具”。顾广圻云：《藏》本、今本无下“与”字，今本“具”作“俱”，误。先慎案：“与”字衍，今据删；“俱”字是，今据改。

［3］先慎曰：乾道本下“者”字在“谓常”下。卢文弨云：“谓常”下“者”字衍，张、凌本俱无。顾广圻云：《藏》本“者”字在“而常”下，是也。“谓常”二字句绝，属上；“而常者”三字逗，属下。今本两“常”下各有“者”字，误。先慎案：顾、卢说是，据改。“无攸易”，谓无所变易也。

［4］先慎曰：乾道本“常”下有“所”字。卢文弨云：“所”字衍，张、凌本俱无。顾广圻云：《藏》本无“所”字。王渭云：“常”字句绝。先慎案：卢、顾说是，今据删。

［5］顾广圻曰：傅本第二十五章云“故强字之曰道”，与此合。今《道经》无“故强”二字，非也。

［6］王先谦曰：惟有名，故可言。

［7］卢文弨曰：“道”下“之”字，凌本无。顾广圻曰：傅本及今《道经》无“之”字、“也”字。先慎曰：见第一章。

人始于生而卒于死。始之谓出，卒之谓入。故曰："出生入死。"人之身三百六十节，四肢九窍，其大具也。四肢与九窍十有三者，[1]十有三者之动静尽属于生焉。属之谓徒也，故曰："生之徒也，十有三者。"[2]至其死也，[3]十有三具者皆还而属之于死，死之徒亦有十三。[4]故曰："生之徒十有三，死之徒十有三。"[5]凡民之生生，而生者固动，动尽则损也；而动不止，是损而不止也。损而不止则生尽，生尽之谓死，则十有三具者皆为死死地也。[6]故曰："民之生生而动，[7]动皆之死地，[8]亦十有三。"[9]是以圣人爱精神而贵处静。此甚大于兕虎之害。夫兕虎有域，动静有时，避其域，省其时，则免其兕虎之害矣。民独知兕虎之有爪角也，而莫知万物之尽有爪角也，不免于万物之害。何以论之？时雨降集，旷野闲静，而以昏晨犯山川，则风露之爪角害之；[10]事上不忠，轻犯禁令，则刑法之爪角害之；处乡不节，憎爱无度，则争斗之爪角害之；嗜欲无限，动静不节，则痤疽之爪角害之；[11]好用其私智而弃道理，则网罗之爪角害之。兕虎有域，而万害有原；避其域，塞其原，则免于诸害矣。凡兵革者，所以备害也。[12]重生者虽入军无忿争之心，无忿争之心则无所用救害之备。此非独谓野处之军也，圣人之游世也无害人之心，无害人之心[13]则必无人害，无人害则不备人，故曰："陆行不遇兕虎。"[14]入山不恃备以救害，[15]故曰："入军不备甲兵。"[16]远诸害，故曰："兕无所投其角，虎无所错其爪，兵无所容其刃。"[17]不设备而必无害，天地之道理也。体天地之道，故曰："无死地焉。"[18]动无死地，而谓之善摄生矣。[19]

［1］先慎曰："者"字缘下而衍。

［2］卢文弨曰："徒"下"也"字，一本无，"三"下"者"字衍。顾广圻曰：《德经》无"也"字、"者"字。按本书之例，当作"故曰生之徒十有三也"。先慎曰："也"、"者"二字皆衍。

［3］先慎曰：乾道本"至"下无"其"字。顾广圻云"《藏》本、今本有'其'字"，今据补。

［4］先慎曰："有十"二字误倒。

［5］先慎曰：据此，明上有"也"字、"者"字，皆非原文。

［6］卢文弨曰：下"死"字衍，凌本不重。先慎曰：卢说误，见下。

［7］顾广圻曰：当于此句。

［8］顾广圻曰：当于此句。

［9］先慎曰：乾道本"亦"作"之"，《拾补》作"亦"。顾广圻云：傅本"之"作"亦"，馀尽与此合。今《德经》作"人之生动之死地十有三"，非也。按上文云"凡民之生生而生者固动"，又云"皆为死死地也"，"生生"与"死死"相对，所以解此文之"生生"也，可见《韩子》自如此。先慎案：王弼本"之"作"亦"，今据《拾补》改。

［10］先慎曰：乾道本"风露"作"兕虎"，误。顾广圻云"今本'兕虎'作'风露'"，今据改。

［11］先慎曰：乾道本"痤"上衍"虚"字。顾广圻云"《藏》本、今本无'虚'字"，今据删。

［12］顾广圻曰：乾道本、《藏》本皆提行，今本误连。先慎曰：上即解"陆行不遇兕虎"三句，不当提行，改从今本。

［13］先慎曰：乾道本不重"无害人之心"句。顾广圻云"《藏》本重，是也"，今据补。

［14］先慎曰：河上、王弼本"兕虎"作"虎兕"，傅本、赵本与此合。

［15］顾广圻曰："山"当作"世"。

［16］卢文弨曰：张、凌本“备”作“被”。顾广圻曰：《藏》本作“被”，《德经》作“避”，傅本作“被”。《经典释文》云：“被，皮彼反。”案《藏》本以他本《老子》改耳，《韩子》自作“备”。先慎曰：“备”、“被”义同。《广雅·释诂》：“备，具也。”《史记·绛侯世家·集解》引张揖注：“被，具也。”故本书作“备”，王弼本作“被”。“甲兵”以在己者言，明作“备”、作“被”二字并通。河上本作“避”，声之误也。注谓“不好战以杀人”，则依文立训，非是。

［17］先慎曰：乾道本“容”作“害”。顾广圻云：今本作“容”，《德经》亦作“容”。先慎案：《释名》：“容，用也，合事宜之用也。”“害”乃“容”字形近之误，改从今本。

［18］顾广圻曰：今《德经》无“焉”字，傅本有，与此合。

［19］先慎曰：《德经》无“矣”字。以上见五十章。

爱子者慈于子，重生者慈于身，贵功者慈于事。慈母之于弱子也，务致其福，务致其福[1]则事除其祸，事除其祸则思虑熟，思虑熟则得事理，得事理则必成功，必成功则其行之也不疑，不疑之谓勇。圣人之于万事也，尽如慈母之为弱子虑也，故见必行之道；见必行之道[2]则其从事亦不疑，[3]不疑之谓勇。不疑生于慈，故曰：“慈故能勇。”[4]

［1］先慎曰：乾道本四字不重。卢文弨云“张、凌本皆重”，顾广圻云“《藏》本重‘务致其福’，是也”，今据补。

［2］先慎曰：乾道本不重“见必行之道”五字。顾广圻云“《藏》本、今本重”，今据补。

［3］先慎曰：乾道本“其”上有“明”字，今据张榜本删。

［4］先慎曰：傅本“慈”上有“夫”字。

周公曰：[1]“冬日之闭冻也不固，则春夏之长草木也不茂。”天地不能常侈常费，而况于人乎！故万物必有盛衰，万事必有弛张，国家必有文武，官治必有赏罚。是以智士俭用其财则家富，圣人爱宝其神则精盛，人君重战其卒则民众。民众则国广，是以举之曰：“俭故能广。”[2]

[1] 先慎曰：旧连上，今提行。

[2] 顾广圻曰：“之”下当有脱文。先慎曰：此与上“故谓之善摄生矣”句同一律，皆变文也，顾说非。

凡物之有形者，易裁也，易割也。何以论之？有形则有短长，有短长则有小大，有小大则有方圆，有方圆则有坚脆，有坚脆则有轻重，有轻重则有白黑。短长、大小、方圆、坚脆、轻重、白黑之谓理，[1]理定而物易割也。故议于大庭而后言[2]则立，权议之士知之矣。[3]故欲成方圆而随其规矩，则万事之功形矣，而万物莫不有规矩。议言之士，计会规矩也。圣人尽随于万物之规矩，故曰：“不敢为天下先。”不敢为天下先，则事无不事，功无不功，而议必盖世，欲无处大官，其可得乎！处大官之谓为成事长，[4]是以故曰：[5]“不敢为天下先，故能为成事长。”[6]

[1] 先慎曰：“大小”，当依上文作“小大”。

[2] 王先谦曰：“后言”者，集议而后断之。

[3] 先慎曰：有权谋者，能决议于大庭。

[4] 王先谦曰：“为”字衍，“谓”、“为”一也，“谓”下不当更有“为”字。

[5] 顾广圻曰：以下当有脱文。先慎曰：顾说非也。此当衍“故”字，或衍“是以”字。上文或作“是以曰”，或作“故曰”，是其证。

[6] 顾广圻曰：傅本及今《德经》皆无“为”字，“事”皆作“器”，《经典释文》作“器”。《韩子》自作“事”。

慈于子者不敢绝衣食，慈于身者不敢离法度，慈于方圆者不敢舍规矩。故临兵而慈于士吏则战胜敌，慈于器械则城坚固。故曰：“慈，于战则胜，以守则固。”[1]夫能自全也而尽随于万物之理者，必且有天生。天生也者，[2]生心也。[3]故天下之道尽之生也，若以慈卫之也。[4]事必万全而举无不当，则谓之宝矣。故曰：“吾有三宝，持而宝之。”[5]

[1] 顾广圻曰：傅本及今《德经》“于”皆作“以”，傅本“战”作“阵”，与各本全异。先慎曰：傅本“胜”作“正”。案王《注》“相慜而不避于难，故胜也”，是晋时本作“胜”，傅本误。“于”当作“以”。“慈”字逗，《老子》“慈”上有“夫”字。

[2] 顾广圻曰：《德经》六十七章云“天将救之”，此解彼也。当是韩子所引有不同，今未详。

[3] 王先谦曰：有善心，故天救而生之。

[4] 王先谦曰：“尽”下“之”字训为“往”，天下之道皆往生于其心，是“以慈卫之也”。

[5] 先慎曰：河上、王弼本“吾”作“我”，“宝之”作“保之”，陆希声、赵孟頫作“保而持之”，傅本与此合。以上见六十七章。

书之所谓“大道”也者，端道也。[1]所谓“貌施”也者，[2]邪道也。所谓“径大”也者，[3]佳丽也。[4]佳丽也者，邪道之分也。"朝甚除"也者,狱讼繁也。狱讼繁则田荒,[5]田荒则府仓虚,[6]府仓虚则国贫,国贫而民俗淫侈,民俗淫侈则衣食之业绝,衣食之业绝则民不得无饰巧诈,饰巧诈则知采文,知采文之谓"服文采"。[7]狱讼繁,仓廪虚,而有以淫侈为俗,则国之伤也,若以利剑刺之,[8]故曰:"带利剑。"[9]诸夫饰智故以至于伤国者,[10]其私家必富,私家必富,故曰:"资货有馀。"[11]国有若是者,则愚民不得无术而效之,效之则小盗生。由是观之,大奸作则小盗随,[12]大奸唱则小盗和。竽也者,五声之长者也,故竽先则鍾瑟皆随,[13]竽唱则诸乐皆和。今大奸作则俗之民唱,俗之民唱则小盗必和,故服文采,带利剑,厌饮食,而资货有馀者,是之谓盗竽矣。[14]

[1] 顾广圻曰:解第五十三章"行于大道也"。先慎曰:各本连上,今依《拾补》分段。

[2] 顾广圻曰:《德经》作"惟施是畏",此未详。先慎曰:"貌",饰也,下文所谓"饰巧诈"也;"施"读为"迆","迆",邪也。说详《老子集解》。

[3] 先慎曰:《德经》"大道甚夷而民好径",河上公云:"径,邪不平正也。"此"大"字衍。

[4] 先慎曰:谓服文采。

[5] 顾广圻曰:《德经》作"田甚芜",《经典释文》:"芜,音无。"

[6] 顾广圻曰:《德经》作"仓甚虚"。

[7] 先慎曰:王弼、河上公本"采"作"綵",傅本与此合。

[8] 先慎曰:国之受伤,犹身受利剑之刺。

[9] 先慎曰:此下未解"厌饮食",疑有脱文。

[10] 顾广圻曰:十一字为一句。

[11] 卢文弨曰:"资",《老子》作"财"。顾广圻曰:"资货",下文作

“货资”，傅本作“货财”，今《德经》作“财货”，非。

[12] 先慎曰：乾道本“作”下无“则”字。顾广圻云“今本有”，改从今本。

[13] 先慎曰：“鐘”，古通用“鍾”。

[14] 顾广圻曰：“故”下当有“曰”字。《德经》无“而”、“者”、“之”、“矣”四字，“竽”作“夸”，今按《韩子》自作“竽”。先慎曰：乾道本“资货”作“货资”，据《道藏》本、《拾补》校，张、凌本乙，上文正作“资货”，不误。“夸”字无义，当依此订正。以上见五十三章。

人无愚智，莫不有趋舍。恬淡平安，莫不知祸福之所由来。得于好恶，怵于淫物，而后变乱。所以然者，引于外物，乱于玩好也。恬淡有趋舍之义，平安知祸福之计。而今也玩好变之，外物引之，引之而往，故曰“拔”。[1]至圣人不然，一建其趋舍，虽见所好之物不能引，不能引之谓“不拔”。[2]一于其情，虽有可欲之类，神不为动，神不为动之谓“不脱”。[3]为人子孙者，体此道，以守宗庙不灭之谓“祭祀不绝”。[4]身以积精为德，家以资财为德，乡国天下皆以民为德。今治身而外物不能乱其精神，故曰：“修之身，其德乃真。”[5]真者，慎之固也。治家者，[6]无用之物不能动其计，则资有馀，故曰：“修之家，其德有馀。”[7]治乡者行此节，则家之有馀者益众，故曰：“修之乡，其德乃长。”治邦者行此节，则乡之有德者益众，故曰：“修之邦，其德乃丰。”[8]莅天下者行此节，则民之生莫不受其泽，故曰：“修之天下，其德乃普。”[9]修身者以此别君子小人，治乡治邦莅天下者，各以此科适观息耗，则万不失一。[10]故曰：“以身观身，以家观家，以乡观乡，[11]以邦观邦，[12]以天下观天下。吾奚以知天下之然也以此。”[13]

［1］先慎曰：此与上“故曰迷”同例。

［2］先慎曰：《德经》：“善(逹)〔建〕者不拔。”

［3］先慎曰：《德经》：“善褒者不脱。”

［4］顾广圻曰：《藏》本、今本重“宗庙”。按此不当重。傅本及《德经》“绝”皆作“辍”，《经典释文》：“‘不辍’，张劣反。”《喻老》篇作“辍”。先慎曰：此亦当作“辍”。

［5］顾广圻曰：今《德经》“之”下有“于”字，非。傅本无，与此合，下四句同。按《淮南子·道应训》引此句亦无“于”字。先慎曰：赵写本无“于”字。

［6］先慎曰：“者”字依《拾补》引冯校增。

［7］卢文弨曰：“有”，《老子》作“乃”，当据改，与上下一例。顾广圻曰：“有”当作“乃”，涉上下文而误。

［8］顾广圻曰：今《德经》“邦”作“国”，非。傅本作“邦”，与此合。先慎曰：作“国”者，汉人避讳改也。“邦”与“丰”均。

［9］顾广圻曰：傅本“普”作“溥”。按“普”、“溥”同字也。

［10］先慎曰：用此程法，静观动止，自无不知者。

［11］顾广圻曰：《藏》本有此句，《德经》亦有。先慎曰：乾道本脱“以乡观乡”四字，据《藏》本补。

［12］先慎曰：王弼、河上本“邦”作“国”。

［13］顾广圻曰：今《德经》“奚”作“何”，非。傅本作“奚”，与此合。“也”皆作“哉”。先慎曰：王弼本无“知”字。以上见五十三章。

韩非子卷第七

喻老第二十一[1]

天下有道，无急患则曰静，[2]遽传不用，故曰："却走马以粪。"[3]天下无道，攻击不休，相守数年不已，甲胄生虮虱，燕雀处帷幄，而兵不归，故曰："戎马生于郊。"[4]

[1] 卢文弨曰：《藏》本连六卷中。

[2] 顾广圻曰："曰"当作"日"。

[3] 先慎曰：《解老》有"也"字，说详上。

[4] 先慎曰：《解老》有"矣"字。

翟人有献丰狐玄豹之皮于晋文公，文公受客皮而叹曰："此以皮之美自为罪。"夫治国者以名号为罪，徐偃王是也；以城与地为罪，虞、虢是也。[1]故曰："罪莫大于可欲。"

[1] 先慎曰：乾道本"以城"上有"则"字。卢文弨云：凌、张本"者"下有"则"字。顾广圻云：今本"以城"上无"则"字，误。按"则"读为"即"。《藏》本并上句亦添"则"字，非也。先慎案：《藏》本、张、凌本即沿乾道本下"则"字而误增，"以城与地为罪"承"夫治国者"言之，亦不当有"则"字，顾说非。今并依今本删。

智伯兼范、中行而攻赵不已，韩、魏反之，军败晋阳，身死高梁之东,[1]遂卒被分,[2]漆其首以为溲器。[3]故曰:“祸莫大于不知足。”

[1] 卢文弨曰:凌本“梁”作“良”。

[2] 先慎曰:《十过》篇云:“国分为三。”

[3] 先慎曰:《说苑·建本》篇作“酒器”。《说文》:“溲,浸沃也。”“浸沃”若今人之溲面。《士虞礼》“明齐溲酒”,郑《注》:“明齐,新水也,言以新水溲酿此酒也。”“溲器”即酿酒之器。《淮南·道应训》作“饮器”,“饮器”亦酒器也。《左传》:“行人执榼承饮,造于子重。”褚少孙补《大宛传》“饮器”,韦《注》:“椑榼也。”皆为酒器。后人不识“溲”字本义,遂以《晋语》“少溲于豕牢而得文王”韦《注》:“少溲”,小便,言其易也。之“溲”释之。

虞君欲屈产之乘与垂棘之璧,不听宫之奇,故邦亡身死。故曰:“咎莫憯于欲得。”

邦以存为常,霸王其可也;[1]身以生为常,富贵其可也。[2]不欲自害,则邦不亡,身不死。故曰:“知足之为足矣。”[3]

[1] 先慎曰:乾道本无“王”字。顾广圻云:《藏》本、今本“霸”下有“王”字。先慎案:此与“富贵其可也”相对成文,不当少一字,今据补。有国者不务广土,先图自立,邦基既定,故可霸王。

[2] 先慎曰:不求于外,先修其内,身体无恙,故可富贵。

[3] 顾广圻曰:今《德经》无“矣”字。傅本有,与此合,皆作“知足之足常足”。先慎曰:《德经》句上有“故”字。本书当依《德经》于“之”下补“足”字。“为”当作“常”。人无欲心则能常守其真根,故曰:“知足之足常足。”以上见四十六章。

楚庄王既胜，[1]狩于河雍，归而赏孙叔敖，孙叔敖请汉间之地，沙石之处。楚邦之法，禄臣再世而收地，唯孙叔敖独在。[2]此不以其邦为收者，瘠也，[3]故九世而祀不绝。[4]故曰"善建不拔，善抱不脱，[5]子孙以其祭祀，世世不辍"，[6]孙叔敖之谓也。[7]

[1] 先慎曰：乾道本连上，卢文弨云"凌本提行"，今据改。

[2] 先慎曰：《吕氏春秋·孟冬纪》："楚孙叔敖有功于国，疾将死，戒其子曰：'王数欲封我，我辞不受；我死，必封汝，汝无受利地。荆楚间有寝邱者，其为地不利，而前有妒谷，后有戾邱，其名恶，可长有也。'其子从之。楚功臣封二世而收，唯寝邱不夺也。""独在"，《艺文类聚》五十一引作"独存"，"存"、"在"义同。言惟孙叔敖所请之地不收也。

[3] 顾广圻曰："邦"，读为"封"。

[4] 先慎曰：《史记·优孟传》"九世"作"十世"。

[5] 顾广圻曰：《德经》两"不"上皆有"者"字。

[6] 顾广圻曰：《德经》无"以其"、"世世"四字。先慎曰：王弼有"以"字。

[7] 先慎曰：见五十三章。

制在己曰重，[1]不离位曰静。重则能使轻，静则能使躁。[2]故曰："重为轻根，静为躁君。故曰君子终日行不离辎重也。"[3]邦者，人君之辎重也。主父生传其邦，[4]此离其辎重者也。故虽有代、云中之乐，超然已无赵矣。主父万乘之主，而以身轻于天下。无势之谓轻，离位之谓躁，是以生幽而死。[5]故曰"轻则失臣，躁则失君"，[6]主父之谓也。[7]

[1] 先慎曰：乾道本连上，今依赵本提行。

[2] 王先谦曰：重可御轻，静可镇躁，使之谓也。

[3] 顾广圻曰：今《道经》“君子”作“圣人”，非。傅本作“君子”，与此合。下“也”字皆无。先慎曰：此与上二句《道经》连文，不应有“故曰”二字，“故曰”当为“是以”之讹，《道经》作“是以”即其证。傅、赵本“离”下有“其”字。

[4] 先慎曰：《史记·赵世家》武灵王二十七年传国，立王子何以为王，自称为主父。

[5] 先慎曰：惠文王四年，公子成、李兑围主父宫三月馀，而饿死沙邱宫。

[6] 顾广圻曰：“臣”当作“本”，傅本作“本”。《经典释文》云：“‘本’，河上作‘臣’。”按上文云“重为轻根”，“本”，根也，河上非是。

[7] 先慎曰：以上见二十六章。

势重者，人君之渊也。君人者，势重于人臣之间，[1]失则不可复得也。[2]简公失之于田成，晋公失之于六卿，而邦亡身死。故曰：“鱼不可脱于深渊。”[3]赏罚者，邦之利器也，在君则制臣，在臣则胜君。君见赏，臣则损之以为德；君见罚，臣则益之以为威。人君见赏而人臣用其势，人君见罚而人臣乘其威。[4]故曰：“邦之利器不可以示人。”[5]

[1] 先慎曰：君于臣不当以“间”言，“间”疑“上”之误。

[2] 先慎曰：失其势重则不得为君。

[3] 顾广圻曰：《道经》无“深”字。先慎曰：“深”字衍，唐讳“渊”改“深”，后人回改，兼存“深”字耳。上“人君之渊”，亦无“深”字，即其证。

[4] 先慎曰：乾道本无“而”字。顾广圻云“今本有，依上句当有”，今据补。

[5] 先慎曰:《六微》篇"邦"作"国",河上、王弼并作"国",《庄子》引作"国",《后汉·翟酺传》亦作"国",《说苑》作"国之利器,不可以借人"。唯傅本作"邦"。案"国"为"邦"字避改,说见上。

越王入宦于吴,而观之伐齐以弊吴。[1]吴兵既胜齐人于艾陵,张之于江、济,强之于黄池,故可制于五湖。[2]故曰:"将欲翕之,[3]必固张之;将欲弱之,[4]必固强之。"晋献公将欲袭虞,遗之以璧马;知伯将袭仇由,[5]遗之以广车。[6]故曰:"将欲取之,必固与之。"[7]起事于无形,[8]而要大功于天下,是谓微明。[9]处小弱而重自卑,谓损弱胜强也。[10]

[1] 顾广圻曰:《藏》本、今本"观"作"劝"。按"观",示也。"劝"字非。

[2] 先慎曰:《越语》"吴、越战于五湖",韦《注》:"五湖,今太湖。"《初学记》七引《扬州记》曰:"太湖,一名笠泽。"《左》哀十七年《传》"越子伐吴,吴子御之笠泽",是也。

[3] 顾广圻曰:傅本作"翕",与此合。《经典释文》:"偷,河上本作'噏'。"先慎曰:古无"偷"、"噏"二字,梁简文作"歙",《说文》:"歙,缩鼻也。""歙"有缩义,故与"张"为对。"翕"乃"歙"之省文。

[4] 先慎曰:河上本"欲"或作"使",非。

[5] 先慎曰:"将"下当有"欲"字。

[6] 先慎曰:《西周策》:"昔智伯欲伐厹由,遗之大钟,载以广车,因随入以兵。"高《注》:"广〔车〕,大车也。"

[7] 顾广圻曰:《道经》"取"作"夺"。

[8] 卢文弨曰:当分段。先慎曰:卢说误,至"弱胜强也"合上为一章。

[9] 顾广圻曰:"是"上当有"故曰"二字。

[10] 顾广圻曰：当作“而重自卑损之谓弱胜强也”，“损”句绝。傅本云：“柔之胜刚，弱之胜强。”今《道经》云“柔弱胜刚强”，傅本与此为近之。先慎曰：顾说是。以上见三十六章。

有形之类，[1]大必起于小；行久之物，族必起于少。[2]故曰：“天下之难事必作于易，天下之大事必作于细。”[3]是以欲制物者于其细也。[4]故曰：“图难于其易也，为大于其细也。”[5]千丈之堤，以蝼蚁之穴溃；百尺之室，以突隙之烟焚。[6]故曰白圭之行堤也塞其穴，[7]丈人之慎火也涂其隙。[8]是以白圭无水难，丈人无火患，[9]此皆慎易以避难，敬细以远大者也。扁鹊见蔡桓公，[10]立有间，扁鹊曰：“君有疾在腠理，不治将恐深。”桓侯曰：“寡人无疾。”[11]扁鹊出，桓侯曰：“医之好治不病以为功。”居十日，扁鹊复见曰：“君之病在肌肤，不治将益深。”桓侯不应。扁鹊出，桓侯又不悦。居十日，扁鹊复见曰：“君之病在肠胃，不治将益深。”桓侯又不应。扁鹊出，[12]桓侯又不悦。居十日，扁鹊望桓侯而还走。[13]桓侯故使人问之。[14]扁鹊曰：“疾在腠理，汤熨之所及也；[15]在肌肤，针石之所及也；在肠胃，火齐之所及也；[16]在骨髓，司命之所属，无奈何也。[17]今在骨髓，臣是以无请也。”居五日，桓侯体痛，使人索扁鹊，已逃秦矣。桓侯遂死。故良医之治病也，攻之于腠理，此皆争之于小者也。夫事之祸福亦有腠理之地，故曰：“圣人蚤从事焉。”[18]

[1] 先慎曰：旧连上，今提行。

[2] 先慎曰：“族”，众也。

[3] 先慎曰：河上、王弼本均无两“之”字，傅本有。

[4] 先慎曰：“是以”下有脱文，此当承上两句言，乃与下引《老子》合。

[5] 卢文弨曰：张本“难”下、“大”下并有“乎”字。顾广圻曰：《藏》本有“乎”字，傅本有，无“也”字。今《德经》“乎”字、“也”字皆无。

[6] 王引之曰：“突隙之烟”不能焚室。“烟”当为“熛”。“熛”误为“煙”，又转写为“烟”耳。旧本《北堂书钞·地部》十三引此正作“熛”。陈禹谟本删去。《说文》：“熛，火飞也，读若‘标’。”《一切经音义》十四引《三仓》云：“熛，迸火也。”《吕氏春秋·慎小》篇云：“巨防容蝼而漂邑杀人，突泄一熛而焚宫烧积。”今本“熛”字亦误作“煙”，《一切经音义》十三引此正作“熛”。《淮南·人间训》曰：“千里之堤以蝼蚁之穴漏，百寻之屋以突隙之熛焚。”今本亦误作“煙”，《御览·虫豸部》四引此正作“熛”。语意并与此同。世人多见“煙”，少见“熛”，故诸书中“熛”字多误作“煙”。说见《吕氏春秋》“煙火”下。

[7] 顾广圻曰：“曰”字当衍。先慎曰：“曰”，即“白”字之误而复者。

[8] 先慎曰：《易·师》“丈人吉”，郑《注》：“丈之言长，能以法度长于人。”是以丈人为位尊者之称。襄九年宋灾，乐喜为司城以为政，使伯氏司里，积土涂，以备火之乘隙而入也。

[9] 先慎曰：《初学记》二十五引“难”、“患”互易。

[10] 顾广圻曰：《史记·列传》、《新序》作“齐桓公”。

[11] 先慎曰：各本无“疾”字。卢文弨云：“‘无’下脱‘疾’字，《新序》、《史记·扁鹊传》皆有‘疾’字。”今依《拾补》增。

[12] 先慎曰：乾道本无“出”字。顾广圻云：《藏》本、今本有“出”字。先慎案：《史记》亦有，今据补。

[13] 先慎曰：“还走”，反走也。

[14] 先慎曰：张榜本无“故”字。

[15] 先慎曰：乾道本无“也”字。顾广圻云：今本有“也”字，依下二句当有。先慎案：《史记》亦有，今据补。

[16] 卢文弨曰：“火齐”，《新序》作“大剂”。先慎曰：火齐汤，治肠胃

病。《仓公传》:“齐郎中令循不得前后溲三日,饮以火齐汤而疾愈。”又:“齐王太后病,难于大小溲溺,饮火齐汤而病已。”《新序》作“大剂”者,“齐”、“剂”古通,“大”乃“火”字之误,当依此订正。

[17] 卢文弨曰:“属”字,《新序》无。

[18] 顾广圻曰:“曰”字当衍,《新序》云“故圣人早从事矣”,其明证也。先慎曰:以上见《德经》六十三章。

昔晋公子重耳出亡[1]过郑,郑君不礼。叔瞻谏曰:“此贤公子也,君厚待之,可以积德。”郑君不听。叔瞻又谏曰:“不厚待之,不若杀之,[2]无令有后患。”郑公又不听。[3]及公子反晋邦,举兵伐郑,大破之,取八城焉。晋献公以垂棘之璧假道于虞而伐虢,大夫宫之奇谏曰:“不可。唇亡而齿寒,虞、虢相救,非相德也。[4]今日晋灭虢,明日虞必随之亡。”虞君不听,受其璧而假之道。晋已取虢,还反灭虞。[5]此二臣者,皆争于腠理者也,而二君不用也。然则叔瞻、宫之奇亦虞、郑之扁鹊也,而二君不听,故郑以破,虞以亡。故曰:“其安易持也,其未兆易谋也。”[6]

[1] 先慎曰:各本连上,卢文弨曰“当分段”,今从之。

[2] 卢文弨曰:张、凌本无“待之”二字。

[3] 先慎曰:“公”当作“君”。

[4] 先慎曰:虞、虢之所以相救者,非彼此见德,缘灭亡随之耳。

[5] 先慎曰:张榜本“已”作“以”。

[6] 顾广圻曰:《德经》皆无两“也”字。先慎曰:见六十四章。

昔者纣为象箸[1]而箕子怖。[2]以为象箸必不加于土铏,必将犀玉之杯；象箸玉杯必不羹菽藿，则必旄象豹胎，[3]旄象豹胎必不衣短褐而食于茅屋之下，[4]则锦衣九重，广室高台。[5]吾畏其卒，故怖其始。居五年，纣为肉圃，设炮烙，[6]登糟邱，[7]临酒池，纣遂以亡。故箕子见象箸以知天下之祸。故曰："见小曰明。"[8]

[1] 先慎曰：乾道本连上，卢文弨云"当分段"，今从之。

[2] 卢文弨曰："怖"，《史记》、《淮南》作"唏"，凌本同。此自作"怖"，后同。顾广圻曰："怖"当作"悕"，下文及《说林上》同。先慎曰：顾说非。《说文》："怖，惶也。'怖'或从布声。""唏，笑也，一曰哀痛不泣曰'唏'。"按下文"吾惧其卒，故怖其始"，卒言"惧"，则始当言"惶"，不得于始即哀痛也。《史记》、《淮南》作"唏"，误，当依此订正。《艺文类聚》七十三、《御览》七百五十九引作"怖"。

[3] 先慎曰：乾道本无"则"字。卢文弨云"必上脱'则'字，张、凌本有"，今据补。顾广圻云："旄"，读为"芼"。先慎按：顾读误。《吕氏春秋·本味》篇"肉之美者旄象之约"，高《注》："旄，旄牛也。""旄象"二字，《艺文类聚》、《御览》均作"荐"字，误。《说林上》篇亦作"旄象"。

[4] 顾广圻曰：《藏》本同。今本"短"作"裋"，误。按本书《说林上》亦作"短"。《王命论》"思有短褐之袭"，《文选》注云："韦昭以'短'为'裋'。裋，襦也；短，丁管切。"依此，"短褐"自有所出，不必改为"裋"矣。

[5] 先慎曰："则"下当有"必"字，《说林上》有，是其证。

[6] 俞樾曰：段氏玉裁谓"炮烙"本作"炮格"，"《史记·索隐》引邹诞云：'烙，一音阁。'杨倞注《荀子·议兵》篇云：'烙，音古责反。'观邹、杨所音皆是'格'字无疑。郑康成注《周礼·牛人》云：'互，若今屠家县肉格。'意纣所为亦相似。"段氏此说洵足订正向来传写之误。惟"炮格"似有二义：《荀子·议兵》篇："纣刳比干，囚箕子，为炮格刑。"杨《注》引《列女传》曰："炮格，为膏铜柱，加之炭上，令有罪者行焉，辄坠火中，纣与妲己

大笑。"此则"炮格"为淫刑以逞之事,是一义也。若此文云"纣为肉圃,设炮格,登糟邱,临酒池",则似为饮食奢侈之事,别为一义。盖为铜格,布火其下,欲食者于肉圃取肉置格上,炮而食之也。如此说方与"肉圃"、"糟邱"、"酒池"一类。且因"为象箸"而至此,正见其由小而大,箕子所以畏其卒而怖其始也。若是炮格之刑,则不特与"肉圃"诸事不类,且与上文"为象箸"事亦绝不相干矣。《吕氏春秋·过理》篇云:"糟邱酒池,肉圃为格。""格"即"炮格",不言"炮格"而直曰为"格",即承"肉圃"之下,是于肉圃中为格也,其为炮肉之格明矣。高《注》:"格以铜为之,布火其下,以人置上,人烂堕火而死。"夫"糟邱"、"酒池"、"肉圃"皆是饮食之地,何故即于其地炮炙人乎,盖古书说"炮格"者,本有二义,当各依本书说之。学者但知有前一义,不知有后一义,古事之失传久矣。先慎曰:本书亦有二义:如《难一》篇"炮烙"连"斩涉者之胫"言,《难二》篇两言"请解炮烙之刑",《难势》篇"桀、纣为高台深池以尽民力,为炮烙以伤民性",是皆以"炮烙"为淫刑。此"炮烙"与"肉圃"、"糟邱"、"酒池"并言,则指饮食奢侈之事。俞氏知古义之有二,而不知本书之义亦有二,故详说之。

[7] 先慎曰:张榜本"糟"作"曹"。

[8] 顾广圻曰:今《德经》"曰"作"日",傅本与此合。先慎曰:王弼作"曰",《淮南》同,下同。见五十二章。

句践入宦于吴,[1]身执干戈为吴王洗马,[2]故能杀夫差于姑苏。[3]文王见詈于王门,[4]颜色不变,而武王擒纣于牧野。故曰:"守柔曰强。"越王之霸也不病宦,[5]武王之王也不病詈,故曰:"圣人之不病也,以其不病,是以无病也。"[6]

[1] 先慎曰:旧连上,今提行。

[2] 顾广圻曰:"洗",他书又作"先"。先慎曰:"洗"、"先"古通,谓前马而走。《越语》"其身亲为夫差前马"是也。古本贱役,至汉始以此名

官。《百官公卿表》太子太傅属官有先马，如淳云："前驱也，'先'或作'洗'。"《汲黯传》作"洗马"，是其证。

[3] 先慎曰：《北堂书钞》一百二十三引"于"作"破"。

[4] 卢文弨曰："王"即古"玉"字。顾广圻曰：《战国策》云："而武王羁于王门。"又《吕氏春秋》云："武王事之，夙夜不懈，亦不忘王门之辱。"高《注》："文王得归，乃筑灵台，作玉门，相女童，武王以此为耻而不忘也。""王"即"玉"字。高所说见《淮南·道应训》。彼注"玉门，以玉饰门"，可证也。武王不当有羁事，《策》"羁"当即"詈"之讹。

[5] 先慎曰："宦"，赵本作"官"，误。

[6] 顾广圻曰：今《德经》无"之"字。傅本有，与此合。皆无"也"字。"以其不病"，傅本及《德经》皆作"以其病病"，按《韩子》自作"不病"。"是以无病也"，傅本作"是以不吾病"，今《德经》作"是以不病"，皆无"也"字。先慎曰：此谓不以为病，故能除病。以上见七十一章。

宋之鄙人[1]得璞玉而献之子罕。[2]子罕不受。鄙人曰："此宝也，宜为君子器，不宜为细人用。"子罕曰："尔以玉为宝，我以不受子玉为宝。"是鄙人欲玉，而子罕不欲玉。故曰："欲不欲，而不贵难得之货。"[3]

[1] 卢文弨曰：下二条皆当连。

[2] 先慎曰：见《左》襄十五年《传》。《二柄》篇有子罕，当别一人。

[3] 顾广圻曰：《藏》本同。今本无"而"字，傅本及今《德经》皆无"而"字。

王寿负书而行，见徐冯于周，塗冯曰：[1]"事者为也，为生于时，知者无常事；[2]书者言也，言生于知，知者不藏书。[3]今子何独负之而行？"于是王寿因焚其书而儛之。[4]故知者不以言谈教，而慧者不以藏书箧，[5]此世之所过也，而王寿复之，[6]是学不学也。故曰："学不学，复归众人之所过也。"[7]

[1] 顾广圻曰："周"字句绝，读依《淮南·道应训》。"塗"字，《淮南》作"徐"。此文上"徐"下"塗"，未详孰是。先慎曰：依《淮南》作"徐"是也。"涂"为"徐"字形近之误，后人又加土于其下耳。

[2] 王渭曰："知"当作"时"。先慎曰：王说是。《道应训》"时"上有"知"字，乃误衍，当依此订正。

[3] 顾广圻曰：《淮南子》无"不"字。先慎曰：《淮南》脱"不"字。"知"，读曰智。

[4] 先慎曰：高诱《注》："自喜焚其书，故舞之也。"

[5] 王先谦曰："书"字当在"藏"字上。

[6] 先慎曰：河上公《注》："复之者，使反本也。"

[7] 顾广圻曰：傅本及《德经》无"归"字、"也"字。又傅本"复"上有"以"字，与各本全异。先慎曰：王弼《注》："学不学，以复众人之过。""归"字疑衍。

夫物有常容，因乘以导之，因随物之容。[1]故静则建乎德，动则顺乎道。[2]宋人有为其君以象为楮叶者，[3]三年而成。丰杀茎柯，[4]毫芒繁泽，乱之楮叶之中而不可别也。[5]此人遂以功食禄于宋邦。[6]列子闻之曰："使天地三年而成一叶，则物之有叶者寡矣。"[7]故不乘天地之资而载一人之身，不随道理之数而学一人之智，[8]此皆一叶之行也。故冬耕之稼，后稷不能羡也；[9]丰年大禾，臧获不能恶也。以一人力，则后稷不足；随自然，则臧获有馀。故曰："恃万物之自然而不敢为也。”[10]

[1] 顾广圻曰：有误，未详。先慎曰：顾说非也。下“因”字微逗，其义甚明。物有定形，乘其机以引导之，不待雕琢，而听其自然以成形。

[2] 王先谦曰：静则心有常主，动则物来顺应。

[3] 顾广圻曰：“象”，《列子·说符》篇作“玉”。

[4] 顾广圻曰：“丰”，《列子》作“锋”。先慎曰：作“丰”是。“丰杀”，谓肥瘦也。“杀”，音所拜反。

[5] 先慎曰：《列子》同。《白孔六帖》八十三引“乱”作“杂”，“别”作“辨”。

[6] 顾广圻曰：“功”，《列子》作“巧”。先慎曰：“功”当作“巧”。《列子》下文云“圣人恃道化而不恃智巧”，张湛《注》“此明用巧能不足以赡物，因道而化则无不周”，即承此“巧”字言之。“功”、“巧”形近而误。

[7] 先慎曰：《白孔六帖》引“天地”作“造化”，“寡”作“鲜”。

[8] 先慎曰：乾道本“智”上无“之”字，赵本有，依上文当有，改从赵本。

[9] 俞樾曰：“羡”当作“美”，字之误也。下文云“丰年大禾，臧获不能恶也”，“美”与“恶”相对。

[10] 顾广圻曰：“恃”字，傅本及今《德经》皆作“以辅”。下“也”字，今《德经》无，傅本有，与此合。先慎曰：《治要》引《老子》“也”作“焉”。以上见六十四章。

空窍者，神明之户牖也。[1] 耳目竭于声色，精神竭于外貌，故中无主。中无主，则祸福虽如丘山无从识之。故曰：“不出于户，可以知天下；不闚于牖，可以知天道。”[2] 此言神明之不离其实也。

[1] 先慎曰：乾道本连上，卢文弨云“当分段”，今从《拾补》。

[2] 顾广圻曰：两“可以”二字，今《德经》无，傅本有，与此合。皆无“于”字。下“知”字，今《德经》作“见”，傅本作“知”，与此合。《淮南·道应训》引有“以”字，无“于”字，下“知”字亦作“见”。先慎曰：“闚”，河上公及傅本作“规”。毕沅《考异》云：“《说文》：‘窥，小视也。’‘闚，闪也。’‘闪，闚头门中也。’《方言》：‘凡相窃视，南楚谓之“闚”。’”盖穴中窃视曰“窥”，门中窃视曰“闚”。老子楚人，用楚语作“窥”，《韩子》自作“闚”。

赵襄主学御于王子期，[1]俄而与於期逐，三易马而三后。襄主曰：[2]“子之教我御，术未尽也？”对曰：“术已尽，用之则过也。凡御之所贵，马体安于车，人心调于马，而后可以进速致远。今君后则欲逮臣，先则恐逮于臣。夫诱道争远，非先则后也；[3]而先后心在于臣，上何以调于马？[4]此君之所以后也。”[5]

[1] 顾广圻曰：“期”上当有“於”字，下文及本书《外储说右下》皆同。先慎曰：顾说是。古“於”字作“于”，与“子”形近，浅人以为复衍而妄删之，下已改“于”为“於”，故得存其真耳。卢本反据此以改下文“於”字为“子”，误。

[2] 先慎曰：赵本“主”作“王”，误。

[3] 先慎曰：“诱道”，诱马于道也。

[4] 顾广圻曰：今本“上”作“尚”。先慎曰：“上”、“尚”古通。张榜本“何”作“可”，误。

[5] 先慎曰：此当连下为一条。

白公胜虑乱，[1]罢朝，倒杖而策锐贯顊，[2]血流至于地而不知。郑人闻之曰:“顡之忘,将何为忘哉!”[3]故曰:“其出弥远者,其智弥少。”[4]此言智周乎远,则所遗在近也,[5]是以圣人无常行也。能并智,故曰:“不行而知。”能并视,故曰:“不见而明。”[6]随时以举事,因资而立功,用万物之能而获利其上,故曰:“不为而成。”[7]

[1] 先慎曰:《秦策》高《注》:“虑,谋也。”

[2] 顾广圻曰:《淮南子·道应训》、《列子·说符》篇作“罢朝而立,倒杖策,錣上贯颐”。按“顡”即“颐”字之别体也。《玉藻》郑《注》“颐,或为‘霤’”,可借证矣。先慎曰:《御览》三百六十八引无“而”字,“顡”作“颐”。

[3] 顾广圻曰:“为”,《淮南子》、《列子》作“不”。先慎曰:作“不”是,“为”字误。

[4] 顾广圻曰:傅本及今《德经》皆无“者”字。“少”,傅本作“尠”,与各本异。

[5] 王先谦曰:思远则忽近。

[6] 顾广圻曰:傅本及今《德经》“明”皆作“名”。

[7] 先慎曰:赵孟頫本“不”作“无”。以上见四十七章。

楚庄王莅政三年,[1]无令发,无政为也。右司马御座。[2]而与王隐曰:“有鸟止南方之阜,三年不翅,不飞不鸣,[3]嘿然无声,此为何名?”王曰:“三年不翅,将以长羽翼;[4]不飞不鸣,将以观民则。[5]虽无飞,飞必冲天;虽无鸣,鸣必惊人。子释之,不谷知之矣。”处半年,乃自听政,所废者十,所起者九,诛大臣五,举处士六,而邦大治。举兵诛齐,败之徐州,[6]胜晋于河雍,合诸侯于宋,遂霸天下。庄王不为小害善，故有大名；[7]不蚤见示，故有大功。故曰："大器晚成，大音希声。"[8]

[1] 先慎曰：乾道本连上。卢文弨云"当分段，凌本提行"，今据改。

[2] 卢文弨曰：张、凌本"座"作"坐"。

[3] 顾广圻曰：《史记·楚世家》、《新序》无"不翅"，馀亦各不同。《吕氏春秋·重言》篇"不翅"作"不动"。

[4] 先慎曰：乾道本"长"上有"观"字。顾广圻云"《藏》本、今本无'观'字"，今据删。

[5] 先慎曰："则"，法也。

[6] 顾广圻曰：《史记·年表》"威王七年围齐于徐州"，《楚世家》同。或此庄王谓威王也。

[7] 王先谦曰："害"字不当有，盖与"善"形近误衍。

[8] 顾广圻曰：傅本"希"作"稀"。按"希"、"稀"同字也。先慎曰：傅本"音"作"言"，与各本全异。见四十一章。

楚庄王欲伐越，[1]莊子谏曰：[2]"王之伐越何也？"曰："政乱兵弱。"莊子曰："臣患智之如目也，[3]能见百步之外，而不能自见其睫。[4]王之兵自败于秦晋，丧地数百里，此兵之弱也；庄跻为盗于境内，[5]而吏不能禁，此政之乱也。王之弱乱，非越之下也，而欲伐越，[6]此智之如目也。"王乃止。故知之难，不在见人，在自见。故曰："自见之谓明。"[7]

[1] 卢文弨曰：连下为一条。顾广圻曰：《荀子》杨倞《注》引无"庄"字。按庄王与庄跻不同时，或此庄王亦谓威王也。《古今人表下》有严跻与威王相接。

[2] 先慎曰：乾道本“莊”作“杜”。顾广圻云：杨《注》引此“杜”作“莊”。先慎案：“杜”乃“莊”之误，《御览》三百六十六引作“莊”，下同，今据改。

[3] 先慎曰：乾道本“臣”下有“愚”字，“智之”作“之智”。卢文弨云：“愚”字衍，张、凌本无。“之智”，当作“智之”，旧倒，讹。王渭云：“患”下有脱字。先慎案：卢说是。下“此智之如目也”即承此句，王渭不知“之智”二字之倒，故疑有脱文。《御览》引正作“臣患知之如目也”，今据删。

[4] 先慎曰：《御览》引无“自”字，“睫”作“眦”。

[5] 先慎曰：乾道本“跻”上有“蹊”字。顾广圻云：《藏》本、今本无“蹊”字。按“蹊”字当衍。《荀子·议兵》篇“庄跻起，楚分为三四”，杨倞《注》引此无“蹊”字。《史记·西南夷列传》“始楚威王时，使将军庄跻将兵”，又云“庄跻者，故楚庄王苗裔也”，《索隐》“楚庄王弟为盗者”，当是据此耳。《吕氏春秋·介立》篇云“庄跻之暴郢”，高诱《注》“庄跻，楚成王之大盗”，“成”当作“威”。又《异用》篇云“跖与企足”，高诱《注》：“企足，庄跻也，皆大盗人名。”“跻”误作“蹊”，校者旁改，遂致两有。先慎按：顾说是，今据删。

[6] 先慎曰：乾道本“欲”上脱“而”字。卢文弨云：张、凌本有。先慎案：《御览》引亦有，今据补。

[7] 顾广圻曰：傅本及今《道经》“之谓”二字作“者”。傅本末有“也”字，下句同。先慎曰：“自见”，《老子》作“自知”，此文上言“臣患智之如目也”，又言“此智之如目也”，即以庄王事喻《老子》“自知之谓明”句，《道经》“自知”即承“知人者智也”而言，无作“见”之本。此“见”字即缘上两“见”字而误，非韩子所见本有不同也。当依《老子》作“知”。

子夏见曾子，曾子曰：“何肥也？”对曰：“战胜，故肥也。”[1]曾子曰：“何谓也？”子夏曰：“吾入见先王之义则荣之，出见富贵之乐又荣之，两者战于胸中，未知胜负，故臞。

今先王之义胜，故肥。”是以志之难也，不在胜人，在自胜也。故曰：“自胜之谓强。”[2]

[1] 先慎曰：《御览》三百七十八引无“也”字。

[2] 先慎曰：以上见三十三章。

周有玉版，纣令胶鬲索之，文王不予；费仲来求，因予之。是胶鬲贤而费仲无道也，[1]周恶贤者之得志也，故予费仲。文王举太公于渭滨者，贵之也；而资费仲玉版者，是爱之也。故曰：“不贵其师，不爱其资，虽知大迷，[2]是谓要妙。”[3]

[1] 先慎曰：《事类赋》九引无“而”字。

[2] 先慎曰：“知”读为“智”。赵本“大”作“太”，误。

[3] 顾广圻曰：傅本“是”作“此”，与各本全异。先慎曰：河上公《注》：“能通此意，是谓知微妙要道也。”见二十七章。

说林上第二十二[1]

汤以伐桀,[2]而恐天下言己为贪也,因乃让天下于务光。而恐务光之受之也,乃使人说务光曰:"汤杀君而欲传恶声于子,故让天下于子。"[3]务光因自投于河。

[1] 卢文弨曰:《藏》本卷七起。先慎曰:《索隐》云:"《说林》者,广说诸事,其多若林,故曰《说林》也。"

[2] 先慎曰:"以"、"已"同。

[3] 先慎曰:言汤欲嫁名于务光,故让务光以天下;受汤之天下,是并弑君之名而受之。

秦武王令甘茂择所欲为于仆与行事,[1]孟卯曰:"公不如为仆。公所长者使也,[2]公虽为仆,王犹使之于公也。[3]公佩仆玺而为行事,是兼官也。"

[1] 俞樾曰:"事"字衍文。下文曰"公佩仆玺而为行事",是"仆"与"行"为官名,言佩仆之玺而为行之事也。读者误以"行事"连读,遂于此文亦增"事"字矣。

[2] 先慎曰:"长",音直良切。

[3] 先慎曰:言虽受仆之职而行之事犹使公。

子圉见孔子于商太宰。孔子出,子圉入,请问客。太宰曰:"吾已见孔子,则视子犹蚤虱之细者也,吾今见之于君。"

子圉恐孔子贵于君也，因谓太宰曰：[1]“君已见孔子，亦将视子犹蚤虱也。”[2]太宰因弗复见也。

[1] 先慎曰：各本“谓”作“请”，缘上文“请”字而误。《御览》九百五十一引作“谓”，今据正。

[2] 先慎曰：乾道本重“孔子”二字，赵本“视子”作“视之”。卢文弨云：“已”，张、凌本作“君”，凌本不重“孔子”，《藏》本、凌本“之”作“子”。顾广圻云：今本下“子”字作“之”，误。按“孔子”二字不当更有。先慎案：赵本“君”亦作“已”，误。《御览》不重“孔子”二字，今据删。

魏惠王为臼里之盟，[1]将复立于天子。[2]彭喜谓郑君曰：[3]“君勿听。大国恶有天子，小国利之。[4]若君与大不听，魏焉能与小立之。”[5]

[1] 顾广圻曰：“臼”，《战国·韩策》作“九”。

[2] 先慎曰：“立于”二字当衍，《策》无。

[3] 顾广圻曰：“彭”，《策》作“房”。“郑君”，《策》作“韩王”。按“房”当是“旁”之误，“彭”、“旁”同字也。“郑”，即韩也。《韩策》有“谓郑王曰”章，本书《七术》篇“魏王谓郑王曰”，又“困梁、郑”，《六微》篇“公叔因内齐军于郑”，皆可证也。

[4] 先慎曰：“恶”，乌路反。

[5] 先慎曰：《策》“大”、“小”下并有“国”字。

晋人伐邢，[1]齐桓公将救之。鲍叔曰：“太蚤。邢不亡，晋不敝；晋不敝，齐不重。且夫持危之功，不如存亡之德大。君不如晚救之以敝晋，齐实利；[2]待邢亡而复存之，其名实美。”[3]桓公乃弗救。

[1] 顾广圻曰：与《左传》不同。先慎曰：乾道本连上，今从赵本提行。

[2] 先慎曰：“齐”当为“其”之误，下“其名美”，此言“其实利”，明不当作“齐”。

[3] 王渭曰：“实”字衍。

子胥出走，[1]边候得之。[2]子胥曰：“上索我者，以我有美珠也。今我已亡之矣，我且曰子取吞之。”候因释之。[3]

[1] 顾广圻曰：《燕策》云“张丑”。先慎曰：《吴越春秋》作“伍子胥”，与此同。

[2] 先慎曰：“候”，吏也。《吴越春秋》作“关吏欲执之”。

[3] 先慎曰：《艺文类聚》八十四引“候”上有“边”字，“因”字作“忧而”二字，误。《吴越春秋》作“关吏因舍焉”，正作“因”字。

庆封为乱于齐而欲走越，[1]其族人曰：“晋近，奚不之晋？”庆封曰：“越远，利以避难。”族人曰：“变是心也，居晋而可；不变是心也，虽远越，其可以安乎！”

[1] 顾广圻曰：《左传》云“奔吴”。先慎曰：旧连上，今提行。

智伯索地于魏宣子，[1]魏宣子弗予。任章曰：[2]“何故不予？”宣子曰：“无故请地，故弗予。”[3]任章曰：“无故索地，邻国必恐；彼重欲无厌，天下必惧。君予之地，智伯必骄而轻敌，邻邦必惧而相亲。以相亲之兵，待轻敌之国，则智伯之命不长矣。[4]《周书》曰：'将欲败之，必姑辅之；将欲取之，必姑予之。'[5]君不如予之，以骄智伯。且君何释以天下图智氏，而独以吾国为智氏质乎？"[6]君曰："善。"乃与之万户之邑。智伯大悦，因索地于赵，弗与，因围晋阳。韩、魏反之外，赵氏应之内，智氏自亡。[7]

[1] 顾广圻曰："宣"，《策》作"桓"，《说苑·权谋》篇作"宣"。先慎曰：《十过》篇作"宣"，与此同。

[2] 顾广圻曰：《说苑·权谋》篇作"任增"。按《魏策》与此同，《古今人表中》中有任章。先慎曰：《淮南·人间训》作"任登"，"登"、"增"声近，本书《外储说左上》篇作"王登"，"王"即"壬"之误，"任"、"壬"古通；"章"、"登"盖一人而二名耳。

[3] 先慎曰："请"当为"索"，上下文并作"索"，《策》亦作"索"。

[4] 卢文弨曰："伯"，张、凌本作"氏"。先慎曰：《策》亦作"氏"。

[5] 先慎曰：王应麟疑此为苏秦所读《周书》、《阴符》之类。

[6] 先慎曰："质"，的也。《存韩》篇"则秦必为天下兵质矣"，义正同。

[7] 先慎曰：《策》"自"作"遂"，《说苑》亦作"遂"。

秦康公筑台三年，荆人起兵，将欲以兵攻齐。任妄曰："饥召兵，疾召兵，劳召兵，乱召兵。君筑台三年，今荆人起兵，将攻齐，臣恐其攻齐为声，而以袭秦为实也，不如备之。"戍东边，荆人辍行。[1]

[1] 先慎曰："辍"，一本作"辄"，非。

齐攻宋，宋使臧孙子南求救于荆。[1]荆大说，许救之甚欢。[2]臧孙子忧而反。其御曰："索救而得，今子有忧色，何也？"臧孙子曰："宋小而齐大。夫救小宋而恶于大齐，此人之所以忧也，而荆王说，[3]必以坚我也。我坚而齐敝，荆之所利也。"臧孙子乃归。齐人拔五城于宋，而荆救不至。

[1] 顾广圻曰：《宋卫策》无"孙"字。

[2] 顾广圻曰："欢"，当从《策》作"劝"，高《注》："劝，力也。"

[3] 先慎曰：《策》"说"下有"甚"字。

魏文侯借道于赵而攻中山，赵肃侯将不许，赵刻曰：[1]"君过矣。魏攻中山而弗能取，则魏必罢，罢则魏轻，魏轻则赵重。魏拔中山，必不能越赵而有中山也，是用兵者魏也，而得地者赵也。君必许之，而大欢，[2]彼将知君利之也，必将辍行。君不如借之道，示以不得已也。"

[1] 顾广圻曰："刻"，《赵策》作"利"。

[2] 顾广圻曰：《藏》本、今本重"许之"，《策》有。"欢"，当从《策》作"劝"。

鸱夷子皮事田成子，[1]田成子去齐，走而之燕，鸱夷子皮负传而从。至望邑，子皮曰："子独不闻涸泽之蛇乎？泽涸，[2]蛇将徙，有小蛇谓大蛇曰：'子行而我随之，人以为蛇之行者耳，必有杀子者。子不如相衔负我以行，[3]人必以我为神君也。'[4]乃相衔负以越公道而行，[5]人皆避之，曰：'神君也。'今子美而我恶,以子为我上客,千乘之君也;以子为我使者,万乘之卿也。子不如为我舍人。"田成子因负传而随之,至逆旅,逆旅之君待之甚敬,因献酒肉。

[1] 顾广圻曰:《墨子·非儒》篇"乃树鸱夷子皮于田常之门",即其事也。《说苑·臣术》篇:"陈成子谓鸱夷子皮。"

[2] 先慎曰:各本作"涸泽",误倒。《艺文类聚》九十六、《御览》九百三十三、《事类赋》二十八引作"泽涸",今据乙。

[3] 先慎曰:各本脱"子者"二字,文不成句。《艺文类聚》、《御览》引有"子"字,无"者"字,亦误。今依《事类赋》引补"子者"二字。

[4] 先慎曰:乾道本无"必"字。卢文弨云:"人"下脱"必"字。先慎案:《艺文类聚》、《御览》、《事类赋》引有"必"字,今据补。

[5] 先慎曰:乾道本无"而行"二字。顾广圻云:《藏》本、今本"道"下有"而行"二字,按不当有。先慎案:"而行"二字不当省,《艺文类聚》、《御览》、《事类赋》引亦有,今据补。

温人之周,周不纳客,[1]问之曰:"客耶?"对曰:"主人。"[2]问其巷而不知也,[3]吏因囚之。君使人问之曰:"子非周人也,而自谓非客,何也?"对曰:"臣少也诵《诗》,曰:'普天之下,莫非王土;率土之滨,莫非王臣。'[4]今君天子,则我天子之臣也,岂有为人之臣而又为之客哉?故曰主人也。"君使出之。

[1] 顾广圻曰:句绝。

[2] 顾广圻曰:《周策》无"问之曰客"四字,"耶"作"即",非。姚校"一本同此"者是。

［3］先慎曰：各本“巷”下衍“人”字，《周策》作“问其巷而不知也”，无“人”字，此涉上文而误。《御览》六百四十二引此无“人”字，今据删。

［4］先慎曰：《诗·小雅·北山》之篇。

韩宣王谓樛留曰：[1]“吾欲两用公仲、公叔，其可乎？”对曰：“不可。晋用六卿而国分，简公两用田成、阚止而简公杀，魏两用犀首、张仪而西河之外亡。[2]今王两用之，其多力者树其党，[3]寡力者借外权。群臣有内树党[4]以骄主，内[5]有外为交以削地，[6]则王之国危矣。”

［1］顾广圻曰：“樛”，《韩策》作“摎”。案“樛”、“摎”同字，本书《难一》篇作“樛”。先慎曰：乾道本连上，今从赵本提行。

［2］先慎曰：《难一》篇“犀首、张仪”作“楼、翟”，馀亦不同。

［3］顾广圻曰：此“树”上脱“内”字，《策》有。

［4］顾广圻曰：“有”，《策》作“或”。按“或”、“有”同字。

［5］顾广圻曰：此衍“内”字，《策》无。先慎曰：此“内”字即上文“树”(下)〔上〕“内”字，错移在此。

［6］王念孙曰：“削地”当为“列地”。“列”，古“裂”字。《艮·九三》曰：“艮其限，列其夤。”《大戴礼·曾子天圆》篇曰：“割列禳瘗。”《管子·五辅》篇曰：“博带梨大袂列。”《荀子·哀公》篇曰：“两骖列两服入厩。”“裂”，分也。言借外权以分地也。《韩策》作“或外为交以裂其地”，是其明证。“列”字本作“𠛱”，形与“削”相似，因误为“削”。《说文》：“𠛱，分解也。从刀，𡿪声。”“裂，缯馀也。从衣，𠛱声。”今九经中“分列”之字多作“裂”，未必非后人所改，此“列”字若不误为“削”，则后人亦必改为“裂”矣。

绍绩昧醉寐而亡其裘，[1]宋君曰：[2]“醉足以亡裘乎？”对曰：“桀以醉亡天下，而《康诰》曰：‘毋彝酒。’[3]彝酒者，常酒也。[4]常酒者，天子失天下，匹夫失其身。”

［1］先慎曰：《御览》四百九十七引“绩”作“缁”，无“寐”字。

［2］先慎曰：《御览》引“宋”作“梁”。

［3］卢文弨曰：“而”字，孙云衍。先慎曰：今在《酒诰》中。杨子《法言·问神》篇云：“昔之说《书》者序以百，而《酒诰》之篇俄空焉，今亡夫。”是汉时已无《酒诰》，而《康诰》亦有佚文，后人纂辑《酒诰》，并《康诰》佚句亦并错入，当据此订正。

［4］卢文弨曰：“者”字旧误在上“彝酒”下，孙移正。先慎曰：孙移是，今从之。“常酒”，谓常饮酒也。

管仲、隰朋从桓公伐孤竹，[1]春往冬反，迷惑失道。管仲曰：“老马之智可用也。”乃放老马而随之，遂得道。行山中无水，隰朋曰：“蚁冬居山之阳，夏居山之阴，蚁壤寸而有水。”[2]乃掘地，遂得水。以管仲之圣而隰朋之智，至其所不知，不难师于老马与蚁。今人不知以其愚心而师圣人之智，不亦过乎！[3]

［1］先慎曰：各本“桓”上有“于”字，“伐”上有“而”字。《意林》及《御览》四百九十、《事类赋》三十引并无“于”字、“而”字，今据删。

［2］先慎曰：各本“寸”上有“一”字，“而”下有“仞”字。《意林》及《御览》卷三十七、又九百四十七、《事类赋》引无“一”字、“仞”字，今据删。

［3］先慎曰：乾道本“圣人”上无“师”字。顾广圻云：《藏》本、今本有。先慎案：此谓管仲、隰朋之圣智，尚师老马与蚁之所知，而今人不知己之愚以师圣人之智，是谓过矣。“师老马与蚁”与“师圣人之智”相比成文，“圣人”上不当无“师”字，今据《藏》本、今本补。

有献不死之药于荆王者，谒者操之以入。中射之士问曰："可食乎？"曰："可。"因夺而食之。王大怒，使人杀中射之士。中射之士使人说王曰："臣问谒者，[1]曰'可食'，臣故食之，是臣无罪而罪在谒者也。[2]且客献不死之药，臣食之而王杀臣，是死药也，是客欺王也。夫杀无罪之臣而明人之欺王也，不如释臣。"王乃不杀。

[1] 先慎曰：《楚策三》重"谒者"二字，是也，此脱。

[2] 先慎曰：谒者漫云"可食"，故食者不任罪。

田驷欺邹君，邹君将使人杀之。田驷恐，告惠子。惠子见邹君曰："今有人见君则眣其一目，奚如？"[1]君曰："我必杀之。"惠子曰："瞽两目眣，君奚为不杀？"[2]君曰："不能勿眣。"惠子曰："田驷东欺齐侯，[3]南欺荆王，驷之于欺人，瞽也，君奚怨焉？"[4]邹君乃不杀。

[1] 先慎曰："眣"，《御览》三百六十六引作"䁋"，下同。注云："大叶切，闭目也。"盖即《韩子》旧注。《玉篇》"䁋，闭一目也"，本此为训。"眣"为目旁毛，义稍隔。

[2] 先慎曰：《艺文类聚》十七引作"瞽眣两目，君奚弗杀"。

[3] 先慎曰：各本"欺"作"慢"。顾广圻云："慢"，读为谩。先慎案：《艺文类聚》、《御览》引"慢"并作"欺"，是也。下"驷之欺人"，正承此"欺"字言，明不当作"慢"，今据改。

[4] 先慎曰：瞽以闭目为常，驷以欺人为常，习与性成，又何尤焉。

鲁穆公使众公子或宦于晋，或宦于荆。[1]犁钼曰："假人于越而救溺子，越人虽善游，子必不生矣。失火而取水于海，海水虽多，火必不灭矣，远水不救近火也。今晋与荆虽强，而齐近，鲁患其不救乎？”

[1] 先慎曰：欲结援晋、楚，故使公子宦焉。乾道本上“(官)〔宦〕”字作“宦”，据赵本改。

严遂不善周君，[1]患之。冯沮曰：[2]“严遂相，而韩傀贵于君，[3]不如行贼于韩傀，则君必以为严氏也。”

[1] 卢文弨曰：“周君”二字当重。

[2] 顾广圻曰：即《周策》之“冯且”也。“沮”、“且”同字。

[3] 顾广圻曰：与本书《六微》篇及《韩策》不同。

张谴相韩，病将死，公乘无正怀三十金而问其疾。居一月，公自问张谴曰：[1]“若子死，将谁使代子？”答曰：“无正重法而畏上，[2]虽然，不如公子食我之得民也。”张谴死，因相公乘无正。

[1] 先慎曰：各本无“公”字，《拾补》“自”改“君”。顾广圻云：“居”当作“君”，“月”当作“日”。先慎案：“居一月”与下“孟孙”条及《六微》篇“居三月”文法正同。卢、顾二家不知“自”上脱“公”字，故改上下文以就其义，皆非也。《御览》八百十引有“公”字，今据补。

[2] 先慎曰：《御览》引无“重”字。

乐羊为魏将而攻中山，[1]其子在中山，中山之君烹其子而遗之羹。乐羊坐于幕下而啜之,尽一杯。[2]文侯谓堵师赞曰:[3]“乐羊以我故,而食其子之肉。”答曰:“其子而食之,且谁不食?”乐羊罢中山,[4]文侯赏其功而疑其心。孟孙猎得麑,[5]使秦西巴持之归,[6]其母随之而啼,秦西巴弗忍而与之。[7]孟孙适至而求麑,[8]答曰:“余弗忍而与其母。”孟孙大怒,逐之;居三月,复召以为其子傅。[9]其御曰:“曩将罪之,今召以为子傅,何也?”孟孙曰:“夫不忍麑,又且忍吾子乎?”故曰:“巧诈不如拙诚。”乐羊以有功见疑,秦西巴以有罪益信。[10]

[1] 先慎曰:《治要》、《御览》六百四十五、《初学记》十七引无“而”字,《中山策》亦无。《说苑·贵德》篇“而”作“以”。

[2] 先慎曰:《艺文类聚》七十三、《御览》、《初学记》引“啜”并作“飧”。《淮南·人间训》作“啜三杯”。

[3] 顾广圻曰:“堵”,《魏策》作“睹”,姚校云:“《后语》作‘堵’。”

[4] 先慎曰:《吴语》韦《注》:“罢,归也。”谓乐羊归自中山也。

[5] 先慎曰:各本“孟”下提行。《治要》连上,自“乐羊为将”至“秦西巴以有罪益信”为一条,是也,今据改。

[6] 先慎曰:各本“持之归”作“载之持归”。案:“载之持归”语重复,盖一本作“载之归”,一本作“持之归”,校者误合为一,又误乙“持”字于“之”字下耳。《治要》、《艺文类聚》六十六、《御览》八百二十二引无“载”字,《说苑》亦无,今据改。《淮南子》作“持归烹之”。

[7] 先慎曰:《艺文类聚》、《御览》引“之”字作“其母”二字。

[8] 先慎曰:各本“适”作“归”。案:“归至”二字复,今据《艺文类聚》、《御览》引改。《淮南子》作“孟孙归求麑安在”。

[9] 先慎曰:《淮南子》、《说苑》“居三月”作“居一年”。

[10] 先慎曰：各本“西巴”作“巴西”。案：上两云“西巴”，此误。《治要》正作“西巴”，今据改。《艺文类聚》引并上亦误作“巴西”。

曾从子，善相剑者也。卫君怨吴王，曾从子曰：“吴王好剑，臣相剑者也，臣请为吴王相剑，拔而示之，因为君刺之。”卫君曰：“子为之是也，非缘义也，为利也。吴强而富，卫弱而贫，子必往，吾恐子为吴王用之于我也。”乃逐之。[1]

[1] 先慎曰：乾道本无“之”字。顾广圻云“《藏》本、今本‘逐’下有‘之’字”，今据补。

纣为象箸而箕子怖，[1] 以为象箸必不盛羹于土铏，[2] 则必犀玉之杯；玉杯象箸必不盛菽藿，则必旄象豹胎；旄象豹胎必不衣短褐而舍茅茨之下，[3] 则必锦衣九重、高台广室也。称此以求，则天下不足矣。圣人见微以知萌，[4] 见端以知末。故见象箸而怖，知天下不足也。[5]

[1] 先慎曰：乾道本无“而”字。卢文弨云：脱，凌本有。先慎案：《御览》七百六十引有“而”字，《喻老》亦有，今据补。

[2] 先慎曰：乾道本“不”上无“必”字，“铏”作“簋”。卢文弨云：凌本有“必”字。先慎案：《喻老》亦有“必”字，“簋”作“铏”，《御览》七百五十九引同，今据改。

[3] 先慎曰：《喻老》篇作“而食于茅屋之下”。

[4] 顾广圻曰：“萌”当作“明”。

[5] 先慎曰：知不满其欲也。

周公旦已胜殷，将攻商盖，[1]辛公甲曰：[2]“大难攻，小易服，不如服众小以劫大。”乃攻九夷而商盖服矣。

[1] 江声曰：“商盖”，商奄也。

[2] 先慎曰：即辛甲，周太史，见《左》襄四年《传》。一曰“辛尹”，《晋语》所谓文王访于辛尹者也。

纣为长夜之饮，懼以失日，[1]问其左右，尽不知也。乃使人问箕子。箕子谓其徒曰：[2]“为天下主而一国皆失日，天下其危矣。一国皆不知而我独知之，吾其危矣。”辞以醉而不知。

[1] 顾广圻曰：“懼”当作“懽”。

[2] 先慎曰：《御览》四百九十七引“徒”作“從”。

鲁人身善织屦，妻善织缟，[1]而欲徙于越。或谓之曰：“子必穷矣。”鲁人曰：“何也？”曰：“屦为履之也，[2]而越人跣行；缟为冠之也，[3]而越人被发。以子之所长，游于不用之国，欲使无穷，其可得乎！”

[1] 先慎曰：《礼·王制·正义》云：“生绢曰缟。”

[2] 先慎曰：《说文》：“屦，履也。”“履，足所依也。”是“履”为足践之通称。

[3] 先慎曰：《礼·王制》郑《注》“殷尚白而缟衣裳”，是周以前衣裳皆用缟。《玉藻》“缟冠素纰，既祥之冠也”，则周人惟冠用缟耳。

陈轸贵于魏王。[1]惠子曰:“必善事左右。夫杨横树之即生,倒树之即生,[2]折而树之又生。然使十人树之而一人拔之,则毋生杨矣。[3]至以十人之众,[4]树易生之物而不胜一人者,何也?树之难而去之易也。子虽工自树于王,而欲去子者众,子必危矣。”

[1] 顾广圻曰:《魏策》云“田需”。按“田”、“陈”同字,“轸”当依《策》(所)〔作〕“需”。

[2] 先慎曰:《策》“即”作“则”,二字通。

[3] 先慎曰:乾道本无“矣”字。卢文弨云:凌本“则”作“即”,“杨”下有“矣”字。先慎案:《策》亦有,今据补。

[4] 卢文弨曰:凌本“至”作“夫”。先慎曰:《策》作“故”。

鲁季孙新弑其君,吴起仕焉。或谓起曰:“夫死者,始死而血,已血而衄,[1]已衄而灰,已灰而土,及其土也,无可为者矣。[2]今季孙乃始血,其毋乃未可知也。”吴起因去之晋。

[1] 先慎曰:乾道本“衄”上无“而”字。顾广圻云:《藏》本、今本有。先慎案:依上下文当有“而”字,今据补。“衄”乃“衄”之俗字,《广雅·释言》:“衄,缩也。”又“朒”之假借。《说文》“朒”下云:“朔而月见东方谓之缩朒。”“衄”、“朒”并音女六反,义相近,故通用。此言人血尽则皮肉皆缩。

[2] 先慎曰:言不能为祟也。赵本“及”作“反”,误。

隰斯弥[1]见田成子,田成子与登台四望,三面皆畅,南望隰子家之树蔽之。[2]田成子亦不言。隰子归,使人伐之,斧离数创，[3]隰子止之。其相室曰："何变之数也？"[4]隰子曰："古者有谚曰：'知渊中之鱼者不祥。'夫田子将有大事，[5]而我示之知微，我必危矣。不伐树，未有罪也；知人之所不言，其罪大矣。"乃不伐也。

[1] 先慎曰：见《人表》第五。

[2] 王先谦曰："家之"二字误倒。

[3] 先慎曰："离"，割也，见《仪礼・士冠礼》注。"数"，音所矩反，言斧割其树创未多也。

[4] 先慎曰："数"，急也。

[5] 卢文弨曰："大事"二字，张作"事事大"三字。

杨子过于宋东之逆旅，[1]有妾二人，其恶者贵，美者贱。杨子问其故，逆旅之父答曰：[2]"美者自美，吾不知其美也；恶者自恶，吾不知其恶也。"杨子谓弟子曰："行贤而去自贤之心，焉往而不美。"[3]

[1] 先慎曰：《庄子・山木》篇"杨"作"阳"，《释文》："司马云：'阳朱也。'"案"杨"、"阳"二字古通，本书自作"杨"，下"杨朱之弟"及此皆作"杨"。"东之"，当依《庄子》作"宿于"。下重"逆旅"字。

[2] 先慎曰：《庄子》作"逆旅小子对曰"。

[3] 先慎曰："行"，音下孟反。"去"，音起吕反。

卫人嫁其子而教之曰："必私积聚。为人妇而出，常也；其成居，幸也。"[1]其子因私积聚，其姑以为多私而出之，其子所以反者倍其所以嫁。[2]其父不自罪于教子非也，而自知其益富。[3]令人臣之处官者，皆是类也。[4]

[1] 先慎曰：《书·益稷》郑《注》："成，犹终也。"《国语·周语》："成，德之终也。"终与同室未可必也。

[2] 卢文弨曰："反"上脱"自"字。张、凌本有。先慎曰：《御览》五百四十一引此正同。张、凌本涉下文而衍"自"字耳。

[3] 顾广圻曰："知"读为"智"。

[4] 先慎曰：人主令臣聚敛附益，伤损国体，与教其嫁子无异也。

鲁丹三说中山之君而不受也，因散五十金事其左右。复见，未语而君与之食。鲁丹出，不反舍，[1]遂去中山。其御曰："及见，乃始善我，[2]何故去之？"鲁丹曰："夫以人言善我，[3]必以人言罪我。"[4]未出境，而公子恶之曰："为赵来间中山。"君因索而罪之。

[1] 先慎曰：各本"不"上有"而"字。《御览》八百十引无，今据删。

[2] 先慎曰：乾道本"及"作"反"。顾广圻云：《藏》本、今本"反"作"及"。先慎案："及"、"反"形相近，又涉上文而误，今据改。《御览》引"及见"二字作"交"。

[3] 先慎曰：《意林》有"者"字。

[4] 先慎曰：《意林》有"也"字。

田伯鼎好士而存其君，白公好士而乱荆，其好士则同，其所以为则异。[1]公孙友自刖而尊百里，[2]竖刁自宫而谄桓公，其自刑则同，其所以自刑之为则异。[3]慧子曰：[4]"狂者东走，[5]逐者亦东走，其东走则同，其所以东走之为则异。

故曰：‘同事之人，不可不审察也。’”

［1］先慎曰：“以”下当有“好士之”三字。此谓其好士则同，其所以好士之为则异。下文“其自刑则同，其所以自刑之为则异”、“其东走则同，其所以东走之为则异”，与此语句一律，明此脱“好士之”三字。《淮南·时则训》注：“为，故也。”

［2］卢文弨曰：“友”当作“支”。先慎曰：卢说是，《左传》作“枝”，“枝”、“支”同字。

［3］先慎曰：乾道本无“以”字。卢文弨云：“所”下脱“以”字，张、凌本有。先慎案：此与上下文法一律，今据补。

［4］卢文弨曰：“慧”、“惠”同。

［5］先慎曰：赵本“狂”作“往”。

韩非子卷第八

说林下第二十三[1]

伯乐教二人相踶马，相与之简子厩观马。一人举踶马，其一人举踶马其一人[2]从后而循之，三抚其尻而马不踶，此自以为失相。其一人曰："子非失相也，[3]此其为马也，踒肩而肿膝。夫踶马也者，举后而任前，肿膝不可任也，故后不举。子巧于相踶马而拙于任肿膝。"[4]夫事有所必归，而以有所。[5]肿膝而不任，智者之所独知也。惠子曰："置猿于柙中，则与豚同。"[6]故势不便，非所以逞能也。

[1] 顾广圻曰：《藏》本连前为卷，非。

[2] 顾广圻曰：今本无此六字。按有者，衍也。先慎曰：此六字当在下文"自以为失相"上，上衍"此"字。"其"犹"之"也，古人"其"、"之"通用，《吕氏春秋·音初》篇注云："之，其也。""之"可训为"其"，"其"亦可训为"之"。"举踶马其一人"，即谓"举踶马之一人"。因传写误衍"此"字，又不知"其"、"之"同义，故移于上以为叠句。赵本知其误而不知其所以误，遂删此六字耳。盖一人举踶马，一人自后循抚而马不踶，故举踶马之一人自以为失相，而自后循抚之一人解之曰："子非失相也。"文字极为从顺，一经讹误，遂不可读。

[3] 先慎曰：乾道本无"曰"字。顾广圻云"今本'人'下有'曰'字"，今据补。

[4] 顾广圻曰：乾道本"任"下有"在肿膝而不任拙于"八字。按有者

衍也。俞樾曰：乾道本错误不可读，各本皆作“子巧于相踶马而拙于任肿膝”，顾氏《识误》从之。然上文云“夫踶马也者，举后而任前，肿膝不可任也”，是任膝者马也，非相马者也，安得云“巧于相踶马，拙于任肿膝”乎？疑《韩子》原文本作“子巧于相踶马而拙于在肿膝”，“在”者，察也。盖徒知其为踶马，而不能察知其肿膝之不可任，是“巧于相踶马而拙于在肿膝”也。乾道本“在肿膝”三字不误，但“在”上又有“任”字，则是因“任”与“在”形似，又涉上下文诸“任”字而误衍耳。其下又有“而不任拙于肿膝”七字，全无意义，则即上句之复文，传写又错误，当删去无疑。乃各本皆作“而拙于任肿膝”，则徒知乾道本之误，而以意删改之，仍无当也。先慎曰：赵本“任”下无“在”字，是误以“在”字为衍文，而不知衍“任”字也。又无“而不任拙于肿膝”七字，与俞说合，今据删。

[5] 先慎曰：语意不完，疑有脱文。

[6] 先慎曰：《意林》“柙中”二字作“槛”。

卫将军文子见曾子，曾子不起而延于坐席，正身见于奥。[1]文子谓其御曰：“曾子，愚人也哉！以我为君子也，君子安可毋敬也！以我为暴人也，暴人安可侮也！曾子不僇，命也。”

[1] 先慎曰：各本无“见”字。《御览》一百八十八引“身”下有“见”字，今据补。《说文》：“奥，宛也，室之西南隅。”谓藏室之尊处也。己处于尊，客坐于旁，故文子以为侮而不敬也。

鸟有翢翢者，[1]重首而屈尾，将欲饮于河，则必颠，乃衔其羽而饮之。人之所有饮不足者，不可不索其羽也。[2]

［1］卢文弨曰：《文选》阮嗣宗《咏怀》诗“周周尚衔羽”，李善《注》引此亦作“周周”。顾广圻曰：“翢”、“周”同字。《集韵》又云：“翢，弱羽者”，即此。

［2］赵用贤曰：疑有脱文。

鳣似蛇，[1]蚕似蠋，人见蛇则惊骇，见蠋则毛起。渔者持鳣，[2]妇人拾蚕，利之所在，皆为贲、诸。[3]

［1］先慎曰：“鳣”即“鱓”假字。

［2］先慎曰：《事类赋》二十九引“持”作“取”，下《七术》篇作“握”。

［3］先慎曰：《事类赋》“贲、诸”作“贲育”。

伯乐教其所憎者相千里之马，教其所爱者相驽马。以千里之马时一有，[1]其利缓；驽马日售，其利急。此《周书》所谓“下言而上用者，惑也”。[2]

［1］先慎曰：各本无“以”字、“有”字。《艺文类聚》九十三、《御览》八百九十六引并有“以”字、“有”字，今据增。

［2］孙诒让曰：此所引盖《逸周书》佚文，《淮南子·汜论训》云：“昔者《周书》有言曰：‘上言者下用也，下言者上用也；上言者常也，下言者权也。’”高《注》：“用，可否相济也。常，谓君常也。权，谋也。谋度事宜，不失其道。”两文同出一原，而意恉皆不甚明晰。以高说推之，似谓上言而下用之者为事之常，下言而上用之者则为权时暂用。“权”与“常”相对为文。故《文子·道德》篇亦云“上言者常用也，下言者权用也”，即隐袭《淮南》书语，盖尚得其恉。此云“下言而上用者惑也”，“惑”，古字与“或”通用，“或”亦不常用之言，与《淮南子》、《文子》言“权”略同。《韩子》引之者，以况“千里马时一〔有〕，其利缓”，犹下言上用之不可为常耳。

桓赫曰：[1]“刻削之道，鼻莫如大，目莫如小。鼻大可小，小不可大也；目小可大，大不可小也。”举事亦然，为其后可复者也，则事寡败矣。[2]

[1] 顾广圻曰：“桓赫”未详，或“桓”当是“杜”也。

[2] 先慎曰：乾道本“后”作“不”。卢文弨云：“不”字衍。先慎案：张榜本“不”作“后”，今从之。

崇侯、恶来知不适纣之诛也，[1]而不见武王之灭之也。比干、子胥知其君之必亡也，而不知身之死也。故曰：“崇侯、恶来知心而不知事，[2]比干、子胥知事而不知心。”[3]圣人其备矣。

[1] 先慎曰：《书·大传》一注：“适，得也。”

[2] 先慎曰：二人窥见纣心之喜怒，而不明国事废兴。

[3] 先慎曰：二人能料国事之成败，而不知己之生死。

宋太宰贵而主断。季子将见宋君，梁子闻之曰：“语必可与太宰三坐乎，[1]不然，将不免。”季子因说以贵主而轻国。[2]

[1] 顾广圻曰：“三”，读为“参”，高诱注《战国策》云：“参，三人并也。”

[2] 顾广圻曰：“主”当作“生”，《吕氏春秋》有《贵生》，即其义。宋君贵重其生，轻贱其国，则太宰长擅宋，故参坐而无恶于太宰矣。

杨朱之弟杨布，衣素衣而出，天雨，解素衣，衣缁衣而反。其狗不知而吠之，杨布怒，将击之。杨朱曰："子毋击也，子亦犹是。曩者使女狗白而往，黑而来，子岂能毋怪哉！"

惠子曰："羿执鞅持扞，[1]操弓关机，越人争为持的。弱子扞弓，慈母入室闭户。[2]故曰：'可必，则越人不疑羿；不可必，则慈母逃弱子。'"

[1] 王引之曰："鞅"为马颈靼，非射所用。"鞅"当为"决"。"决"误为"泱"，后人因改为"鞅"耳。"决"，谓韘也，箸于右手大指，所以钩弦也。"扞"，谓"韝"也，或谓之"拾"，或谓之"遂"，箸于左臂，所以扞弦也。故曰："执决持扞，操弓关机。"《卫风·芄兰》篇"童子佩韘"，毛《传》曰："韘，玦也。"《小雅·车攻》篇"决拾既佽"，毛《传》曰："决，钩弦也。拾，遂也。"《周官》："缮人，掌王之用弓弩矢箙，矰(戈)〔弋〕抉拾。"郑《注》引郑司农云："抉，谓引弦彄也。拾，谓韝扞也。"《乡射礼》"袒决遂"，郑《注》曰："决，犹闿也，以象骨为之，箸右大擘指以钩弦。闿，体也。遂，射韝也。以韦为之，箸左臂，所以遂弦也。"《内则》曰"右佩玦捍"，《贾子·春秋》篇曰"丈夫释玦靬"，"抉"、"玦"并与"决"同，"捍"、"靬"并与"扞"同。

[2] 王引之曰："扞弓"当作"扜弓"。"扜"字从"于"，不从"干"。"扜弓"，引弓也。《说文》："弙，满弓有所向也。"字或作"扜"，《大荒南经》"有人方扜弓射黄蛇"，郭《注》曰："扜，挽也，音纡。"《吕氏春秋·壅塞》篇"扜弓而射之"，高《注》曰："扜，引也。"《淮南·原道》篇"射者扜乌号之弓"，高《注》曰："扜，张也。""弱子扜弓"则矢必妄发，故"慈母入室闭户"。若作扞御之"扞"，则义不可通。今本《吕览》、《淮南》"扜"字皆误"扞"，惟《山海经》不误，则赖有郭音也。

桓公问管仲："富有涯乎？"[1]答曰："水之以涯，其无水者也。富之以涯，[2]其富已足者也。人不能自止于足，而亡其富之涯乎。”[3]

[1] 先慎曰：《说文》“厓”下云“山边也”，又“崖，高边也”，皆有“边”义。《新附》云：“涯，水边也。”水至于边则无水矣，是“涯”为水之止境。许书收《韩子》而无“涯”字，疑脱文。

[2] 先慎曰：乾道本“富”上有“以”字。顾广圻云“今本无上‘以’字”，今据删。

[3] 先慎曰：“亡”，读为“忘”。谓欲富无厌，故忘其涯也。

宋之富贾有监止子者，与人争买百金之璞玉，[1]因佯失而毁之，负其百金，[2]而理其毁瑕，得千溢焉。[3]事有举之而有败，而贤其毋举之者，负之时也。

[1] 先慎曰：《御览》八百二十八引无“玉”字。

[2] 孙诒让曰：“负其百金”者，谓偿其值百金。“负”，犹后世言陪也。《韩诗外传》：“子产之治郑，一年，而负罚之过省。”《魏书·刑法志》云：“盗官物一备五，私物一备十。”《通鉴·宋纪》胡三省《注》云：“备，陪偿。”今人多云“陪”。“备”、“负”、“陪”声近字通。“陪”今俗作“赔”，古无此字。

[3] 顾广圻曰：今本“溢”作“镒”，误。先慎曰：《御览》引作“得十镒焉”。

有欲以御见荆王者，众驺妒之，因曰：“臣能撽鹿。”[1]见王，王为御，不及鹿；自御，及之。王善其御也，乃言众驺妒之。

[1] 卢文弨曰："撽"，音"窍"，旁击也。

荆令公子将伐陈。[1]丈人送之曰："晋强，不可不慎也。"公子曰："丈人奚忧，吾为丈人破晋。"丈人曰："可。吾方庐陈南门之外。"[2]公子曰："是何也？"曰："我笑句践也，为人之如是其易也，己独何为密密十年难乎！"

[1] 先慎曰：《左》哀十六年《传》"楚公孙朝帅师伐陈"，杜《注》："子西子。"此言公子，当即公孙朝。

[2] 先慎曰：公子方伐陈，丈人即为庐于南门之外，较公子所说为更易矣。

尧以天下让许由，许由逃之，舍于家人，家人藏其皮冠。夫弃天下而家人藏其皮冠，是不知许由者也。

三虱食彘，相与讼，[1]一虱过之，[2]曰："讼者奚说？"三虱曰："争肥饶之地。"一虱曰："若亦不患腊之至而茅之燥耳，[3]若又奚患？"于是乃相与聚嘬其身而食之。[4]彘臞，人乃弗杀。[5]

[1] 先慎曰：各本无"食彘"二字。《御览》九百五十一引有，今据补。

[2] 先慎曰：《御览》引"过"作"遇"。

[3] 先慎曰：《说文》："腊，冬至后三戌腊祭百神。"《诗·汝坟·释文》："楚人名火曰'燥'。""耳"，读为"耶"。言若不患腊祭之日至，而人之燥以茅耶。

[4] 先慎曰：各本"身"作"母"。《御览》引作"身"，是，今据改。

[5] 顾广圻曰：卷首至此，《藏》本脱。

虫有螝者，[1]一身两口，争食相龁，遂相杀也。[2]人臣之争事而亡其国者，皆螝类也。[3]

[1] 旧注：或作“蚘”。

[2] 先慎曰：乾道本“螝”作“就”，“争”下无“食”字，“龁”下有“也”字，“遂相杀”下无“也”字，有“因自杀”三字。张、赵本“螝”作“蚘”，“遂相杀”下有“食自杀”三字。卢文弨云：“蚘”、“虮”皆非，据《颜氏家训·勉学》篇改正作“螝”。“争”下脱“食”字，颜有，张本同。“龁”下“也”字衍，“遂相”下“食因自”三字衍，俱依颜改，下“蚘”字当并改。顾广圻云：《古今字诂》“螝，亦古之‘虺’字”，旧注当云“或作‘虺’”，《藏》本、今本皆作“蚘”。王渭云：“洪兴祖《楚辞注》引及柳子厚《天对》亦作‘螝’也。”《藏》本“争”下有“食”字。先慎案：《御览》九百五十一引正作“螝”字，“争”下有“(也)〔食〕”字，是也，今据改。

[3] 先慎曰：乾道本“螝”作“就”，说见上。

宫有垩，器有涤，则洁矣。行身亦然，无涤垩之地则寡非矣。

公子纠将为乱，[1]桓公使使者视之。使者报曰：“笑不乐，视不见，必为乱。”乃使鲁人杀之。

[1] 先慎曰：乾道本连上，今依赵本提行。

公孙弘断发而为越王骑，公孙喜使人绝之曰：“吾不与子为昆弟矣。”公孙弘曰：“我断发，子断颈而为人用兵，我将谓子何？”周南之战，公孙喜死焉。

有与悍者邻，欲卖宅而避之。人曰：“是其贯将满矣，[1]

子姑待之。”答曰：“吾恐其以我满贯也。”遂去之。[2]故曰：“物之几者，非所靡也。”

[1] 先慎曰：乾道本“满”下有“也遂去之故曰勿之”八字。卢文弨云：下“遂去之(或)〔故〕曰勿之矣”八字，从凌本删。先慎案：八字涉下文而复衍。顾广圻谓“也”当作“矣”，是也。《御览》一百八十引无“也遂去之故曰勿之”八字，今据删。

[2] 先慎曰：乾道本脱“之”字。卢文弨云：“之”字，张、凌本有。先慎案：《御览》引有“之”字，今据补。

孔子谓弟子曰：“孰能导子西之钓名也？”子贡曰：“赐也能。”乃导之，不复疑也。孔子曰：“宽哉，不被于利。絜哉，民性有恒。曲为曲，直为直。”[1]孔子曰：[2]“子西不免。”白公之难，子西死焉。故曰：“直于行者曲于欲。”

[1] 先慎曰：数句当是子西对子贡言，“孔子”二字疑“子西”之误。子贡导其钓名，子西曰“宽哉，不被于利”，何必钓名；“絜哉，民性有恒”，谓我有恒性，无庸导也。恒性若何？曲者则为曲，直者则为直，此其恒性也。皆子西对子贡之言。下“直于行者曲于欲”，即指子西“曲为曲，直为直”之语，此孔子闻之，而知其不免也。今误“子西”为“孔子”，义不可通。

[2] 先慎曰：各本同。孙星衍《孔子集语》引此云“宋本提行”，误。

晋中行文子出亡，过于县邑，从者曰：“此啬夫，公之故人，公奚不休舍？且待后车。”文子曰：“吾尝好音，此人遗我鸣琴；吾好珮，此人遗我玉环。是振我过者也。[1]以求容于我者，吾恐其以我求容于人也。”乃去之。果收文子后车二乘而献之其君矣。

[1] 先慎曰:《孟子》赵《注》:“振,扬也。”

周趮[1]谓宫他曰:“为我谓齐王曰:‘以齐资我于魏,请以魏事王。’”宫他曰:“不可,是示之无魏也,齐王必不资于无魏者而以怨有魏者。公不如曰:‘以王之所欲,臣请以魏听王。’齐王必以公为有魏也,必因公。[2]是公有齐也,因以有齐、魏矣。”[3]

[1] 顾广圻曰:“趮”,《魏策》作“肖”。按又作“霄”,皆同字。

[2] 先慎曰:《策》作“必资公矣”。

[3] 顾广圻曰:“有齐”当作“齐有”。《策》云“以齐有魏也”,可证。

白圭谓宋令尹曰:“君长,自知政,公无事矣。今君少主也,而务名,不如令荆贺君之孝也,则君不夺公位而大敬重公,则公常用宋矣。”

管仲、鲍叔相谓曰:“君乱甚矣,必失国。齐国之诸公子其可辅者,非公子纠则小白也。与子人事一人焉,先达者相收。”[1]管仲乃从公子纠,鲍叔从小白。国人果弑君。小白先入为君,鲁人拘管仲而效之,鲍叔言而相之。故谚曰:“巫咸虽善祝,不能自祓也;秦医虽善除,[2]不能自弹也。”以管仲之圣而待鲍叔之助,此鄙谚所谓“虏自卖裘而不售,士自誉辩而不信”者也。[3]

[1] 先慎曰：乾道本"先"作"相"。顾广圻云：《藏》本、今本上"相"字作"先"。先慎案：作"先"者是，今据改。

[2] 先慎曰：乾道本"秦"上有"养"字。顾广圻云：《藏》本、今本无"养"字，按未详。先慎案："养"字涉上下文"善"字而误衍。此与上"巫咸虽善祝"对文，不当有"养"字，今据各本删。

[3] 先慎曰：《御览》八百二十八引"虏"作"佣"，"裘"作"衣"。

荆王伐吴，吴使沮卫、蹷融犒于荆师，[1] 荆将军曰：[2] "缚之，杀以衅鼓。"问之曰："汝来卜乎？"答曰："卜。""卜吉乎？"曰："吉。"[3] 荆人曰："今荆将以女衅鼓，其何也？"[4] 答曰："是故其所以吉也。吴使人来也，固视将军怒，[5] 将军怒，将深沟高垒；将军不怒，将懈怠。今也将军杀臣，则吴必警守矣。且国之卜，非为一臣卜。夫杀一臣而存一国，其不言'吉'何也？且死者无知，则以臣衅鼓无益也；死者有知也，臣将当战之时，臣使鼓不鸣。"荆人因不杀也。

[1] 顾广圻曰：未详，《左传》云"蹷由"，馀多不同。先慎曰：《御览》三百三十八引作"吴使沮卫献虫蠹于荆师"。

[2] 先慎曰：乾道本"荆"作"而"。顾广圻云"今本'而'作'荆'"，今据改。

[3] 先慎曰：乾道本无"乎曰吉"三字。顾广圻云"《藏》本、今本有'乎曰吉'三字"，今据补。

[4] 先慎曰：乾道本"以"作"欲"。卢文弨云"欲，张、凌本作'以'"，今据改。

[5] 卢文弨曰："人"，凌本作"臣"。"怒"字衍。

知伯将伐仇由[1]而道难不通,[2]乃铸大钟遗仇由之君,仇由之君大说,除道将内之。赤章曼枝曰:[3]“不可。此小之所以事大也,而今也大以来,卒必随之,[4]不可内也。”仇由之君不听,遂内之。赤章曼枝因断毂而驱,至于齐七月,而仇由亡矣。[5]

[1] 顾广圻曰:《战国策》作“厹由”,《注》:“或作‘仇首’。”《史记·樗里子传》作“仇犹”。“首”者,“酋”之误。本书《说林上》篇作“仇由”,同此。吴师道引此“由”作“繇”,《吕氏春秋·权勋》篇作“夙繇”,高诱《注》:“或作‘仇酋’。”“夙”,“厹”之误也,当互正。《说文》云:“临淮有厹犹县。”《汉书·地理志》同。

[2] 先慎曰:《吕氏春秋》作“而无道也”。此“难不”二字,疑衍其一。

[3] 顾广圻曰:“曼”,《吕氏春秋》作“蔓”。先慎曰:“枝”,《御览》五百七十五引作“之”,下同。

[4] 先慎曰:乾道本“必”作“以”。顾广圻云:《藏》本、今本“以”作“必”,《吕氏春秋》作“必”。先慎案:《御览》引正作“必”,今据改。

[5] 顾广圻曰:“月”当作“日”。《吕氏春秋》云“至卫七日”。先慎曰:《御览》引作“十月”。

越已胜吴,又索卒于荆而攻晋。左史倚相谓荆王曰:“夫越破吴,豪士死,锐卒尽,大甲伤。今又索卒以攻晋,示我不病也。不如起师与分吴。”[1]荆王曰:“善。”因起师而从越。越王怒,将击之。大夫种曰:“不可。吾豪士尽,大甲伤,我与战必不克,不如赂之。”乃割露山之阴五百里[2]以赂之。

[1] 顾广圻曰:《藏》本同。今本“与”作“以”,误。卢文弨曰:“以”,张、凌本作“与”。

[2] 顾广圻曰:《说苑·权谋》篇云:“遂取东国。”

荆伐陈,[1]吴救之,军间三十里,雨十日,夜星。[2]左史倚相谓子期曰:“雨十日,甲辑而兵聚,吴人必至,不如备之。”乃为陈,陈未成也而吴人至,见荆陈而反。[3]左史曰:“吴反覆六十里,其君子必休,小人必食,我行三十里击之,必可败也。”乃从之,遂破吴军。

[1] 先慎曰:《说苑·指武》篇云“楚庄王”,案倚相、子期与庄王不同时。

[2] 顾广圻曰:《说苑·指武》篇云:“雨十日十夜,晴。”按“星”正字作“姓”,《说文》:“雨而夜除星见也。”《集韵》有“姓”、“晴”、“暒”三文。先慎曰:“姓”、“星”叠韵,古文本通用“星”。《毛诗》“星言夙驾”,《韩诗》云“星者,精也”。“精”,今“晴”字。《汉书·天文志》孟康《注》“暒,精明也”,韦昭《注》“精,清朗也”,郭璞《尔雅·释天》注“暒,雨止无云也”,是“暒”、“姓”、“精”皆今之“晴”字,而《诗》作“星”,与本书同,明古文通用“星”字。

[3] 先慎曰:《御览》十引“陈”作“有戒”。

韩、赵相与为难,韩子索兵于魏[1]曰:“愿借师以伐赵。”魏文侯曰:“寡人与赵兄弟,不可以从。”赵又索兵攻韩,文侯曰:“寡人与韩兄弟,不敢从。”二国不得兵,怒而反。已乃知文侯以搆于己,乃皆朝魏。[2]

[1] 王渭曰:“子”字衍,《策》无。孙诒让曰:《存韩》篇亦云:“书言韩

子之未可举”，则“子”字似非衍。先慎曰：“子”字不当有，《存韩》篇亦误，孙说非。

[2] 顾广圻曰：“搆”，《策》作“講”。按“搆”、“講”同字。

齐伐鲁，索谗鼎，[1]鲁以其雁往。齐人曰：“雁也。”鲁人曰：“真也。”齐曰：“使乐正子春来，[2]吾将听子。”鲁君请乐正子春，乐正子春曰：“胡不以其真往也？”君曰：“我爱之。”[3]答曰：“臣亦爱臣之信。”

[1] 顾广圻曰：《吕氏春秋·审己》篇、《新序·节士》篇云“岑鼎”。

[2] 顾广圻曰：《吕氏春秋》、《新序》云“柳下季”。

[3] 先慎曰：各本“之”下有“信”字。俞樾云：“信”字衍文。“君曰：‘我爱之’”，“之”者指鼎而言，君固爱鼎不爱信也。涉下句而衍“信”字，则义不可通。先慎案：俞说是，《御览》四百三十引正无“信”字，今据删。

韩咎立为君，未定也。弟在周，周欲重之，而恐韩咎不立也。綦毋恢曰：“不若以车百乘送之。得立，因曰‘为戒’；不立，则曰‘来效贼’也。”[1]

[1] 先慎曰：“效”，致也。咎为韩君，以兵车为其弟之戒。否则咎为韩贼，则以兵车致贼于韩也。

靖郭君将城薛，[1]客多以谏者。靖郭君谓谒者曰：“毋为客通。”齐人有请见者曰：“臣请三言而已，过三言，臣请烹。”靖郭君因见之。客趋进曰：“海大鱼。”因反走。靖郭君曰：“请闻其说。”客曰：“臣不敢以死为戏。”靖郭君曰：“愿为寡人言之。”答曰：“君闻大鱼乎？网不能止，缴不能绖也，荡而失水，蝼蚁得意焉。今夫齐亦君之海也，君长有齐，奚以薛为？君失齐，虽隆薛城至于天，犹无益也。”靖郭君曰：“善。”乃辍，不城薛。[2]

[1] 先慎曰：乾道本“君”下有“曰”字。顾广圻云：今本无“曰”字。《齐策》无。《新序·杂事》同，“将”作“欲”。先慎案：无“曰”字是，《御览》一百九十二引正无“曰”字，今据删。

[2] 卢文弨曰：“城”上“不”字衍，《齐策》无。顾广圻曰：《新序》作“罢民弗城薛也”。先慎曰：此当各依本书。“辍”乃“辄”之讹，本书“辍”、“辄”多互乱，《御览》一百九十二引“乃不城薛”，盖不审“辍”为“辄”之误，而误删之也。

荆王弟在秦，[1]秦不出也。中射之士曰：[2]“资臣百金，臣能出之。”因载百金之晋，见叔向曰：“荆王弟在秦，秦不出也。请以百金委叔向。”叔向受金，而以见之晋平公曰：“可以城壶丘矣。”[3]平公曰：“何也？”对曰：“荆王弟在秦，秦不出也，[4]是秦恶荆也，必不敢禁我城壶丘。若禁之，我曰：‘为我出荆王之弟，吾不城也。’彼如出之，可以得荆；彼不出，是卒恶也，必不敢禁我城壶丘矣。”公曰：“善。”乃城壶丘，谓秦公曰：“为我出荆王之弟，吾不城也。”秦因出之，荆王大说，以炼金百镒遗晋。[5]

[1] 先慎曰：《说苑·权谋》篇云：“楚公子午。”

[2] 先慎曰：《御览》八百十引“射”作“尉”。

[3] 先慎曰：乾道本“壶”作“壸”，今据赵本改，下同，《说苑》正作

“壶”。《左传》:“彭城降晋,晋人以宋五大夫在彭城者归寘诸瓠丘”,《注》:“瓠丘,晋地,河东东垣东南有壶丘。”

[4] 先慎曰:《御览》无“也”字。

[5] 顾广圻曰:《藏》本“炼”作“谏”,“镒”作“溢”。按作“溢”是也,“谏”当作“练”,“练”、“炼”同字也。先慎曰:《御览》同。《藏》本误,不可从。《淮南子》云:“秦以一镒为一金而重一斤,汉以一斤为一金。”“以百镒炼金遗晋”,语自可通,毋庸改字。

阖庐攻郢,战三胜,问子胥曰:“可以退乎?”子胥对曰:“溺人者,一饮而止则无逆者,[1]以其不休也,不如乘之以沉之。”

[1] 顾广圻曰:《藏》本、今本“逆”作“溺”。按所改误也,“逆”当作“遂”,形近之误。《十过》篇云“不可遂”,又云“子其使遂之”。

郑人有一子,将宦,[1]谓其家曰:“必筑坏墙,是不善人将窃。”其巷人亦云。不时筑,而人果窃之。以其子为智,[2]以巷人告者为盗。

[1] 先慎曰:《说难》篇“郑”作“宋”。

[2] 先慎曰:“以”上当有“其家”二字,《说难》篇作“其家甚智其子”。

观行第二十四[1]

古之人目短于自见，故以镜观面；智短于自知，故以道正己。镜无见疵之罪，[2]道无明过之恶。[3]目失镜则无以正须眉，身失道则无以知迷惑。西门豹之性急，故佩韦以自缓；[4]董安于之心缓，故佩弦以自急。[5]故以有馀补不足，[6]以长续短之谓明主。

[1] 卢文弨曰：《藏》本卷八起。

[2] 先慎曰：各本"镜"上有"故"字，涉上文而衍。《艺文类聚》七十、《御览》七百十七、《初学记》二十五引并无"故"字，今据删。

[3] 先慎曰：各本"恶"作"怨"。《艺文类聚》、《御览》、《初学记》引作"恶"，今据改。

[4] 先慎曰：各本"自缓"作"缓己"。《艺文类聚》二十三、《御览》三百七十六引"缓己"作"自缓己"。案"自"字是，"佩韦以自缓"与"佩弦以自急"文法正同，"己"字误衍。《御览》四百五十九、《意林》引并作"自缓"，无"己"字，今据改。

[5] 先慎曰：《治要》"安"作"阏"，说见《难言》篇。《意林》"心"作"性"，是。

[6] 先慎曰：张榜本无"有"字。卢文弨云：脱，张、凌本有。顾广圻云：《藏》本同。今本无"有"字，误。先慎案：《艺文类聚》二十三、《御览》四百五十九引"以"上有"能"字，是。《类聚》、《御览》并有"有"字。

天下有信数三：一曰智有所不能立，二曰力有所不能举，三曰强有所不能胜。故虽有尧之智而无众人之助，大功不立；有乌获之劲而不得人助，不能自举；有贲、育之强而无法术，不得长生。故势有不可得，[1]事有不可成。故乌获轻千钧而重其身，非其身重于千钧也，势不便也。离朱易百步而难眉睫，[2]非百步近而眉睫远也，道不可也。故明主不穷乌获，以其不能自举；不困离朱，以其不能自见。因可势，求易道，[3]故用力寡而功名立。时有满虚，事有利害，物有生死，人主为三者发喜怒之色，则金石之士离心焉。圣贤之扑浅深矣，[4]故明主观人不使人观己。明于尧不能独成，乌获之不能自举，[5]贲、育之不能自胜，以法术则观行之道毕矣。

[1] 先慎曰：乾道本"势"作"世"。卢文弨云："世"，凌本作"势"。先慎案：《治要》正作"势"，今据改。

[2] 先慎曰：《治要》"朱"作"娄"，下同。

[3] 先慎曰：此言因其可得之势，求其易行之道也，即承上"势不便"、"道不可"而言。

[4] 卢文弨曰："贤圣"旧倒，今从张、凌本。"扑"作"朴"。

[5] 先慎曰：乾道本无"之"字。卢文弨云"'获'下脱'之'字，张、凌本有"，今据补。

安危第二十五

安术有七，危道有六。

安术：一曰赏罚随是非，二曰祸福随善恶，三曰死生随法度，四曰有贤不肖而无爱恶，五曰有愚智而无非誉，[1]六曰有尺寸而无意度，七曰有信而无诈。

[1] 先慎曰："非"读为"诽"。

危道：一曰斫削于绳之内，二曰斫割于法之外，[1]三曰利人之所害，四曰乐人之所祸，五曰危人之所安，[2]六曰所爱不亲、所恶不疏。如此，则人失其所以乐生而忘其所以重死。人不乐生则人主不尊，不重死则令不行也。[3]

[1] 顾广圻曰：《藏》本同。今本"斫"作"断"。按此有误，未详。先慎曰："法"疑作"绳"，《大体》篇"不引绳之外，不推绳之内"，《孤愤》篇"必在绳之外矣"，是其证。

[2] 先慎曰：乾道本"之"作"于"。顾广圻云"《藏》本、今本'于'作'之'"，今据改。

[3] 卢文弨曰：凌本无"不重死则令不行也"八字。

使天下皆极智能于仪表，尽力于权衡，以动则胜，以静则安。治世使人乐生于为是，爱身于为非，小人少而君子多，故社稷常立，[1]国家久安。奔车之上无仲尼，覆舟之下无伯夷。故号令者，国之舟车也。安则智廉生，危则争鄙起。故安国之法若饑而食，[2]寒而衣，不令而自然也。先王寄理于竹帛，[3]其道顺，故后世服。[4]今使人饑寒去衣食，[5]虽贲、(欲)〔育〕不能行；废自然，虽顺道而不立。强勇之所不能行，则上不能安。[6]上以无厌责已尽，则下对"无有"，[7]无有则轻法。[8]法所以为国也而轻之，则功不立，名不成。闻古扁鹊之治其病也，以刀刺骨；[9]圣人之救危国也，以忠拂耳。[10]刺骨，故小痛在体，而长利在身；拂耳，故小逆在心，而久福在国。故甚病之人利在忍痛，猛毅之君以福拂耳。[11]忍痛，故扁鹊尽巧；拂耳，则子胥不失：[12]寿安之术也。病而不忍痛，则失扁鹊之巧；危而不拂耳，则失圣人之意。如此，长利不远垂，功名不久立。

[1] 卢文弨曰："常"，张、凌本作"长"。

[2] 卢文弨曰："饑"当作"飢"，下同。

[3] 卢文弨曰：凌本"寄"下有"治"字。先慎曰："治"字衍文。"理"，治也。

[4] 先慎曰：句绝。

[5] 先慎曰：乾道本作"令使人去饑寒"。卢文弨云：从凌本增改作"今使人饑寒去衣食"。先慎案：卢校是，今依改。顾广圻谓作"令"者误，以"令"字属上读，非。

[6] 顾广圻曰：《藏》本同。今本"则"作"虽"，误。先慎曰：卢文弨云：张、凌本亦作"则"。

[7] 先慎曰：既尽而犹索之，故下以实对。

[8] 先慎曰：乾道本无"无有"二字。顾广圻云：《藏》本、今本有。

按当重“下对无有”四字。先慎案：顾说是也，今据《藏》本、今本补二字。

[9] 先慎曰：“其”字当为“甚”之残阙字。“甚病”与“危国”相对为文，明“其”为“甚”之误，下云“甚病之人，利在忍痛”，作“甚”字，即其证。

[10] 先慎曰：忠言也。

[11] 先慎曰：谓以拂耳之言为福也。

[12] 顾广圻曰：七字为一句。

人主不自刻以尧，而责人臣以子胥，是幸殷人之尽如比干。尽如比干则上不失，下不亡。不权其力而有田成，而幸其身尽如比干，[1]故国不得一安。废尧、舜而立桀、纣，则人不得乐所长而忧所短。失所长则国家无功，守所短则民不乐生。以无功御不乐生，[2]不可行于齐民。如此，则上无以使下，下无以事上。

[1] 先慎曰：卢文弨《拾补》改“身”为“臣”。顾广圻云：此二句以“其力”与“其身”相对。言人主当权其臣之力，使不得为田成；不当责其臣之身，使为比干也。或谓此有误字，非。先慎案：顾说是。

[2] 顾广圻曰：乾道本此下重“以无功御不乐生”七字，《藏》本、今本无。先慎曰：《道藏》本、今本是，今据删。

安危在是非，不在于强弱；存亡在虚实，不在于众寡。故齐万乘也，[1]而名实不称，上空虚于国，内不充满于名实，故臣得夺主。[2]杀天子也，[3]而无是非。赏于无功，使谗谀以诈伪为贵；诛于无罪，使伛以天性剖背。以诈伪为是，[4]天性为非，小得胜大。[5]

[1] 卢文弨曰："齐"下脱"故"字，张、凌本有。先慎曰："齐"下不当有"故"字，张、凌本误。

[2] 先慎曰：此指田成而言。

[3] 卢文弨曰：凌本作"以成其篡杀也"。顾广圻曰："故臣得夺主"句绝。"杀"当作"桀"，形近之误。"桀"字逗，"天子也"句，与上文"故齐万乘也"句例同。《战国策》、《新序》皆言宋康王"剖伛之背"，《史记》云"于是诸侯皆曰桀宋"，下文"使伛以天性剖背"，是其证矣。先慎曰：顾说是。凌本不得其义而改之耳。

[4] 先慎曰：乾道本无"为"字。顾广圻云：《藏》本、今本"伪"下有"为"字。先慎案："诈伪为是"、"天性为非"，相对成文，有"为"字者是，今据补。

[5] 顾广圻曰：《藏》本同。今本"大"下有"矣"字，误。

明主坚内，故不外失。失之近而不亡于远者无有。[1]故周之夺殷也，拾遗于庭。使殷不遗于朝，则周不敢望秋毫于境，而况敢易位乎。

[1] 先慎曰：乾道本"而"作"正"。卢文弨云：凌本"正"作"而"。顾广圻云："正"字当衍。先慎案：卢说是，今依凌本改。赵用贤云："近失正国之理也"，是据误本而为之辞，不可从。

明主之道忠法，其法忠心，故临之而法，去之而思。尧无胶漆之约于当世而道行，[1]舜无置锥之地于后世而德结。[2]能立道于往古，[3]而垂德于万世者之谓明主。

[1] 先慎曰：乾道本"道"作"遗"。顾广圻云：《藏》本、今本"遗"作

“道”。先慎案：下“能立道于往古”即指“道行”而言，明“遗”字形近而误，今据改。

[2] 先慎曰：《御览》七百六十四引有“民心”二字。

[3] 先慎曰：乾道本“往”下有“名”字。顾广圻云“今本无‘名’字”，今据删。

守道第二十六

圣王之立法也，其赏足以劝善，其威足以胜暴，其备足以必完。法[1]治世之臣，功多者位尊，力极者赏厚，情尽者名立。善之生如春，恶之死如秋。故民劝极力而乐尽情，此之谓上下相得。上下相得，故能使用力者自极于权衡，而务至于任鄙；战士出死，[2]而愿为贲、育；守道者皆怀金石之心，[3]以死子胥之节。用力者为任鄙，战如贲、育，中为金石，[4]则君人者高枕而守已完矣。

[1] 卢文弨曰："其备足以必完"句，凌本无"必"字，非。"法"字疑衍。

[2] 先慎曰：此当有脱字。

[3] 先慎曰：赵本"皆"作"出"，是。

[4] 顾广圻曰：《藏》本、今本"中"作"守"。先慎曰："中"字是。"中为金石"即心怀金石也，此指上"守道者皆怀金石之心"而言。

古之善守者，以其所重禁其所轻，以其所难止其所易。故君子与小人俱正，盗跖与曾、史俱廉，何以知之？夫贪盗不赴谿而掇金，赴谿而掇金[1]则身不全；贲、育不量敌则无勇名，盗跖不计可则利不成。

[1] 先慎曰：乾道本不重"赴谿而掇金"五字，据《道藏》本、赵本补。

明主之守禁也，贲、育见侵于其所不能胜，盗跖见害于其所不能取。[1]故能禁贲、育之所不能犯，守盗跖之所不能取，则暴者守愿，邪者反正。大勇愿，巨盗贞，[2]则天下公平，而齐民之情正矣。

[1] 先慎曰：己不能禁，贲、育得而胜之；己不能守，盗跖得而取之。

[2] 先慎曰：乾道本"贞"下有"平"字，按"平"字涉下文而衍，今从赵本删。

人主离法失人，则危于伯夷不妄取，而不免于田成、盗跖之祸，[1]何也？[2]今天下无一伯夷，而奸人不绝世，故立法度量。度量信则伯夷不失是，而盗跖不得非。法分明则贤不得夺不肖，强不得侵弱，众不得暴寡。托天下于尧之法，则贞士不失分，奸人不徼幸；寄千金于羿之矢，则伯夷不得亡，而盗跖不敢取。尧明于不失奸，故天下无邪；羿巧于不失发，[3]故千金不亡。邪人不寿[4]而盗跖止，[5]如此，故图不载宰予，不举六卿；书不著子胥，不明夫差。[6]孙吴之略废，盗跖之心伏。人主甘服于玉堂之中，而无瞋目切齿倾取之患；[7]人臣垂拱于金城之内，[8]而无扼腕聚唇嗟唶之祸。[9]服虎而不以柙，禁奸而不以法，塞伪而不以符，此贲、育之所患，尧、舜之所难也。故设柙非所以备鼠也，所以使怯弱能服虎也；立法非所以避曾、史也，[10]所以使庸主能止盗跖也；[11]为符非所以豫尾生也，所以使众人不相谩也。不恃比干之死节，[12]不幸乱臣之无诈也；恃怯之所能服，[13]握庸主之所易守。当今之世，为人主忠计，为天下结德者，利莫长于如此。[14]故君人者无亡国之图，而忠臣无失身之画。明于尊位必赏，[15]故能使人尽力于权衡，死节于官职。通贲、育之情，[16]不以死易生，惑于盗跖之贪，[17]不以财易身，则守国之道毕备矣。

[1] 先慎曰：乾道本“祸”作“耳”。顾广圻云：今本“耳”作“祸”，误。按“不”字衍。“耳”当作“身”，形相近也。与上句对。先慎案：《说文》：“危，在高而惧也。”故“危”有“高”义。《文选·七命》注引《论语》郑《注》、《庄子·盗跖》篇《释文》引李《注》并云：“危，高也。”此言人主虽于伯夷不妄取之高，离法失人，不能禁止臣下，终有田常、盗跖之祸。顾说谬甚。赵本“耳”作“祸”，是也，今依改。

[2] 先慎曰：乾道本“何”作“可”，今据赵本改。

[3] 先慎曰：“不失发”，乾道本作“失废”。顾广圻云“《藏》本、今本‘于’下有‘不’字，乾道本‘发’作‘废’，讹”，今据改。

[4] 顾广圻曰：《藏》本同。今本“寿”作“售”，误。按上文云“恶之死如秋”，此其义也。

[5] 王先谦曰：句绝。

[6] 王先谦曰：此宰予谓齐简公臣，与田成争权而死者。盖周世有二说，或云阚止，或即以为孔子弟子宰我也。“六卿”，晋臣。言无争夺亡灭之祸，故图书不得而载著。

[7] 先慎曰：《拾补》“瞋”作“瞑”。卢文弨云：“瞑”，张、凌本作“瞋”。先慎案：作“瞋”者是。《庄子·说剑》篇“瞋目而(误)〔语〕难”。

[8] 先慎曰：乾道本无“于”字。顾广圻云“今本‘拱’下有‘于’字，按依上文当有”，今据补。

[9] 卢文弨曰：“捥”、“腕”同。

[10] 顾广圻曰：《藏》本、今本“避”作“备”，按“备”字涉上句误。

[11] 先慎曰：乾道本无“使”字。顾广圻云：《藏》本、今本“以”下有

"使"字。先慎案：依上下文当有，今据补。

［12］先慎曰：乾道本"不"下有"独"字。卢文弨云"凌本无'独'字"，今据删。

［13］卢文弨曰："恃"，凌本作"持"。顾广圻曰：《藏》本同。今本"怯"下有"士"字，误。按依上文当有"弱"字。

［14］先慎曰："如"字衍。

［15］卢文弨曰："赏"，凌本作"法"。

［16］顾广圻曰：《藏》本同。今本"通"下有"于"字，误。

［17］王渭曰："惑"字有误。

用人第二十七

闻古之善用人者，必循天顺人而明赏罚。循天则用力寡而功立，顺人则刑罚省而令行，明赏罚则伯夷、盗跖不乱，如此，则白黑分矣。治国之臣，效功于国以履位，见能于官以受职，尽力于权衡以任事。人臣皆宜其能，胜其官，轻其任，[1]而莫怀馀力于心，莫负兼官之责于君。故内无伏怨之乱，外无马服之患。[2]明君使事不相干，故莫讼；使士不兼官，故技长；使人不同功，故莫争。[3]争讼止，技长立，则强弱不觳力，冰炭不合形，天下莫得相伤，治之至也。

[1] 先慎曰：不兼官也。

[2] 卢文弨曰："马"，凌本作"矫"。王先谦曰：凌本非也，"马服"谓赵括。

[3] 先慎曰：乾道本"争"下有"讼"字。卢文弨云："讼"字，秦本无。顾广圻云："讼"字衍，此涉下句而误。先慎案：《饬令》篇亦无"讼"字，今据秦本删。

释法术而任心治，[1]尧不能正一国；去规矩而妄意度，[2]奚仲不能成一轮；废尺寸而差短长，王尔不能半中。[3]使中主守法术，拙匠执规矩尺寸，[4]则万不失矣。[5]君人者能去贤巧之所不能，守中拙之所万不失，[6]则人力尽而功名立。

[1] 先慎曰：各本无“任”字。《御览》八百三十引“心”上有“任”字，是。下“去规矩而妄意度”，“妄意度”与“任心治”相对为文，明此脱“任”字，今据补。

[2] 先慎曰：《御览》引“妄”作“委”，《治要》无“度”字，均误。《解老》篇“妄”作“忘”，说详彼。

[3] 王先谦曰：“王尔”，巧工。《淮南子》：“王尔无所错其剞劂。”先慎曰：“中”，音丁仲反。

[4] 先慎曰：各本“执”作“守”，《治要》、《艺文类聚》五十四、《御览》引并作“执”。

[5] 先慎曰：《艺文类聚》引“矣”作“一”。

[6] 先慎曰：《治要》“守”上有“而”字。

明主立可为之赏，设可避之罚。故贤者劝赏而不见子胥之祸，不肖者少罪而不见伛剖背，[1]盲者处平而不遇深谿，愚者守静而不陷险危。如此，则上下之恩结矣。古之人曰：“其心难知，喜怒难中也。”故以表示目，以鼓语耳，[2]以法教心。[3]君人者释三易之数，而行一难知之心，[4]如此，则怒积于上而怨积于下，以积怒而御积怨，则两危矣。

[1] 先慎曰：此宋康王事，《安危》篇云“诛于无罪，使伛以天性剖背”，是也。

[2] 顾广圻曰：“鼓”当作“教”，下文“其教易知故言用”承此。

[3] 顾广圻曰：此“教”字误，未详所当作。

[4] 先慎曰：乾道本“行”下有“之”字，“知之”下无“心”字。顾广圻云“今本无上‘之’字，下‘之’字下有‘心’字，按依上文当删补”，今据改。

明主之表易见，故约立；其教易知，故言用；其法易为，故令行。三者立而上无私心，则下得循法而治，望表而动，随绳而斫，[1]因攒而缝。[2]如此，则上无私威之毒，而下无愚拙之诛。故上君明而少怒，[3]下尽忠而少罪。

[1] 先慎曰：《安危》篇云“一曰斫削于绳之内，二曰斫割于绳之外”，是也。

[2] 俞樾曰：“攒”字无义，当作“簪”。《荀子·赋》篇“簪以为父”，杨倞《注》“簪形似箴而大”，是“簪”亦“箴”类，故曰“因簪而缝”也。《说文·金部》：“鐕，可以缀著物者。”“簪”即“鐕”之假字。亦或作“撍”，《周易·豫》九四“朋盍簪”，京作“撍”，是也。古本《韩子》当亦作“撍”，传写因误为“攒”矣。

[3] 顾广圻曰：《藏》本同。今本“君”作“居”。按“君”字误。

闻之曰：“举事无患者，尧不得也。”而世未尝无事也。君人者不轻爵禄，不易富贵，不可与救危国。故明主厉廉耻，招仁义。昔者介子推无爵禄而义随文公，不忍口腹而仁割其肌，故人主结其德，书图著其名。人主乐乎使人以公尽力，而苦乎以私夺威；人臣安乎以能受职，而苦乎以一负二。[1]故明主除人臣之所苦，而立人主之所乐。上下之利，莫长于此。不察私门之内，轻虑重事，厚诛薄罪，久怨细过，长侮偷快，[2]数以德追祸，[3]是断手而续以玉也，故世有易身之患。

[1] 旧注：谓一身两役也。

[2] 旧注：长轻侮人，偷取一时之快也。

[3] 旧注：祸贼当诛，而反以德报之也。

人主立难为而罪不及，则私怨生；[1]人臣失所长而奉难给，则伏怨结。劳苦不抚循，忧悲不哀怜。喜则誉小人，贤不肖俱赏；怒则毁君子，使伯夷与盗跖俱辱。故臣有叛主。

[1] 先慎曰：乾道本“生”作“立”。顾广圻云“今本‘立’作‘生’，按‘立’字讹”，今据改。

使燕王内憎其民而外爱鲁人，[1]则燕不用而鲁不附。见憎，不能尽力而务功；[2]鲁见说，而不能离死命而亲他主。如此，则人臣为隙穴，而人主独立。以隙穴之臣而事独立之主，此之谓危殆。

[1] 先慎曰：乾道本不提行，今依赵本。

[2] 顾广圻曰：《藏》本同。今本“见”上有“民”字。按当脱“燕”字。

释仪的而妄发，虽中小不巧；[1]释法制而妄怒，虽杀戮而奸人不恐。罪生甲，祸归乙，伏怨乃结。故至治之国，有赏罚而无喜怒。故圣人极有刑法，而死无螫毒，故奸人服。发矢中的，赏罚当符，故尧复生，羿复立。如此，则上无殷、夏之患，下无比干之祸，君高枕而臣乐业，道蔽天地，[2]德极万世矣。

[1] 顾广圻曰：《藏》本同。今本“小”作“而”，误。

[2] 先慎曰：“蔽”当作“被”。

夫人主[1]不塞隙穴，而劳力于赭垩，暴雨疾风必坏。不去眉睫之祸，而慕贲、育之死；不谨萧墙之患，而固金城于远境；不用近贤之谋，而外结万乘之交于千里。飘风一旦起，则贲、育不及救，而外交不及至，祸莫大于此。当今之世为人主忠计者，必无使燕王说鲁人，无使近世慕贤于古，无思越人以救中国溺者。[2]如此，则上下亲，内功立，外名成。

[1] 先慎曰：乾道本连上，今依赵本提行。

[2] 先慎曰：见《说林上》“鲁穆公”条。

功名第二十八

明君之所以立功成名者四：一曰天时，二曰人心，三曰技能，四曰势位。非天时，虽十尧不能冬生一穗；逆人心，虽贲、育不能尽人力。故得天时则不务而自生，[1]得人心则不趣而自劝，因技能则不急而自疾，得势位则不進而名成。[2]若水之流，若船之浮。守自然之道，行毋穷之令，故曰明主。

[1] 先慎曰：乾道本无"不"字。卢文弨云："则"下脱"不"字，凌本有。先慎案：《治要》有"不"字，今据补。

[2] 先慎曰：各本"進"上有"推"字，案"推"即"進"字误而衍者，《治要》无，今据删。

夫有材而无势，虽贤不能制不肖。故立尺材于高山之上，下临千仞之谿，[1]材非长也，位高也。桀为天子，能制天下，非贤也，势重也。尧为匹夫，不能正三家，非不肖也，位卑也。千钧得船则浮，锱铢失船则沉。[2]非千钧轻而锱铢重也，[3]有势之与无势也。故短之临高也以位，不肖之制贤也以势。人主者，天下一力以共载之，故安；众同心以共立之，故尊；人臣守所长，尽所能，故忠。以尊主主御忠臣，则长乐生而功名成。名实相持而成，[4]形影相应而立，故臣主同欲而异使。人主之患在莫之应，故曰：一手独拍，虽疾无声。人臣之忧在不得一，故曰：右手画圆，左手画方，不能两成。[5]故曰：至治之国，君若桴，臣若鼓，技若车，事若马。故人有馀力易于应，而技有馀巧便于事。[6]立功者不足于力，亲近者不足于信，成名者不足于势。近者已亲，而远者不结，则名不称实者也。[7]圣人德若尧、舜，行若伯夷，而位不载于世，则功不立，名不遂。故古之能致功名者，众人助之以力，近者结之以成，远者誉之以名，尊者载之以势。如此，故太山之功长立于国家，而日月之名久著于天地。[8]此尧之所以南面而守名，[9]舜之所以北面而效功也。

[1] 先慎曰：乾道本"下"作"则"，"千"作"十"。卢文弨云："则"字，凌本作"而下"二字。"十"，张、凌本作"千"。先慎案：《意林》"则"作"下"，"十"作"千"，今据改。

[2] 先慎曰：《白孔六帖》十一引两"船"字并作"舟"。

[3] 先慎曰：乾道本"钧"作"金"，无"而"字。卢文弨云："金"，《藏》本作"钧"。先慎案：上文作"钧"，明"钧"者是，"而"字脱，据《艺文类聚》七十一、《白孔六帖》、《御览》七百六十八引改补。

[4] 卢文弨曰："尊主"下冯校添"以尊"二字。"持"，张本作"待"。王渭曰：当衍一"主"字。先慎曰：王说是。"持"字，《御览》三百七十引作"须"。

[5] 先慎曰：《御览》三百七十引"右"、"左"互易。

[6] 先慎曰：乾道本无"便"字。顾广圻云："易"字当衍。今本"巧"下有"便"字，误，《藏》本无。先慎案：有"便"字是，此二文相对。顾氏以上"易"字为衍，故下不应有"便"字，改从今本。

[7] 卢文弨曰：张、凌本无"者"字。

[8] 先慎曰：乾道本"名"作"明"。顾广圻云："《藏》本'明'作'名'。"王渭云："《文选·解嘲》注引此作'名'。'名'字是，此皆以'功'、'名'对言。"今据改。

[9] 顾广圻曰：《藏》本同。今本"名"作"功"，误。

大体第二十九

古之全大体者，[1]望天地，观江海，因山谷，日月所照，四时所行，云布风动；不以智累心，[2]不以私累己；[3]寄治乱于法术，托是非于赏罚，属轻重于权衡；不逆天理，不伤情性；不吹毛而求小疵，不洗垢而察难知；不引绳之外，不推绳之内；[4]不急法之外，不缓法之内；守成理，因自然；祸福生乎道法而不出乎爱恶，荣辱之责在乎己而不在乎人。故至安之世，[5]法如朝露，纯朴不散；[6]心无结怨，口无烦言。故车马不疲弊于远路，旌旗不乱于大泽，万民不失命于寇戎，雄骏不创寿于旗幢；豪杰不著名于图书，不录功于盘盂，记年之牒空虚。故曰：利莫长于简，福莫久于安。使匠石以千岁之寿操钩[7]视规矩，举绳墨而正太山；使贲、育带干将而齐万民；虽尽力于巧，极盛于寿，太山不正，民不能齐。故曰：古之牧天下者，不使匠石极巧以败太山之体，不使贲、育尽威以伤万民之性。因道全法，君子乐而大奸止；澹然闲静，因天命，持大体。故使人无离法之罪，鱼无失水之祸。如此，故天下少不可。[8]

[1] 卢文弨曰：孙诒穀云：《文选·四子讲德论》注引作“古之人君大体者”。先慎曰：《治要》、《御览》四百二十九引与本书同，《选》注误，不可从。

[2] 先慎曰：《御览》引“智”作“欲”。

[3] 先慎曰：《治要》“私”作“心”。

[4] 先慎曰：《用人》篇云“随绳而斫”，是也。

[5] 先慎曰：乾道本“至”上有“致”字。顾广圻云：今本无“致”字。先慎案：“致”即“至”字误而复者，改从今本。

[6] 先慎曰：乾道本“朴”作“扑”，今从赵本改。

[7] 顾广圻曰：《藏》本同。今本“钩”作“钧”，误。

[8] 卢文弨曰：“少”凌本作“无”。顾广圻曰：《藏》本同。今本“可”作“治”，误。

上不天则下不遍覆，心不地则物不毕载。[1]太山不立好恶，故能成其高；江海不择小助，故能成其富。故大人寄形于天地而万物备，历心于山海而国家富。[2]上无忿怒之毒，[3]下无伏怨之患，[4]上下交顺，[5]以道为舍。故长利积，大功立，名成于前，德垂于后，治之至也。

[1] 先慎曰：乾道本“毕”作“必”，今据《治要》改作“毕”。

[2] 先慎曰：《治要》“历”作“措”。

[3] 先慎曰：《治要》“毒”作“志”，注云：“‘志’作‘毒’。”

[4] 先慎曰：《治要》注：“‘怨’，旧作‘惌’，改之。”

[5] 先慎曰：乾道本“顺”作“扑”。卢文弨云“‘扑’，凌本作‘顺’”，今据改。

韩非子卷第九

内储说上七术第三十[1]

主之所用也七术，所察也六微。[2]七术：一曰众端参观，[3]二曰必罚明威，三曰信赏尽能，四曰一听责下，[4]五曰疑诏诡使，[5]六曰挟知而问，[6]七曰倒言反事。[7]此七者，主之所用也。

[1] 旧注：储，聚也。谓聚其所说，皆君之内谋，故曰《内储说》。

[2] 先慎曰：即《内储说》下。

[3] 旧注：端，直也。欲求众直，必参验而听观也。〇先慎曰：注误。《方言》十："绁，未纪绪也，南楚或曰'端'。"引申之，则凡未纪绪皆谓之"端"。《礼记·中庸》："执其两端。"《诗·载驱·序·笺》："故，犹端也。"《疏》并云："端，谓头绪也。"此谓头绪众多，则必参观，否则诚不得闻而为臣壅塞矣。若训为"直"，则与下文不合。

[4] 旧注：专听一理，必有失；责下不一，能则不明。〇先慎曰："责下"，谓责臣下专司之事，下云"责下则人臣不参"，是也。注未明晰。

[5] 旧注：疑危而制之，谲诡而使之，则下不敢隐情。〇先慎曰：乾道本注"诡而"下衍"回"字，今从赵本删。

[6] 先慎曰：下文"知"作"智"，字同。

[7] 旧注：或倒其言，或反其事，则奸情可得而尽。

观听不参则诚不闻，[1]听有门户则臣壅塞。[2]其说在侏儒之梦见灶,[3]哀公之称"莫众而迷"。[4]故齐人见河伯,[5]与惠子之言"亡其半"也。[6]其患在竖牛之饿叔孙[7]而江乙之说荆俗也。[8]嗣公欲治不知,[9]故使有敌。[10]是以明主推积铁之类,[11]而察一市之患。[12]

参观一

[1] 旧注:不参,谓偏听一人,则诚者莫告。○先慎曰:乾道本连上。卢文弨云"本提行",今据改。

[2] 旧注:其听有所从,若门户然,则为臣所塞。○先慎曰:《拾补》"壅"改"壅"。卢文弨云:后凡"擁"字,皆本作"壅"。先慎按:赵本注"其"作"各"。

[3] 旧注:侏儒梦灶,言灶有一人炀,则后人不见,此讥灵公偏听子瑕。○先慎曰:乾道本无"在"字。顾广圻云"今本'说'下有'在'字,按依句例当补",改从今本。

[4] 旧注:公言谋事,无众故迷。孔子对举国尽党季孙,与之同(乱)〔辞〕,是一国为一人,公之迷宜矣。

[5] 旧注:齐王专信一人,故被诳以大鱼为河伯。

[6] 旧注:惠子言君之谋事,有半疑,有半,今皆称不疑,则雷同朋党,故曰"亡其半"。此上五说皆不参门户之听。○卢文弨曰:注"半疑"下衍"有半"二字。

[7] 旧注:叔孙专听竖牛,故身饿死,而二子戮亡也。

[8] 旧注:荆俗不言人恶,故白公得以为乱。○先慎曰:乾道本"乙"作"乞",下同。顾广圻云:《藏》本"乞"作"乙",是也。先慎案:《策》正作"乙",今据改。

[9] 旧注:谓不知治之术也。

[10] 旧注:恐其所贵臣妾拥己,故更贵臣妾以敌之,彼得敌,适足以成其朋党,为拥更甚也。

[11] 旧注:积铁为室,尽以备矢,则体不伤。积疑为心,尽以备臣,

则奸不生。

[12] 旧注：虽一市之人言市有虎，犹未可信，况三人乎。○先慎曰：乾道本注“虎”上衍“之”字，今从赵本删。

爱多者则法不立，威寡者则下侵上。是以刑罚不必，则禁令不行。其说在董子之行石邑，[1]与子产之教游吉也。[2]故仲尼说陨霜，[3]而殷法刑弃灰；将行去乐池，[4]而公孙鞅重轻罪。[5]是以丽水之金不守，[6]而积泽之火不救。[7]成歡以太仁弱齐国，[8]卜皮以慈惠亡魏王。[9]管仲知之，故断死人；[10]嗣公知之，故买胥靡。[11]

必罚二

[1] 旧注：董子至石邑，象深涧以立法，故赵国治也。

[2] 旧注：子产教游吉，令法火以严断。○先慎曰：赵本注“火”误作“吏”。

[3] 旧注：仲尼对哀公言陨霜不杀草，则以宜杀而不杀故也。

[4] 旧注：将行以乐池不专任以刑赏之柄，故去之。○卢文弨曰：注“将行”，一本有“官名”二字。

[5] 旧注：公孙鞅以谓轻罪尚不能犯，则无由犯重罪，故先重轻罪。

[6] 旧注：窃丽水之金，其罪辜磔，犹窃而不止，则有窃而获免者，故虽重罪不止也。○先慎曰：“守”当作“止”，注不误。

[7] 旧注：鲁之积泽火焚而人不救，则以不行法故也。

[8] 旧注：成歡以齐王太仁，知其必弱齐国。○卢文弨曰：成歡后作“讙”，《荀子・解蔽》篇作“戴讙”。顾广圻曰：《说》“歡”作“驩”，“驩”、“歡”同字。先慎曰：“歡”、“驩”、“讙”三字古通用。《礼记・乐记》“鼓鼙之声讙”，《注》“或为‘歡’”。“驩”为马名本字。《孟子》“驩如”，《荀子・大略》篇“夫妇不得不驩”，皆以“驩”为歡乐字。“驩”、“歡”、“讙”音义并同，故通用。《春秋》文公六年“晋侯驩”，《公羊》作“讙”，《史记》作“歡”，

是其证。《荀子》杨《注》引“成”作“戴”，误，说见下。

[9] 旧注：卜皮以魏王慈惠，知其必亡其身也。○卢文弨曰：注上“其”字一本无。先慎曰：乾道本注脱“知”字，今从赵本。

[10] 旧注：知治国(常)〔當〕严，禁人之厚葬，不用命者戮其尸。

[11] 旧注：嗣公亦知国当必罚，有胥靡逃之，以一都买而诛之。

赏誉薄而谩者下不用，[1]赏誉厚而信者下轻死。其说在文子称“若兽鹿”。[2]故越王焚宫室，[3]而吴起倚车辕，[4]李悝断讼以射，[5]宋崇门以毁死。[6]句践知之，故式怒蛙；[7]昭侯知之，故藏弊袴。[8]厚赏之使人为贲、诸也，妇人之拾蚕，渔者之握鳣，是以效之。[9]

赏誉三

[1] 旧注：谩，欺也。○先慎曰：乾道本“用”下有“也”字。顾广圻云：《藏》本、今本无“也”字。先慎案：无“也”字是也。“下不用”与“下轻死”句法一律，不当有“也”字，今据删。

[2] 旧注：兽鹿唯就荐草，犹人臣之归恩厚也。

[3] 旧注：焚其室者，欲行赏罚于救火，以验人之用命。

[4] 旧注：赏移辕者，欲示其信而不欺也。

[5] 旧注：欲人之善射，故其断讼与善射者理也。

[6] 旧注：崇门之人居丧而瘠，君与之官，故多毁死者也。

[7] 旧注：句践知劝赏可以诏人，故式怒蛙以求勇。○先慎曰：乾道本无“之”字。顾广圻云：《藏》本、今本“知”下有“之”字。先慎案：有者是也，今据补。注赵本“诏”作“招”。

[8] 先慎曰：“弊”，今本作“蔽”，误。

[9] 旧注：拾蚕、握鳣而不恼者，利在故也。此得利忘难之效也。○俞樾曰：“是以效之”当作“以是效之”。“效”者，明也。“是”即指妇人、渔者而言。谓厚赏之下，可使人人为贲、诸，以“妇人之拾蚕，渔者之握鳣”

明之也。下文云“鳣似蛇，蚕似蠋，人见蛇则惊骇，见蠋则毛起，然而妇人拾蚕，渔者握鳣，利之所在则忘其所恶，皆为孟、贲”，是其义也。《荀子·正论》篇“故桀、纣无天下，而汤、武不弑君，由此效之也”，杨《注》曰：“效，明也。”与此文句法正同，今误作“是以效之”。旧注谓“此得利忘难之效也”，失其解矣。

一听则愚智不分，[1]责下则人臣不参。[2]其说在索郑[3]与吹竽。[4]其患在申子之以赵绍、韩沓为尝试。[5]故公子汜议割河东，[6]而应侯谋弛上党。[7]

一听四

[1] 旧注：直听一理，不反覆参之，则愚智不分。

[2] 旧注：下之材能一一责之，则人臣不得参杂。

[3] 旧注：魏王以郑本梁地，故索郑而合之；不思梁本郑地，郑人亦索梁而合之。此一听之过也。

[4] 旧注：混商吹竽，是不责下也，故令得参杂。○卢文弨曰：注“混商”当是“混同”。

[5] 旧注：申子为请兵，先令赵绍、韩沓尝韩君，知其意然后说，终成其私也。○卢文弨曰：注“申子为”下脱“赵”字。先慎曰：“赵绍、韩沓”，《国策》作“赵卓、韩鼂”。

[6] 旧注：韩王欲河东以构三国，此非计也，公子汜激君行令。○卢文弨曰：注“韩王欲”下脱“割”字。

[7] 旧注：应侯谋上党亦非计也，秦王从之。此上二事皆一听之患也。○先慎曰：注“谋”下脱“弛”字。

数见久待而不任，奸则鹿散；[1]使人问他则不鬻私。[2]是以庞敬还公大夫，[3]而戴讙诏视辒车；[4]周主亡玉簪，[5]商太宰论牛矢。[6]

诡使五

［1］旧注：谓人数见于君，或复久待，虽不任用，外人则谓此得主之意，终不敢为奸，如鹿之散。〇顾广圻曰："奸则鹿散"四字为一句。

［2］旧注：谓使此虽知其所为，阳若不知，更试以他事，或问之他人，不敢鬻其私矣。鬻，犹售。

［3］旧注：庞敬使市者不为奸，故还大夫而警之。

［4］旧注：戴讙欲知奉笥者，更使视辒车。

［5］旧注：周主故亡玉簪，以求神明之誉也。

［6］旧注：太宰诡论牛矢，以求听察之名也。

挟智而问，则不智者至；[1]深智一物，众隐皆变。[2]其说在昭侯之握一爪也。[3]故必南门而三乡得。[4]周主索曲杖而群臣惧，[5]卜皮事庶子，[6]西门豹详遗辖。[7]

挟智六

［1］旧注：挟己所智而有所问，则虽不智者莫不皆智也。〇赵用贤曰：言挟己之智而问，则自多其智，故不智者反得以用其欺。是不若深知一物，则智有所积，而众隐皆变为显也。乃与下事相合，注非。顾广圻曰："智"，读为"知"，下同。

［2］旧注：于一物智之能深，则众隐伏之物莫不变而露见。〇先慎曰：乾道本注"于"下有"伏"字，今从赵本删。

［3］旧注：握爪佯亡，以验左右之诚。

［4］旧注：必审南门之牛犯苗，而三乡之犯者皆得其情实。〇顾广圻曰：《藏》本同。今本"必"下有"审"字，误。

［5］旧注：私得曲杖，群臣耸惧。

［6］旧注：使庶子爱御史，便得彼阴惧也。〇卢文弨曰：注"阴情"讹"阴惧"。先慎曰："事"当作"使"，下文"卜皮为县令，其御史污秽，而有爱妾，卜皮乃使少庶子佯爱之，以知御史阴情"，正作"使"字。注作"使庶

子”是也，谓“爱御史”亦误。卜皮使庶子佯爱御史之爱妾，非爱御史也，下《说》注同误。

[7] 旧注：谋遗其辖，欲取清明之称也。○卢文弨曰：注“详”讹作“谋”。顾广圻曰：《说》“详”作“佯”，“详”、“佯”同字。

倒言反事，以尝所疑，则奸情得。[1]故阳山谩樛竖，[2]淖齿为秦使，[3]齐人欲为乱，[4]子之以白马，[5]子产离讼者，[6]嗣公过关市。[7]

倒言七　　右经

[1] 旧注：倒错其言，反为其事，以试其所疑也。

[2] 旧注：伪谩樛竖知君疑也。○先慎曰：乾道本“樛”作“摎”。顾广圻云：“阳山”当倒，详后。《藏》本、今本“摎”作“樛”。先慎案：“樛”字是，下文亦作“樛”，此误，今据改。

[3] 旧注：诈为秦使知君恶己。

[4] 旧注：佯逐所爱，令君知而不疑。

[5] 旧注：谬言白马，以验左右之诚。

[6] 旧注：分离讼者，便得两讼之情。

[7] 旧注：知过者之输金，便得听察之称。○先慎曰：注“听”字当作“明”，下文“而以嗣公为明察”，是其证。

一、[1]卫灵公之时，弥子瑕有宠，专于卫国。[2]侏儒有见公者曰：“臣之梦践矣。”[3]公曰：“何梦？”对曰：“梦见灶，为见公也。”公怒曰：“吾闻见人主者梦见日，奚为见寡人而梦见灶？”对曰：“夫日兼烛天下，一物不能当也；[4]人君兼烛一国，[5]一人不能擁也。[6]故将见人主者梦见日。夫灶一人炀焉，则后人无从见矣。[7]今或者一人有炀君者乎？[8]则臣虽梦见灶，不亦可乎！”

［1］卢文弨曰：凌本作“传一”，下仿此。

［2］先慎曰：《难四》篇无“专”字。

［3］先慎曰：乾道本“践”作“贱”。卢文弨云：“贱”，凌本作“践”。先慎案：作“践”是，今据改。《难四》篇作“浅”，亦误。

［4］旧注：言一物不能蔽日之光也。

［5］先慎曰：乾道本“国”下有“人”字。卢文弨云：凌本无下“人”字。先慎案：“人”字涉下文而衍，《难四》篇无“人”字，是其证，今据删。

［6］旧注：一人不能擁君之明。○顾广圻曰：“擁”当作“壅”。

［7］旧注：一人炀，则蔽灶之光，故后人不见之。炀，然也。○先慎曰：注“之炀”当作“炀之”。

［8］旧注：此讥弥子瑕专拥蔽君之明也。○先慎曰：乾道本注“也”作“乎”。卢文弨云“一本无上‘者’字，注‘乎’字讹，本作‘也’”，今据改。

鲁哀公问于孔子曰：“鄙谚曰：‘莫众而迷。’[1]今寡人举事与群臣虑之，而国愈乱，其故何也？”[2]孔子对曰：“明主之问臣，一人知之，一人不知也。[3]如是者，明主在上，群臣直议于下。今群臣无不一辞同轨乎季孙者，举鲁国尽化为一，[4]君虽问境内之人，犹不免于乱也。”[5]

［1］旧注：举事不与众谋者，必迷惑。

［2］先慎曰：乾道本无“何”字。顾广圻云“《藏》本、今本‘故’下有‘何’字”，今据补。

［3］旧注：一人知之，一人不知，则得再三详议。

［4］旧注：举国既化为一，则不得论其是非也。○先慎曰：赵本注“不”作“安”。

[5] 旧注：境内之人，亦与季孙为一，故问之无益。○先慎曰：乾道本“犹”下有“之人”二字。顾广圻云：《藏》本无“人”字，今本无“之人”二字。先慎案：“之人”二字涉上文而衍，今据删。

一曰：[1]晏婴子聘鲁，[2]哀公问曰：[3]“语曰：‘莫三人而迷。’[4]今寡人与一国虑之，鲁不免于乱，何也？”晏子曰：“古之所谓‘莫三人而迷’者，一人失之，二人得之，三人足以为众矣，故曰‘莫三人而迷’。今鲁国之群臣以千百数，一言于季氏之私，[5]人数非不众，所言者一人也，安得三哉！”

[1] 顾广圻曰：按“一曰”者，刘向《叙录》时所下校语也。谓“一”见于《晏子春秋》，其所“曰”者如此。凡本书“一曰”皆同例。

[2] 卢文弨曰：凌本无“婴”字。

[3] 王渭曰：《晏子春秋》“哀”作“昭”。

[4] 旧注：举事不与三人谋，必知迷惑也。○先慎曰：注“知”字衍。

[5] 先慎曰：谓众口同声也。

齐人有谓齐王曰：“河伯，大神也，[1]王何不试与之遇乎？臣请使王遇之。”乃为坛场大水之上，[2]而与王立之焉。有间，大鱼动，因曰：“此河伯。”[3]

[1] 先慎曰：《御览》八百八十二引“大”作“水”。

[2] 先慎曰：乾道本“乃”作“遇”，《拾补》作“乃”。卢文弨云：“乃”字脱，张本有。顾广圻云：《藏》本“遇”作“乃”，今本无。俞樾云：上“遇”字当作“与”，上文云“王何不试与之遇乎”，故此云“臣请使王与之遇”。乾道本作“遇之遇”，传写误耳。《道藏》本改下“遇”字为“乃”字，属下读，赵

本并删“乃”字，均非其旧。先慎案：下“遇”字为“乃”字之讹，“乃”与“廼”同，《尔雅》：“廼，乃也。”俗作“迺”，与“遇”字形相近，乾道本因讹作“遇”，赵本从而删之，惟《道藏》本、张本不误。读当于“之”字绝句，“廼”字属下读。“请使王遇之”，“使”字即有“与”之意，既言“使”，不得复言“与”。且下文“为坛场大水之上”上无“迺”字，则文气不接。俞说非也。《御览》引正作“乃”，今据改。

[3] 旧注：直信一人言，故有斯弊。

张仪欲以秦、韩与魏之势伐齐、荆，而惠施欲以齐、荆偃兵。[1]二人争之。群臣左右皆为张子言，而以攻齐、荆为利，而莫为惠子言。王果听张子，而以惠子言为不可。攻齐、荆事已定，惠子入见。王言曰：[2]“先生毋言矣！攻齐、荆之事果利矣，一国尽以为然。”惠子因说：“不可不察也。夫齐、荆之事也诚利，一国尽以为利，是何智者之众也？攻齐、荆之事诚不利，[3]一国尽以为利，何愚者之众也？凡谋者，疑也。[4]疑也者，诚疑以为可者半，以为不可者半。[5]今一国尽以为可，是王亡半也。[6]劫主者，固亡其半者也。”[7]

[1] 旧注：以齐、荆为援，则秦、韩不敢加兵，故兵可偃也。

[2] 先慎曰：“言”字不当有，涉下文而衍。

[3] 先慎曰：乾道本“不”下有“可”字。顾广圻曰“《藏》本、今本无‘可’字”，今据删。

[4] 旧注：有疑然后谋。

[5] 旧注：若诚有疑，则半可半不可。

[6] 旧注：无致疑之人，故亡其半。

[7] 旧注：无人致疑，则大盗得恣其谋。田成、赵高成其篡杀者，无

人疑故也。○先慎曰：乾道本“簒”上有“言”字，今依赵本删。

叔孙相鲁，贵而主断。其所爱者曰竖牛，亦擅用叔孙之令。叔孙有子曰壬，竖牛妒而欲杀之。因与壬游于鲁君所，鲁君赐之玉环，壬拜受之而不敢佩，使竖牛请之叔孙，竖牛欺之曰：“吾已为尔请之矣，使尔佩之。”壬因佩之。竖牛因谓叔孙：“何不见壬于君乎？”叔孙曰：“孺子何足见也？”竖牛曰：“壬固已数见于君矣，[1]君赐之玉环，壬已佩之矣。”叔孙召壬见之，而果佩之，叔孙怒而杀壬。壬兄曰丙，竖牛又妒而欲杀之。叔孙为丙铸钟，钟成，丙不敢击，使竖牛请之叔孙。竖牛不为请，又欺之曰：“吾已为尔请之矣，[2]使尔击之。”丙因击之。叔孙闻之曰：“丙不请而擅击钟。”怒而逐之。丙出走齐，居一年，竖牛为谢叔孙，叔孙使竖牛召之，又不召而报之曰：“吾已召之矣，丙怒甚，不肯来。”叔孙大怒，使人杀之。二子已死，叔孙有病，竖牛因独养之，而去左右，不内人，曰：“叔孙不欲闻人声。”因不食而饿死。[3]孙叔已死，竖牛因不发丧也，徙其府库重宝空之而奔齐。[4]夫听所信之言而子父为人僇，此不参之患也。

[1] 先慎曰：乾道本“壬”上无“竖牛曰”三字。顾广圻云“今本有‘竖牛曰’三字”，今依补。

[2] 先慎曰：乾道本“已为”二字作“以”字。顾广圻云：《藏》本“以”上有“为”字，今本作“已为”。先慎案：此与上文“吾已为尔请之矣”句法一律，作“已为”者是也。《御览》五百七十五引正作“已为”，今据改。

[3] 先慎曰：乾道本无“因”字，“死”作“杀”。卢文弨云“‘杀’，一本

作‘死’”，顾广圻云“《藏》本、今本‘不’上有‘因’字”，今据增改。

[4] 先慎曰：事见《左》昭四年《传》。彼言仲壬奔齐，此谓孟丙。左氏记当时事，韩子传闻，故不相符。

江乙为魏王使荆，[1]谓荆王曰：“臣入王之境内，闻王之国俗曰：‘君子不蔽人之美，不言人之恶。’诚有之乎？”王曰：“有之。”“然则若白公之乱，得庶无危乎！[2]诚得如此，臣免死罪矣。”[3]

[1] 先慎曰：乾道本连上，今从赵本提行。

[2] 旧注：不言人恶，则白公得成其奸谋，故危也。○顾广圻曰：《藏》本、今本无“庶”字。《楚策》云：“得无遂乎！”

[3] 旧注：有恶不言，何罪之有。

卫嗣君[1]重如耳，爱世姬；[2]而恐其皆因其爱重以壅己也，[3]乃贵薄疑以敌如耳，[4]尊魏姬以耦世姬，[5]曰：“以是相参也。”嗣君知欲无壅，而未得其术也。夫不使贱议贵，[6]下必坐上，[7]而必待势重之钧也，而后敢相议，[8]则是益树壅塞之臣也，[9]嗣君之壅乃始。[10]

[1] 先慎曰：“君”当作“公”，嗣公，卫平侯之子，秦贬其号为君，非此书未入秦作，必不从秦所贬为称。且上《经》“嗣公欲治不知”，不作“君”，是“君”当为“公”之误。《荀子·王道》篇注引此正作“公”。

[2] 顾广圻曰：《荀子》注引“世”作“泄”，按“世”、“泄”同字。

[3] 先慎曰：《荀子》注引“壅”作“雍”，古字通。

[4] 先慎曰：乾道本“敌”下有“之”字。卢文弨云：“之”字衍，凌本

无。先慎案：张榜本无，《荀子》注引亦无“之”字，今据删。

[5] 先慎曰：《荀子》注“魏姬”作“魏妃”。

[6] 旧注：贱不得与贵议也。○先慎曰：此谓贱不得訾议贵者也，旧注误。

[7] 旧注：下得罪，必坐于与上议也。○卢文弨曰：凌本作“下逼上”，但注不如此。先慎曰：“必”字衍文，“贱议贵”、“下坐上”均承上“夫不使”来。“坐”，即商君告坐之法。不使下坐上者，不使下与上告坐也。《八说》篇：“明君之道，贱得议贵，下必坐上，不待势重之钧也。”此与《八说》相反，故云“不使贱议贵，下坐上”，凌本不知“必”字之误，而改“必坐”为“逼”，得其意而失其真矣。注不可读，卢氏据之亦非。

[8] 旧注：今两受，势重既钧，正可相与议。

[9] 旧注：两受共谋，为壅更甚，此嗣君不得术。○卢文弨曰：注“两爱共谋”，“爱”讹“受”。

[10] 先慎曰：言乃自此始。

夫矢来有乡，[1]则积铁以备一乡；[2]矢来无乡，则为铁室以尽备之。[3]备之则体不伤。故彼以尽备之不伤，此以尽敌之无奸也。[4]

[1] 旧注：乡，方也。有来从之方。

[2] 旧注：谓聚铁于身以备一处，即甲之不全者也。

[3] 旧注：谓甲之全者，自首至足无不有铁，故曰“铁室”。

[4] 旧注：言君亦当尽敌于臣，皆所防疑，则奸绝也。○先慎曰：赵本注“所”下有“以”字。卢文弨云：注“以”字衍。

庞恭与太子质于邯郸，[1]谓魏王曰：“今一人言市有虎，王信之乎？”曰：“不信。”[2]“二人言市有虎，王信之乎？”曰：

"不信。""三人言市有虎,王信之乎?"王曰:"寡人信之。"庞恭曰:"夫市之无虎也明矣,然而三人言而成虎。今邯郸之去魏也远于市,议臣者过于三人,愿王察之。"庞恭从邯郸反,竟不得见。[3]

[1] 顾广圻曰:《魏策》"恭"作"葱",姚校云:"孙作'恭'。"按"恭"字是,《新序》亦作"恭"。下文有"庞敬,县令也",当是一人。先慎曰:《事类赋》二十引"恭"作"共",古字通用。

[2] 先慎曰:《御览》一百九十一、又八百二十七、八百九十一、《事类赋》二十引"不信"二字并作"不",下同。

[3] 先慎曰:《事类赋》引"见"作"入"。

二、董阏于为赵上地守,[1]行石邑山中,见深涧峭如墙,[2]深百仞,因问其旁乡左右。[3]曰:"人尝有入此者乎?"对曰:"无有。"曰:"婴儿盲聋狂悖之人尝有入此者乎?"[4]对曰:"无有。""牛马犬彘尝有入此者乎?"[5]对曰:"无有。"董阏于喟然太息曰:[6]"吾能治矣,使吾法之无赦,[7]犹入涧之必死也,则人莫之敢犯也,何为不治!"[8]

[1] 先慎曰:《艺文类聚》九、又五十四、《御览》卷六十九、又六百三十八引"阏"作"安",案二字古通,说见《难言》篇。

[2] 先慎曰:各本"见深涧"作"涧深",今据《艺文类聚》、《御览》引改。

[3] 先慎曰:《艺文类聚》、《御览》引无"旁"字。

[4] 先慎曰:各本"盲"作"痴"。今据《文选·永明九年策秀才文》注引改。《艺文类聚》、《御览》引"盲"作"狂",亦误。

[5] 先慎曰：《艺文类聚》引“牛”上重“有”字。案“有”当为“曰”之讹，此脱，上文正有“曰”字，即其证。《艺文类聚》上“曰”字亦作“有”。

[6] 先慎曰：《拾补》“太”作“大”。

[7] 先慎曰：乾道本“法”作“治”。卢文弨云“治”，张、凌本作“法”。顾广圻云：《藏》本“治”作“法”。王渭云：《文选》注引作“吾法无赦也”。先慎案：《艺文类聚》、《御览》引并作“法”，今据改。

[8] 先慎曰：各本句末有“之”字。卢文弨云：《文选》注引句上有“又”字，无“之”字。先慎案：《艺文类聚》引亦无“之”字，今据删。

子产相郑，[1]病将死，谓游吉曰：“我死后，子必用郑，必以严莅人。夫火形严，故人鲜灼；水形懦，故人多溺。[2]子必严子之刑，[3]无令溺子之懦。”故子产死，[4]游吉不忍行严刑。[5]郑少年相率为盗，处于雚泽，[6]将遂以为郑祸。游吉率车骑与战，一日一夜，仅能克之。游吉喟然叹曰：“吾蚤行夫子之教，必不悔至于此矣！”

[1] 先慎曰：乾道本连上，今从赵本提行。

[2] 先慎曰：乾道本无“故”字。卢文弨云：“故”字脱，《藏》本有。先慎案：此与上文句法一例，有“故”字是，今据增。

[3] 先慎曰：乾道本“刑”作“形”。顾广圻云“今本‘形’作‘刑’，案当作‘刑’，下同”，今据改。

[4] 卢文弨曰：“故”字衍。

[5] 先慎曰：乾道本作“游吉不肯严形”。卢文弨云“张、凌本作‘游吉不忍行严刑’”，今据改。

[6] 卢文弨曰：今《左传》作“萑苻之泽”，唐《石经》初刻“萑”作“雚”，李义山诗：“直是灭雚萧”，“萑”乃“雚”之省文。先慎曰：《诗・小弁》“萑苇淠淠”，《韩诗外传》作“雚”，是“雚”为今文，“萑”为古文也。

鲁哀公问于仲尼曰:"《春秋》之记曰:[1]'冬十二月賈霜不杀菽。'[2]何为记此?"仲尼对曰:"此言可以杀而不杀也。夫宜杀而不杀,桃李冬实。[3]天失道,草木犹犯干之,而况于人君乎!"[4]

[1] 王先谦曰:此所谓不修《春秋》也。

[2] 顾广圻曰:《春秋经》僖公三十三年"菽"作"草"。先慎曰:"菽"当作"草",下云"草木犹犯干之",承此而言,明"菽"为"草"之讹。周之十二月,即今之十月,不应有菽,且菽亦不得言可以杀也。前《经》注引正作"草",明注所据之本尚未误。

[3] 顾广圻曰:《藏》本"桃"作"梅"。按《春秋经》云"李梅实"。

[4] 旧注:人君失道,人臣凌之者宜。○卢文弨曰:《藏》本"人君"作"君人",倒。

殷之法,刑弃灰于街者。[1]子贡以为重,问之仲尼。仲尼曰:"知治之道也。夫弃灰于街必掩人,[2]掩人,人必怒,怒则斗,斗必三族相残也。[3]此残三族之道也,虽刑之可也。且夫重罚者,人之所恶也;而无弃灰,人之所易也。使人行之所易而无离所恶,此治之道。"[4]一曰:殷之法弃灰于公道者断其手。子贡曰:"弃灰之罪轻,断手之罚重,古人何太毅也?"[5]曰:"无弃灰,所易也;断手,所恶也。行所易,不关所恶,古人以为易,故行之。"[6]

[1] 先慎曰:《初学记》二十引"刑"字在"者"字下。

[2] 旧注:灰尘播扬,善掩翳人也。○先慎曰:《初学记》引"掩"作"燔"。

[3] 旧注：因斗相残伤。

[4] 先慎曰：行之所易，即去其所易也。“行”，犹去也；“之”，犹其也。下“公孙鞅”章正作“去其所易”。“离”，读为“罹”。

[5] 旧注：毅，酷也。

[6] 先慎曰：不关所恶，谓不入断手之法也。《书·大传》“虽禽兽之声犹悉关于律”，《注》：“关，犹入也。”

中山之相乐池以车百乘使赵，选其客之有智能者以为将行，[1]中道而乱。乐池曰：“吾以公为有智，而使公为将行，[2]今中道而乱，何也?”客因辞而去，曰：“公不知治。有威足以服之人，[3]而利足以劝之，[4]故能治之。今臣，君之少客也。[5]夫从少正长，从贱治贵，而不得操其利害之柄以制之，此所以乱也。尝试使臣，彼之善者我能以为卿相，彼不善者我得以斩其首，[6]何故而不治!”

[1] 旧注：将主行道之人，以为行位。○先慎曰：乾道本“能”下有“有”字。顾广圻云“《藏》本、今本无下‘有’字”，今据删。

[2] 先慎曰：依上文，“智”下脱“能”字。

[3] 顾广圻曰：《藏》本同。今本无“之”字，误。依下句此当衍“人”字。

[4] 顾广圻曰：《藏》本同。今本“之”误“人”。

[5] 旧注：言在客之少也。

[6] 顾广圻曰：《藏》本同。今本“得”作“能”，误。

公孙鞅之法也重轻罪。重罪者，人之所难犯也；[1]而小过者，人之所易去也。使人去其所易，无离其所难，此治之道。夫小过不生，大罪不至，是人无罪而乱不生也。[2]

［1］先慎曰：乾道本无“重罪”二字。顾广圻云：今本“者”上有“重罪”二字。先慎案：“重罪”二字，与下“小过”相对，今本有是也，今依增。

［2］旧注：今重罪轻，轻罪避，故能无罪而不生乱也。

一曰：公孙鞅曰：“行刑重其轻者。轻者不至，重者不来。[1]是谓以刑去刑。”[2]

［1］旧注：不犯轻，自然无重罪也。○俞樾曰：“不至”当作“不生”，言犯轻罪者不得生也。《商子·说民》篇曰“轻者不生”，是其证。

［2］旧注：以轻刑去重刑。

荆南之地，丽水之中生金，人多窃采金。采金之禁，得而辄辜磔于市，甚众，壅离其水也，[1]而人窃金不止。夫罪莫重辜磔于市，犹不止者，不必得也。[2]故今有于此，曰：“予汝天下而杀汝身。”庸人不为也。夫有天下，大利也，犹不为者，知必死。故不必得也，则虽辜磔，窃金不止；知必死，则天下不为也。[3]

［1］旧注：又设防禁遮拥，令人离其水也。○顾广圻曰：“离”，读为“篱”。俞樾曰：此言辜磔其人而弃尸于水之中，流为积尸壅遏，遂至分流，是谓“壅离其水”，极言辜磔者之多也。据下文云“夫罪莫重辜（傑）〔磔〕于市，犹不止者，不必得也”，又曰“故不必得也，则虽辜磔，窃金不止；知必死，则天下不为也”，并无设禁遮拥令人离水之义。且设禁遮拥令人离水而犹窃金不止，则是设禁之未善，与下文“不必得”及“知必死”

之意不相应矣。顾氏读“离”为“篱”,此亦不得其解而强为之辞。先慎曰:俞说是。“采金之禁”句。“得”,谓获其人也。“而辄辜磔于市”,“而”犹则也。

[2] 旧注:言犯罪者不必一一皆得,而有免脱者,则人幸其免脱而轻犯重罪。

[3] 卢文弨曰:凌本“则”字作“虽予之”三字,疑以意改。王先谦曰:“不必得”三字,当在“也”字下,文误倒耳。“天下”上夺“有”字,以文义绎之如此。

鲁人烧积泽,天北风,火南倚,[1]恐烧国,哀公惧,自将众趣救火。[2]左右无人,尽逐兽而火不救。乃召问仲尼,仲尼曰:“夫逐兽者乐而无罚,救火者苦而无赏,此火之所以无救也。”哀公曰:“善。”仲尼曰:“事急,不及以赏,[3]救火者尽赏之,则国不足以赏于人,请徒行罚。”[4]哀公曰:“善。”于是仲尼乃下令曰:“不救火者比降北之罪,逐兽者比入禁之罪。”令下未遍而火已救矣。[5]

[1] 旧注:火势南靡,故曰“倚”也。

[2] 先慎曰:乾道本“趣”作“輙”,“火”下有“者”字。俞樾云:“輙”当作“趣”,“者”字衍文。上文云“鲁人烧积泽”,所谓火田也,哀公实亲在其间。及火南倚,将烧国,故哀公惧,自将众趣救火也。“趣”误作“輙”,盖以形似之故。又因下文三言“救火者”而亦衍“者”字,于是其义愈晦,并“輙”字之误莫之能正矣。先慎案:赵本“輙”作“趣”,《艺文类聚》八十、《御览》八百六十九、《初学记》二十引并作“趣”,无“者”字,今据改。

[3] 先慎曰:事急不及以赏,谓事急不及与赏也。《诗·江有汜》、《击鼓》、《桑柔》,《仪礼·乡射礼》、《大射仪》,《笺》、《注》并云:“以,犹与也。”《艺文类聚》、《御览》引“赏”作“罚”,是不知“以”有“与”义而妄改,下

云“请徒行罚”，则此何得谓“事急不及以罚”乎？

［4］先慎曰：乾道本“罚”作“赏”。顾广圻云：“赏”，当依冯氏舒校改作“罚”。先慎案：《艺文类聚》、《御览》引并作“请徒行罚”，今据改。

［5］先慎曰：赵本“令下未遍”作“令未下遍”，《艺文类聚》、《初学记》引正作“令下未遍”。

成驩谓齐王曰：[1]“王太仁，太不忍人。”王曰：“太仁、太不忍人，非善名邪？”对曰：“此人臣之善也，非人主之所行也。夫人臣必仁而后可与谋，不忍人而后可近也；不仁则不可与谋，忍人则不可近也。”王曰：“然则寡人安所太仁、安不忍人？”[2]对曰：“王太仁于薛公，而太不忍于诸田。太仁薛公，则大臣无重；[3]太不忍诸田，则父兄犯法。大臣无重，则兵弱于外；父兄犯法，则政乱于内。兵弱于外，政乱于内，[4]此亡国之本也。”

［1］顾广圻曰：《荀子·解蔽》篇杨注引此“成”作“戴”，云：“盖为唐鞅所逐，奔之齐也。”今按此非一人，杨说附会，失之也。

［2］王渭曰：“安”下当有“所”字。

［3］旧注：太仁则纵之骄奢，不修德义，众必轻之，故威不得重也。○先慎曰：此谓齐王不裁抑薛公，则大臣得无重乎？“无”，犹得无也。古书多如是，《士丧礼》筮宅辞曰“无有后艰”，郑《注》“得无后将有艰难乎”；又卜葬日辞曰“无有近悔”，郑《注》“得无近于咎悔乎”，是其证。《韩子》一书，皆不欲大臣重于君，故《孤愤》(一)篇〔一〕则曰“人主愈弊，大臣愈重”；再则曰“人主壅蔽，大臣专权”，“权”即“重”也；说见《说难》篇。又曰“万乘之患，大臣太重”，此即其义。注谓“威不得重”，失其旨矣。下文云“大臣无重则兵弱于外”者，即《八奸》篇所谓“为人臣者，虚其国以事大国

而用其威，求诱其君，甚则举兵以聚边境而制敛于内，薄者数内大使以震其君，使之恐惧”之意。

[4] 先慎曰：赵本“内”作“外”，误。

魏惠王谓卜皮曰：“子闻寡人之声闻亦何如焉？”[1]对曰：“臣闻王之慈惠也。”王欣然喜曰：“然则功且安至？”对曰：“王之功至于亡。”王曰：“慈惠，行善也。行之而亡，何也？”卜皮对曰：“夫慈者不忍，而惠者好与也。不忍则不诛有过，好予则不待有功而赏。有过不罪，无功受赏，虽亡不亦可乎！”[2]

[1] 卢文弨曰：《藏》本作“问”。

[2] 先慎曰：上两“卜”字，今局本均作“十”，误。

齐国好厚葬，布帛尽于衣衾，材木尽于棺椁。桓公患之，以告管仲曰：“布帛尽则无以为幣，[1]材木尽则无以为守备，而人厚葬之不休，禁之奈何？”管仲对曰：“凡人之有为也，非名之则利之也。”于是乃下令曰：“棺椁过度者戮其尸，罪夫当丧者。”夫戮死无名，罪当丧者无利，人何故为之也。

[1] 先慎曰：各本“幣”作“蔽”，《御览》五百五十五、又六百四十一、八百二十引并作“幣”，今据改。

卫嗣君之时，[1]有胥靡逃之魏，因为襄王之后治病。[2]卫嗣君闻之，使人请以五十金买之，五反而魏王不予，乃以左氏易之。[3]群臣左右谏曰:“夫以一都买一胥靡,可乎?”[4]王曰:[5]“非子之所知也。夫治无小而乱无大,[6]法不立而诛不必,[7]虽有十左氏无益也,法立而诛必,虽失十左氏无害也。”魏王闻之曰:“主欲治而不听之,不祥。”因载而往,徒献之。[8]

[1] 先慎曰:“君”当从《经》作“公”,说见上。

[2] 旧注:魏襄王之后也。○顾广圻曰:未详,《宋卫策》无此句,馀亦多不同。

[3] 旧注:左氏,都邑名也。

[4] 先慎曰:乾道本“胥靡”上无“一”字,卢文弨云:《藏》本有。先慎案:《策》作“赎一胥靡”,是有“一”字是,今据增。

[5] 顾广圻曰:“王”当从《宋卫策》作“君”。

[6] 旧注:若不治小者,则大乱起也。

[7] 旧注:当诛而不诛,故曰“不必”也。

[8] 旧注:徒献胥靡,不取都、金。○先慎曰:乾道本注“献”下有“虽”字,今据赵本删。

三、齐王问于文子曰:“治国何如?”对曰:“夫赏罚之为道,利器也。君固握之,不可以示人。若如臣者,[1]犹兽鹿也,唯荐草而就。”[2]

[1] 先慎曰:“若”、“如”同义,“如”字涉上文而衍。

[2] 旧注:兽鹿就荐草,人臣归厚赏。故赏罚之利器,不可示于人也。

越王问于大夫种曰：[1]“吾欲伐吴，可乎？”对曰：“可矣。吾赏厚而信，罚严而必。君欲知之，[2]何不试焚宫室。”于是遂焚宫室，人莫救之。[3]乃下令曰：“人之救火者死，比死敌之赏；[4]救火而不死者，比胜敌之赏；不救火者，比降北之罪。”[5]人之涂其体、被濡衣而走火者，[6]左三千人，右三千人。此知必胜之势也。

[1] 先慎曰：乾道本“种”上有“文”字。卢文弨云：凌本无“文”字。先慎案：《艺文类聚》五十四、又八十、《御览》六百三十八引无“文”字，今据删。

[2] 先慎曰：乾道本无“知”字。顾广圻云：《藏》本、今本“欲”下有“知”字。先慎案：《艺文类聚》、《御览》引有“知”字，今据补。

[3] 先慎曰：《艺文类聚》、《御览》引“人”作“民”，下同，“之”作“火”。

[4] 先慎曰：“者死”当作“死者”。

[5] 先慎曰：赵本“降北”作“北降”，误倒。

[6] 先慎曰：各本无“之”字，据《艺文类聚》引增。卢文弨云：“走”，张、凌本作“赴”。先慎案：《御览》引亦作“赴”，《艺文类聚》仍作“走”。

吴起为魏武侯西河之守，秦有小亭临境，吴起欲攻之。不去则甚害田者，[1]去之则不足以征甲兵。[2]于是乃倚一车辕于北门之外[3]而令之曰：“有能徙此南门之外者，赐之上田上宅。”人莫之徙也。及有徙之者，遂赐之如令。[4]俄又置一石赤菽于东门之外[5]而令之曰：“有能徙此于西门之外者，赐之如初。”人争徙之。乃下令曰：[6]“明日且攻亭，有能先登者，仕之国大夫，赐之上田上宅。”[7]人争趋之，于是攻亭，一朝而拔之。

［1］旧注：言小亭能为田者害，政当去之。〇卢文弨曰：注“政”或是“故”。

［2］旧注：亭小故也。〇卢文弨曰：“甲兵”，《藏》本倒。

［3］先慎曰：《事类赋》十六引“倚”作“徙”。

［4］先慎曰：各本“遂”作“还”。《御览》二百九十六、六百三十八引“还”作“遂”，今据改。

［5］先慎曰：各本无“于”字。案与上文“倚一车辕于北门之外”文法一律，此脱“于”字，《御览》引有，今据补。

［6］先慎曰：各本“令”下有“大夫”二字。案此涉下文而衍，《御览》二百九十六及七百七十五、八百四十二、《初学记》二十七引并无此二字，今据删。

［7］先慎曰：各本“宅”上无“上”字。案上文“有能徙此南门之外者，赐之上田上宅”句法一律，此不当省，《御览》、《事类赋》引并有“上”字，今据补。

李悝为魏文侯上地之守，而欲人之善射也，[1]乃下令曰：“人之有狐疑之讼者，令之射的，[2]中之者胜，不中者负。”令下而人皆疾习射，[3]日夜不休。及与秦人战，大败之，以人之善射也。[4]

［1］先慎曰：《艺文类聚》五十引“人”作“民”，下同。

［2］旧注：的，所射质。〇先慎曰：《艺文类聚》引“的”作“狗”。

［3］先慎曰：“疾”，读为“亟”。

［4］先慎曰：各本“射”上有“战”字。顾广圻云：“战射”当作“射战”。先慎案：“战”字涉上文而误衍，《艺文类聚》引无“战”字，今据删。

宋崇门之巷人，服丧而毁，甚瘠，上以为慈爱于亲，举以为官师。明年，人之所以毁死者岁十馀人。子之服亲丧者，为爱之也，而尚可以赏劝也，况君上之于民乎！[1]

[1] 旧注：君而无赏，则功不立。

越王虑伐吴，[1]欲人之轻死也，出见怒蛙，乃为之式。从者曰："奚敬于此？"王曰："为其有气故也。"[2]明年之请以头献王者岁十馀人。[3]由此观之，誉之足以杀人矣。[4]

[1] 旧注：虑，谋也。○先慎曰：乾道本连上，今依赵本提行。

[2] 先慎曰：《御览》九百四十九引"气"作"勇"，误，下文正作"气"。

[3] 先慎曰：赵本"明年"下无"之"字。

[4] 旧注：誉于勇则人以头献。○先慎曰：乾道本"誉"作"毁"。顾广圻云：《藏》本、今本"毁"作"誉"。按当作"敬"，形近之误。上文云"奚敬于此"。先慎案：顾说非也。"毁"乃"誉"字之讹，注不误，《御览》四百三十七引正作"誉"，今据改。

一曰：[1] 越王句践见怒蛙而式之，御者曰："何为式？"王曰："蛙有气如此，可无为式乎？"士人闻之曰："蛙有气，王犹为式，况士人之有勇者乎！"[2]是岁人有自刭死，以其头献者。[3]故越王将复吴而试其教。[4]燔台而鼓之，使民赴火者，赏在火也；[5]临江而鼓之，使人赴水者，赏在水也；临战而使人绝头刳腹而无顾心者，赏在兵也。[6]又况据法而进贤，其助甚此矣。[7]

［1］先慎曰：乾道本提行，今依赵本。

［2］先慎曰：乾道本无“之”字。卢文弨云“脱，《藏》本有”，今据补。

［3］旧注：刭，割也。〇先慎曰：此谓人有以自刭之头献者。

［4］先慎曰：乾道本“越”作“曰”，“吴”作“吾”，今依张榜本、赵本改。

［5］旧注：火虽杀人，赴之必得赏，故赴之不惧也。〇先慎曰：“民”，当作“人”，注不误。

［6］卢文弨曰：“头”，一本作“颈”。

［7］旧注：进贤可以得赏，又无水火之难，则人岂不为哉？其所不进贤者，但不赏故也。〇顾广圻曰：“助”当作“劝”。卢文弨曰：注“但”下脱“君”字。先慎曰：注“所”下脱“以”字。

韩昭侯使人藏弊袴，侍者曰：“君亦不仁矣，弊袴不以赐左右而藏之。”昭侯曰：“非子之所知也。吾闻明主之爱，一嚬一笑，[1]嚬有为嚬，而笑有为笑。今夫袴岂特嚬笑哉！[2]袴之与嚬笑相去远矣，[3]吾必待有功者，故藏之未有予也。”[4]

［1］旧注：必忧其不善，劝其能善，不妄为也。

［2］旧注：嚬笑尚不妄为，况弊袴岂可以无功而与也。

［3］先慎曰：各本无“相去”二字，今据《御览》三百九十二、六百三十三引补。

［4］先慎曰：各本“故”下有“收”字，《御览》无，今据删。

鳣似蛇，[1]蚕似蠋。人见蛇则惊骇，见蠋则毛起。然而妇人拾蚕、渔者握鳣，[2]利之所在，则忘其所恶，皆为贲、诸。[3]

[1] 卢文弨曰：已见前《说林下》篇，此重出。先慎曰：此条见之于《经》，《说林》误重。

[2] 先慎曰：《说林》"握"作"持"。

[3] 旧注：鳣蚕有利，故人握拾，皆有贲、诸之勇。○先慎曰：乾道本"贲、诸"作"孟贲"，注同。案《经》及《说林下》篇并作"贲、诸"，明"孟贲"为"贲、诸"之误，今依张榜本改，《御览》八百二十五、九百三十三引正作"贲、诸"。又案：张榜本依《说林》删"则忘其所恶"五字，不可从。

四、魏王谓郑王曰：[1]"始郑、梁一国也，已而别，今愿复得郑而合之梁。"郑君患之，召群臣而与之谋所以对魏。郑公子谓郑君曰：[2]"此甚易应也。君对魏曰：'以郑为故魏[3]而可合也，则弊邑亦愿得梁而合之郑。'"魏王乃止。

[1] 先慎曰：郑，即韩也，说见《说林上》。

[2] 先慎曰：乾道本"公"上无"郑"字。顾广圻云"《藏》本、今本'公'上有'郑'字"，今据补。

[3] 先慎曰：张榜本"魏"作"梁"。

齐宣王使人吹竽，必三百人。南郭处士请为王吹竽，宣王说之，廪食以数百人。[1]宣王死，湣王立，[2]好一一听之，处士逃。一曰：韩昭侯曰："吹竽者众，吾无以知其善者。"田嚴对曰：[3]"一一而听之。"

[1] 旧注：廪，给。○先慎曰：《御览》五百八十一引"粟食与三百人等"，《北堂书钞》一百十引与此同。

[2] 先慎曰：《御览》引"湣"作"文"，误。《北堂书钞》引与此同。

［3］先慎曰：《御览》引“嚴”作“巖”。

赵令人因申子于韩请兵，将以攻魏。申子欲言之君，而恐君之疑己外市也，[1]不则恐恶于赵，乃令赵绍、韩沓尝试君之动貌而后言之。[2]内则知昭侯之意，外则有得赵之功。[3]

［1］旧注：为外请兵，取其货利，故曰“市”。○先慎曰：乾道本“疑”上有“欲”字。卢文弨云“下‘欲’字张本、凌本皆无”，今据删。

［2］旧注：许不之貌，必有变动，可得而知，故曰“动貌”。

［3］旧注：既为之请，若许，其恩固以成；不许，终以为之请矣，亦不敢许其恩，固赵之功也。

三国至韩，王谓楼缓曰：[1]“三国之兵深矣，寡人欲割河东而讲，何如？”[2]对曰：“夫割河东，大费也；免国于患，大功也。此父兄之任也，王何不召公子氾而问焉？”王召公子氾而告之，对曰：“讲亦悔，不讲亦悔。王今割河东而讲，三国归，王必曰：‘三国固且去矣，吾特以三城送之。’[3]不讲，三国也入韩，则国必大举矣，[4]王必大悔王曰：‘不献三城也。’[5]臣故曰：‘王讲亦悔，不讲亦悔。’”王曰：“为我悔也，[6]宁亡三城而悔，无危乃悔，寡人断讲矣。”[7]

［1］卢文弨曰：此见《秦策》“三国攻秦，入函谷，秦王谓楼缓曰”云云。下“公子氾”作“公子池”。顾广圻曰：《藏》本、今本“国”下有“兵”字，此“韩”即“函”之讹，又脱“谷”字耳。下文亦当云“三国入函谷”。“王”上当依《策》有“秦”字。先慎曰：顾说是。张本自“三国”以下，

均脱。

[2] 旧注：讲，谓有急且与之，后宁将复取，事疑存，终反复，若讲论，故曰“讲”。〇先慎曰：《策》高《注》：“讲，成也。”案春秋时人谓之“成”，战国时人谓之“讲”，其义一也。春秋时多背成，与战国时多反复，皆事后变计，不可谓“讲”字本有是义。《说文》：“讲，和解也。”注说非。

[3] 旧注：三国自去，又与之城，是徒以三城为送，此悔之辞。

[4] 顾广圻曰：《策》云：“三国入函谷，咸阳必危。”

[5] 旧注：若不讲之，三国入而韩必大举，王必悔曰：“不献三城之故也。”〇卢文弨曰：下“王”字衍。注“三国”下脱“入”字，“悔曰”下脱“吾”字，凌本皆有。顾广圻曰：“王”当作“之”。先慎曰：卢说是，玩注说则所见之本尚无“王”字。注“入”字，赵本亦脱。

[6] 卢文弨曰：《策》作“钧吾悔也”。

[7] 旧注：言讲事断定。〇卢文弨曰：“无危”，旧倒讹。先慎曰：《策》作“无(为)〔危〕(成)〔咸〕阳而悔也”。

应侯谓秦王曰：“王得宛、叶、蓝田、阳夏，断河内，因梁、郑，[1]所以未王者，赵未服也。弛上党在一而已，[2]以临东阳，则邯郸口中虱也。[3]王拱而朝天下，[4]后者以兵中之。[5]然上党之安乐，其处甚剧，臣恐弛之而不听，奈何？”[6]王曰：“必弛易之矣。”[7]

[1] 先慎曰：梁、郑即魏、韩。

[2] 旧注：废上党，弃一郡而已。

[3] 旧注：以守上党之兵临东阳，则邯郸危如口中虱也。〇先慎曰：“口”即“围”之古文。

[4] 先慎曰：“拱”，拱手。

[5] 旧注：中，伤也。

［6］旧注：今上党既安乐，而其处又烦剧，虽欲弛之，恐王不听。

［7］旧注：谓移易其兵，以临东阳，吾断定矣。〇顾广圻曰："易"字当衍，"弛"即易也，不容复出。谓以地易上党，旧注全误。

五、庞敬，县令也，遣市者行，而召公大夫而还之，[1]立有间，[2]无以诏之，卒遣行。[3]市者以为令与公大夫有言，不相信，以至无奸。[4]

［1］旧注：公大夫亦遣为市。

［2］先慎曰：乾道本"有"作"以"。顾广圻云：今本"以"作"有"。先慎案：《御览》八百二十七引亦作"有"，今据改。

［3］旧注：不命，卒遣去，俱不测其由也。

［4］旧注：大夫虽告以不命，復亦不信，故不敢为奸。〇卢文弨曰：注"復"字，《藏》本作"反"，凌本作"返"。先慎曰：《御览》引注"復"作"彼"，是也。

戴驩，宋太宰，夜使人曰："吾闻数夜有乘辒车至李史门者，谨为我伺之。"[1]使人报曰：[2]"不见辒车，见有奉笥而与李史语者。"有间，李史受笥。[3]

［1］卢文弨曰：《荀子·解蔽》篇注引"辒"作"辎"，下同；"伺"作"司"，古字。

［2］卢文弨曰：《荀》注"人"作"者"。

［3］旧注：遣伺辒车，故实奉笥，本令伺奉笥，彼当易其辞。

周主亡玉簪，令吏求之，三日不能得也。周主令人求，而得之家人之屋间。周主曰："吾知吏之不事事也，[1]求簪三日不得之；吾令人求之，不移日而得之。”于是吏皆耸惧，以为君神明也。

[1] 旧注：不事于臣之事也。○先慎曰：乾道本“知”作“之”。顾广圻曰：今本上“之”字作“知”，按依下文当作“知”。先慎案：《北堂书钞》一百二十七引正作“知”，今据改。

商太宰[1]使少庶子之市，顾反而问之曰：“何见于市？”对曰：“无见也。”太宰曰：“虽然，何见也？”对曰：“市南门之外甚众牛车，仅可以行耳。”太宰因诫使者：“无敢告人吾所问于女。”因召市吏而诮之曰：“市门之外何多牛屎！”[2]市吏甚怪太宰知之疾也，乃悚惧其所也。[3]

[1] 顾广圻曰：上文云“戴驩宋太宰”，《六微》篇同，《说林下》篇“宋太宰贵而主断”，与此皆一人。“商”，宋也。

[2] 先慎曰：“屎”，《经》作“(失)〔矢〕”，是也，《御览》八百二十七引正作“矢”。

[3] 先慎曰：“悚惧其所”，即悚惧其知也，下文“吏以昭侯为明察，皆悚惧其所”，即悚惧其明察也。“所”字即承上为义。《礼记·哀公问》：“今之君子，午其众以伐有道，求得当欲不以其所。”郑《注》：“所，道也。”孔《疏》：“言不以道而侵民，求其所得，必须称己所欲，不用其养民之道。”是句末“所”字承上文为义之证。

六、韩昭侯握爪而佯亡一爪，[1]求之甚急。左右因割其爪而效之。[2]昭侯以此察左右之不诚。[3]

［1］先慎曰：《御览》三百七十引“握”作“除”，“佯”作“阳”。

［2］先慎曰：《意林》作“左右而取备之”，原注与此同，是马氏所见本已有异者。

［3］旧注：割爪不诚。○先慎曰：乾道本“以”下无“此”字，“之”下有“臣”字，“诚”作“割”。卢文弨云：“以”下脱“此”字，张本有。“臣”，《藏》本作“诚”。“不”下“诚”字衍。顾广圻云：《藏》本“臣”作“诚”，是也。今本“割”作“诚”。按“诚不”句绝，“不”、“否”同字也。“割”字当衍。今本所改误甚。俞樾云：“割”字涉注文而衍，顾氏已订正矣。顾以“诚不”句绝，非也。“诚不”当作“不诚”，注云“割爪不诚”，则所见本未倒也。下文云“子之以此知左右之不诚信”，注云“伪报有白马者，是不诚信”，正与此一律。先慎案：“割”字，张榜本作“诚”，是也。上“臣”字，《藏》本误作“诚”耳，“臣”字当衍。卢、顾误从《藏》本，故于下“不诚”二字未误之张本而反訾之。俞氏止知顾氏读“诚不”之非，而不审张本作“不诚”之是，亦未见其能择善而从也。《御览》引作“以此察左右之不诚”，是其证，今据删改。《意林》作“以此察左右之虚实”，亦有此字，“虚实”即“不诚”也，明为马氏所改。

韩昭侯使骑于县，[1]使者报，昭侯问[2]曰：“何见也？”对曰：“无所见也。”昭侯曰：“虽然，何见？”曰：“南门之外，有黄犊食苗道左者。”昭侯谓使者：“毋敢泄吾所问于女。”乃下令曰：“当苗时禁牛马入人田中，固有令，[3]而吏不以为事，牛马甚多入人田中。亟举其数上之；不得，将重其罪。”于是三乡举而上之。昭侯曰：“未尽也。”复往审之，乃得南门之外黄犊。吏以昭侯为明察，皆悚惧其所而不敢为非。

［1］先慎曰：乾道本连上，赵本提行。“昭”下无“侯”字。顾广圻云“《藏》本、今本‘昭’下有‘侯’字”，今据改。

[2] 卢文弨曰：《藏》本有“之”字。

[3] 先慎曰：乾道本“令”下有“人”字。顾广圻云：今本无“人”字。先慎案：“人”字涉上文而衍，今据删。“固”字，《藏》本作“同”，赵本作“国”，并误。

周主下令索曲杖，[1]吏求之数日不能得。周主私使人求之，不移日而得之。乃谓吏曰：“吾知吏不事事也。曲杖甚易也，而吏不能得；我令人求之，不移日而得之。岂可谓忠哉！”吏乃皆悚惧其所，以君为神明。[2]

[1] 先慎曰：《白孔六帖》十四引“主”作“王”。

[2] 先慎曰：此当作“吏乃以君为神明，皆悚惧其所”，文义乃顺。后人不明“所”字之义，因移“以君为神明”于“所”字下，失之。上文“吏甚怪太宰知之疾也，乃悚惧其所”，又“以韩昭侯为明察，皆悚惧其所”，句法一例，是其证。

卜皮为县令。其御史污秽，而有爱妾。[1]卜皮乃使少庶子佯爱之，[2]以知御史阴情。

[1] 顾广圻曰：《藏》本、今本“史”作“吏”，下文同。按“吏”字误也，《韩策》云：“安邑之御史死。”

[2] 旧注：佯爱御史。○卢文弨曰：注下似当有“之妾”二字。先慎曰：上《经》注云“使庶子爱御史”，亦无“之妾”二字，是注本作“爱御史”也，其误已详上《经》注下。

西门豹为邺令，佯亡其车辖，令吏求之不能得，使人求之而得之家人屋间。[1]

[1] 先慎曰：此下疑有脱文，上《经》注云“欲取清明之称也”，当本此下《说》。

七、阳山君相谓，闻王之疑己也，乃伪谤樛竖以知之。[1]

[1] 旧注：樛竖，王之所爱，令伪谤之，必愤而言王之疑己也。○卢文弨曰：注“令”当作“今”。顾广圻曰：《藏》本同。今本“谓”作“卫”。按“谓”当作“韩”，“阳山”当作“山阳”，《战国·韩策》有“或谓山阳君曰‘秦封君以山阳’”云云，可为证。樛竖亦韩人，本书《说林上》及《难一》篇皆云“韩宣王谓樛留”也。今本辄改为“卫”，谬甚。

淖齿闻齐王之恶己也，乃矫为秦使以知之。[1]

[1] 旧注：王既不疑秦使，必以情告。○卢文弨曰：《藏》本“齐”下有“文”字，或“湣”作“汶”而脱其旁。先慎曰：乾道本重“也”字。顾广圻云：《藏》本、今本不重“也”字。先慎案：“也”字不当重，今据删。张榜本此接前下不提行，误。

齐人有欲为乱者，恐王知之，因诈逐所爱者，令走王知之。[1]

[1] 旧注：王知逐所爱，则不疑其为乱也。○俞樾曰：此本作“令王知之”，“走”字衍文也。旧注于上《经》云“佯(遂)〔逐〕所爱，令君知而不疑”，“令君知”即令王知也，可证旧本之无“走”字。先慎曰：乾道本连

上，今从赵本提行。

子之相燕，坐而佯言曰："走出门者何，白马也？"左右皆言不见。有一人走追之，报曰："有。"子之以此知左右之不诚信。[1]

[1] 旧注：伪报有白马者，是不诚信。○顾广圻曰：《藏》本作"诚信不"。按此当作"诚不"，旧注误。先慎曰："以此知左右之不诚信"，语极明显，不当倒"不"字，顾说非。

有相与讼者，子产离之，而无使得通辞，倒其言以告而知之。[1]

[1] 旧注：谓得以此言以告彼，彼言以告此，则知讼者之情实。○卢文弨曰："倒"字，后十一卷中作"到"，乃古字，此亦当同。

卫嗣公使人为客过关市，关市苛难之，[1]因事关市，以金与关吏，乃舍之。[2]嗣公为关吏曰：[3]"某时有客过而所，[4]与汝金，而汝因遣之。"[5]关市乃大恐，[6]而以嗣公为明察。[7]

[1] 先慎曰：《意林》作"关吏乃呵之"。

[2] 卢文弨曰："与"字衍，《意林》作"因以金与关吏"，乃翦截成文。"吏"，《荀子·王制》注引作"市"，后亦同。顾广圻曰："因事关市以金与"句绝，"关吏乃舍之"五字为一句。王先谦曰："因事关市"，句。"以金与关吏"。句。关市盖关吏之从者，与吏有别。以情事论，苛难之事，吏不便自

为之，故知有别也。此人伪事关市，因缘得通关吏而与以金，文自明显，后人失其读耳。先慎曰：《荀子》注作“赂之以金”，亦非原文。

[3] 先慎曰：《拾补》“为”改为“谓”。顾广圻云：《荀子》注引“为”作“召”。先慎案：“为”、“谓”古通，作“为”不误。《御览》八百二十七引“为”作“谓”，“吏”作“市”。

[4] 王渭曰：句绝。

[5] 卢文弨云：荀《注》引“因”作“回”。

[6] 顾广圻曰：《藏》本同。今本“市”作“吏”，误，杨《注》引作“市”。

[7] 顾广圻曰：此下今本有“右传”二字，误。乾道本、《藏》本皆无，后各卷同。此《说》也，非“传”。

韩非子卷第十

内储说下六微第三十一

六微：一曰权借在下，二曰利异外借，三曰托于似类，四曰利害有反，五曰参疑内争，六曰敌国废置。此六者，主之所察也。

权势不可以借人，上失其一，臣以为百。故臣得借则力多，力多则内外为用，内外为用则人主壅。[1]其说在老聃之言失鱼也。是以人主久语，而左右鬻怀刷。[2]其患在胥僮之谏厉公，[3]与州侯之一言，而燕人浴矢也。

权借一

[1] 先慎曰：乾道本不重“内外为用”四字。顾广圻云“《藏》本、今本重”，今据增。

[2] 先慎曰：张榜本、赵本“刷”作“尉”。卢文弨云：《藏》本作“刷”，凌本同。《北齐书·颜之推传·观我生赋》云：“祗夜语之见疑，宁怀刷之足恃。”“夜语”当亦本此，今此作“久语”，未定孰是。“刷”本作“㕞”，则“尉”字为误明矣。顾广圻云：“以”下当有“故”字，“主”当作“富”，见下文。“刷”，今本作“尉”，误。《说文》“刷”本作“㕞”，云：“拭也。”盖巾帨之属，可用以拭者。俞樾云：按颜《赋》疑古本《韩子》“久语”作“夕语”，古人朝见谓之朝，夕见谓之夕。

[3] 先慎曰：乾道本“谏”作“权”。顾广圻云：今本“权”作“谏”。按此有误，未详。先慎按：下文“胥僮长鱼矫谏曰”、“又谏曰”，“谏”字两见，作“谏”者是，改从今本。

君臣之利异，故人臣莫忠，故臣利立而主利灭。[1]是以奸臣者，召敌兵以内除，举外事以眩主，苟成其私利，不顾国患。其说在卫人之夫妻祷祝也。[2]故戴歇议子弟，而三桓攻昭公；[3]公叔内齐军，而翟黄召韩兵；[4]太宰嚭说大夫种，大成牛教申不害；[5]司马喜告赵王，[6]吕仓规秦、楚；[7]宋石遗卫君书，白圭教暴谴。

利异二

[1] 先慎曰："臣"上"故"字衍。

[2] 先慎曰：乾道本"夫妻"作"妻夫"。卢文弨云："夫妻"旧倒，今从张本，与后文同。先慎按：张榜本亦作"夫妻"，今据改。

[3] 先慎曰："攻"，张榜本误作"公"。

[4] 顾广圻曰：《说》"黄"作"璜"。按"黄"、"璜"同字。

[5] 卢文弨曰：《韩策》、《史记·赵世家》、《汉书·古今人表》俱作"大成午"，此"牛"字讹，后同。先慎曰："成"，《史》作"戊"，《通志·氏族略》四谓："大戊氏，晋公子大戊之后，或谓殷大戊后。"案徐广《史》注云"戊，一作'成'"，与《韩策》及本书合，则作"戊"者，形近而误也。《路史·后纪》十注又作"郕"，古字通。

[6] 先慎曰：《策》"喜"作"憙"。

[7] 先慎曰：下作"秦荆"，本书"荆"、"楚"并用。

似类之事，人主之所以失诛，而大臣之所以成私也。是以门人捐水而夷射诛，[1]济阳自矫而二人罪，司马喜杀爰骞而季辛诛，[2]郑袖言恶臭而新人劓，费无忌教郄宛而令尹诛，[3]陈需杀张寿而犀首走。故烧刍廥而中山罪，[4]杀老儒而济阳赏也。

似类三

［1］先慎曰："门人"当作"门者"。

［2］先慎曰：乾道本无"诛"字。顾广圻云：《藏》本同。今本此下有"诛"字。按脱一字，未详。"爰"、"袁"同字也。先慎按：下文"司马喜与季辛恶，因令人杀爰骞，中山之君以为季辛也，因诛之"，明此脱"诛"字，今依补。

［3］先慎曰："忌"，下《说》作"极"，《左》昭十五年《传》作"极"，《史记·侯表》、《楚世家》、《子胥传》、《吕览·慎行》篇、《淮南·人间训》、《吴越春秋》作"忌"。"极"、"忌"声近通用。

［4］先慎曰：下"痤"作"厩"。

事起而有所利，其尸主之；[1]有所害，必反察之。是以明主之论也，国害则省其利者，臣害则察其反者。其说在楚兵至而陈需相，黍种贵而廪吏覆。是以昭奚恤执贩茅，而不僖侯谯其次；[2]文公发绕炙，而穰侯请立帝。

有反四

［1］先慎曰：乾道本"尸"作"市"。顾广圻云：《藏》本、今本"市"作"尸"，按句有误。先慎案："尸"字不误。"尸"，主也。"其尸主之"，谓其君主之也。下云"国害则省其利者"，即指君言。今从《藏》本、今本改。

［2］顾广圻曰：《藏》本、今本无"不"字。按依《说》当作"昭"。

参疑之势，乱之所由生也，故明主慎之。是以晋骊姬杀太子申生而郑夫人用毒药；卫州吁杀其君完，公子根取东周；王子职甚有宠而商臣果作乱；严遂、韩廆争而哀公果遇贼；田常、阚止、戴欢、皇喜敌而宋君、简公杀。[1]其说在狐突之称二好，与郑昭之对未生也。

参疑五

［1］先慎曰："田常"，下《说》作"田恒"，后人避讳改也。

敌之所务在淫察而就靡，[1]人主不察，则敌废置矣。[2]故文王资费仲，而秦王患楚使；黎且去仲尼，而干象沮甘茂。是以子胥宣言而子常用，内美人而虞、虢亡，[3]佯遗书而苌宏死，[4]用鸡猳而郐桀尽。[5]

废置六

［1］先慎曰："淫"，乱也；"靡"，非也。人主之察既乱，则举事皆非。

［2］先慎曰：此言人主不明敌之所务，则敌得以废置我之人才矣。

［3］先慎曰：乾道本"宣"下有"王"字，无"人"字。顾广圻云"《藏》本、今本无'王'字，'美'下有'人'字"，今据删补。

［4］先慎曰：赵本无"宏"字。卢文弨云："宏"字脱，张本有。

［5］先慎曰："桀"，一本作"傑"。卢文弨云："傑"，张本作"桀"，后同。

参疑、废置之事，明主绝之于内而施之于外。资其轻者，辅其弱者，此谓庙攻。参伍既用于内，观听又行于外，则敌伪得。其说在秦侏儒之告惠文君也。故襄疵言袭邺，而嗣公赐令席。[1]

庙攻[2]　　右经

［1］先慎曰：《说》作"席"。

［2］先慎曰：赵本作"庙攻七"。卢文弨云：此承上"参疑"、"废置"为言，故不在六微中。顾广圻云：《藏》本同。今本此下有"七"字，误。先慎案：《经》既明言六微，则不应有"七"字。此接上文而来，并不应另标"庙攻"二字。

一、势重者，人主之渊也；臣者，势重之鱼也。鱼失于渊而不可复得也，人主失其势重于臣而不可复收也。古之人难正言，故托之于鱼。[1]赏罚者，[2]利器也。君操之以制臣，臣得之以拥主。故君先见所赏，则臣鬻之以为德；君先见所罚，则臣鬻之以为威。故曰："国之利器，不可以示人。"[3]

[1] 先慎曰：《老子》云："鱼不可脱于渊。"

[2] 先慎曰：乾道本"赏"下提行。卢文弨云"凌本连上，是"，今据改。

[3] 先慎曰：《喻老》篇"国"作"邦"，此作"国"，汉人改也。

靖郭君相齐，与故人久语，则故人富；[1]怀左右刷，则左右重。[2]久语、怀刷，小资也，犹以成富，[3]况于吏势乎。

[1] 顾广圻曰：《藏》本同。今本"与故"作"故与"，误。先慎曰："久"当作"夕"，下同，说见上。

[2] 先慎曰：张榜本、赵本"刷"作"尉"，误，下同，说见上。

[3] 顾广圻曰：此下当有"取重"二字。

晋厉公之时，六卿贵。[1]胥僮长鱼矫谏曰："大臣贵重，敌主争事，外市树党，下乱国法，上以劫主，而国不危者，未尝有也。"公曰："善。"乃诛三卿。胥僮长鱼矫又谏曰："夫同罪之人偏诛而不尽，是怀怨而借之间也。"公曰："吾一朝而夷三卿，予不忍尽也。"长鱼矫对曰："公不忍之，彼将忍公。"

公不听,居三月,诸卿作难,遂杀厉公而分其地。[2]

[1] 先慎曰:一本不提行。卢文弨云:本提行。

[2] 先慎曰:事见《左》成十八年《传》。

州侯相荆,贵而主断。荆王疑之,因问左右,左右对曰"无有",如出一口也。

燕人惑易,故浴狗矢。[1]燕人其妻有私通于士,其夫早自外而来,士适出,夫曰:"何客也?"其妻曰:"无客。"问左右,左右言"无有",如出一口。其妻曰:"公惑易也。"[2]因浴之以狗矢。

[1] 先慎曰:乾道本"惑易"作"无惑"。案"无惑"则不浴矣。下文"公惑易也",明"无惑"乃"惑易"之讹,今据张榜本改。此条旧连上,今提行。

[2] 顾广圻曰:四字为一句。

一曰:燕人李季好远出,[1]其妻私有通于士,季突至,[2]士在内中,妻患之。其室妇曰:[3]"令公子裸而解发,直出门,吾属佯不见也。"[4]于是公子从其计,疾走出门。季曰:"是何人也?"家室皆曰:"无有。"[5]季曰:"吾见鬼乎?"妇人曰:"然。""为之奈何?"曰:"取五牲之矢[6]浴之。"季曰:"诺。"乃浴以矢。一曰浴以兰汤。[7]

[1] 先慎曰:乾道本重"好"字。顾广圻云:《藏》本、今本不重"好"

字。先慎案：《艺文类聚》十七、《御览》三百九十五及四百九十九引不重“好”字，今据删。

[2] 先慎曰：乾道本“至”作“之”。顾广圻云：今本“之”作“至”。按句有误。先慎按：季好远游，今不期而返，出家室意计之外也。作“至”字是，改从今本。《御览》四百九十九引作“李季至”，三百九十五引作“季忽归”，《艺文类聚》作“季至”，皆非原文，不足据。

[3] 先慎曰：《艺文类聚》引无“中”字，“其室妇曰”作“妾曰”。

[4] 先慎曰：《御览》引“公子”作“士”，下同。“佯”作“阳”。

[5] 先慎曰：乾道本无“曰”字。赵本“皆”下有“曰”字，《艺文类聚》、《御览》引并有“曰”字，今据补。

[6] 旧注：一云“屎”。〇先慎曰：乾道本“牲”作“姓”。卢文弨云：“姓”，一作“牲”，《藏》本作“性”，似“牲”之讹。先慎案：《御览》引正作“牲”，今据改。《左》昭十一年《传》杜《注》：“五牲：牛、羊、豕、犬、鸡也。”

[7] 顾广圻曰：此亦刘向校语，本卷上文云“矢，一云‘屎’”，下文“共立，一云‘公子赫’”，皆同例。与旧注相混，而实非旧注也。今《山海经》、《晏子春秋》皆多如此云者，《韩子》当不止三条，殆经后人删去之耳。

二、卫人有夫妻祷者而祝曰：“使我无故，[1]得百束布。”[2]其夫曰：“何少也？”对曰：“益是，子将以买妾。”[3]

[1] 顾广圻曰：句绝。“故”与下文“布”韵。

[2] 先慎曰：乾道本“束”上有“来”字。顾广圻云：《藏》本、今本无，此不当有。先慎案：“来”，即“束”字，形近误衍。《艺文类聚》八十五、《御览》五百二十九、八百二十引并无“来”字，今据删。

[3] 先慎曰：《艺文类聚》引句末有“矣”字。

荆王欲宦诸公子于四邻，戴歇曰：“不可。”“宦公子于四邻，四邻必重之。”[1]曰：“子出者重，重则必为所重之国党，则是教子于外市也，不便。”

[1] 顾广圻曰：二句荆王之言也，上无“曰”字，古书多此例。

鲁孟孙、叔孙、季孙相戮力劫昭公，遂夺其国而擅其制。[1]鲁三桓公逼，[2]昭公攻季孙氏，而孟孙氏、叔孙氏相与谋曰：“救之乎?”叔孙氏之御者[3]曰：“我，家臣也，安知公家? 凡有季孙与无季孙于我孰利?”[4]皆曰：“无季孙必无叔孙。”“然则救之。”于是撞西北隅而入。[5]孟孙见叔孙之旗入，亦救之。三桓为一，昭公不胜。逐之，死于乾侯。[6]

[1] 顾广圻曰：此下当有“一曰”二字。

[2] 顾广圻曰：《藏》本同。今本无“公”字，按此不当有。先慎曰：“鲁三桓逼”四字不成句。“公逼”当作“逼公”，“公”谓公室也。乾道本、《藏》本误倒，今本不审而删之，不可从。

[3] 卢文弨曰：张、凌本皆无“者”字。先慎曰：“御者”，《左》昭二十五年《传》作“司马鬷戾”。

[4] 先慎曰：乾道本脱上“季”字，赵本移“季”字于“与”下，误。顾广圻云“《藏》本、今本‘有’下有‘季’字”，今据补。

[5] 先慎曰：撞公围也。

[6] 先慎曰：“逐”当为“遂”之误。“之”下当有“齐”字，事见《左传》。

公叔相韩而有攻齐，[1]公仲甚重于王，公叔恐王之相公仲也，使齐、韩约而攻魏；[2]公叔因内齐军于郑，[3]以劫其君，以固其位，而信两国之约。

[1] 顾广圻曰:《藏》本、今本“攻”作“功”。按“攻”、“功”皆当衍,读以“有齐”句绝。俞樾曰:《尔雅·释诂》:“攻,善也。”“有”,读为“又”。“相韩而有攻齐”,谓相韩而又善齐也。下文云“翟璜,魏王之臣也,而善于韩”,其义相同。《藏》本、赵本改“攻”为“功”,失之。

[2] 顾广圻曰:《藏》本同。今本“魏”作“卫”,误。

[3] 先慎曰:郑即韩也,说见《说林上》。

翟璜,[1]魏王之臣也,而善于韩,乃召韩兵令之攻魏,因请为魏王构之以自重也。[2]

[1] 卢文弨曰:“璜”,《藏》本作“黄”,与前同。先慎曰:乾道本连上,今从赵本提行。

[2] 先慎曰:“构”,讲也。

越王攻吴王,吴王谢而告服。越王欲许之,范蠡、大夫种曰:“不可。昔天以越与吴,吴不受。今天反夫差,亦天祸也。[1]以吴予越,再拜受之。不可许也。”太宰嚭遗大夫种书曰:“狡兔尽则良犬烹,敌国灭则谋臣亡。大夫何不释吴而患越乎?”大夫种受书读之,太息而叹曰:“杀之,越与吴同命。”[2]

[1] 先慎曰:“今天”当作“今若”。

[2] 先慎曰:“杀”,谓杀其使也。“吴”当作“吾”,文种自谓,故后嚭之谮种,种之见杀,实基如此。

大成牛[1]从赵谓申不害于韩曰:“以韩重我于赵,[2]请以赵重子于韩，是子有两韩，我有两赵。”

[1] 先慎曰：“牛”乃“午”之误，说见前。

[2] 先慎曰：“以”上当有“子”字。下“白圭相魏王”条“子以韩辅我于魏”，语意正同。此脱“子”字。

司马喜，中山君之臣也，而善于赵。尝以中山之谋微告赵王。[1]

[1] 先慎曰：《拾补》“尝”改“常”，是也。

吕仓，[1]魏王之臣也，而善于秦、荆，微讽秦、荆，令之攻魏，因请行和以自重也。

[1] 先慎曰：乾道本连上。卢文弨云“凌本别为条”，今据改。

宋石，魏将也；[1]卫君，荆将也。两国构难，二子皆将。宋石遗卫君书曰：“二军相当，[2]两旗相望，唯毋一战，战必不两存。此乃两主之事也，与子无有私怨，善者相避也。”

[1] 顾广圻曰：《藏》本同。今本“魏”作“卫”，误。

[2] 先慎曰：乾道本“军”作“君”。顾广圻云：今本“君”作“军”，误。按：依此，上文“宋石”，“石”当作“(军)〔君〕”也。先慎案：顾说谬。“君”与“军”音近，又涉上文而讹，当作“军”，今据改。

白圭相魏，[1]暴谴相韩。白圭谓暴谴曰：“子以韩辅我于魏，我以魏待子于韩。臣长用魏，子长用韩。”

[1] 先慎曰：乾道本“魏”下有“王”字。顾广圻云“《藏》本、今本无‘王’字”，今据删。

三、齐中大夫有夷射者，[1]御饮于王，醉甚而出，倚于郎门。门者刖跪请曰：[2]“足下无意赐之馀隶乎？”[3]夷射叱曰：“去！[4]刑馀之人，何事乃敢乞饮长者！”刖跪走退。及夷射去，刖跪因捐水郎门霤下，类溺者之状。明日，王出而诃之曰：“谁溺于是？”刖跪对曰：“臣不见也，虽然，昨日中大夫夷射立于此。”王因诛夷射而杀之。[5]

[1] 卢文弨曰：此即《左》定二年邾庄公夷射姑事而传讹耳。

[2] 先慎曰：“跪”与“危”通，足也，说详《外储说左下》篇。

[3] 顾广圻曰：《藏》本同。今本“隶”作“沥”。

[4] 先慎曰：乾道本“叱曰”二字误倒，从张榜本改。

[5] 王先谦曰：“诛”，责也。与下“乃诛苌弘而杀之”文句一例。

魏王臣二人不善济阳君，济阳君因伪令人矫王命而谋攻己。王使人问济阳君曰：[1]“谁与恨？”对曰：“无敢与恨。虽然，尝与二人不善，不足以至于此。”[2]王问左右，左右曰：“固然。”王因诛二人者。

[1] 先慎曰：乾道本重“济阳君”三字。顾广圻云“今本不重‘济阳君’，按此当衍”，今据删。

[2] 王先谦曰：言不足至此，故设为疑词。

季辛与爰骞相怨。司马喜新与季辛恶，因微令人杀爰骞。中山之君以为季辛也，因诛之。

荆王[1]所爱妾有郑袖者，荆王新得美女，郑袖因教之曰："王[2]甚喜人之掩口也，为近王，必掩口。"[3]美女入见，近王，因掩口。王问其故，郑袖曰："此固言恶王之臭。"及王与郑袖、美女三人坐，袖因先诫御者曰："王适有言，必亟听从[4]王言。"美女前，[5]近王甚，数掩口。王悖然怒曰：[6]"劓之！"御因揄刀而劓美人。[7]

[1] 先慎曰：张榜本"荆王"以下至"一曰"并脱。赵用贤云：此以下近本俱脱失，今从宋板校定。

[2] 顾广圻曰："王"字下至"乃诛苌弘而杀之"，《藏》本脱。

[3] 先慎曰："为"当作"若"。

[4] 先慎曰："亟"、"急"同字。

[5] 王先谦曰：此当再有"美女"二字。

[6] 顾广圻曰：今本"悖"作"勃"，误。按"悖"、"怫"同字，后又多作"怫"。

[7] 先慎曰："御"下当有"者"字。

一曰：魏王遗荆王美人，荆王甚悦之。[1]夫人郑袖知王悦爱之也，亦悦爱之甚于王，衣服玩好择其所欲为之。王曰："夫人知我爱新人也，其悦爱之甚于寡人，此孝子所以养亲，[2]忠臣之所以事君也。"夫人知王之不以己为妒也，因为新人曰：[3]"王甚悦爱子，然恶子之鼻，子见王常掩鼻，则王长幸子矣。"于是新人从之，每见王，常掩鼻。王谓夫人曰："新人见寡人常掩鼻何也？"对曰："不已知也。"[4]王强问之，对曰："顷尝言恶闻(玉)〔王〕臭。"[5]王怒曰："劓之！"夫人先诫御者曰："王适有言，必可从命。"[6]御者因揄刀而劓美人。

[1] 先慎曰：《艺文类聚》十八引"荆"作"楚"，"美人"作"美女"。

[2] 先慎曰："子"下当有"之"字，此与下句文法一例，《战国·楚策》正有"之"字，明此脱。

[3] 先慎曰："为"与"谓"古本通，赵本及《御览》三百六十七引作"谓"，后人所改。

[4] 卢文弨曰："己"字疑衍。顾广圻曰：《战国策》云："妾知也。"先慎曰："己"即"人己"之"己"，"不己知也"，言我不知也。故王强问之，正女子进谗常态，无"不"字则与下文"王强问之"句不合。《策》下作"王曰：虽恶必言之"，与此不同。两书不能强合，当各依本书为是。

[5] 先慎曰：张榜本"恶闻王臭"下用上"及王与郑袖、美女三人坐(坐)"，但"掩口"作"掩鼻"，"悖然"作"勃然"，末句"御"作"御者"。

[6] 先慎曰："可"当作"亟"。

费无极，荆令尹之近者也。[1]郄宛新事令尹，令尹甚爱之。无极因谓令尹曰："君爱宛甚，何不一为酒其家？"令尹曰："善。"因令之为具于郄宛之家。无极教宛曰："令尹甚傲而好兵，子必谨敬，先亟陈兵堂下及门庭。"宛因为之。令尹往而大惊曰："此何也？"无极曰："君殆去之！[2]事未可知也。"令尹大怒，举兵而诛郄宛，遂杀之。

[1] 先慎曰：《左传》迩无及也。"及"即"极"之误。杜《注》："迩，近也。"陆氏《释文》云："近，附近之'近'。"

[2] 卢文弨曰："殆"当作"急"，《吴越春秋》作"王急去之"，"王"谓平

王。先慎曰：事见《左》昭二十七年《传》，时平王已死，《吴越春秋》误作“王”。“殆”，犹必也。“君殆去之”，谓君必去之也。《吕览·自知》云：“座殆尚在于门”，注：“殆，犹必也。”卢说非。

犀首与张寿为怨，[1]陈需新入，不善犀首，[2]因使人微杀张寿。魏王以为犀首也，乃诛之。[3]

［1］先慎曰：“为”，犹相也。上文“季辛与爰骞相怨”，句法正同。

［2］俞樾曰：“入”字衍文。上文云“司马喜新与季辛恶”，与此条情事相同，文法亦一律。此云“陈需新不善犀首”，犹彼云“司马喜新与季辛恶”也。

［3］顾广圻曰：“张寿”，张旄也。“陈需”，田需也。大致与《战国·楚策》所云“张旄果令人要靳尚刺之”为一事，传之不同也。王先谦曰：上言“犀首走”，此“诛之”疑“逐之”之误。

中山有贱公子，马甚瘦，车甚弊。左右有私不善者，乃为之请王曰：[1]“公子甚贫，马甚瘦，王何不益之马食。”王不许。左右因微令夜烧刍厩，[2]王以为贱公子也，乃诛之。

［1］先慎曰：“请”下当有“于”字。

［2］顾广圻曰：“厩”，当依上文作“庱”。

魏有老儒而不善济阳君，[1]客有与老儒私怨者，因攻老儒杀之，以德于济阳君曰：“臣为其不善君也，故为君杀之。”济阳君因不察而赏之。[2]

[1] 顾广圻曰：今本无“而”字，误也。

[2] 先慎曰：谓不察客固有私怨也。

一曰：济阳君有少庶子者，[1]不见知，欲入爱于君者。齐使老儒掘药于马梨之山，济阳少庶子欲以为功，入见于君曰：“齐使老儒掘药于马梨之山，名掘药也，实间君之国，君杀之，[2]是将以济阳君抵罪于齐矣。臣请刺之。”君曰：“可。”于是明日得之城阴而刺之，济阳君还，益亲之。[3]

[1] 先慎曰：乾道本“者”作“有”，今据赵本改。顾广圻云“少”上“有”字当作“之”，非。

[2] 王先谦曰：“杀之”上当有“不”字，无则义不可通。

[3] 先慎曰：“益”字疑衍。上文“少庶子不见知，欲入爱于君”，是济阳君初不亲少庶子也。刺老儒，君还亲之，则“亲”上不当有“益”字。“还”音“旋”。

四、陈需，魏王之臣也，善于荆王，而令荆攻魏。荆攻魏，陈需因请为魏王行解之，因以荆势相魏。[1]

[1] 先慎曰：“解”，和也。本书多用“构”字。

韩昭侯之时，黍种常贵尠有。[1]昭侯令人覆廪，廪吏果窃黍种而粜之甚多。[2]

[1] 先慎曰：各本“尠有”二字作“甚”，据《艺文类聚》八十五引改。谓民间尠有黍种也。

[2] 先慎曰：各本不重“廪”字，据《艺文类聚》引补。

昭奚恤之用荆也，有烧仓廥窌者，[1]而不知其人。昭奚恤令吏执贩茅者而问之，果烧也。[2]

[1] 顾广圻曰：“窌”当作“窌”。

[2] 王先谦曰：“果烧”下疑有“者”字。

昭僖侯之时，宰人上食而羹中有生肝焉。昭侯召宰人之次而诮之曰：“若何为置生肝寡人羹中？”宰人顿首服死罪，曰：“窃欲去尚宰人也。”

一曰：僖侯浴，汤中有砾。僖侯曰：“尚浴免，则有当代者乎？”左右对曰：“有。”僖侯曰：“召而来。”谯之曰：“何为置砾汤中？”对曰：“尚浴免，则臣得代之，是以置砾汤中。”

文公之时，宰臣上炙而发绕之。[1]文公召宰人而谯之[2]曰：“女欲寡人之哽邪？奚为以发绕炙？”宰人顿首再拜请曰：“臣有死罪三：[3]援砺砥刀，利犹干将也，切肉肉断而发不断，臣之罪一也。援锥贯脔[4]而不见发，臣之罪二也。奉炽炉炭，肉尽赤红，[5]炙熟而发不焦，[6]臣之罪三也。堂下得微有疾臣者乎？”[7]公曰：“善。”乃召其下而谯之，[8]果然，乃诛之。

[1] 先慎曰：《意林》“而”下有“有”字。

[2] 先慎曰：《艺文类聚》十七引“谯”作“诮”，下同。

[3] 先慎曰：各本无“臣”字，今据《艺文类聚》、《意林》补。

[4] 先慎曰：各本“锥”字作“木而”二字，今据《艺文类聚》、《意林》改删。

[5] 先慎曰：各本“肉”作“火”，今据《艺文类聚》、《意林》引改。

[6] 先慎曰：各本“炙”上有“而”字，“焦”作“烧”，今据《艺文类聚》删改。

[7] 先慎曰：乾道本“得”下有“财无”两字。顾广圻云：今本无“财”字。按句有误。王引之云：“无”字后人所加，“得微”即“得无”也。《邶风·式微》传云：“微，无也。”《晏子春秋·杂篇》云“诸侯得微有故乎，国家得微有事乎”，《庄子·盗跖》篇“得微往见跖耶”，皆其证也。后人加“无”字于“微”字之上，而其义遂不可通矣。先慎案：王说是。《艺文类聚》引作“堂下得微有嫉臣者乎”，今据删。“疾”、“嫉”古通。

[8] 先慎曰：各本“下”上有“堂”字。按“堂”字衍，“召其下”，谓召其次也。《艺文类聚》引正无“堂”字，今据删。

一曰：晋平公觞客，少庶子进炙而发绕之，平公趣杀炮人，毋有反令。炮人呼天曰：“嗟乎！臣有三罪，死而不自知乎！”[1]平公曰：“何谓也？”对曰：“臣刀之利，风靡骨断而发不断，是臣之一死也。桑炭炙之，肉红白而发不焦，是臣之二死也。炙熟，又重睫而视之，发绕炙而目不见，是臣之三死也。意者堂下其有翳憎臣者乎？杀臣不亦蚤乎！”[2]

[1] 先慎曰：《御览》八百六十三引“死而”作“而死”。

[2] 先慎曰：《御览》引无“翳”字，“蚤”作“枉”。

穰侯相秦而齐强，穰侯欲立秦为帝而齐不听，因请立齐为东帝而不能成也。[1]

[1] 顾广圻曰:“不”当作“乃”。

五、晋献公之时,骊姬贵,拟于后妻;而欲以其子奚齐代太子申生,因患申生于君而杀之,[1]遂立奚齐为太子。

[1] 先慎曰:“患”当作“恶”。

郑君已立太子矣,而有所爱美女,欲以其子为后。[1]夫人恐,因用毒药贼君杀之。

[1] 先慎曰:句绝。

卫州吁重于卫,拟于君,群臣百姓尽畏其势重。州吁果杀其君而夺之政。

公子朝,周太子也。弟公子根甚有宠于君,君死,遂以东周叛,分为两国。[1]

[1] 顾广圻云:本书《难三》篇“朝”作“宰”。《史记·周本纪》云“威公卒,子惠公代立,乃封其少子于巩以奉王,号东周惠公”,即其事。《索隐》云“名班”,与此不同。

楚成王以商臣为太子,既而又欲置公子职。商臣作乱,遂攻杀成王。

一曰:楚成王[1]商臣为太子,既欲置公子职。商臣闻之,[2]未察也,乃为其傅潘崇曰:[3]“奈何察之也?”潘崇曰:

“飧江(芊)〔芈〕而勿敬也。”太子听之,江(芊)〔芈〕曰:“呼,役夫!宜君王之欲废女而立职也。”商臣曰:“信矣。”潘崇曰:“能事之乎?”曰:“不能。”“能为之诸侯乎?”[4]曰:“不能。”“能举大事乎?”曰:“能。”于是乃起宿营之甲[5]而攻成王。成王请食熊膰而死,不许,遂自杀。

[1] 先慎曰:此下当有“以”字。

[2] 先慎曰:乾道本“臣”作“人”,今据赵本改。

[3] 先慎曰:“为”、“谓”字通。

[4] 俞樾曰:“为”字衍文。“能之诸侯乎”,言能适诸侯乎。《左传》作“能行乎”,是其证也。

[5] 顾广圻曰:《左传》云:“宫甲。”

韩廆相韩哀侯,严遂重于君,二人甚相害也。严遂乃令人刺韩廆于朝,[1]韩廆走君而抱之,[2]遂刺韩廆而兼哀侯。[3]

[1] 先慎曰:即聂政,见《韩策》。

[2] 先慎曰:《策》作“韩廆走而抱哀公”。

[3] 顾广圻曰:《说林上》篇及《韩策》“廆”作“傀”,同字。“哀(公)〔侯〕”即《世家》之“烈侯”,《世本》谓之“武侯”,《战国策》及此谓之“哀侯”,各不同。事在三年,与《世家》之“哀侯”非一人也。

田恒相齐,阚止重于简公,二人相憎而欲相贼也。田恒因行私惠以取其国,遂杀简公而夺之政。

戴驩为宋太宰,皇喜重于君,二人争事而相害也。皇喜遂杀宋君而夺其政。

狐突曰："国君好内则太子危，好外则相室危。"

郑君问郑昭曰："太子亦何如？"对曰："太子未生也。"君曰："太子已置而曰'未生'，何也？"对曰："太子虽置，然而君之好色不已，所爱有子，君必爱之，爱之则必欲以为后，臣故曰'太子未生也'。"

六、文王资费仲而游于纣之旁，[1]令之谏纣而乱其心。[2]

[1] 先慎曰：《喻老》篇："资费仲以玉版。"

[2] 卢文弨曰："谏"，凌本作"间"。案《颜氏家训·音辞》篇："《穆天子传》音'谏'为'间'。"盖《穆天子传》"道里悠远山川谏之"下郭璞注也。今本乃改正文作"间"，注作"间，音谏"，殊误。此书亦是以"谏"为"间"，凌本遽改作"间"，其误亦同。

荆王使人之秦，秦王甚礼之。王曰："敌国有贤者，国之忧也。今荆王之使者甚贤，寡人患之。"群臣谏曰："以王之贤圣与国之资厚，愿荆王之贤人，王何不深知之而阴有之，[1]荆以为外用也，则必诛之。"

[1] 王先谦曰："深知之"，犹言深结之。先慎曰："阴"当作"阳"，字之误也。"阳"与"佯"通。

仲尼为政于鲁，道不拾遗。齐景公患之。黎且谓景公曰：[1]"去仲尼犹吹毛耳，君何不迎之以重禄高位，遗哀公女乐以骄荣其意。[2]哀公新乐之，必怠于政，仲尼必谏，谏[3]必轻绝于鲁。”景公曰：“善。”乃令犁且以女乐二八遗哀公，[4]哀公乐之，果怠于政。仲尼谏，不听，去而之楚。[5]

[1] 卢文弨曰：孙云：“《后汉书·冯衍传》注引作‘犁锄’。”顾广圻曰：上文作“黎”，下文作“犁”，“犁”是也。今本皆作“黎”，非。《史记·孔子世家》作“犁鉏”。先慎曰：《御览》四百七十八引作“黎鉏”，《意林》作“黎且”。

[2] 卢文弨曰：“哀”字讹，《后汉书》注引“君何不遗鲁君以女乐”，此在定公时，云“哀公”皆误。王渭曰：“荣”当作“荧”，下文“以荣其意”同。先慎曰：“哀公”，《后汉》注引同。明此《韩非子》传闻偶误，非字讹也。《后汉》注上作“定”，下作“哀”，不足为据。

[3] 卢文弨曰：《后汉书》注引有“而不听”三字。

[4] 先慎曰：各本“二八”字作“六”字。卢文弨云：《意林》亦作“六”，疑皆“二八”两字之讹。《太平御览》五百七十一引《家语》作“好女子二八”，今《家语》作“八十”，疑后人以《史记》之文改之。八十人太多，六人太少，即非“二八”，亦是八人方成舞列，下晋遗虞亦同。先慎案：“六”字乃“二八”二字之误，《御览》四百七十八引正作“二八”，今据改。

[5] 先慎曰：《后汉》注作“遂去之”三字，《御览》引作“去而之齐”。

楚王谓干象曰：[1]“吾欲以楚扶甘茂而相之秦，可乎？”干象对曰：“不可也。”王曰：“何也？”曰：“甘茂少而事史举先生，史举，上蔡之监门也，大不事君，小不事家，以苛刻闻天下，茂事之顺焉。惠王之明，张仪之辨也，茂事之，取十官而免于罪，是茂贤也。”王曰：“相人敌国而相贤，其不可何也？”[2]干象曰：“前时王使邵滑之越，[3]五年而能亡越，[4]所以然者,越乱而楚治也。日者知用之越,[5]今忘之秦,不亦太亟忘乎!"[6]王曰:"然则为之奈何?"干象对曰:"不如相共立。"王曰:"共立可相,何也?"对曰:"共立少见爱幸,长为贵卿,被王衣,[7]含杜若,握玉环,以听于朝,且利以乱秦矣。"[8]

[1] 顾广圻曰:《史记·甘茂传》作"范蜎",徐广云:"一作'蠉'。"《索隐》云:"《战国策》一作'蝝'字。"今《楚策》作"環"。先慎曰:汲古阁《文选·过秦论》李《注》引"干象"作"于象","干"、"于"字形相近而误。吴(鼒)〔鼐〕云:"宋椠一卷中前作'于',后作'干',查《姓氏急就篇》注,楚有干象,不误。"

[2] 先慎曰:"贤"上"相"字衍。

[3] 顾广圻曰:徐广云:"滑一作'涓'。"《策》无"邵"字。先慎曰:《史记·甘茂传》作"召",贾谊《新书》亦作"召",《秦本纪》作"昭",《楚策》作"卓",《赵策》作"淖"。"召"、"昭"、"卓"、"淖"皆一声之转。李善《文选·过秦论》注引此亦作"召","召"、"邵"古通。

[4] 先慎曰:《文选》注引"亡越"作"盛之"。

[5] 王先谦曰:"日"字疑"昔"脱其半。

[6] 先慎曰:乾道本两"忘"字作"亡"。顾广圻云:当依《策》作"忘"。先慎按:张榜本作"忘",今据改。

[7] 俞樾曰:"王"当作"玉",《三国志·魏文帝纪》注云"舜承尧禅,被珍裘","玉衣"犹云"珍裘"矣。古人于美好之物皆曰"玉",食言"玉食",衣言"玉衣",其义同也。此与下文之"握玉环"本同。作"王",后人不解而臆改耳。

[8] 旧注:共立,一云"公子赫"。〇顾广圻曰:《策》作"公孙赫",《史记》云"向寿",不同也。

吴攻荆,[1]子胥使人宣言于荆曰:"子期用,将击之;子常用,将去之。"荆人闻之,因用子常而退子期也。吴人击之,遂胜之。

[1] 先慎曰:乾道本"攻"作"政",今从赵本改。

晋献公[1]欲伐虞、虢,[2]乃遗之屈产之乘,垂棘之璧,女乐二八,以荣其意而乱其政。[3]

[1] 先慎曰:乾道本连上,今从赵本提行。

[2] 先慎曰:乾道本无"欲"字。卢文弨云:一本作"欲伐虞"。案《经》是虞、虢。先慎案:乾道本脱"欲"字,一本脱"虢"字耳。《御览》三百五、又四百七十八、五百六十八引作"欲伐虞、虢",今据补。

[3] 先慎曰:各本"二八"字作"六"字,今据《御览》引改。"荣"当作"荧"。

叔向之谗苌弘也,[1]为苌弘书[2]谓叔向曰:"子为我谓晋君,所与君期者,时可矣。何不亟以兵来?"因佯遗其书周君之庭而急去行。[3]周以苌弘为卖周也,乃诛苌弘而杀之。[4]

[1] 王渭曰:《困学纪闻》谓此时叔向死已久。先慎曰:《说苑·权谋》篇记诛苌弘事与本书略同,盖古人相传偶异也。

[2] 先慎曰:乾道本作"为书曰苌弘",《拾补》作"为苌弘书",卢文弨云"'为书曰苌弘',误",今从凌本删乙。

[3] 先慎曰:"行"字当衍。

［4］卢文弨曰：凌本无此三字。王先谦曰："而杀之"三字句例见前，凌本妄删。先慎曰：《难言》篇云："苌弘分胣。"

郑桓公将欲袭郐，[1]先问郐之豪杰、良臣、辩智、果敢之士，盡與姓名，[2]择郐之良田赂之，为官爵之名而书之，因为设坛场郭门之外而埋之，[3]衅之以鸡豭，若盟状。郐君以为内难也，而尽杀其良臣。桓公袭郐，遂取之。

［1］顾广圻曰：他书"郐"又作"桧、会"。

［2］卢文弨曰：张本无"與"字，凌本作"盡與其名姓"。顾广圻曰："盡與"，《说苑·权谋》篇作"書其"。俞樾曰："與"当作"舉"。《周官·师氏》"王舉则从"，注曰"故书'舉'为'與'"，是其例也。襄二十七年《左传》"仲尼使舉是礼也"，《释文》引沈云："舉，谓纪录之也。"然则"盡舉姓名"，为悉记录其姓名矣。

［3］先慎曰：乾道本"埋"作"理"。顾广圻云："理"当作"埋"。先慎案：张榜本作"埋"，今据改。

七、[1]秦侏儒善于荆王，而阴有善荆王左右而内重于惠文君。[2]荆适有谋，侏儒常先闻之，以告惠文君。

［1］王先谦曰："七"字不当有。

［2］先慎曰："有"读为"又"。

邺令襄疵[1]阴善赵王左右。赵王谋袭邺，襄疵常辄闻而先言之魏王。魏王备之，[2]赵乃辄还。[3]

[1] 顾广圻曰：乾道本、《藏》本此条在“秦侏儒”(后)〔前〕，当讹倒也。先慎曰：依《经》次不误，顾说非。

[2] 先慎曰：乾道本不重“魏王”二字。卢文弨云“旧不重，张、凌本皆重”，今据补。

[3] 王念孙曰：“辄还”当作“辍行”，言赵王知魏之有备而止其行也。“辍”字既讹作“辄”，后人不得其解，故改“辄行”为“辄还”。不知上言赵谋袭邺，则兵尚未出，不得言还也。

卫嗣君之时，有人于县令之左右。[1]县令发蓐而席弊甚，[2]嗣公还令人遗之席，曰：“吾闻汝今者发蓐而席弊甚，赐汝席。”县令大惊，以君为神也。

[1] 先慎曰：各本脱“县”字，据《御览》七百九引补。

[2] 先慎曰：各本“令”下衍“有”字，据《御览》引删。

韩非子卷第十一

外储说左上第三十二[1]

一、明主之道，如有若之应密子也。[2]明主之听言也，美其辩；其观行也，贤其远。故群臣士民之道言者迂弘，其行身也离世。[3]其说在田鸠对荆王也。故墨子为木鸢，讴癸筑武宫。夫药酒用言，明君圣主之以独知也。[4]

[1] 先慎曰：《索隐》云："外储，言明君观听臣下之言行以断其赏罚，赏罚在彼，故曰'外'也。"

[2] 顾广圻曰：《藏》本同。今本"密"作"宓"，案《说》作"宓"，"宓"、"密"同字。

[3] 王先谦曰："弘"，与"闳"同。"迂弘"，与下"迂深闳大"同义。"离世"，谓远于事情。

[4] 顾广圻曰：《藏》本同。今本"君"作"在"，误。先慎曰："用"，张榜本作"无"。案："用"当作"忠"，"明君圣主"当作"知者明主"。谓"药酒忠言，知者明主之所以独知也"。下《说》"良药苦于口，知者劝而饮之；忠言拂于耳，而明主听之"，是其证。

二、人主之听言也，不以功用为的，[1]则说者多棘刺白马之说；不以仪的为关，则射者皆如羿也。[2]人主于说也，皆如燕王学道也；而长说者，皆如郑人争年也。是以言有纤察微难而非务也，[3]故李、惠、宋、墨皆画策也；[4]论有迂深闳大非用也，[5]故畏震瞻车状皆鬼魅也；[6]言而拂难坚确非功也，[7]故务、卞、鲍、介、墨翟皆坚瓠也。[8]且虞庆诎匠也而屋坏，[9]范且穷工而弓折。是故求其诚者，非归餉也不可。[10]

[1] 先慎曰："用为"，张榜本作"为用"，误。此与下"不以仪的为关"相对为文。

[2] 先慎曰："仪"，准也，见《国语·周语》注。

[3] 王先谦曰：以下文例之，"而"字当衍。

[4] 顾广圻曰："李"当作"季"。季良、惠施、宋钘、墨翟也。

[5] 先慎曰：乾道本无"迂"字。顾广圻云"今本有"，今据补。

[6] 顾广圻曰："畏"当作"魏"，魏牟也，声近误。"震"当作"处"。瞻何，《庄子·让王篇·释文》云："瞻子，贤人也。"《淮南》作"詹"。"车"当作"陈"，陈骈也，形近误。"状皆"当作"皆状"。

[7] 顾广圻曰："言而"当作"行有"。

[8] 顾广圻曰：务光、卞随、鲍焦、介之推也。"墨翟"二字有误，或当作"申徒狄"。先慎曰："墨翟"，即"田仲"之讹。下《说》"屈穀献坚瓠于田仲"，即此。

[9] 先慎曰："也"字衍文。此与下句相对成文，不当有"也"字。

[10] 先慎曰："餉"，下《说》作"饟"，字同。

三、挟夫相为则责望，[1]自为则事行。故父子或怨譟，[2]取庸作者进美羹。说在文公之先宣言，与句践之称如皇也。[3]故桓公藏蔡怒而攻楚，吴起怀瘳实而吮伤。[4]且先王之赋颂，钟鼎之铭，皆播吾之迹，[5]华山之博也。[6]然先王所期者利也，[7]所用者力也。筑社之谚，目辞说也。[8]请许学者而行宛曼于先王，或者不宜今乎？如是，不能更也。[9]

郑县人得车厄也,[10]卫人佐弋也,[11]卜子妻写弊袴也,[12]而其少者也。[13]先王之言,有其所为小而世意之大者,有其所为大而世意之小者,未可必知也。[14]说在宋人之解书,与梁人之读记也。故先王有郢书,而后世多燕说。夫不适国事而谋先王,皆归取度者也。

[1] 顾广圻曰:《藏》本同。今本“挟夫”作“夫挟”,误。

[2] 顾广圻曰:“譟”,当依《说》作“譙”。

[3] 赵用贤曰:“如皇”,台名。

[4] 先慎曰:张榜本“挟夫”至此脱,下“且”字作“夫”。案:“实”疑“士”之声近而误。“怀瘳士”,谓欲士之病愈也。

[5] 顾广圻曰:“播”,《藏》本、今本作“潘”,他书又作“番”。先慎曰:张榜本作“潘”,云“当作‘番’”。案:“播”、“潘”、“番”古字通用。

[6] 王先谦曰:下“然”字当在“也”上,误倒。

[7] 先慎曰:张本无“然”下二十二字。

[8] 王先谦曰:“目”乃“自”之误,言晋文自辞说。先慎曰:赵本“社”作“杜”,讹,下《说》正作“社”。

[9] 先慎曰:“如是”以下三十字,张榜本无。

[10] 顾广圻曰:《藏》本同。今本“厄”作“轭”,案《说》作“軛”。先慎曰:“厄”即“軛”之通借字。

[11] 先慎曰:乾道本无“也”字。顾广圻云“《藏》本、今本‘弋’下有‘也’字”,今据补。

[12] 先慎曰:乾道本“写”作“寫”,赵本作“為”。卢文弨云:“為”,凌本作“寫”,俱讹。后作“象”,今定为“写”,“写”即“象”字,谓仿象也。顾广圻云:“卜”,当依《说》作“乙”。先慎案:卢说是,今从《拾补》本改。“卜”字不误,说见下。

[13] 王先谦曰:语意不完,依《说》“者”下夺“侍长者饮”四字。

［14］先慎曰：乾道本"小"上无"之"字。顾广圻云：《藏》本、今本有。先慎案：依上文当有，今据补。张榜本无下"说"至"记也"十四字。

四、利之所在民归之，名之所彰士死之。是以功外于法而赏加焉，则上不信得所利于下；[1]名外于法而誉加焉，则士劝名而下畜之于君。[2]故中章、胥己仕，而中牟之民弃田圃而随文学者邑之半；平公腓痛足痺而不敢坏坐，晋国之辞仕託者国之錘。[3]此三士者，[4]言袭法则官府之籍也，行中事则如令之民也，[5]二君之礼太甚。若言离法而行远功，则绳外民也，[6]二君又何礼之，礼之当亡。[7]且居学之士，国无事不用力，有难不被甲，礼之则惰修耕战之功，不礼则周主上之法。[8]国安则尊显，危则为屈公之威，[9]人主奚得于居学之士哉！[10]故明王论李疵视中山也。[11]

［1］先慎曰："信"，赵本作"能"。

［2］顾广圻曰：《藏》本同。今本"下"作"不"。

［3］先慎曰：乾道本"託"作"記"。顾广圻云：《藏》本"記"作"託"，今本作"托慕"，案《说》作"託慕"。俞樾云：乾道本"託"误作"記"，当从《道藏》本订正。赵用贤本"託"下有"慕"字，则由误读下文而衍也。下文曰："晋国之辞仕託慕叔向者，国之錘矣。"此于"託"字绝句。"仕"谓仕者，"託"谓託者。襄二十七年《左传》："卫子鲜出奔晋，託于木门，终身不仕。"然则古人自有仕与託之两途。凡託于诸侯者，君必有以养之，观《孟子》可见，故曰"辞仕託"。盖仕可辞，託亦可辞也。"慕叔向者"自为句，后人不达"託"字之义，误以"託慕"连读，遂于此文亦增人"慕"字耳。又"錘"字无义，疑古本止作"垂"。《庄子·逍遥游》篇"其翼若垂天之云"，崔撰曰："垂，犹边也，其大如天一面云也。"然则"国之垂"犹云国之一面，

与上文“中牟之民弃田圃而随文学者邑之半”文义一律。“国之垂”犹邑之半，“垂”亦“半”也。今加“金”作“鍾”，则不可通矣。先慎案：俞说是，今从《藏》本。

[4] 先慎曰：三士：中章、胥已、叔向。

[5] 先慎曰：“中”，音竹仲反。

[6] 王先谦曰：“绳外”，绳墨之外。

[7] 先慎曰：乾道本不重“礼之”二字。顾广圻云“《藏》本、今本重”，今据补。

[8] 卢文弨曰：“周”当是“害”之讹。

[9] 王先谦曰：“威”即“畏”，“威”、“畏”同字。

[10] 王先谦曰：灭儒之端已兆于此。

[11] 卢文弨曰：“王”当作“主”。

五、诗曰：“不躬不亲，庶民不信。”傅说之以无衣紫，缓之以郑简、宋襄，[1]责之以尊厚耕战。[2]夫不明分，不责诚，而以躬亲位下，[3]且为下走睡卧，[4]与去揜弊微服。[5]孔丘不知，故称“犹盂”；邹君不知，故先自僇。明主之道，如叔向赋猎与昭侯之奚听也。

[1] 顾广圻曰：《藏》本“缓”作“绶”，今本“缓之”作“子产”，皆误。“宋襄”二字连上读。先慎曰：此言郑简谓子产、宋襄与楚人战二条，“缓”字未详所当作。

[2] 先慎曰：疑当作“责尊厚以耕战”，“之”字衍。“尊厚”犹贵富，谓人君。

[3] 顾广圻曰：“亲”字句绝。今本“位”作“莅”，误，未详所当作。先慎曰：顾读非，“位下”连上为句。“位”、“涖”古字通。《周礼》注：“故书‘位’为‘涖’，‘涖’亦为‘位’。”“以躬亲涖下”，与下《说》“邹君先戮以涖

民”句例相同。“夫”字当衍。

[4] 先慎曰：乾道本无“且为下”三字。顾广圻曰：《藏》本、今本“走”上有“且为下”三字。先慎案：张榜本“而以躬亲莅下”下有“且为下走，是则将令人主耕以为食，服战雁行也，民乃肯耕战，则人主不泰危乎！而人臣不泰安乎”三十八字，合下《说》而成，非定本也。“走”上当有“且为下”三字，今据补。“下走”，即下《说》景公释车下走事；“睡卧”，即昭侯读法睡卧事。

[5] 顾广圻曰：《藏》本同。今本“去”作“夫”。按《说》不见此事。

六、小信成则大信立，故明主积于信。赏罚不信，则禁令不行。说在文公之攻原与箕郑救饿也。是以吴起须故人而食，文侯会虞人而猎。故明主信，如曾子杀彘也。[1]患在尊厉王击警鼓与李悝谩两和也。[2]

右经[3]

[1] 顾广圻曰：《藏》本、今本“主”下有“表”字，按非也。此当有“尊”字。

[2] 顾广圻曰：“尊”字当衍，上文所错入也。

[3] 先慎曰：乾道本无此二字。顾广圻云“今本此下有‘右经’二字，乾道本、《藏》本无，下卷同，按此当有”，今据补。

一、宓子贱治单父，有若见之曰：“子何臞也？”宓子曰：“君不知不齐不肖，[1]使治单父，官事急，心忧之，故臞也。”有若曰：“昔者舜鼓五弦，歌《南风》之诗而天下治。今以单父之细也，治之而忧，治天下将奈何乎？故有术而御之，身坐于庙堂之上，有处女子之色，无害于治；无术而御之，身虽瘁臞，犹未有益。”

[1] 先慎曰：乾道本“不齐”二字作“贱”，误。今据张榜本改。

楚王谓田鸠曰：“墨子者，显学也。其身体则可，[1]其言多不辩，何也？”[2]曰：“昔秦伯嫁其女于晋公子，令晋为之饰装，[3]从文衣之媵七十人，[4]至晋，晋人爱其妾而贱公女。此可谓善嫁妾而未可谓善嫁女也。楚人有卖其珠于郑者，为木兰之柜，薰以桂椒，[5]缀以珠玉，饰以玫瑰，辑以羽翠，[6]郑人买其椟而还其珠。此可谓善卖椟矣，未可谓善鬻珠也。今世之谈也，皆道辩说文辞之言，人主览其文而忘有用。墨子之说，传先王之道，论圣人之言以宣告人。若辩其辞，则恐人怀其文忘其[7]直，以文害用也。此与楚人鬻珠、秦伯嫁女同类，故其言多不辩。”

[1] 王先谦曰：“身体”当作“体身”，误倒。

[2] 先慎曰：各本“多”下有“而”字。顾广圻云：“而”字当衍。先慎案：《御览》五百四十一引无，今据删。

[3] 先慎曰：《御览》引无“令晋”二字。

[4] 先慎曰：各本“文衣”作“衣文”，据《御览》乙。

[5] 先慎曰：各本作“薰桂椒之椟”，今据《艺文类聚》八十四、《御览》七百十三、又八百三、八百二十八、《初学记》二十七引改。

[6] 先慎曰：《艺文类聚》、《御览》引均作“缉以翡翠”。

[7] 顾广圻曰：此下当有“用”字。

墨子为木鸢，三年而成，[1]蜚一日而败。[2]弟子曰：“先生之巧，至能使木鸢飞。”墨子曰：[3]“不如为车輗者巧也，用咫尺之木，不费一朝之事，而引三十石之任，致远力多，久于岁数。今我为鸢三年成，蜚一日而败。”惠子闻之曰：“墨子大巧，巧为輗，拙为鸢。”

[1] 顾广圻曰：句绝。

[2] 顾广圻曰：五字为一句，下同。

[3] 卢文弨曰：张本有“吾”字。

宋王与齐仇也，筑武宫。[1]讴癸倡，行者止观，筑者不倦。王闻，召而赐之，对曰：“臣师射稽之讴又贤于癸。”[2]王召射稽使之讴，行者不止，筑者知倦。王曰：“行者不止，筑者知倦，其讴不胜如癸美，何也？”[3]对曰：“王试度其功，癸四板，射稽八板；擿其坚，癸五寸，射稽二寸。”

[1] 张榜曰：盖王偃时筑以备齐。

[2] 先慎曰：“稽”，《御览》五百七十二引作“督”，下同。

[3] 先慎曰：张榜本无“胜”字。

夫良药苦于口，而智者劝而饮之，知其入而已己疾也。[1]忠言拂于耳，而明主听之，知其可以致功也。

[1] 卢文弨曰：下当作“己”。

二、宋人有请为燕王以棘刺之端为母猴者，必三月斋，然后能观之。燕王因以三乘养之。[1]右御、冶工[2]言王曰：[3]“臣闻人主无十日不燕之斋。今知王不能久斋以观无用之器也，[4]故以三月为期。凡刻削者，以其所以削必小。今臣冶人也，无以为之削，此不然物也，王必察之。”王因囚而问之，果妄，乃杀之。冶又谓王曰：[5]“计无度量，言谈之士多棘刺之说也。”

[1] 先慎曰：“乘”下当有“之奉”二字。

[2] 先慎曰：乾道本“冶”作“治”。赵本作“冶工”，与下文合，是也，今据改。

[3] 先慎曰：“言”当作“谓”。

[4] 先慎曰：乾道本“以”上有“今”字。顾广圻云“《藏》本、今本‘以’上无‘今’字”，今据删。

[5] 先慎曰：各本“又”作“人”，据《御览》九百五十七引改。

一曰：燕王徵巧术人，[1]卫人请以棘刺之端为母猴。[2]燕王说之，养之以五乘之奉。王曰：“吾试观客为棘刺之母猴。”客曰：“人主欲观之，[3]必半岁不入宫，不饮酒食肉，雨霁日出，视之晏阴之间，而棘刺之母猴乃可见也。”燕王因养卫人，不能观其母猴。郑有台下之冶者谓燕王曰：“臣为削者也，[4]诸微物必以削削之，[5]而所削必大于削。今棘刺之端不容削锋，难以治棘刺之端。[6]王试观客之削，能与不能可知也。”王曰：“善。”谓卫人曰：“客为棘削之？”[7]曰：“以削。”[8]王曰：[9]“吾欲观见之。”[10]客曰：“臣请之舍取之。”因逃。

[1] 先慎曰：乾道本作“一曰好微巧”。王渭云：“曰”下当脱“燕王”

二字,《选》注有。先慎案:张榜本“一曰”作“燕王”,无“一曰”二字,亦非。“微”即“徵”字,形近而误。《艺文类聚》九十五、《御览》九百十引正作“燕王徵巧术人”,是其证,今据改。《御览》五百三十引作“燕王欲攻卫”,《白孔六帖》八十三引作“燕王好徵巧”,九十七引作“燕王好微巧”,并误。然皆有“燕王”二字。

[2] 先慎曰:乾道本“请以”作“曰能以”三字,《艺文类聚》、《御览》引并作“请以”二字,今据改。张榜本“请以”二字作“有请为以”四字,亦误。

[3] 先慎曰:乾道本无“客曰”二字。顾广圻云:今本句上有“客曰”二字。先慎案:有者是也,据今本增。《艺文类聚》引有“曰”字。

[4] 先慎曰:乾道本无“为”字,卢文弨云:“‘臣’下张本有‘为’字。”顾广圻云“《藏》本有”,今据补。

[5] 先慎曰:乾道本不重“削”字。顾广圻云“《藏》本、今本重‘削’字”,今据补。

[6] 卢文弨曰:凌本无此句。

[7] 卢文弨曰:此下多脱文。孙云:“《文选·魏都赋》注引‘王曰:客为棘刺之端,何以理之’,‘理’必本是‘治’字,今此接‘削之’二字,误,当删。”顾广圻曰:“削”当作“刺”,“之”下当有“母猴何以”四字。

[8] 先慎曰:“以”读为“已”。

[9] 先慎曰:各本无“王曰”二字,卢文弨云“《文选》注有‘王曰’二字”,今据补。

[10] 卢文弨曰:《选》注引“吾欲观客之削也”。顾广圻云:“见”字衍。

儿说,[1]宋人,善辩者也。持“白马非马也”服齐稷下之辩者。[2]乘白马而过关,则顾白马之赋。[3]故籍之虚辞[4]则能胜一国,考实按形不能谩于一人。

［1］先慎曰：乾道本“儿”作“见”。顾广圻云：今本“见”作“儿”，案“儿”是也。儿说，见《吕氏春秋·君守》篇、《淮南·人间训》。先慎案：顾说是，今据改。乾道本连上，今依张榜本、赵本提行。

［2］先慎曰：《艺文类聚》九十三引“白马”下有“之”字。

［3］先慎曰：“顾”，视也。古人马税当别毛色，故过关视马而赋，不能辩也。

［4］先慎曰：“之”字衍，《艺文类聚》引无“之”字，“虚”字作“空”。

夫新砥砺杀矢，彀弩而射，虽冥而妄发，其端未尝不中秋毫也，然而莫能复其处，不可谓善射，无常仪的也；[1]设五寸之的，引十步之远，[2]非羿、逢蒙不能必全者，[3]有常仪的也。有度难而无度易也。有常仪的，则羿、逢蒙以五寸为巧；[4]无常仪的，则以妄发而中秋毫为拙。故无度而应之，则辩士繁说；设度而持之，虽知者犹畏失也，不敢妄言。[5]今人主听说不应之以度，[6]而说其辩；[7]不度以功，[8]誉其行，[9]而不入关。[10]此人主所以长欺，而说者所以长养也。

［1］先慎曰：张榜本“常”作“尝”，下仍作“常”。

［2］先慎曰：“十步”当作“百步”。

［3］先慎曰：《问辩》篇“全”作“中”。

［4］先慎曰：乾道本无“逢”字。顾广圻云“今本‘羿’下有‘逢’字，案依上文当补。《问辩》篇有‘逢’字”，今据增。

［5］王先谦曰：“也”字当在“言”下。

［6］顾广圻曰：句绝。

［7］顾广圻曰：逗。“说”，读如“悦”。

［8］顾广圻曰：句绝。

[9] 顾广圻曰：句绝。

[10] 顾广圻曰：句绝。《藏》本同。今本“不度”下有“之”字，“誉”上有“而”字，无“而不入关”四字，皆误。上文云“不以仪的为关”，此其说也。

客有教燕王为不死之道者，王使人学之，所使学者未及学而客死。王大怒，诛之。王不知客之欺己，而诛学者之晚也。夫信不然之物，而诛无罪之臣，不察之患也。且人所急无如其身，不能自使其无死，安能使王长生哉！

郑人有相与争年者，一人曰：“吾与尧同年。”[1] 其一人曰：“我与黄帝之兄同年。”[2] 讼此而不决，[3] 以后息者为胜耳。[4]

[1] 先慎曰：乾道本无“一人曰吾与尧同年”八字，今据《御览》四百九十六、《意林》引增。

[2] 先慎曰：《意林》“兄”下有“弟”字，《御览》引无。“我”并作“吾”。

[3] 卢文弨曰：《藏》本作“诀”。先慎曰：赵本作“诀”，误。《御览》作“决”。

[4] 先慎曰：《意林》“息”作“罢”。案此谓皆无情理，故以辞长者为胜。

客有为周君画荚者，[1] 三年而成。君观之与髹荚者同状，[2] 周君大怒。画荚者曰：“筑十版之墙，凿八尺之牖，而以日始出时加之其上而观。”[3] 周君为之，望见其状尽成龙蛇禽兽车马，万物之状备具，周君大悦。此荚之功，非不微难也，然其用与素髹筴同。[4]

［1］卢文弨曰："荚"讹，下同。前作"策"，"策"、"筴"同。

［2］先慎曰："髹"，本作"髤"，《玉篇》："髤，同'髹'。"《史记·货殖传》"木器髤者千枚"，注："徐广云：'髤，漆也。'"《汉书·皇后传》"殿上髤漆"，师古云："以漆漆物谓之'髤'，今关东俗器物一再著漆者，谓之'捎漆'，捎即'髤'声之转。"此谓所画不辨黑白，与漆筴同也。

［3］先慎曰：加筴于墙牖之上以观其画也。案此即西人光学之权舆。

［4］先慎曰："素"，未画也。此言画筴之用，何异素髹。

客有为齐王画者，齐王问曰："画孰最难者？"曰："犬马最难。"[1]"孰易者？"曰："鬼魅最易。"夫犬马，人所知也，旦暮罄于前，[2]不可类之，故难。鬼魅无形者，[3]不罄于前，故易之也。[4]

［1］先慎曰：各本无下"最"字，据《艺文类聚》七十四、《御览》七百五十、《意林》引补。"犬"作"狗"，下同。

［2］卢文弨曰：《诗·大明》"伣天之妹"，《韩诗》作"磬"，是"磬"、"伣"同义。《说文》："伣"，一训"闻见"。盖"伣"从见，是有"见"义。"罄"、"磬"本同以"伣"为义，当为朝夕见于前也。先慎曰：《御览》引"罄"作"覩"，下同。

［3］先慎曰：各本"魅"作"神"。案"神"当依上文作"魅"，《艺文类聚》、《意林》、《御览》引正作"魅"，今据改。《意林》"形"下有"像"字。

［4］先慎曰：《艺文类聚》、《御览》"不"上有"无形者"三字。

齐有居士田仲者，[1]宋人屈穀见之，[2]曰："穀闻先生之义，不恃人而食。[3]今穀有树瓠之道，[4]坚如石，厚而无窍，[5]献之。"仲曰："夫瓠所贵者，谓其可以盛也。今厚而无窍，则不可剖以盛物;[6]而任重如坚石,[7]则不可以剖而以斟。[8]吾无以瓠为也。”曰:“然,榖将弃之。”[9]今田仲不恃人而食,[10]亦无益人之国,亦坚瓠之类也。

[1] 卢文弨曰:即陈仲子。

[2] 卢文弨曰:《文选·七命》注引“榖”作“瑴”,下有“往”字,“见之”下有“谓之”二字。

[3] 先慎曰:各本“恃”下有“仰”字。卢文弨云“‘仰’字疑衍,下《选》注引无”,今据删。

[4] 先慎曰:《选》注引作“瑴有巨瓠”。案“树”、“巨”声近而误,当作“巨”。“之道”二字衍。

[5] 卢文弨曰:《选》注此下不同,云:“而效之先生,田仲曰:‘坚如石不可剖而斫,厚而无窍不可以受水浆,吾无用此瓠以为也。’屈瑴曰:‘然,其弃物乎?’曰:‘然。’‘今先生虽不恃人之食,亦无益人之国矣,犹可弃之瓠也。’田仲若有所失,惭而不对。”

[6] 顾广圻曰:“剖”字当衍。

[7] 顾广圻曰:“任重”二字涉下节而衍。“如坚”当作“坚如”。

[8] 顾广圻曰:下“以”字当衍。

[9] 先慎曰:乾道本“弃”上有“以欲”二字,今据张榜本删。

[10] 先慎曰:各本“恃”下有“仰”字,说见上。张榜本无“田”字。

虞庆为屋,[1]谓匠人曰:“屋太尊。”[2]匠人对曰:“此新屋也,涂濡而椽生。夫濡涂重而生椽挠,以挠椽任重涂,此宜卑。”虞庆曰:“不然。[3]更日久,则涂干而椽燥。涂干则轻,椽燥则直,以直椽任轻涂,[4]此益尊。”匠人诎,为之而屋坏。

［1］卢文弨曰：下三条宜连。顾广圻曰：虞卿也，“庆”、“卿”同字。《吕氏春秋·别类》篇云“高阳应”，高诱注：“或作‘魋’。”

［2］卢文弨曰：嫌其太崇也。《藏》本“太”作“大”。

［3］先慎曰：乾道本此五字在“夫濡涂重”上。顾广圻云：《藏》本同。今本“虞庆曰不然”五字在“此宜卑”下，误。先慎案：今本是也。“夫濡涂重而生椽挠”，正申“涂濡椽生”之义，以“挠椽任重，此宜卑”辨虞庆屋太尊之说，皆匠人之词。宋本误以“虞庆曰不然”五字于“夫濡涂重”上，文义不可通，《藏》本沿其误耳。今改从今本。

［4］先慎曰：乾道本无“以直”二字。顾广圻云“《藏》本‘直’下有‘以直’二字”，今据补。今本无“以”字。

一曰：虞庆将为屋，匠人曰：“材生而涂濡，夫材生则挠，涂濡则重，以挠任重，今虽成，久必坏。”虞庆曰：“材干则直，涂干则轻。今诚得干，日以轻直，虽久必不坏。”匠人诎，作之，成，有间，屋果坏。

范且曰：[1]“弓之折，必于其尽也，不于其始也。夫工人张弓也，伏檠三旬而蹈弦，一日犯机，是节之其始而暴之其尽也，焉得无折？且张弓不然，[2]伏檠一日而蹈弦，三旬而犯机，是暴之其始而节之其尽也。”工人穷也，为之，[3]弓折。

［1］顾广圻曰：范雎也，“且”、“雎”同字。

［2］先慎曰：张榜本、赵本作“范且曰不然”，误。此皆范且自谓，不应有“曰”字。

［3］先慎曰：工穷于词，依且为之。

范且、虞庆之言，皆文辩辞胜而反事之情，人主说而不禁，此所以败也。夫不谋治强之功，而艳乎辩说文丽之声，是却有术之士而任坏屋折弓也。故人主之于国事也，皆不达乎工匠之构屋张弓也。[1]然而士穷乎范且、虞庆者，[2]为虚辞，其无用而胜；实事，其无易而穷也。[3]人主多无用之辩，而少无易之言，此所以乱也。今世之为范且、虞庆者不辍，而人主说之不止，是贵败折之类，而以知术之人为工匠也。不得施其技巧，[4]故屋坏弓折；知治之人不得行其方术，故国乱而主危。

[1] 王先谦曰：儗之不能远过。

[2] 顾广圻曰：连上十(一)字为一句。乾道本以下皆误以“范且”提行。

[3] 顾广圻曰：“为虚辞”逗，“其无用而胜”句绝，“实事”逗，“其无易而穷也”句。以上今失其读。先慎曰：“无易”者，其道不可易。

[4] 顾广圻曰：“不”上当有“工匠”二字。

夫婴儿相与戏也，以尘为饭，以涂为羹，以木为胾，然至日晚必归饷者，尘饭涂羹可以戏而不可食也。夫称上古之传颂，辩而不悫，道先王仁义而不能正国者，此亦可以戏而不可以为治也。夫慕仁义而弱乱者，三晋也；不慕而治强者，秦也。然而未帝者，治未毕也。[1]

[1] 先慎曰：赵本“然而”下有“秦强而”三字。张本从“夫慕”至此均无。

三、人为婴儿也,父母养之简,[1]子长而怨。[2]子盛壮成人,[3]其供养薄,[4]父母怒而诮之。[5]子、父,至亲也,而或譙或怨者,皆挟相为而不周于为己也。夫卖庸而播耕者,主人费家而美食、调布而求易钱者,[6]非爱庸客也,曰:“如是,耕者且深,耨者熟耘也。”[7]庸客致力而疾耘耕者,[8]尽巧而正畦陌畦畤者,[9]非爱主人也,曰:“如是,羹且美,钱布且易云也。”此其养功力,有父子之泽矣,而心调于用者,[10]皆挟自为心也。故人行事施予,以利之为心,则越人易和;以害之为心,则父子离且怨。

[1] 先慎曰:句。

[2] 先慎曰:句。

[3] 先慎曰:句。

[4] 先慎曰:句。

[5] 先慎曰:以上今皆失读。

[6] 顾广圻曰:“调”当作“请”,“易钱”当作“钱易”。“易”,去声,下同。

[7] 顾广圻曰:“熟”上当有“且”字。“耘”当作“云”。此与下文“钱布且易云也”句对,不知者改作“耘”字,误甚。

[8] 顾广圻曰:“者”字衍,“耕”句绝。

[9] 顾广圻曰:《藏》本同。今本下“畦”作“畴”。案“畤”非此之用。句当衍二字,未详。孙诒让曰:“畤”当作“埒”。《一切经音义》引《仓颉》篇云“畦,埒也”,是其证。此“畦”、“埒”二字盖注文传写误混入正文,遂复舛不可通耳。

[10] 卢文弨曰:“调”疑“周”。先慎曰:卢说是,“调”即“周”之误。上文“不周于为己”,即其证。

文公伐宋，乃先宣言曰："吾闻宋君无道，蔑侮长老，分财不中，教令不信，余来为民诛之。"[1]

[1] 顾广圻曰："公"当作"王"，"宋"当作"崇"，见《说苑·指武》篇。先慎曰：《经》亦作"文公"，疑非文王伐崇事。

越伐吴，乃先宣言曰："我闻吴王筑如皇之台，掘渊泉之池，[1]罢苦百姓，煎靡财货，以尽民力，余来为民诛之。"[2]

[1] 先慎曰：各本"渊"作"深"，无"泉之"二字，据《御览》一百七十七引改增。"掘渊泉之池"与"筑如皇之台"二文相对，明"深"乃"渊"之误，又脱"泉之"二字耳。

[2] 先慎曰：乾道本无"来"字。卢文弨云：张本有。先慎案：依上文当有，今据补。

蔡女为桓公妻，桓公与之乘舟。夫人荡舟，桓公大惧，禁之不止，怒而出之。乃且复召之，因复更嫁之，[1]桓公大怒，将伐蔡。仲父谏曰："夫以寝席之戏，不足以伐人之国，功业不可冀也，请无以此为稽也。"[2]桓公不听。仲父曰："必不得已，楚之菁茅不贡于天子三年矣，君不如举兵为天子伐楚。楚服，因还袭蔡，曰：'余为天子伐楚，而蔡不以兵听从，因遂灭之。'[3]此义于名而利于实，故必有为天子诛之名，[4]而有报仇之实。"

[1] 先慎曰：《左传》作"蔡人嫁之"。

[2] 顾广圻曰：《藏》本、今本“稽”作“规”，误。俞樾曰：“稽”字无义，疑当作“指”。《汉书·河间献王德传》“文约指明”，注云：“指，谓意之所趋若人以手指物也。”字亦作“旨”，《孟子·告子》篇“愿闻其旨”是也。齐桓公伐蔡，意在蔡姬，故管仲请无以此为指也。“稽”从旨声，故得通借。《礼记·王制》篇“有旨无简不听”，即《尚书·吕刑》篇“有稽无简不听”之异文，然则“稽”、“旨”通用，古有征矣。《道藏》本改“稽”为“规”，非是。先慎曰：“稽”字不误，《史记·樗里子甘茂传·正义》、《汉书·贾谊传》应劭注、《司马迁传》颜注、《荀子·王制》杨注并云：“稽，计也。”桓公之计在伐蔡，故管仲请无以此为计也。语极明显，俞氏谓“稽”字无义，失之考耳。

[3] 先慎曰：乾道本无“因”字。卢文弨云“张本有”，今据补。

[4] 先慎曰：乾道本无“为”字。卢文弨云“‘有’下脱‘为’字，张、凌本有”，今据补。

吴起为魏将而攻中山，[1]军人有病疽者，吴起跪而自吮其脓，伤者母立而泣，[2]人问曰：“将军于若子如是，尚何为而泣？”对曰：“吴起吮其父之创而父死，今是子又将死也，今吾是以泣。”[3]

[1] 先慎曰：乾道本连上，今据赵本提行。

[2] 先慎曰：各本作“伤者之母立泣”。卢文弨云：“立”疑衍。俞樾云：“立”字不当有，盖即“泣”字之误而衍者。先慎案：上“之”字衍，卢、俞说并误，“立”下脱“而”字。今据《艺文类聚》五十九、《御览》四百七十七引改。

[3] 先慎曰：下“今”字当衍，《艺文类聚》引作“吴子吮其父之伤而杀之泾水之上，今安知不杀是子乎”，《御览》引与《艺文类聚》略同，盖所见本与今异。《说苑·复恩》篇作“吴子吮此子父之创而杀之于泾水之战，

战不旋踵而死，今又吮之，安知是子何战而死，是以哭之矣”。

赵主父令工施钩梯而缘播吾，[1]刻疎人迹其上，[2]广三尺，长五尺，而勒之曰：“主父常游于此。”

[1] 王先谦曰：“播吾”即“番吾”，见《史记・赵世家》、《六国表》，又作“鄱吾”。汉常山郡有蒲吾县，“蒲”、“番”双声字变，在今正定府平山县东南。《汉・地理志》云“县有铁山”，《一统志》以为即房山，当即主父“令工施钩梯”者也。先慎曰：“播”，张榜本、赵本作“潘”，说见上。

[2] 卢文弨曰：“疎”即“疋”之异文，“疋”，足也。下“人迹”二字当本是注，误入正文。俞樾曰：“疎”当作“踈”，即“迹”字也。“迹”，籀文作“速”，此变作“疎”，亦犹“迹”之变作“跡”矣。古本《韩子》当作“刻人踈其上”，写者依今字作“迹”，而“踈”字失不删去，遂误倒在“人”字之上，又误其字作“疎”也。

秦昭王令工施钩梯而上华山，以松柏之心为博，箭长八尺，棋长八寸，[1]而勒之曰：“昭王尝与天神博于此矣。”[2]

[1] 顾广圻曰：“为博”句绝，“箭长八尺”句。

[2] 先慎曰：张榜本无“矣”字，《御览》三十九卷引亦无“矣”字。

文公反国，至河，令笾豆捐之，[1]席蓐捐之，手足胼胝、面目黧黑者后之。[2]咎犯闻之而夜哭。公曰：“寡人出亡二十年，乃今得反国，咎犯闻之不喜而哭，意不欲寡人反国邪？”[3]犯对曰：“笾豆所以食也，而君捐之；[4]席蓐所以卧也，而君弃之；[5]手足胼胝、面目黧黑，劳有功者也，[6]而君后之。今臣与在后，中不胜其哀，故哭。[7]且臣为君行诈伪以反国者众矣，臣尚自恶也，而况于君！”[8]再拜而辞。文公止之曰：“谚曰‘筑社者攓撅而置之，[9]端冕而祀之。’今子与我取之，而不与我治之；与我置之，而不与我祀之焉。”乃解左骖而盟于河。[10]

［1］卢文弨曰：孙云：“《文选》鲍明远《东武吟》注引‘令’下有‘曰’字，可省。”“豆”，《藏》本作“笾”，下同。先慎曰：《治要》、《御览》七百九、又七百五十九引均无“曰”字。

［2］先慎曰：乾道本“面”作“回”，“黧”下无“黑”字。顾广圻云：《藏》本、今本“黧”下有“黑”字。先慎案：张榜本、赵本“回”作“面”，“手足胼胝、面目黧黑”相对成文，乾道本误，下文作“面目黧黑”是其证，今据改。《治要》引正作“面目黧黑”。

［3］卢文弨曰：《选》注引“意”下有“者”字。

［4］先慎曰：乾道本无“而君捐之”四字。卢文弨云：《选》注有。先慎案：《治要》、《御览》引亦有“而君捐之”四字，今据补。

［5］先慎曰：乾道本“弃”作“捐”，今据《选》注、《治要》改。

［6］卢文弨曰：“有功”，《选》注倒。

［7］先慎曰：乾道本“臣”下有“有”字。卢文弨云：《选》注无。先慎案：《治要》及《御览》引并无，今据删。

［8］先慎曰：《治要》有“乎”字。

［9］顾广圻曰：《藏》本同。今本“攓”作“撎”。王渭曰：“《魏书・古弼传》引此作‘蹇蹷’。”今案此同字耳，字书无“攓”字。

［10］先慎曰：乾道本“乃”作“可”，误。《治要》作“乃”，今据改。

郑县人卜子[1]使其妻为袴。其妻问曰：“今袴何如？”夫曰：“象吾故袴。”[2]妻因毁新令如故袴。[3]

[1] 王先谦曰：此条依《经》当在“卫人佐弋”后。先慎曰：乾道本“卜”作“乙”。顾广圻云：今本“乙”作“卜”，误，此犹言某乙也。《奸劫弑臣》云“春申君之正妻子曰甲”，亦犹言某甲。《用人》云“罪生(某)〔甲〕，祸(生)〔归〕乙”，亦可证。先慎案：顾说非。《北堂书钞》一百二十九、《御览》六百九十五引“乙”作“卜”，今据改。

[2] 先慎曰：乾道本无“故”字。顾广圻云：《藏》本、今本“吾”下有“故”字，案此不当有。先慎案：《御览》引作“似吾故袴”，明乾道本脱“故”字，顾说非。《北堂书钞》引正作“象吾故袴”，今据补。

[3] 先慎曰：各本“妻”下有“子”字。《北堂书钞》引无，今据删。《御览》引作“妻因凿新袴为孔”。

郑县人有得车轭者，而不知其名，问人曰：“此何种也？”对曰：“此车轭也。”俄又复得一，[1]问人曰：“此是何种也？”对曰：“此车轭也。”问者大怒曰：“曩者曰‘车轭’，今又曰‘车轭’，是何众也？此女欺我也！”遂与之斗。

[1] 先慎曰：谓又得一车轭也。

卫人有佐弋者，鸟至，因先以其裷麾之，鸟惊而不射也。[1]

[1] 先慎曰：《方言》“幡裷谓之幭”，郭注：“即帊幞也。”

郑县人卜子[1]妻之市，买鳖以归，过颍水，以为渴也，因纵而饮之，遂亡其鳖。[2]

［1］先慎曰：各本“卜”作“乙”。《御览》六十三、又九百三十二引“乙”作“卜”，是以“卜”为姓，今据改。又九百三十二引“子”下有“毒”字。

［2］顾广圻曰：此条不见于上。先慎曰：《御览》引“亡其”二字作“失”字。

夫少者侍长者饮，长者饮，亦自饮也。

一曰：鲁人有自喜者，[1]见长年饮酒不能釂则唾之，亦效唾之。一曰：宋人有少者欲效善，[2]见长者饮无馀，非斟酒饮也，而欲尽之。[3]

［1］先慎曰："自喜"二字，疑"效善"之讹。

［2］先慎曰：各本“欲”上有“亦”字。《御览》八百四十五引无，今据删。

［3］先慎曰："非"下九字，《御览》引作"亦自饮而尽之"六字。

书曰："绅之束之。"宋人有治者，因重带自绅束也。人曰："是何也?"对曰：[1]"书言之，固然。"

［1］先慎曰：乾道本“对”上有“书”字。顾广圻云“《藏》本、今本无‘书’字”，今据删。

书曰："既雕既琢，还归其朴。"[1]梁人有治者，动作言学，举事于文，曰难之，[2]顾失其实。人曰："是何也?"对曰："书言之，固然。"

［1］先慎曰：乾道本以下并连上，赵本于“梁”下提行，并误。今依卢

校改。上“书”字当作“记”,涉上文而(衍)〔误〕。下“书言之固然”亦当作“记言之固然”。《经》言“宋人之读书,与梁人之解记”,若下不作“记”字,则《经》不分别言矣。

[2] 顾广圻曰:“曰”当作“日”,人质切。

郢人有遗燕相国书者,[1]夜书,火不明,因谓持烛者曰“举烛”,而误书“举烛”。[2]举烛,非书意也,燕相国受书而说之,[3]曰:“举烛者,尚明也,[4]尚明也者,举贤而任之。”燕相白王,王大悦,[5]国以治。治则治矣,非书意也。今世学者,多似此类。[6]

[1] 先慎曰:《艺文类聚》八十、《白孔六帖》十四、《御览》五百九十五引“郢”作“郑”。

[2] 先慎曰:各本“而”上有“云”字,“误”作“过”。今据《艺文类聚》、《御览》八百七十引删改。《御览》五百九十五引作“而误于书中云”,《白孔六帖》引作“而设书举烛”,字并非。

[3] 先慎曰:各本无“国”字,据《白孔六帖》、《御览》引增。“说”,读为“悦”。

[4] 先慎曰:《艺文类聚》、《御览》引“尚”作“高”。

[5] 先慎曰:乾道本不重“王”字。卢文弨云“旧脱其一”,今据《拾补》增。

[6] 先慎曰:乾道本“世”下有“举”字。顾广圻云“《藏》本、今本无”,今据删。

郑人有欲买履者,[1]先自度其足而置之其坐,至之市[2]而忘操之。已得履,乃曰:“吾忘持度。”反归取之。及反,市罢，遂不得履。人曰："何不试之以足？"曰："宁信度，无自信也。"[3]

[1] 先慎曰：各本"欲买"作"且置"。《御览》四百九十九、六百九十七、八百二十七引"置"均作"买"，今据改。"欲"，《御览》一作"身"。

[2] 先慎曰：《御览》八百二十七引"之"作"人"。

[3] 先慎曰：《御览》引"度"下有"数"字。

四、[1]王登为中牟令，[2]上言于襄主曰："中牟有士曰中章、胥己者，[3]其身甚修，其学甚博，君何不举之？"主曰："子见之，我将为中大夫。"[4]相室谏曰："中大夫，晋重列也。今无功而受，非晋臣之意。[5]君其耳而未之目邪？"襄主曰："我取登，既耳而目之矣，登之所取又耳而目之，是耳目人绝无已也。"[6]王登一日而见二中大夫，予之田宅。中牟之人弃其田耘，卖宅圃而随文学者邑之半。[7]

[1] 先慎曰：乾道本无"四"字。顾广圻云"今本有"，今据补。

[2] 顾广圻曰："王"当作"壬"，《吕氏春秋·知度》篇作"任"，"壬"、"任"同字。

[3] 卢文弨曰："中章"二字，《吕》作"瞻"。先慎曰："中章、胥己"，二人名，下文"一日而见二中大夫"是其证。《吕》作"瞻"，则为一人，误。

[4] 王先谦曰："为"上疑夺"以"字。

[5] 卢文弨曰：《吕》作"非晋国之故"。顾广圻曰："臣"当作"国"，"意"当作"章"。

[6] 卢文弨曰："绝"，《吕》作"终"。

[7] 先慎曰：乾道本无"邑"字。顾广圻云"今本'者'下有'邑'字，案

依上文当有”，据今本增。

叔向御坐平公请事，公腓痛足痺，转筋而不敢坏坐。晋国闻之，皆曰：“叔向贤者，平公礼之，转筋而不敢坏坐。”晋国之辞仕託慕叔向者，国之錘矣。[1]

[1] 先慎曰：一本“錘”作“鍤”。卢文弨云：“鍤”，张本作“錘”，与前同，语难解。顾广圻云：《藏》本同。今本“錘”作“鍤”，误。案上文亦云“錘”，皆未详。案《八说》篇云“死伤者军之乘”，或此与彼同。先慎案：“錘”、“鍤”皆“垂”之误。“国之錘”犹“国之半”也，说详前。《八说》篇作“乘”，亦误。又案：《御览》三百七十二引《韩子》曰：“晋平公与唐彦坐而出，叔向入，公曳一足，叔向问之，公曰：‘吾侍唐子，腓痛足痺而不敢伸。’叔向不悦，公曰：‘子欲贵，吾爵子；欲富，吾禄子。夫唐先生无欲也，非正坐吾无以养之。’”“腓胀”下“唐彦”，一作“唐亥”。案即“亥唐”倒文。当为此条。一曰佚文。

郑县人有屈公者，闻敌，恐因死，恐已因生。[1]

[1] 先慎曰：上“恐”字下当有“已”字。“恐已因死，恐已因生”，二句文当一律。

赵主父使李疵视中山可攻不也，还报曰：“中山可伐也，君不亟伐，将后齐、燕。”主父曰：“何故可攻？”李疵对曰：“其君见好岩穴之士，[1]所倾盖与车以见穷闾隘巷之士[2]以十数，伉礼下布衣之士以百数矣。”[3]君曰：“以子言论，是贤君也，安可攻？”疵曰：“不然。夫好显岩穴之士而朝之，则战士怠于行陈；上尊学者，下士居朝，[4]则农夫惰于田。战士怠于行陈者，[5]则兵弱也；农夫惰于田者，则国贫也。兵弱于敌，国贫于内，而不亡者，未之有也。伐之不亦可乎！”主父曰：“善。”举兵而伐中山，遂灭也。

[1] 顾广圻曰：“见好”，当依下文作“好显”。

[2] 顾广圻曰：《中山策》“以见”作“而朝”。

[3] 先慎曰：《御览》二百九十一引“伉”作“亢”。

[4] 先慎曰：“下士居朝”，《御览》引作“下居士而朝之”。

[5] 先慎曰：乾道本无“陈”字。顾广圻云：今本“行”下有“陈”字。先慎案：依上文当有，《御览》引作“阵”。“阵”即“陈”字，今据补。

五、齐桓公好服紫，一国尽服紫。当是时也，五素不得一紫。[1]桓公患之，谓管仲曰：“寡人好服紫，紫贵甚，[2]一国百姓好服紫不已，寡人奈何？”管仲曰：“君欲止之，何不试勿衣紫也，[3]谓左右曰：‘吾甚恶紫之臭。’于是左右适有衣紫而进者，公必曰，‘少却，吾恶紫臭’。”公曰：“诺。”于是日，郎中莫衣紫；其明日，国中莫衣紫；三日，境内莫衣紫也。

[1] 先慎曰：乾道本无“得”字。顾广圻云：《藏》本、今本“不”下有“得”字。先慎案：《御览》三百八十九、八百十四两引有“得”字，今据补。

[2] 先慎曰：乾道本不重“紫”字。顾广圻云“《藏》本、今本重‘紫’字”，今据补。

[3] 先慎曰：乾道本无“止之”二字。顾广圻云：《藏》本同。今本无“欲”字。案“欲”下有脱文。先慎案：《御览》三百八十九引“欲”下有“止之”二字，是也，今据补。八百十四引无“欲何不试”四字，节文也。今本

不审，并删“欲”字，不可从。

一曰：齐王好衣紫，齐人皆好也。齐国五素不得一紫。齐王患紫贵，傅说王曰：“《诗》云：‘不躬不亲，庶民不信。’今王欲民无衣紫者，[1]王请自解紫衣而朝，[2]群臣有紫衣进者，曰：‘益远！寡人恶臭。’”是日也，郎中莫衣紫；是月也，国中莫衣紫；是岁也，境内莫衣紫。

[1] 先慎曰：乾道本“王”字作“欲”。顾广圻云“《藏》本、今本上‘欲’字作‘王’”，今据改。

[2] 先慎曰：乾道本“请”作“以”。顾广圻云：《藏》本同。今本“以”作“请”，案“以”上有脱文。先慎案：“以”乃“请”之误，依今本改。“王请自解紫衣而朝”，谓王朝时请先解已之紫衣也，此句并无脱文。

郑简公谓子产曰：“国小，迫于荆、晋之间。今城郭不完，兵甲不备，不可以待不虞。”子产曰：“臣闭其外也已远矣，而守其内也已固矣，虽国小，[1]犹不危之也。君其勿忧。”是以没简公身无患。[2]子产相郑，简公谓子产曰：“饮酒不乐也，[3]俎豆不大，钟鼓竽瑟不鸣，寡人之[4]事不一；国家不定，百姓不治，耕战不辑睦，亦子之罪。子有职，寡人亦有职，各守其职。”子产退而为政五年，国无盗贼，道不拾遗，桃枣之荫于街者莫援也，[5]锥刀遗道三日可反，三年不变，民无饥也。[6]

[1] 先慎曰：赵本“国小”二字误倒。

［2］先慎曰："患"下当有"一曰"二字。

［3］先慎曰："也"字衍。

［4］顾广圻曰："之"下当有"罪"字。"事"上当有脱字，未详。先慎曰：《治要》引《尸子·治天下》篇作"寡人之任也"，下"子之罪"亦作"子之任"。

［5］先慎曰：旧本无"之"字，"莫"下有"有"字，今据《御览》九百六十五、《事类赋》二十六引删。

［6］先慎曰："变"字疑误。

宋襄公与楚人战于涿谷上，[1]宋人既成列矣，楚人未及济。右司马购强[2]趋而谏曰："楚人众而宋人寡，请使楚人半涉，未成列而击之，必败。"襄公曰："寡人闻君子曰：'不重伤，[3]不擒二毛，不推人于险，不迫人于阨，不鼓不成列。'今楚未济而击之，害义。请使楚人毕涉成陈，而后鼓士进之。"右司马曰："君不爱宋民，腹心不完，特为义耳。"公曰："不反列，且行法。"右司马反列，楚人已成列撰陈矣，公乃鼓之。宋人大败，公伤股，三日而死。[4]此乃慕自亲仁义之祸。[5]夫必恃人主之自躬亲而后民听从，是则将令人主耕以为上，[6]服战雁行也民乃肯耕战，则人主不泰危乎！而人臣不泰安乎！

［1］顾广圻曰：与三《传》不合。

［2］顾广圻曰：未详。

［3］卢文弨曰：下"曰"字《藏》本无。

［4］卢文弨曰：《春秋》襄公之卒，在次年五月。

［5］先慎曰："自亲"二字，涉下文而衍。

[6] 先慎曰:"上"当作"食"。上《经》下张本有此数句,盖误以《说》入《经》。然作"耕以为食",则张氏所见之本不作"上",正可以订正"上"为"食"之误。

齐景公游少海,[1]传骑从中来谒曰:"婴疾甚,且死,恐公后之。"景公遽起,传骑又至。景公曰:"趋驾烦且之乘,[2]使驺子韩枢御之。"[3]行数百步,以驺为不疾,夺辔代之御;可数百步,以马为不進,盡[4]释车而走。以烦且之良而驺子韩枢之巧,[5]而以为不如下走也。

[1] 先慎曰:"少海"即勃海。

[2] 王渭曰:《晏子春秋》"烦且"作"繁驵",案此同字也。

[3] 先慎曰:《晏子春秋·内篇·谏上第一》云"公使韩子休追之",此"韩枢"疑即彼"韩子休"。

[4] 俞樾曰:《韩子》古本当作"以马为不盡","不盡"即"不進"也。《列子·天(端)〔瑞〕》篇"终進乎不知也",张湛注"'進'当为'盡'",是"進"与"盡"古通用。《诗·文王》篇毛《传》训"盡"为"進",师古注《汉书·高帝纪》曰"'進'字本作'賮',又作'贐'",皆其例也。写者依本字作"進",而失删"盡"字,遂并失其读矣。

[5] 先慎曰:乾道本无"枢"字。顾广圻云"《藏》本、今本有",今据补。

魏昭王欲与官事,[1]谓孟尝君曰:"寡人欲与官事。"君曰:"王欲与官事,则何不试习读法?"昭王读法十馀简而睡卧矣。王曰:"寡人不能读此法。"夫不躬亲其势柄,而欲为人臣所宜为者也,[2]睡不亦宜乎。

[1] 王先谦曰:“与”,去声。

[2] 先慎曰:“(官)〔宜〕”字涉下文衍。

孔子曰:[1]“为人君者犹盂也,民犹水也;盂方水方,盂圜水圜。”[2]

[1] 先慎曰:乾道本连上,今从赵本提行。

[2] 先慎曰:《治要》引《尸子·处道》篇“圜”作“圆”。案《说文》“圜,天体也,全也,周也”,是“圜”为正字。《御览》七百六十引二句互易。

邹君好服长缨,左右皆服长缨,缨甚贵。[1]邹君患之,问左右,左右曰:“君好服,百姓亦多服,是以贵。”君因先自断其缨而出,国中皆不服长缨。君不能下令为百姓服度以禁之,乃断缨出以示民,[2]是先戮以莅民也。

[1] 先慎曰:乾道本不重“缨”字。《御览》三百八十九、六百八十六、《事类赋》十二引并重,今据增。

[2] 先慎曰:乾道本“乃断”二字作“长”字,“民”上有“先”字。顾广圻云:今本作“乃断缨出以示民”,案句有误。先慎案:今本语极明显,今据改。

叔向赋猎,功多者受多,功少者受少。

韩昭侯谓申子曰:“法度甚不易行也。”[1]申子曰:“法者,见功而与赏,因能而受官。今君设法度而听左右之请,此所以难行也。”昭侯曰:“吾自今以来,知行法矣,寡人奚听矣。”一日,[2]申子请仕其从兄官,昭侯曰:“非所学于子也,听子之谒,败子之道乎?亡其用子之谒。”[3]申子辟舍请罪。

[1] 先慎曰:乾道本无“不”字,今依《拾补》增。

[2] 先慎曰:赵本“日”作“曰”,误。

[3] 顾广圻曰:《韩策》云“又亡子之术而废子之谒其行乎”云云,此有脱文。

六、晋文公攻原,裹十日粮,[1]遂与大夫期十日。至原十日,而原不下,击金而退,罢兵而去。士有从原中出者,曰:“原三日即下矣。”群臣左右谏曰:“夫原之食竭力尽矣,君姑待之。”公曰:“吾与士期十日,不去,是亡吾信也。得原失信,吾不为也。”遂罢兵而去。原人闻曰:“有君如彼其信也,可无归乎!”乃降公。卫人闻曰:“有君如彼其信也,可无从乎!”乃降公。孔子闻而记之曰:“攻原得卫者,信也。”

[1] 先慎曰:僖二十五年《左传》:晋侯围原,命三日之粮。《国语》亦作“三日”。

文公问箕郑曰:“救饿奈何?”对曰:“信。”公曰:“安信?”曰:“信名。[1]信名,则群臣守职,善恶不逾,百事不怠;信事,则不失天时,百姓不逾;信义,则近亲劝勉,而远者归之矣。”

[1] 俞樾曰:“信名”之下当有“信义、信事”四字。盖文公曰“安信”,箕郑告以“信名、信义、信事”,下乃一一申之也。今夺之,则文不备。

吴起出，遇故人而止之食，故人曰："诺，期返而食。"[1]吴子曰："待公而食。"故人至暮不来，吴起至暮不食而待之。[2]明日早，令人求故人，故人来方与之食。[3]

[1] 先慎曰：乾道本"期返而食"作"今返而御"。顾广圻曰：《藏》本同。今本"今"作"令"，误。先慎案：《御览》八百四十九引作"期反而食"，今据改。

[2] 先慎曰：各本作"起不食待之"。《御览》四百七十五、八百四十九引并作"吴起至暮不食而待之"，今据改。

[3] 先慎曰：《御览》引"方"作"乃"。

魏文侯与虞人期猎。明日，会天疾风，[1]左右止，文侯不听，曰："不可。以风疾之故而失信，吾不为也。"[2]遂自驱车往，犯风而罢虞人。

[1] 顾广圻曰：《魏策》云"天雨"，馀多不同。先慎曰：《治要》无"天"字。

[2] 先慎曰：《治要》"可"上无"不"字，"风疾"作"疾风"。

曾子之妻之市，[1]其子随之而泣，[2]其母曰："女还，顾反为女杀彘。"妻适市来，[3]曾子欲捕彘杀之，妻止之曰："特与婴儿戏耳。"曾子曰："婴儿非与戏也。[4]婴儿非有知也，待父母而学者也，听父母之教。今子欺之，[5]是教子欺也。母欺子，子而不信其母，[6]非以成教也。"遂烹彘也。

[1] 顾广圻曰："之妻"二字当衍。先慎曰："妻"上《治要》无"之"字。

[2] 先慎曰:《治要》无“之”字。

[3] 先慎曰:乾道本无“妻”字。《治要》有,今据补。“适”作“道”,误。

[4] 王先谦曰:“非”下疑有“可”字。

[5] 先慎曰:乾道本“今”作“令”。顾广圻云:《藏》本同,今本“令”作“今”。先慎案:《治要》作“今”,今据改。

[6] 先慎曰:各本上“母”字作“父”,不重“子”字,今据《治要》增改。

楚厉王有警鼓,与百姓为戒。[1]饮酒醉,过而击,[2]民大惊。使人止之,[3]曰:“吾醉而与左右戏而击之也。”[4]民皆罢。居数月,有警,击鼓而民不赴,[5]乃更令明号而民信之。

[1] 先慎曰:各本“警”下有“为”字,“与”上有“以”字,“戒”作“戍”,今据《御览》五百八十二、《事类赋》十一引删改。

[2] 先慎曰:各本“击”下有“之也”二字,据《御览》、《事类赋》删。

[3] 先慎曰:各本无“之”字,《拾补》增。卢文弨云:脱。先慎案:《御览》、《事类赋》引有“之”字,今据补。

[4] 先慎曰:各本下“而”字作“过”,《御览》、《事类赋》引作“而”,是。“过”字涉上文而误,今据改。

[5] 先慎曰:《御览》、《事类赋》引“赴”下有“也”字。

李悝警其两和,曰:“谨警敌人,旦暮且至击汝。”如是者再三而敌不至。两和懈怠,不信李悝。居数月,秦人来袭之,至几夺其军。此不信患也。

一曰:李悝与秦人战,谓左和曰:“速上,右和已上矣。”又驰而至右和曰:“左和已上矣。”左右和曰:“上矣。”[1]于是皆争上。其明年，与秦人战，秦人袭之，至几夺其军。此不信之患。

［1］先慎曰：“曰上矣”三字，涉上而衍。此言左右和闻李悝之言，于是皆争上，明不应有“曰上矣”三字。

有相与讼者，[1]子产离之，而毋得使通辞，到至其言以告而知也。[2]惠嗣公使人伪关市，[3]关市呵难之；因事关市以金，关市乃舍之。嗣公谓关市曰：“某时有客过而予汝金，因谴之。”关市大恐，以嗣公为明察。

［1］顾广圻曰：《藏》本同。今本无自此至末。案皆复出《七术》，不当有也。

［2］先慎曰：“至”字衍文。“到”即“倒”字。

［3］先慎曰：“惠”当作“卫”，“伪”当作“过”。

韩非子卷第十二

外储说左下第三十三[1]

一、以罪受诛，人不怨上，[2]跀危坐子皋。[3]以功受赏，臣不德君，[4]翟璜操右契而乘轩。[5]襄王不知，[6]故昭卯五乘而履屩。[7]上不过任，臣不诬能，即臣将为失少室周。[8]

[1] 先慎曰：乾道本无"下"字。顾广圻云：《藏》本同，今本有。先慎案：《治要》引有"下"字，今据补。

[2] 旧注：罪当，故不怨也。

[3] 旧注：皋虽刑之，有不忍之心，跀者怀恩报德。〇顾广圻曰：《藏》本同。今本"坐"作"生"，按依《说》当作"逃"。王先谦曰：作"生"是也，与"坐"形近而误。先慎曰："危"读为"跪"，足也，详下《说》。

[4] 旧注：功当，故不以为德。

[5] 旧注：功当受宠，故乘轩而无惭。〇先慎曰："璜"，下作"黄"，古今字通。

[6] 旧注：不知功当厚赏也。

[7] 旧注：卯西却秦，东止齐，大矣，而王唯养之五乘。功大赏薄，犹富人而履屩也。〇先慎曰：张榜本、赵本"屩"作"蹻"，注同。《说文》："屩，从履省，喬声。"是"屩"为正字，"屫"、"蹻"均别字。《说》作"蹻"，古通。

[8] 旧注：周以勇力事襄主，贞信不诬人，有勇力多己者，即进之以自代。〇顾广圻曰："失"当作"夫"，在"为"字上，如字读之。先慎曰：

"失"字衍,顾读"即臣将夫为少室周",亦不成文。

二、恃势而不恃信,[1]故东郭牙议管仲。[2]恃术而不恃信,故浑轩非文公。[3]故有术之主,信赏以尽能,必罚以禁邪,虽有驳行,必得所利,[4]简主之相阳虎,[5]哀公问"一足"。[6]

[1] 旧注:恃势则信者不生心,恃信则有时不信。

[2] 旧注:公欲专仲国柄,牙以仲虽忠矣,傥不忠,必危矣。公因命仲理外,隰朋治内矣。○先慎曰:乾道本注"危必"互倒,今从赵本。

[3] 旧注:晋文公以箕郑信诚以为原令,曰:"必不叛我。"轩曰:"人主不以术御臣,而恃其不叛,其若之何也。"○梁玉绳曰:"浑轩"即"浑罕",非子产者。古"轩"、"罕"通,《左传》"罕虎"、"罕达",《公羊》并作"轩"。

[4] 旧注:驳行,不贞白而驳杂者。

[5] 旧注:虎逐鲁疑齐,是行驳也。赵主以术御之,尽其用,而赵几霸。

[6] 旧注:问孔子曰:"夔一足若何?"曰:"夔反戾恶心,然所以免祸者也。"公曰:"其信一足,故曰'一足'。"○卢文弨曰:注"然所以免祸者"下当有"信"字。先慎曰:"反戾",下《说》作"忿戾"。

三、失臣主之理,则文王自履而矜。[1]不易朝燕之处,则季孙终身庄而遇贼。[2]

[1] 旧注:君虽有师,臣当亦谨,小臣当即充指顾之役。文王理解,左右无可使者,是亦失士也。托言君所与者皆其师,是矜过而饰非也。

○卢文弨曰：注"文王理解"，当作"繫解"。王先谦曰："自履"文不成义，"履"上当有"繫"字。

[2] 旧注：朝当庄，燕当试，今季孙一之，故终身庄而遇害也。○先慎曰：赵本注"朝"下有"堂"字，"燕"下无"当试今"三字。张本"试"作"舒"。

四、利所禁，禁所利，虽神不行。[1]誉所罪，毁所赏，虽尧不治。[2]夫为门而不使入，[3]委利而不使进，[4]乱之所以产也。[5]齐侯不听左右，魏主不听誉者，而明察照群臣，则钜不费金钱，[6]孱不用璧。[7]西门豹请复治邺，足以知之。[8]犹盗婴儿之矜裘，与跀危子荣衣。[9]子绰左右画，[10]去蚁驱蝇，[11]安得无桓公之忧索官，[12]与宣王之患臞马也。[13]

[1] 旧注：当禁而利，当利而禁，如此，虽神不行，况不神乎。

[2] 旧注：当罪而誉，当赏而毁，如此，虽尧不治，况非尧乎。

[3] 旧注：门不入，不如无门也。

[4] 旧注：与利不进，不如止也。

[5] 旧注：门不使入，利不使进，乱所由生也。

[6] 旧注：钜费金，以齐王用左右故也。○顾广圻曰：《说》无"钱"字，此当衍，旧注未讹。

[7] 旧注：孱用玉，以魏主用毁故。○顾广圻曰：《藏》本、今本"璧"上有"玉"字。按《说》无，旧注亦未讹，此所添，误。先慎曰：注乾道本"玉"作"王"，改从赵本。

[8] 旧注：初治邺，不事左右，故君夺之。后治，事之，君乃迎而拜。据此是知左右能为国之害。

[9] 旧注：盗者子不耻其父盗，以父所盗衣矜人。跀者儿不耻其父跀，以跀所著衣荣人。人所谄媚、为非犹是。○先慎曰：乾道本注"跀以"下衍"不也"二字，改从赵本。

［10］旧注：左画圜，右画方，必不得俱成。喻用左右言，亦不能得贤也。○先慎曰：乾道本注“俱”下有“能”字，赵本无，今据删。

［11］旧注：以骨去蚁，以鱼去蝇，则蝇蚁愈至。喻温言训左右，愈谄。

［12］旧注：公听左右索官，无以与之，故忧也。

［13］旧注：王不察掌马者窃刍豆，但患马臞也。○先慎曰：“宣”，张榜本作“先”。按下《说》作“韩宣子”，则作“宣”字是。“王”当作“主”，注亦误。

五、臣以卑俭为行，则爵不足以劝赏；[1]宠光无节，则臣下侵逼。说在苗贲皇非献伯，孔子议晏婴。[2]故仲尼论管仲与（叔）孙〔叔〕敖。[3]而出入之容变，阳虎之言见其臣也；[4]而简主之应人臣也失主术。[5]朋党相和，臣下得欲，则人主孤；群臣公举，下不相和，则人主明。阳虎将为赵武之贤、解狐之公，[6]而简主以为枳棘，非所以教国也。[7]

［1］先慎曰：乾道本“劝”作“观”。卢文弨曰“观，张本作劝”，今据改。

［2］旧注：献伯为相，妻不衣帛，晏婴亦然，故非其太逼下。○先慎曰：孔子议晏婴条今夺，《北堂书钞》一百二十九、《御览》六百八十九、《事类赋》十二引《韩子》曰：“晏婴相齐，妾不衣帛，马不食粟。”《御览》“妾”作“妻”。当即此条佚文。

［3］旧注：仲有三归，以其太奢。敖有粝饼，以其太俭。○先慎曰：“饼”当作“饭”，说见下。

［4］先慎曰：乾道本“变”作“娈”。顾广圻云：今本“娈”作“变”。句有误，未详。先慎案：“变”字是。阳虎入齐，其臣因之见于君，及其出也，皆不为虎。是入则因之见，出则背之，一出一入之间，其容遂变。“阳虎

之言见其臣也”，此倒句而成文，顺之为“阳虎之言见其臣而出入之容变也”。顾氏不知古书倒文成义之法，而读“变”字句绝，所以疑句有误也。改从今本。

[5] 旧注：虎言居齐已有三人，及其得罪，而三人为君执逐。虎言明己无私，简主应以私臣之事，言其举非之，譬树枳棘者反得其刺也。○先慎曰：此谓简子应虎树枳棘则刺，树柤梨橘柚则甘之言，为失术也。下云“非所以教国也”，即承此失术言，注说非。又案乾道本注“及”作“反”，改从赵本。“非之”疑“之非”倒文。

[6] 旧注：此三人皆以公举人，内不避亲，外不避仇，虎言己举亦同之也。○卢文弨曰：注“二人”讹“三人”。

[7] 旧注：主云所举害己，与枳棘者同，此反教人为私也。○先慎曰：乾道本脱“主”字。顾广圻云“《藏》本、今本‘简’下有‘主’字”，今据补。

六、公室卑则忌直言，私行胜则少公功。说在文子之直言，武子之用杖；[1]子产忠谏，子国谯怒；[2]梁车用法，而成侯收玺；[3]管仲以公，而国人谤怨。[4]

右经[5]

[1] 旧注：(武)〔文〕子，(文)〔武〕子之子，好直言。武子曰：夫直言者必危身，而祸及父也。

[2] 旧注：夫忠谏者必离群臣，而又危难于父也。○先慎曰：乾道本自“子产”至“父也”二十三字均脱，张榜本有八大字，赵本大小字并有。卢文弨出“子国谯怒”云：“注‘必离群臣’，‘离’字脱。”是卢所见本亦有此二十二字，惟注脱“离”字耳。顾广圻云：《藏》本、今本有“子产忠谏，子国谯怒”，并注云云，此《藏》本所添，未必是也。先慎案：下《说》有此事，《经》必应有。张榜本、赵本及卢所见本不尽出于《藏》本，顾氏谓《藏》本所添，非也，今据补。

［3］旧注：车为鄗令，其姊犯法，刖之。赵侯以为不慈，免其官也矣。○先慎曰：赵本注“姊”讹“妹”，下无“矣”字。

［4］旧注：仲不报封人之恩，唯贤是用，人怨谤也。

［5］先慎曰：各本脱，今依例补。

一、孔子相卫，弟子子皋为狱吏，刖人足，所刖者守门。人有恶孔子于卫君者，曰：“尼欲作乱。”[1]卫君欲执孔子，孔子走，弟子皆逃。子皋从出门，[2]刖危引之而逃之门下室中，吏追不得。夜半，子皋问刖危曰：“吾不能亏主之法令而亲刖子之足，是子报仇之时也，[3]而子何故乃肯逃我？我何以得此于子？”刖危曰：“吾断足也，固吾罪当之，不可奈何。然方公之欲治臣也，[4]公倾侧法令，先后臣以言，欲臣之免也甚，而臣知之。及狱决罪定，公憱然不悦，形于颜色，臣见又知之。非私臣而然也，夫天性仁心固然也。此臣之所以悦而德公也。”[5]

［1］先慎曰：张榜本无“尼”字。

［2］顾广圻曰：“从”当作“后”。《说苑·至公》篇：“子皋走郭门，郭门闭。”先慎曰：“从”字不误。“出门”当作“后门”，《吕氏春秋》云：“戎夷违齐如鲁，天大寒而后门。”“后门”与《说苑》“门闭”合，明“出”为“后”之误。

［3］卢文弨曰：《藏》本“仇”下有“怨”字。

［4］先慎曰：乾道本“欲”作“狱”，误，今依张榜本、赵本改。

［5］旧注：刖者行步危，故曰“刖危”也。○俞樾曰：注说非，“危”乃“跪”之省文，古谓刖足者为“刖跪”，《内储说下》篇“门者刖跪请曰”是其证也。《晏子春秋·杂上》篇“刖跪击其马而反之”，孙星衍云“跪，足也”，

此说得之。先慎曰：《荀子·劝学》篇"蟹六跪而二螯"，杨倞《注》："跪，足也。《韩子》以刖足为'跀跪'。"据此，是杨所见《韩子》作"跪"也，"跪"训为"足"，又其一证。"悦而德公也"，张榜本重"而"字。案此下当接"孔子曰：'善为吏者树德，不能为吏者树怨。概者，平量者也；吏者，平法者也。治国者，不可失平也。'"今错简在后，另为一条。《说苑》此下接"孔子闻之曰'善为吏者树德，不善为吏者树怨'"云云，是也。

田子方从齐之魏，望翟黄乘轩骑驾出，[1]方以为文侯也，移车异路而避之，则徒翟黄也。[2]方问曰："子奚乘是车也？"曰："君谋欲伐中山，臣荐翟角而谋得。果且伐之，[3]臣荐乐羊而中山拔。得中山，忧欲治之，臣荐李克而中山治。是以君赐此车。"方曰："宠之称功尚薄。"[4]

[1] 旧注：既乘轩车，又有轻骑。〇先慎曰：《说苑·臣术》篇云："翟黄乘轩车，载华盖，黄金之勒，约镇簟席，如此者其驷八十乘。"

[2] 旧注：徒，独。〇先慎曰：乾道本无"徒"字。顾广圻云"《藏》本、今本有'徒'字，按依注当有"，今据补。

[3] 先慎曰：乾道本无"且"字。卢文弨云：张本有。先慎案："且"，将也，此字当有，今据补。

[4] 旧注：称服也。〇先慎曰：乾道本无注三字，今据张榜本补。

秦、韩攻魏，昭卯西说而秦、韩罢。[1]齐、荆攻魏，卯东说而齐、荆罢。魏襄王养之以五乘将军。[2]卯曰："伯夷以将军葬于首阳山之下，而天下曰：'夫以伯夷之贤与其称仁，而以将军葬，是手足不掩也。'今臣罢四国之兵，而王乃与臣五乘，此其称功犹嬴勝而履蹻。"[3]

［1］顾广圻曰："昭卯"即"孟卯"也。《显学》篇："魏任孟卯之辨。"《难三》篇："孰与曩之孟尝、芒卯。"俞樾曰："昭"当作"明"。"明卯"即"孟卯"也，又作"芒卯"。"明"、"孟"、"芒"古音俱同。"孟卯"之为"明卯"，犹"孟津"之为"盟津"；"芒卯"之为"明卯"，犹"民甿"之为"民萌"。今作"昭"者，盖与"明"形似义同，因而致误。

［2］旧注：养之以五乘使为将军也。〇顾广圻曰："五乘"句绝。"将军"二字当衍，涉下文而误耳。旧注全讹。先慎曰："将军"，疑为"之奉"二字之讹。"养之以五乘"文义未备，"乘"下脱"之奉"二字，写者妄以"将军"补之，注遂因讹字作解也。《外储说左上》"燕王悦之，养之以五乘之奉"，文法正同，是其证。《御览》八百二十九引"乘"作"车"。

［3］旧注：赢，利也。谓贾者赢利倍勝，今以薄赏报大功，犹赢勝之人履草屩也。〇顾广圻曰："赢勝"当作"羸縢"，形相近也。旧注全讹。先慎曰：《御览》八百二十九引"赢"作"羸"，注同。"蹻"作"屩"，案"蹻"、"屩"二字古今文通用。《说文》：履，"从尸"，古文作"䪨"，云"从足"。《庄子·天下》篇"以跂蹻为服"，《释文》："李云：麻曰'屩'，木曰'屐'，'屐'与'跂'同，'屩'与'蹻'同"，是也。

孔子曰："善为吏者树德，不能为吏者树怨。概者，平量者也；吏者，平法者也。治国者，不可失平也。"[1]

［1］先慎曰：此乃错简，当在"孔子相卫"后。

少室周者，古之贞廉洁悫者也，为赵襄主力士，与中牟徐子角力，不若也，入言之襄主以自代也。襄主曰："子之处，人之所欲也，何为言徐子以自代？"[1]曰："臣以力事君者也，今徐子力多臣，臣不以自代，恐他人言之而为罪也。"[2]一曰：少室周为襄主骖乘，至晋阳，有力士牛子耕与角力而不胜。周言于主曰："主之所以使臣骑乘者，[3]以臣多力也，今有多力于臣者，愿进之。"

［1］先慎曰：张榜本"代"误"伐"。

［2］旧注：有蔽贤之罪也。

［3］顾广圻曰："骑"当作"骖"。

二、齐桓公将立管仲，令群臣曰："寡人将立管仲为仲父，善者入门而左，不善者入门而右。"东郭牙中门而立。公曰："寡人立管仲为仲父，令曰：'善者左，不善者右。'今子何为中门而立？"牙曰："以管仲之智，为能谋天下乎？"公曰："能。""以断，为敢行大事乎？"公曰："敢。"牙曰："君知能谋天下，[1]断敢行大事，君因专属之国柄焉。[2]以管仲之能，[3]乘公之势以治齐国，得无危乎？"公曰："善。"乃令隰朋治内，管仲治外，以相参。

［1］顾广圻曰："君"当作"若"，"知"即"智"字。

［2］卢文弨曰：张本"之"下有"以"字。

［3］先慎曰：乾道本无"之"字。卢文弨云"张、凌本有'之'字"，顾广圻云"《藏》本亦有"，今据补。

晋文公出亡，箕郑挈壶餐而从，[1]迷而失道，与公相失，饥而道泣，寝饿而不敢食。及文公反国，举兵攻原，克而拔之。[2]文公曰："夫轻忍饥馁之患而必全壶餐，是将不以原叛。"乃举以为原令。大夫浑轩闻而非之，曰："以不动壶餐之故，怙其不以原叛也，不亦无术乎！”故明主者，不恃其不我叛也，恃吾不可叛也；[3]不恃其不我欺也，恃吾不可欺也。

[1] 先慎曰：“餐”，《御览》八百五十十引作“飧”，四百二十六、二百六十六引作“飡”。“箕郑”作“赵衰”。

[2] 先慎曰：乾道本“原克”作“用兑”。顾广圻云：今本“用兑”二字作“原”，按句有误。孙(贻)〔诒〕让云：“用”当为“周”之误。“兑”，读为“隧”，谓六遂也。“隧”、“兑”字通。详《老子》。《周语》云：“晋文公既定襄王于郏，王劳之以地，辞，请隧焉。”韦《注》云：“隧，六隧也。”事亦见僖二十五年《左传》，杜预《注》以“隧”为王之葬礼，与韦说异。此文公“攻原”，即周襄王所赐之地，于王国为都鄙，不在六遂。而云“攻周遂”者，战国时已有文公请六遂之说，展转传讹，遂以文公伐原为攻周之遂地。先秦诸子解经，已不免沿讹，悉心推校，可略得其輗迹。今本作“原”，则明人不知而妄改，不足据也。先慎按：孙说非。“用”乃“原”之误，“兑”乃“克”之误。《御览》二百六十六引作“举兵攻原，克而拔之”，是其证，今据改。

[3] 先慎曰：乾道本“吾”上无“恃”字。顾广圻云“《藏》本、今本有”，今据补。

阳虎议曰：“主贤明则悉心以事之，不肖则饰奸而试之。”逐于鲁，疑于齐，走而之赵。赵简主迎而相之，左右曰：“虎善窃人国政，何故相也？”简主曰：“阳虎务取之，我务守之。”[1]遂执术而御之。阳虎不敢为非，以善事简主，兴主之强，几至于霸也。

[1] 旧注：我既守，则彼不能得利。

鲁哀公问于孔子曰："吾闻古者有夔一足，其果信有一足乎?"孔子对曰："不也，夔非一足也。夔者忿戾恶心，人多不说喜也。虽然，其所以得免于人害者，以其信也。人皆曰：'独此一，足矣。'夔非一足也，一而足也。"哀公曰："审而是，固足矣。"[1]一曰：[2]哀公问于孔子曰："吾闻夔一足，信乎?"曰：[3]"夔，人也，何故一足？彼其无他异，而独通于声。尧曰：'夔一而足矣，使为乐正。'故君子曰：'夔有一足。'[4]非一足也。"

[1] 先慎曰："而"，读若如。

[2] 先慎曰：乾道本提行，今从赵本。

[3] 先慎曰：《御览》三百七十二引"曰"上有"对"字。

[4] 先慎曰：乾道本"足"作"之"。顾广圻云："今本'之'作'足'。按'之'当作'而足'二字。《吕氏春秋·察传》篇作'故曰夔一足'。"王先谦云："'之'作'足'，是也。'而'字不可有，有则不待释而明矣。"改从今本。

三、文王伐崇，[1]至凤黄虚，袜繫解，因自结。太公望曰："何为也?"王曰："君与处皆其师，[2]中皆其友，下尽其使也。今皆先王之臣，故无可使也。"[3]

[1] 顾广圻曰：《吕氏春秋·不苟》篇云："武王至殷郊。"先慎曰：《帝王世纪》亦云武王之事。

[2] 顾广圻曰："君"上当有"上"字。

[3] 先慎曰：乾道本"皆"作"王"。顾广圻云"今本'王'作'皆'"，今据改。

一曰：晋文公与楚人战，[1]至黄凤之陵，[2]履繫解，[3]因自结之。左右曰："不可以使人乎？"公曰："吾闻上君所与居，皆其所畏也；[4]中君之所与居，皆其所爱也；[5]下君之所与居，皆其所侮也。[6]寡人虽不肖，先君之人皆在，是以难之也。"[7]

[1] 先慎曰：乾道本无"一曰"二字。在"鲁哀公问"后另为一条。"楚"下无"人"字。顾广圻云：今本与下条"文王伐崇"倒，上有"一曰"二字。先慎案：以此条列"文王伐崇"后，方与《经》次相合，据今本乙。"人"字，据《初学记》二十六引增。

[2] 先慎曰：《初学记》引"黄凤"作"凤皇"。

[3] 顾广圻曰：今本"係"作"繫"，误。先慎曰：乾道本亦作"繫"，"係"、"繫"古通用。《初学记》引作"係履堕"。

[4] 旧注：言有德也。〇先慎曰：以下文例之，"所"上当有"之"字。

[5] 旧注：能敬顺君，故可爱也。

[6] 旧注：材轻且侮。〇卢文弨曰：注"且"疑"见"之误。

[7] 先慎曰：《治要》引《韩子》："文王伐崇，至黄凤墟而袜繫解，左右顾无可令结係，文王自结之。以上《初学记》卷九引同。太公曰：'君何为自结係？'文王曰：'吾闻：上君之所与处者尽其师也，中君之所与处者尽其友也，下君之所与处者尽其使也。今寡人虽不肖，所与处者皆先君之人也，故无可令结之也。'"《御览》四百七十四引《韩子》曰："文王伐崇，与大夫谋，袜係解，视左右而自结之。"六百九十七引"袜"作"履"，无"伐崇与大夫谋"六字，"左右"下作"尽贤无可使係者，因俛而係之"。当即"文王伐崇"条异文。

季孙好士，终身庄，居处衣服常如朝廷。而季孙适懈，有过失，[1]而不能长为也。故客以为厌易己，[2]相与怨之，遂杀季孙。故君子去泰去甚。南宫敬子问颜涿聚曰：[3]"季孙养孔子之徒，所朝服与坐者以十数，而遇贼，何也？”曰：“昔周成王近优侏儒以逞其意，而与君子断事，是能成其欲于天下。今季孙养孔子之徒，所朝服而与坐者以十数，而与优侏儒断事，是以遇贼，故曰：不在所与居，在所与谋也。”

[1] 旧注：暂废其矜庄也。

[2] 先慎曰：“易”，轻易也。

[3] 卢文弨曰：此条当连上。先慎曰：卢说是也。上当有“一曰”二字。赵用贤谓此不著《经》文中，不知此即上之异文，脱“一曰”二字耳。

孔子侍坐于鲁哀公，[1]哀公赐之桃与黍。哀公曰：[2]“请用。”仲尼先饭黍而后啗桃，[3]左右皆揜口而笑。[4]哀公曰：“黍者，非饭之也，以雪桃也。”[5]仲尼对曰：“丘知之矣。夫黍者，五谷之长也，祭先王为上盛。[6]果蓏有六，而桃为下，祭先王不得入庙。丘之闻也，君子以贱雪贵，不闻以贵雪贱。今以五谷之长雪果蓏之下，是从上雪下也。[7]丘以为妨义，故不敢以先于宗庙之盛也。”[8]

[1] 顾广圻曰：自此至“宁使民谄上”，不见于上文。先慎曰：各本“侍”作“御”。《艺文类聚》八十五、又八十六、《御览》九百六十七引“御”作“侍”，今据改。

[2] 先慎曰：各本无“曰”字。卢文弨云：《家语·子路初见》篇有“曰”字。先慎案：《艺文类聚》八十五引亦有，今据补。

[3] 先慎曰：《御览》、《事类赋》二十六引“啗”作“食”。《艺文类聚》八十五、又八十六引“啗”作“噉”。

[4] 先慎曰：《艺文类聚》八十五引“而”作“失”。

［5］先慎曰："雪"，洗也。

［6］先慎曰：《艺文类聚》八十五、《白孔六帖》八十一引"为"上有"以"字。

［7］先慎曰：《艺文类聚》八十五引作"是侵上忽下也"。

［8］先慎曰："先"上当有"桃"字。

赵简子谓左右曰：[1]"车席泰美。夫冠虽贱，头必戴之；屦虽贵，足必履之。[2]今车席如此，大美，[3]吾将何屩以履之？[4]夫美下而耗上，[5]妨义之本也。"[6]

［1］先慎曰：各本无"赵"字、"曰"字，"子"作"主"。今据《艺文类聚》六十九、《御览》七百九引补。

［2］先慎曰：赵本"屦"、"履"作"屣"、"屦"，下注同。《艺文类聚》引"贱"作"恶"，"贵"作"美"。

［3］先慎曰：《艺文类聚》"大美"作"其大美也"。

［4］旧注：屦，所履。席大美则更无美屦以履之也。○先慎曰：依注，"屩"当作"屦"。

［5］旧注：言席美则履又当美，履美，衣又当美，累美不已，则居上弥有所费也。○先慎曰：《艺文类聚》引"夫"上有"且"字，注"累"字，张、赵本作"求"。

［6］先慎曰：《艺文类聚》引"本"作"道"。

费仲说纣曰："西伯昌贤，百姓悦之，诸侯附焉，不可不诛；不诛，必为殷祸。"[1]纣曰："子言，义主，何可诛？"费仲曰："冠虽穿弊，必戴于头；履虽五采，必践之于地。今西伯昌，[2]人臣也，修义而人向之，卒为天下患，其必昌乎！人人不以其贤为其主，[3]非可不诛也。且主而诛臣，焉有过？”纣曰：“夫仁义者，上所以劝下也，今昌好仁义，诛之不可。”三说不用，故亡。

[1] 先慎曰：乾道本无“祸”字，《拾补》作“患”。卢文弨云：“张本作‘祸’。”顾广圻云：“《藏》本有‘祸’字，今本有‘患’字。”今据《藏本》补。

[2] 先慎曰：乾道本“伯”作“戎”，今据赵本改。卢文弨云：张本作“戎”，亦误。

[3] 卢文弨曰：上“人”字，或改“夫”。顾广圻曰：《藏》本同。按下“人”字当作“臣”。今本“不”作“欲”，误。

齐宣王问匡倩曰：“儒者博乎？”曰：“不也。”王曰：“何也？”匡倩对曰：“博者贵枭，[1]胜者必杀枭，杀枭者，是杀所贵也；儒者以为害义，故不博也。”又问曰：“儒者弋乎？”曰：“不也。弋者从下害于上者也，是从下伤君也；儒者以为害义，故不弋。”[2]又问“儒者鼓瑟乎？”曰：“不也。夫瑟以小弦为大声，以大弦为小声，是大小易序，贵贱易位；[3]儒者以为害义，故不鼓也。”宣王曰：“善。”仲尼曰：“与其使民谄下也，宁使民谄上。”[4]

[1] 先慎曰：乾道本无“者”字。卢文弨云“张本有”，今据补。

[2] 先慎曰：乾道本无“义”字。顾广圻云：今本“害”下有“义”字。先慎案：依上下文当有，《御览》八百三十二引有“义”字，今据补。

[3] 先慎曰：《意林》“序位”二字互易。

[4] 旧注：谄下则朋党，谄上则尊敬。○卢文弨曰：注“尊敬”，张本作“卑敬”。

四、钜者，齐之居士；[1]孱者，魏之居士。齐、魏之君不明，不能亲照境内，而听左右之言，故二子费金璧而求入仕也。

[1] 先慎曰：乾道本"钜"作"讵"。卢文弨云："讵"，张本作"钜"。顾广圻云：《藏》本作"钜"。王渭云：《困学纪闻》引作"距"。先慎案："距"、"讵"并"钜"字之误，《吕氏春秋·去私》篇有"钜子"，高《注》"钜，姓"，是也。今从《藏》本，上文正作"钜"。

西门豹为邺令，清克洁悫，秋毫之端无私利也，而甚简左右；[1]左右因相与比周而恶之。居期年，上计，君收其玺。豹自请曰：[2]"臣昔者不知所以治邺，今臣得矣，愿请玺复以治邺，不当，请伏斧锧之罪。"文侯不忍而复与之。豹因重敛百姓，急事左右。期年，上计，文侯迎而拜之。豹对曰："往年臣为君治邺，而君夺臣玺。今臣为左右治邺，而君拜臣，臣不能治矣。"遂纳玺而去。文侯不受，曰："寡人曩不知子，今知矣，愿子勉为寡人治之。"遂不受。[3]

[1] 旧注：不事君左右也。

[2] 先慎曰：乾道本无"请"字。顾广圻云"《藏》本、今本有"，今据补。

[3] 旧注：不受豹所纳之玺也。○先慎曰：张榜本无"遂不受"及注十一字。

齐有狗盗之子，与刖危子戏而相夸。[1]盗子曰："吾父之裘独有尾。"[2]危子曰：[3]"吾父独冬不失袴。"[4]

[1] 先慎曰："刖"，《经》作"跀"。案《说文》："跀，断足之刑也。"经典通作"刖"。

[2] 旧注：言裘尚有所盗之狗尾。○卢文弨曰："狗盗"，象狗以入人家，故后有尾。旧注非。

[3] 顾广圻曰："危"上当有"刖"字。

[4] 旧注：刖足者不衣袴，虽终其冬夏无所损失也。○卢文弨曰：废疾之人，上给其袴，故云然。注亦非。俞樾曰：疑注所据本作"终不失袴"，故云"虽终其冬夏无所损失"。今涉注文有"冬"字，而误"终"为"冬"，则不可通矣。刖者既不衣袴，何有冬夏之别，安得独于冬言不失欤？当据注订正。先慎曰：《御览》六百九十四引作"吾父冬夏独有一足袴"，与注所据之本不同，盖相传本异也。

子绰曰："人莫能左画方而右画圆也。"[1]

[1] 先慎曰：《经》注作"左画圆右画方"。

以肉去蚁蚁愈多，以鱼驱蝇蝇愈至。[1]

[1] 先慎曰：旧连上，今提行。《御览》九百四十四引作"以火去蛾蛾愈多，以鱼驱蝇蝇愈至"，又九百四十七引作"以骨去蚁蚁愈多，以肉驱蝇蝇愈至"。《意林》"肉"作"骨"，《艺文类聚》九十七引亦作"骨"。

桓公谓管仲曰："官少而索者众，寡人忧之。"[1]管仲曰："君无听左右之请，[2]因能而受禄，[3]录功而与官，则莫敢索官，君何患焉！"[4]

[1] 先慎曰：《御览》六百二十四引注云："索，求也。"当即本书旧注。

[2] 先慎曰：乾道本"请"上有"谓"字。顾广圻云：《藏》本、今本无"谓"字。按"谓"当作"谒"。先慎案："谓"字衍文。《御览》引无"谓"字，《意林》作"君无听人有请"，《经》注作"君勿听左右之请"，并无"谓"字，今据删。

[3] 先慎曰：《意林》"受"作"授"。

[4] 先慎曰：乾道本无"君"字，赵本下"官"字作"君"。按"君"字脱，赵本改"官"为"君"，非也，今据《御览》引增。

韩宣子[1]曰："吾马菽粟多矣，甚臞何也？寡人患之。"周市对曰："使驺尽粟以食，虽无肥，不可得也。名为多与之，[2]其实少，虽无臞，亦不可得也。主不审其情实，坐而患之，马犹不肥也。"

[1] 王渭曰："子"字误。

[2] 先慎曰："为"字，一本作"与"。卢文弨云："与"，张本作"为"。

桓公问置吏于管仲，[1]管仲曰：[2]"辩察于辞，清洁于货，习人情，夷吾不如弦商，[3]请立以为大理。登降肃让，以明礼待宾，臣不如隰朋，请立以为大行。垦草仞邑，[4]辟地生粟，臣不如宁武，[5]请以为大田。三军既成陈，使士视死如归，臣不如公子成父，[6]请以为大司马。犯颜极谏，臣不如东郭牙，请立以为谏臣。治齐，此五子足矣；将欲霸王，夷吾在此。"

[1] 顾广圻曰：此条上文未见。

［2］先慎曰：乾道本无“管仲”二字。卢文弨云“凌本有”，今据补。

［3］卢文弨曰：《新序·杂事》四作“宁”，《吕氏春秋·勿躬》篇误作“章”。顾广圻曰：《管子》云“宾须无”。

［4］旧注：仞，入也。所食之邑，能入其租税也。○俞樾曰：“仞”当作“创”，谓创造其邑也。作“仞”者，字之误。旧注训“仞”为“入”，未详其义。《新序》载此事正作“创邑”，当据以订正。先慎曰：《管子·小匡》篇“仞”作“入”，即旧注所本，俞氏失考耳。《广雅·释诂》三：“入，得也。”

［5］卢文弨曰：“武”，“戚”字之讹，《新序》作“戚”。顾广圻云：《吕氏春秋》作“遬”。先慎曰：卢说是，《管子》亦作“戚”，“戚”有“宿”音，故通作“遬”。

［6］顾广圻曰：《吕氏春秋》作“王子城父”。先慎曰：《管子》亦作“王子城父”，《晏子春秋·问上》篇、《新序》四又作“成甫”。“城”、“成”，“父”、“甫”，古字并通。魏《王基碑》以为王子比干之后，见钱大昕《金石文跋尾》一。明“公”为“王”之误。

五、[1]孟献伯相鲁，[2]堂下生藿藜，门外长荆棘，食不二味，坐不重席，无衣帛之妾，[3]居不粟马，出不从车。叔向闻之，以告苗贲皇，贲皇非之曰：“是出主之爵禄以附下也。”一曰：晋孟献伯拜上卿，[4]叔向往贺，门有御，[5]马不食禾。向曰：“子无二马二舆，何也？”[6]献伯曰：“吾观国人尚有饥色，是以不秣马；班白者多徒行，故不二舆。”[7]向曰：“吾始贺子之拜卿，今贺子之俭也。”向出，语苗贲皇曰：“助吾贺献伯之俭也。”苗子曰：“何贺焉！夫爵禄旂章，[8]所以异功伐，别贤不肖也。故晋国之法，上大夫二舆二乘，中大夫二舆一乘，下大夫专乘，此明等级也。且夫卿必有军事，是故循车马，[9]比卒乘，以备戎事。有难则以备不虞，平夷则以给朝事。今乱晋国之政，乏不虞之备，以成节，[10]以絜私名，献伯之俭也可与？[11]又何贺！”[12]

[1] 先慎曰：乾道本无“五”字。顾广圻云“今本有”，今据补。

[2] 顾广圻曰：“孟”当作“盂”，“盂”者，晋邑。杜预《注》“太原盂县”，是也。“献伯”，晋卿，盂其食邑，以配谥而称之，犹言“随武子”之比矣。“鲁”当作“晋”。先慎曰：《艺文类聚》六十九引“献”作“懿”。

[3] 先慎曰：乾道本“无”上有“晋”字。卢文弨云“凌本无‘晋’字”，顾广圻云“‘晋’字，上文所错入也”，今据凌本删。

[4] 先慎曰：各本无“晋”字。王渭云：晋卿无孟氏，此或即《晋语》叔向贺韩宣子忧贫事而致误。先慎案：王说非是，顾氏已辨于上。《御览》五百四十三引上有“晋”字，今据补。

[5] 顾广圻曰：此下当有“车”字。

[6] 顾广圻曰：上“二”字，当作“秣”。先慎曰：《御览》引作“子无二舆，马不食禾，何也”，与此异。

[7] 先慎曰：乾道本“多”作“不”，赵本作“多”，今据改。《御览》引“多”字作“多以”二字，亦非。

[8] 卢文弨曰：“旂”，《藏》本作“旗”。

[9] 王渭曰：“循”当作“脩”。

[10] 顾广圻曰：《藏》本、今本“节”下有“俭”字，误。按“节”上当有“私”字。

[11] 旧注：言辞制当诛之，故可与也。〇卢文弨曰：注乱讹，“辞”、“故可与也”文有脱误，当云：“可与，言不可也。”

[12] 先慎曰：此下当有孔子议晏婴一事，说见上。

管仲相齐，曰：“臣贵矣，然而臣贫。”桓公曰：“使子有三归之家。”[1]曰：“臣富矣，然而臣卑。”桓公使立于高、国之上。曰："臣尊矣，然而臣疏。"乃立为仲父。孔子闻而非之曰："泰侈逼上。"

[1] 先慎曰："三归"，台名，古藏货财之所，故能富。他书以"三归"为取三姓女，非。

一曰：管仲父出，朱盖青衣，置鼓而归，[1]庭有陈鼎，家有三归。孔子曰："良大夫也，其侈逼上。"

[1] 旧注：自朝归，设鼓吹之乐。

孙叔敖相楚，[1]栈车[2]牝马，粝饭菜羹，[3]枯鱼之膳，冬羔裘，夏葛衣，面有饥色，则良大夫也。其俭逼下。

[1] 王先谦曰：上文言仲尼论管仲与孙叔敖，则孙叔敖以下皆孔子之言，"逼上"、"逼下"文又相对，当连上为一条，不提行。

[2] 旧注：柴车也。

[3] 先慎曰：各本"饭"作"饼"。王念孙云："饼"当为"饼"。"饼"与"饭"同，见《玉篇》、《广韵》。"粝饭菜羹"，犹言疏食菜羹耳。"饼"与"饼"字形相似，传写往往讹溷。《广雅》云："饼，食也。"《方言》注云："箙，盛饼筥也。"《尔雅·释言·释文》曰："饣卞字又作饼。"今本"饼"字并讹作"饼"。《初学记·器物部》引此正作"粝饭"。先慎案：《御览》八百四十九、又八百五十、《北堂书钞》一百四十四引均作"粝饭"，今据改。

阳虎去齐走赵，简主问曰："吾闻子善树人。"虎曰："臣居鲁，树三人，皆为令尹；[1]及虎抵罪于鲁，皆搜索于虎也。

臣居齐，荐三人，一人得近王，一人为县令，一人为候吏；及臣得罪，近王者不见臣，县令者迎臣执缚，候吏者追臣至境上，不及而止。虎不善树人。”主俛而笑曰：“夫树柤梨橘柚者，食之则甘；[2]树枳棘者，成而刺人。故君子慎所树。”

［1］先慎曰：“令尹”二字误。

［2］先慎曰：乾道本无“夫”字，各本无“柤梨”二字。卢文弨云：张本有“夫”字。先慎案：《艺文类聚》八十六、《初学记》二十八引有“夫”字及“柤梨”二字，《御览》九百六十九引亦有“柤梨”二字，今据增。

中牟无令，（鲁）〔晋〕平公问赵武曰：“中牟，三国之股肱，[1]邯郸之肩髀，寡人欲得其良令也，谁使而可？”武曰：“邢伯子可。”[2]公曰：“非子之仇也？”[3]曰：“私仇不入公门。”公又问曰：“中府之令，谁使而可？”曰：“臣子可。”故曰：“外举不避仇，内举不避子。”赵武所荐四十六人于其君，[4]及武死，各就宾位，[5]其无私德若此也。[6]

［1］旧注：赵、齐、燕也。

［2］先慎曰：各本“邢”作“刑”，据《御览》二百六十六引改。

［3］王先谦曰：“也”，犹“邪”，古通。

［4］先慎曰：乾道本“赵”下另为一条。卢文弨云：张、凌本俱连上。先慎案：当连，今从张、凌本。“于其君”三字各本无，据《御览》六百三十二、《初学记》二十引补。

［5］先慎曰：《御览》、《初学记》引作“及武之死也，四十六人皆就宾位”。

［6］先慎曰：《御览》引此下更有“武荐白屋之士十馀家”九字，《初学

记》引有“又曰赵武以荐白屋之士管库者六十家”十四字，与《御览》略有增省，皆此佚文。

平公问叔向曰：“群臣孰贤？”曰：“赵武。”公曰：“子党于师人。”[1]向曰：“武立如不胜衣，[2]言如不出口，然其所举士也数十人，[3]皆令得其意，[4]而公家甚赖之。况武子之生也不利于家，[5]死不托于孤，臣敢以为贤也。”

[1] 旧注：向，武之属大夫。

[2] 先慎曰：乾道本无“向曰”二字，今依《拾补》补。卢文弨云：二字脱，当有。顾广圻云：《新序·杂事》四云：“子党于子之师也，对曰：臣敢言，赵武之为人也，立若不胜衣”云云。

[3] 先慎曰：各本无“其”字，据《御览》四百二引增。

[4] 旧注：称叔向，故得意。○卢文弨曰：令士得其意，皆可以尽其材也。注谬难晓。先慎曰：乾道本无“令”字，《御览》引有，卢文弨云“《藏》本有‘令’字”，今据补。

[5] 先慎曰：各本“况”作“及”，今据《御览》改。

解狐荐其仇于简主以为相，[1]其仇以为且幸释己也，乃因往拜谢。狐乃引弓迎而射之，[2]曰：“夫荐汝，公也，以汝能当之也；夫仇汝，吾私怨也，不以私怨汝之故拥汝于吾君。”[3]故私怨不入公门。一曰：解(孤)〔狐〕举邢伯柳为上党守，[4]柳往谢之，曰：“子释罪，敢不再拜。”曰：“举子，公也；怨子，私也。子往矣，怨子如初也。”[5]

[1] 卢文弨曰：《韩诗外传》九又云“魏文侯”，并讹。先慎曰：《说

苑》作"晋文侯问咎犯",盖往事传闻不同,要以《韩非》为近古。

[2] 先慎曰:各本"迎"作"送",《艺文类聚》二十二、《御览》四百二十九引并作"迎",今据改。

[3] 卢文弨曰:"擁"当作"壅"。

[4] 先慎曰:乾道本无"一曰"二字,"解"下提行。顾广圻云"今本上有'一曰'二字,不提行",今据增改。

[5] 先慎曰:《白孔六帖》四十四引《韩子》曰:"赵简王问解狐,孰可为上党守,曰:'荆伯柳。'王曰:'非子之仇乎?'曰:'举贤不避仇雠也。'"

郑县人卖豚,人问其价,曰:"道远日暮,安暇语汝。"[1]

[1] 先慎曰:乾道本无"远"字。顾广圻云:今本"道"下有"远"字。先慎案:今本有"远"字是,今据补。此条不见上《经》,疑《南面》篇文错简在此。

六、范文子喜直言,武子击之以杖:"夫直议者[1]不为人所容,无所容则危身。非徒危身,又将危父。"

[1] 先慎曰:"夫"当作"曰"。

子产者,子国之子也。子产忠于郑君,子国谯怒之,曰:"夫介异于人臣,[1]而独忠于主,[2]主贤明能听汝,不明将不汝听。听与不听,未可必知,而汝已离于群臣;离于群臣,则必危汝身矣。非徒危己也,又且危父矣。"[3]

[1] 赵用贤曰:"介异",言介然异于人臣也。

[2] 先慎曰：乾道本无“忠”字。顾广圻云“《藏》本、今本‘独’下有‘忠’字”，今据增。

[3] 卢文弨曰：下“矣”字，张本无。

梁车为邺令，[1]其姊往看之，暮而后至，闭门，[2]因逾郭而入。车遂刖其足。赵成侯以为不慈，夺之玺而免之令。[3]

[1] 先慎曰：各本“为”上有“新”字，据《白孔六帖》十九引删。卢文弨云：前后俱无“新”字，是也。

[2] 先慎曰：各本无“至”字，“闭门”作“门闭”，据《白孔六帖》增改。《御览》四百九十二、五百一十七引作“暮而门闭”。

[3] 先慎曰：《白孔六帖》引“免之令”作“逐之”。

管仲束缚，自鲁之齐，道而饥渴，过绮乌封人而乞食。乌封人跪而食之，[1]甚敬。封人因窃谓仲曰：“适幸，及齐不死而用齐，将何报我？”曰：“如子之言，我且贤之用，能之使，[2]劳之论，我何以报子？”封人怨之。

[1] 顾广圻曰：上文云“绮乌”，皆未详。先慎曰：《御览》八百四十九引作“绮邑”。

[2] 先慎曰：乾道本“能”下无“之”字。顾广圻云：今本有“之”字。先慎案：《御览》引有，今据补。

韩非子卷第十三

外储说右上第三十四

君所以治臣者有三。

一、势不足以化则除之。师旷之对，晏子之说，皆合势之易也，而道行之难，[1]是与兽逐走也，未知除患。患之可除，在子夏之说《春秋》也："善持势者，蚤绝其奸萌。"故季孙让仲尼以遇势，[2]而况错之于君乎！是以太公望杀狂矞，而臧获不乘骥。嗣公知之，故不驾鹿。[3]薛公知之，故与二欒博。[4]此皆知同异之反也。故明主之牧臣也，说在畜烏。[5]

[1] 顾广圻曰："合"当作"舍"，形近误。此"舍"与"道"、"势"与"行"皆相对。"行"，去声读之。《难一》篇"释庸主之所易，道尧舜之所难"，又《难二》篇"不出乎莫不然之数，而道乎百无一之行"，句例同。又《用人》篇"释三易之数，而行一难知之心"，《五蠹》篇"舍必不亡之术，而道必灭之事"，句例皆同。王先谦曰："道"，由也。"行"，如字，义顺，不必读去声。

[2] 顾广圻曰："遇"当作"遏"。

[3] 先慎曰：乾道本"不"作"而"。顾广圻云："而"当作"不"。先慎案：张榜本作"不"，今据改。

[4] 卢文弨曰：疑"欒"作"孿"，下同。俞樾曰："欒子"即"蘭子"也。"欒"与"蘭"音近，《说文·门部》"闌，妄入宫掖也，读若'闌'"，即其例也。《列子·说符》篇"宋有蘭子者"，《释文》云："凡人物不知生出者，谓之

‘蘭’也。”是“蘭子”之“蘭”，即“闌”之引申义，故此书以“欒”为之矣。先慎曰：《说文》“欒”从“䜌”声，“攣”从“䜌”声，二字声同。《释名·释宫室》：“欒，攣也，其体上曲攣拳然也。”《易·中孚》“有孚攣如”，一本作“孿”。是“欒”、“孿”二字义通，故本书假“欒”为“孿”。《苍颉》篇：“孿，一生两子也。”《说文》：“孿，一乳两子也。”其言“二欒”者，谓昆弟皆来博也。则“欒”为“孿”假借，仍当以“双生”训之，俞以“欒”为“蘭”，失其旨矣。

[5] 先慎曰：乾道本“烏”作“焉”，《拾补》作“馬”。案“焉”、“馬”二字，皆“烏”字形近而讹，《说》作“烏”不误，今从张榜本作“烏”。

二、人主者，利害之轺毂也，[1]射者众，故人主共矣。是以好恶见则下有因，而人主惑矣；辞言通则臣难言，而主不神矣。说在申子之言“六慎”，与唐易之言弋也。[2]患在国羊之请变，[3]与宣王之太息也。明之以靖郭氏之献十珥也，[4]与犀首、甘茂之道穴闻也。[5]堂谿公知术，故问玉卮；昭侯能术，故以听独寝。[6]明主之道，在申子之劝独断也。

[1] 先慎曰：乾道本连上，今从张榜本、赵本提行。

[2] 顾广圻曰：“易”下《说》有“鞠”字。

[3] 先慎曰：乾道本“羊”作“年”。顾广圻云：今本“年”作“羊”，《说》作“羊”。先慎案：作“羊”是，改从今本。

[4] 先慎曰：“氏”当作“君”。

[5] 先慎曰：乾道本“茂”作“成”。顾广圻云：《藏》本、今本作“茂”。按“成”当作“戊”，“戊”、“茂”同字也。《古今人表》作“戊”。先慎案：《汉·表》用古文作“戊”，本书例用今文作“茂”，今从《藏》本，《说》正作“茂”。

[6] 先慎曰：“以”字当在“能”字下。“以”，用也。言昭侯能用术，故每听必独寝。

三、术之不行，有故。不杀其狗则酒酸。夫国亦有狗，且左右皆社鼠也。人主无尧之再诛，与庄王之应太子，而皆有薄媪之决蔡妪也。知贵不能[1]以教歌之法先揆之。吴起之出爱妻，文公之斩颠颉，皆违其情者也。故能使人弹疽者，必其忍痛者也。

右经

[1] 先慎曰："知贵"，疑"欲知"之误。

一、赏之誉之不劝，罚之毁之不畏，四者加焉不变，则除之。[1]

[1] 先慎曰：乾道本"则"下有"其"字。卢文弨云：一本无"则"字。王渭云："其"字衍。先慎案：张榜本无"其"字，今据删。

齐景公之晋，从平公饮，师旷侍坐。始坐，[1]景公问政于师旷曰："太师将奚以教寡人？"师旷曰："君必惠民而已。"[2]中坐，酒酣，将出，又复问政于师旷曰："太师奚以教寡人？"曰："君必惠民而已矣。"景公出之舍，师旷送之，又问政于师旷。师旷曰："君必惠民而已矣。"景公归思，未醒，而得师旷之所谓：[3]公子尾、公子夏者，景公之二弟也，甚得齐民，家富贵而民说之，拟于公室，此危吾位者也。今谓我惠民者，使我与二弟争民邪！于是反国，发廪粟以赋众贫，[4]散府馀财以赐孤寡，[5]仓无陈粟，府无馀财；宫妇不御者出嫁之，七十受禄米，鬻德惠施于民也，[6]已与二弟争民。[7]居二年，二弟出走，公子夏逃楚，公子尾走晋。[8]

[1] 先慎曰：乾道本无“始坐”二字。卢文弨云“张本有”，顾广圻云“《藏》本有”，今据补。

[2] 王先谦曰：以下文例之，句末当有“矣”字。

[3] 先慎曰：“归”，谓归其舍。“未醒”，承上酒酣言，寤寐思之，恍然有得，不待酒醒也。

[4] 先慎曰：乾道本“粟”作“栗”，误。今据赵本改。

[5] 俞樾曰：“馀”字衍文。“散府财”与“发廪粟”相对为文，不当有“馀”字，涉下文“府无馀财”而衍。

[6] 先慎曰：“惠施”当作“施惠”。

[7] 先慎曰：乾道本无“民”字。顾广圻云：今本“争”下有“民”字。“已”，读为以。卢文弨云：“已”字，张本作“不”。先慎案：“已”、“以”古通，顾读是。“争”下无“民”字，则句义不完，今据今本补。

[8] 卢文弨曰：子尾无出亡事。其子高疆昭十年奔鲁，遂奔晋。先慎曰：《左传》“子夏”作“子雅”。古“雅”、“夏”通用。

景公与晏子游于少海，登柏寝之台而还望其国曰：“美哉！泱泱乎，堂堂乎，后世将孰有此？”晏子对曰：“其田成氏乎！”景公曰：“寡人有此国也，而曰田成氏有之，何也？”晏子对曰：“夫田成氏甚得齐民，其于民也，上之请爵禄行诸大臣，[1]下之私大斗斛区釜以出贷，小斗斛区釜以收之。[2]杀一牛，取一豆肉，馀以食士。终岁，布帛取二制焉，馀以衣士。故市木之价不加贵于山，泽之鱼盐龟鳖蠃蚌不加贵于海。[3]君重敛，而田成氏厚施。齐尝大饥，道旁饿死者不可胜数也，父子相牵而趋田成氏者不闻不生。故周秦之民[4]相与歌之曰：‘讴乎，其已乎！苞乎，其往归田成子乎！’[5]《诗》曰：‘虽无德与女，式歌且舞。’[6]今田成氏之德而民之歌舞，民德归之矣。[7]故曰：‘其田成氏乎。’”公泫然出涕曰：“不亦悲乎！寡人有国而田成氏有之，今为之奈何？”晏子对曰：“君何患焉！若君欲夺之，则近贤而远不肖，治其烦乱，缓其刑罚；振贫穷而恤孤寡，行恩惠而给不足，民将归君，则虽有十田成氏，其如君何！”[8]

[1] 先慎曰：《二柄》篇作“行之群臣”。

[2] 先慎曰：《左》昭三年《传》：“齐旧四量：豆、区、釜、钟。四升为豆，各自其四，以登于釜，釜十则钟。陈氏三量，皆登一焉，钟乃大矣。以家量贷，而以公量收之。”

[3] 先慎曰：乾道本“蚌”作“蛘”，无“加”字。今依《拾补》改增。

[4] 顾广圻曰：“秦”当作“齐”。“周”，遍也。谓遍齐国之人。

[5] 卢文弨曰：孙贻穀云：《史记·田敬仲世家》：齐人歌之曰：“妪乎采芑，归乎田成子。”此疑有误。俞樾曰：“已”当作“芑”。昭十二年《左传》“我有圃生之杞乎，从我者子乎”，与此文义相似。《史记》载此歌正作“芑”。惟此本以“讴”、“苞”为韵，“芑”、“子”为韵。《史记》作“归乎田成子”，“归”与“讴”则非韵矣。当以此为正。

[6] 先慎曰：《晏子春秋·外篇》“女”作“汝”，同字。

[7] 先慎曰：“之歌舞”当作“歌舞之”。

[8] 先慎曰：“田成氏”，《御览》一百六十及一百七十七引无“成”字。

或曰：景公不知用势，而师旷、晏子不知除患。夫猎者，托车舆之安，用六马之足，使王良佐辔，则身不劳而易及轻兽矣。今释车舆之利，捐六马之足与王良之御，而下走逐兽，则虽楼季之足无时及兽矣。托良马固车，则臧获有馀。国者，君之车也；势者，君之马也。夫不处势以禁诛擅爱之臣，[1]而必德厚以与天下齐行以争民，[2]是皆不乘君之车，不因马之利，[3]释车而下走者也。[4]或曰：景公不知用势之主也，而师旷、晏子不知除患之臣也。[5]

[1] 先慎曰："诛"字衍。"擅爱"，即上请爵禄行之大臣也。"禁擅爱之臣"，与下文"禁侵陵之臣"句例正同。

[2] 先慎曰：乾道本"民"作"名"。顾广圻云："天"字衍。《藏》本"名"作"民"，是也。见本书《难三》篇。先慎案：顾说是，《拾补》亦作"民"，今据改。

[3] 先慎曰："君之车"当作"车之安"。"车之安"与"马之利"相对为文。上云"托车舆之安"，即其证。

[4] 先慎曰：乾道本无"释"字。顾广圻云："车"字当衍。今本"车"上有"舍"字者，非是。先慎案：顾说非。《御览》六百二十四引"车"上有"释"字，是。此与《外储说左上》"释车而走"句例正合，今据增。

[5] 先慎曰：乾道本"师旷"下有"不知"二字。顾广圻云：《藏》本、今本无"不知"二字。先慎案：《御览》引亦无"不知"二字，今据删。

子夏曰："《春秋》之记臣杀君、子杀父者，以十数矣，皆非一日之积也，有渐而以至矣。[1]凡奸者，行久而成积，积成而力多，力多而能杀，故明主蚤绝之。"今田常之为乱有渐见矣，而君不诛。晏子不使其君禁侵陵之臣，而使其主行惠，故简公受其祸。故子夏曰："善持势者，蚤绝奸之萌。"

[1] 先慎曰：《拾补》无"以"字。卢文弨云：张本有"以"字。顾广圻云：《藏》本同。今本无"以"字，误。

季孙相鲁，子路为郈令。[1]鲁以五月起众为长沟，当此之时，[2]子路以其私秩粟为浆饭，[3]要作沟者于五父之衢而飡之。[4]孔子闻之，使子贡往覆其饭，击毁其器，曰："鲁君有民，子奚为乃飡之？"子路怫然怒，攘肱而入，请曰："夫子疾由之为仁义乎？所学于夫子者，仁义也；仁义者，与天下共其所有而同其利者也。今以由之秩粟而飡民，其不可何也？"[5]孔子曰："由之野也！吾以女知之，女徒未及也，女故如是之不知礼也？女之(飡)〔飡〕之，为爱之也。夫礼，天子爱天下，诸侯爱境内，大夫爱官职，士爱其家，过其所爱曰侵。今鲁君有民，而子擅爱之，是子侵也，不亦诬乎！"言未卒，而季孙使者至，让曰："肥也起民而使之，先生使弟子止徒役而(飡)〔飡〕之，[6]将夺肥之民耶？"孔子驾而去鲁。以孔子之贤，而季孙非鲁君也，以人臣之资，假人主之术，蚤禁于未形，而子路不得行其私惠，而害不得生，况人主乎！以景公之势而禁田常之侵也，则必无劫弑之患矣。

[1] 卢文弨曰：《家语·致思》篇作"蒲宰"。先慎曰：《说苑·臣术》篇作"蒲令"，《家语》即本《说苑》。

[2] 先慎曰：各本"时"作"为"，据《御览》八百四十九引改。

[3] 先慎曰："浆饭"，粥也。

[4] 先慎曰：《御览》二十二及一百九十五、八百四十九引"饭"并作"饮"，下"覆其饭"并作"覆其饮"。

[5] 先慎曰：各本无"其"字，据《御览》引补。

[6] 先慎曰：各本"止"作"令"，据《御览》引改。

太公望东封于齐，齐东海上有居士曰狂矞、华士昆弟二人者，[1]立议曰："吾不臣天子，不友诸侯，耕作而食之，掘井而饮之，吾无求于人也。无上之名，无君之禄，不事仕而事力。"太公望至于营丘，使执而杀之，[2]以为首诛。周公旦从鲁闻之，发急传而问之曰："夫二子，贤者也。今日飨国而杀贤者，何也？"太公望曰："是昆弟二人立议曰：'吾不臣天子，不友诸侯，耕作而食之，掘井而饮之，吾无求于人也；无上之名，无君之禄，不事仕而事力。'彼不臣天子者，是望不得而臣也；不友诸侯者，是望不得而使也。耕作而食之，掘井而饮之，无求于人者，是望不得以赏罚劝禁也。且无上名，虽知不为望用；不仰君禄，虽贤不为望功。不仕则不治，不任则不忠。且先王之所以使其臣民者，非爵禄则刑罚也。今四者不足以使之，则望当谁为君乎？不服兵革而显，不亲耕耨而名，又所以教于国也？[3]今有马于此，如骥之状者，天下之至良也；然而驱之不前，却之不止，[4]左之不左，右之不右，则臧获虽贱，不托其足。臧获之所愿托其足于骥者，以骥之可以追利辟害也。今不为人用，臧获虽贱，不托其足焉。已自谓以为世之贤士，而不为主用，行极贤而不用于君，此非明主之所臣也，亦骥之不可左右矣，是以诛之。"一曰：太公望东封于齐，海上有贤者狂矞，[5]太公望闻之往请焉，三却马于门而狂矞不报见也，太公望诛之。当是时也，周公旦在鲁，驰往止之，比至，已诛之矣。周公旦曰："狂矞，天下贤者也，夫子何为诛之？"[6]太公望曰："狂矞也[7]议不臣天子，不友诸侯，[8]吾恐其乱法易教也，故以为首诛。今有马于此，形容似骥也，然驱之不往，引之不前，虽臧获不托足以旋其轸也。”[9]

[1] 顾广圻曰：《论衡・非韩》篇“矞”作“谲”。《荀子・宥坐》篇杨倞《注》引此“士”作“仕”。先慎曰：《御览》六百四十五引“矞”作“獝”，无“者”字。

[2] 先慎曰：乾道本作“使吏执杀之”。卢文弨云：“执”下脱“而”字。《荀子注》引有。先慎案：《荀子注》引无“吏”字。《御览》引作“使执而杀之”，今据改。

[3] 顾广圻曰：《藏》本、今本“又”下有“非”字，误。

[4] 先慎曰：《御览》引“却”作“引”，“止”作“至”。

[5] 先慎曰：《北堂书钞》四十五引“者”下有“名”字。

[6] 先慎曰：《北堂书钞》引无“夫子”二字。

[7] 先慎曰：“也”字衍文。

[8] 先慎曰：《北堂书钞》引“议”作“义”，二字古通。

[9] 先慎曰：乾道本“托”上有“许”字，“以旋”二字作“于”字。顾广圻云“《藏》本、今本无‘许’字，‘于’作‘以旋’”，今据改。

如耳说卫嗣公，卫嗣公说而太息。左右曰：“公何为不相也？”公曰：“夫马似鹿者而题之千金。[1]然而有百金之马而无千金之鹿者，何也？[2]马为人用而鹿不为人用也。今如耳万乘之相也，外有大国之意，其心不在卫，虽辩智，亦不为寡人用，吾是以不相也。”

[1] 先慎曰：《事类赋》二十三引无“之”字。

[2] 先慎曰：各本“千”字作“一”，无“何也”二字，据《论衡》、《艺文类

聚》九十三、《御览》八百九十三引补。

薛公之相魏昭侯也，左右有栾子者曰阳胡、潘，其于王甚重，[1]而不为薛公。薛公患之，于是乃召与之博，予之人百金，令之昆弟博，[2]俄又益之人二百金。方博有间，谒者言客张季之子在门，[3]公怫然怒，抚兵而授谒者曰："杀之！吾闻季之不为文也。"立有间，时季羽在侧，[4]曰："不然。窃闻季为公甚，顾其人阴未闻耳。"乃辍不杀客而大礼之，[5]曰："曩者闻季之不为文也，故欲杀之；今诚为文也，岂忘季哉！"告廪献千石之粟，告府献五百金，告驺私厩献良马固车二乘，因令奄将宫人之美妾二十人并遗季也。栾子因相谓曰："为公者必利，不为公者必害，吾曹何爱不为公？"因私竞劝而遂为之。[6]薛公以人臣之势，假人主之术也，而害不得生，况错之人主乎！夫驯乌者断其下翎，[7]则必恃人而食，[8]焉得不驯乎？夫明主畜臣亦然，令臣不得不利君之禄，不得无服上之名。夫利君之禄，服上之名，焉得不服？

[1] 先慎曰：《御览》七百五十四引"潘其"作"潘者"。

[2] 先慎曰："令之"，当作"令其"。

[3] 先慎曰：张榜本无"之子"二字。

[4] 顾广圻曰："季羽"，未详。先慎曰："时"字疑衍。

[5] 先慎曰：乾道本无"而"字。卢文弨云"张本有"，今据补。

[6] 先慎曰：乾道本"私"作"斯"，案"私"、"斯"二字声近而误，张榜本、赵本作"私"，是。栾子兄弟见薛公遗季，因私相劝勉为薛公。"斯"字误，今据改。

[7] 先慎曰：乾道本无"者"字，"翎"作"颔"，下有"焉断其下颔"五

字，今据《御览》九百二十、《事类赋》十九引增删。

[8] 先慎曰：《事类赋》"恃"作"待"。

二、申子曰："上明见，人备之；其不明见，人惑之。[1]其知见，人惑之；不知见，人匿之。其无欲见，人司之；其有欲见，人饵之。故曰：吾无从知之，惟无为可以规之。"

[1] 先慎曰："惑"字失韵，疑误。

一曰：申子曰："慎而言也，人且知女；[1]慎而行也，人且随女。而有知见也，人且匿女；而无知见也，人且意女。女有知也，人且臧女；女无知也，人且行女。故曰：惟无为可以规之。"

[1] 俞樾曰："知"当作"和"，字之误也。"和"与下"随"字相为韵，下文"匿"与"意"、"臧"与"行"皆相为韵，若作"知"，则首句失其韵矣。

田子方问唐易鞠曰："弋者何慎？"[1]对曰："鸟以数百目视子，子以二目御之，子谨周子廪。"田子方曰："善。子加之弋，我加之国。"郑长者闻之[2]曰："田子方[3]知欲为廪，而未得所以为廪。夫虚无无见者，廪也。"

[1] 先慎曰：乾道本"田"上有圈，今从赵本。

[2] 先慎曰：《汉·艺文志·道家》有《郑长者》一篇，云："六国时，先韩子，韩子称之。"师古《注》："《别录》云：'郑人，不知其名。袁淑《真隐

传》：郑长者，隐德无名，著书一篇，言道家事，韩非称之，世传是长者之辞，因以为名。'"

[3] 先慎曰：乾道本无"曰"字。顾广圻云"今本有'曰'字"，今据补。

一曰：齐宣王问弋于唐易子[1]曰："弋者奚贵？"唐易子曰："在于谨廪。"王曰："何谓谨廪？"对曰："鸟以数十目视人，人以二目视鸟，奈何其不谨廪也？[2]故曰'在于谨廪'也。"王曰："然则为天下何以异此廪？[3]今人主以二目视一国，一国以万目视人主，将何以自为廪乎？"对曰："郑长者有言曰：'夫虚静无为而无见也。'其可以为此廪乎？"

[1] 顾广圻曰：《汉书·古今人表中》上有唐易子，即此，上文云"鞠"，或其名。

[2] 先慎曰：乾道本无"其"字。卢文弨云："(二)〔其〕字脱，张本有"，今据补。

[3] 先慎曰：乾道本"王"作"故"，"异"作"为"，《拾补》"为"作"异"。顾广圻云"今本'故'作'王'，下'为'字作'异'"，今据改。

国羊重于郑君，[1]闻君之恶己也，侍饮，因先谓君曰："臣适不幸而有过，愿君幸而告之。臣请变更，则臣免死罪矣。"

[1] 先慎曰：乾道本连上，今从赵本提行。

客有说韩宣王，宣王说而太息，左右引王之说之曰，先告客以为德。[1]

[1] 卢文弨曰："曰"，秦本作"以"。顾广圻曰：句有误。俞樾曰："引"当作"以"，"曰"当作"日"，皆字之误也。隶书"以"字或作"臥"，因误为"引"矣。盖因客说宣王，宣王说而太息，故左右以王之说之日先告客以为德也。

靖郭君之相齐也，王后死，未知所置，乃献玉珥以知之。一曰：薛公相齐，齐威王夫人死，[1]有十孺子，皆贵于王，[2]薛公欲知王所欲立，而请置一人以为夫人。王听之，则是说行于王而重于置夫人也；王不听，是说不行而轻于置夫人也。欲先知王之所欲置以劝王置之，[3]于是为十玉珥而美其一[4]而献之。王以赋十孺子，明日坐，视美珥之所在而劝王以为夫人。

[1] 顾广圻曰：《齐策》无"威"字。《楚策》云"楚王后死，未立后也，谓昭鱼曰"云云，不同。

[2] 先慎曰：各本"有"上有"中"字，据《御览》六百二十六、七百一十八引删。又《御览》注云"所窥者凡十人"，当亦本书旧注。

[3] 先慎曰：乾道本"劝"下有"之"字。顾广圻云：《藏》本、今本无"之"字。先慎案：《北堂书钞》三十一引亦无"之"字，今据删。

[4] 先慎曰：张榜本"玉"误"王"。

甘茂相秦惠王，惠王爱公孙衍，与之间有所言，[1]曰："寡人将相子。"甘茂之吏道穴闻之，[2]以告甘茂。[3]甘茂入见王曰："王得贤相，臣敢再拜贺。"王曰："寡人托国于子，安更得贤相？"对曰："将相犀首。"王曰："子安闻之？"对曰："犀首告臣。"王怒犀首之泄，乃逐之。

[1] 顾广圻曰：六字为一句。“言”,《秦策》作“立”。

[2] 顾广圻曰：《藏》本同。今本“道”作“通”,误。《策》“穴”误作“而”,当依此订。先慎曰：吴师道《策补》云：《韩非子》“道而”作“道穴”。

[3] 先慎曰：乾道本“以”上有“曰”字。顾广圻云“今本无‘曰’字,《策》无”,今据删。

一曰：犀首,天下之善将也,梁王之臣也。秦王欲得之与治天下,犀首曰：“衍人臣也,[1]不敢离主之国。”居期年,犀首抵罪于梁王,逃而入秦,秦王甚善之。樗里疾,秦之将也,恐犀首之代之将也,凿穴于王之所常隐语者。俄而王果与犀首计曰：“吾欲攻韩,奚如?”犀首曰：“秋可矣。”王曰：“吾欲以国累子,子必勿泄 也。”犀首反走再拜曰：“受命。”于是樗里疾已道穴听之矣,[2]见郎中皆曰：“兵秋起攻韩,[3]犀首为将。”于是日也,郎中尽知之;于是月也,境内尽知之。[4]王召樗里疾曰：“是何匈匈也,何道出?”[5]樗里疾曰：“似犀首也。”王曰：“吾无与犀首言也,其犀首何哉?”樗里疾曰：“犀首也羁旅,新抵罪,其心孤,是言自嫁于众。”王曰：“然。”使人召犀首,已逃诸侯矣。[6]

[1] 先慎曰：乾道本“衍”下有“其”字,“臣”下有“者”字。卢文弨云“‘其’字、‘者’字,一本无”,今据删。

[2] 先慎曰：乾道本“已”作“也”,据张榜本、赵本改。

[3] 先慎曰：乾道本无“见”字。卢文弨云“一本有‘见’字”,今据补。

[4] 先慎曰：乾道本“月”作“日”,《拾补》作“月”。卢文弨云：“‘日’字讹。”顾广圻云：“‘日’当作‘月’。”今依《拾补》改。

[5] 先慎曰：“道”,由也。言人匈匈,谓兵秋起攻韩,何由出此言也。

［6］先慎曰：张榜本、赵本“逃”下有“人”字。

堂谿公谓昭侯曰：“今有千金之玉卮而无当，[1]可以盛水乎？”昭侯曰：“不可。”“有瓦器而不漏，可以盛酒乎？”昭侯曰：“可。”对曰：“夫瓦器至贱也，不漏可以盛酒。虽有千金之玉卮，至贵而无当，漏不可盛水，[2]则人孰注浆哉！今为人主而漏其群臣之语，[3]是犹无当之玉卮也，虽有圣智，莫尽其术，为其漏也。”昭侯曰：“然。”昭侯闻堂谿公之言，自此之后，欲发天下之大事，未尝不独寝，恐梦言而使人知其谋也。

［1］先慎曰：乾道本“而”上有“通”字。卢文弨云：“通”字衍。先慎案：《御览》八百五引无“通”字，今据删。张榜本“而”误“有”。

［2］先慎曰：乾道本“有”下有“乎”字，“盛水”作“乘水”。卢文弨云“‘乎’字，凌本无；‘乘’，《藏》本作‘盛’”，今据删改。

［3］先慎曰：乾道本“主”上有“之”字。卢文弨云“‘之’字衍，张本无”，今据删。

一曰：堂谿公见昭侯曰：[1]“今有白玉之卮而无当，有瓦卮而有当，君渴，将何以饮？”君曰：“以瓦卮。”堂谿公曰：“白玉之卮美，而君不以饮者，以其无当耶？”君曰：“然。”堂谿公曰：“为人主而漏泄其群臣之语，譬犹玉卮之无当也。”[2]堂谿公每见而出，昭侯必独卧，惟恐梦言泄于妻妾。

［1］先慎曰：《艺文类聚》七十三、《御览》三百九十三、七百六十一引

“公”作“空”，下同。

[2] 先慎曰：各本无“也”字，据《艺文类聚》、《御览》引补。

申子曰：[1]独视者谓明，独听者谓聪。能独断者，故可以为天下主。[2]

[1] 先慎曰：旧连上，今提行。

[2] 顾广圻曰：“主”当作“王”，与上文“明”、“聪”韵。

三、宋人有酤酒者，升概甚平，遇客甚谨，为酒甚美，县帜甚高，然而不售，酒酸。[1]怪其故，问其所知闾长者杨倩，[2]倩曰：“汝狗猛耶？”曰：[3]“狗猛则酒何故而不售？”曰：“人畏焉。或令孺子怀钱挈壶瓮而往酤，而狗迓而龁之，[4]此酒所以酸而不售也。”夫国亦有狗，[5]有道之士怀其术而欲以明万乘之主，[6]大臣为猛狗，迎而龁之，此人主之所以蔽胁，而有道之士所以不用也。故桓公问管仲曰：[7]“治国最奚患？”对曰：“最患社鼠矣。”公曰：“何患社鼠哉？”对曰：“君亦见夫为社者乎？树木而涂之，鼠穿其间，掘穴托其中，熏之则恐焚木，灌之则恐涂阤，此社鼠之所以不得也。今人君之左右，出则为势重而收利于民，入则比周而蔽恶于君，内间主之情以告外，外内为重，诸臣百吏以为富，[8]吏不诛则乱法，诛之则君不安。据而有之，[9]此亦国之社鼠也。”故人臣执柄而擅禁，[10]明为己者必利，而不为己者必害，此亦猛狗也。夫大臣为猛狗而龁有道之士矣，左右又为社鼠而间主之情，[11]人主不觉，如此主焉得无壅，国焉得无亡乎！

［1］先慎曰：各本“然而”作“著然”。卢文弨云：“著然”，孙云：“《文选·与满公琰书》注引作‘然而’。”先慎案：《艺文类聚》九十四、《御览》八百二十八引并作“然而”，今据改。

［2］先慎曰：乾道本“闾”作“问”，赵本脱，《拾补》作“闾”。卢文弨云：“闾”字脱，《选》注有，《意林》同。顾广圻云：当作“闾”。《韩诗外传》云“问里人”，《说苑》、《晏子春秋》同。先慎案：卢、顾说是。《艺文类聚》、《御览》引并作“闾”，今据补。《艺文类聚》引“倩”作“青”，下同。

［3］卢文弨曰：下“曰”字，《藏》本、张本皆无。先慎曰：《艺文类聚》、《御览》引并有。

［4］先慎曰：《拾补》“龁”下旁注“齕”字，案《说文》无“齕”字。“龁”，啮也；啮，噬也。明此作“龁”是。下文赵本亦误作“齕”。《艺文类聚》引“迓”作“迎”。

［5］先慎曰：《艺文类聚》引“狗”上有“猛”字。

［6］先慎曰：《拾补》“明”作“辅”。卢文弨云：《文选注》引作“辅”。顾广圻云：“明”字是。《韩诗外传》七云“欲白万乘之士”，“白”，明也。《荀子》、《外传》多言“白”，其义皆同。先慎案：顾说是，《艺文类聚》、《御览》引正作“明”。《御览》引“而”下有“往”字。

［7］先慎曰：乾道本无“曰”字。顾广圻云“《藏》本、今本有‘曰’字”，今据补。

［8］先慎曰：“富”，当作“辅”，声之误。

［9］顾广圻曰：“不”当作“所”。《晏子春秋》云：“则为人主所案据腹而有之。”《说苑》云：“则为人主所察据腹而有之。”“案”、“安”同字，“察”即“案”形近讹。又按依二书，此“而”上当脱“腹”字。

［10］先慎曰：乾道本“禁”下有“御”字。顾广圻云：《藏》本、今本无“御”字。先慎按：“御”字不当有，下文无，即其证。今据顾校删。

［11］顾广圻曰：《藏》本、今本“情”下有“矣”字，误。

一曰：宋之酤酒者有庄氏者，其酒常美。或使仆往酤庄氏之酒,其狗龁人,使者不敢往,乃酤佗家之酒。问曰:“何为不酤庄氏之酒?”对曰:“今日庄氏之酒酸。”故曰:“不杀其狗则酒酸。”一曰:桓公问管仲曰:[1]“治国何患?”对曰:“最苦社鼠。夫社,木而涂之,鼠因自托也。熏之则木焚,灌之则涂阤,此所以苦于社鼠也。今人君左右,出则为势重以收利于民,入则比周谩侮蔽恶以欺于君,不诛则乱法,诛之则人主危。据而有之,[2]此亦社鼠也。”故人臣执柄擅禁,明为己者必利,不为己者必害,亦猛狗也。故左右为社鼠,用事者为猛狗,则术不行矣。[3]

[1] 先慎曰:乾道本无“一曰”二字。“桓”下提行。顾广圻云:《藏》本、今本“桓”上有“一曰”二字,按有者是也。先慎案:今依赵本连上,补“一曰”二字。

[2] 顾广圻曰:“危”当作“安”,说见上。“安据”连文,失其读者改之耳。

[3] 先慎曰:说本《晏子春秋·内篇问上》,“桓公”、“管仲”作“景公”、“晏子”。

尧欲传天下于舜,鲧谏曰:“不祥哉!孰以天下而传之于匹夫乎?”尧不听,举兵而诛杀鲧于羽山之郊。[1]共工又谏曰:“孰以天下而传之于匹夫乎?”尧不听,又举兵而流共工于幽州之都。[2]于是天下莫敢言无传天下于舜。仲尼闻之曰:“尧之知舜之贤,非其难者也。夫至乎诛谏者,必传之舜,乃其难也。”一曰:“不以其所疑败其所察则难也。”

[1] 顾广圻曰：依下句，当衍“杀”字。先慎曰：下句“诛”字乃“流”字之误，不得据以为例。“诛杀”，谓罪而杀之也，“杀”字非衍文。

[2] 先慎曰：各本“流”作“诛”，据《御览》六百四十五引改。《尚书》、《孟子》并作“流”。

荆庄王有茅门之法，[1]曰：“群臣大夫诸公子入朝，马蹄践霤者，廷理斩其辀，戮其御。”于是太子入朝，马蹄践霤，廷理斩其辀，戮其御。太子怒，[2]入为王泣曰：“为我诛戮廷理。”王曰：“法者所以敬宗庙，尊社稷。故能立法从令，尊敬社稷者，社稷之臣也，焉可诛也！夫犯法废令，不尊敬社稷者，是臣乘君而下尚校也。[3]臣乘君则主失威，下尚校则上位危。威失位危，社稷不守，吾将何以遗子孙。”于是太子乃还走，避舍露宿三日，北面再拜请死罪。

[1] 孙诒让曰：“茅门”，下作“茆门”。《说苑・至公》篇与此略同，亦作“茅”。案“茅门”即雉门也。《说文・隹部》“雉，古文作鮷”，或省为“弟”，与“茅”形近而误。《史记・鲁世家》“筑茅阙门”，即《春秋》定二年《经》之“雉门两观”也。诸侯三门，库、雉、路。外朝在雉门外。茅门之法，廷理掌之，即《周礼・秋官》：“朝士掌建邦外朝之法也。”天子、诸侯三朝皆有廷士。“〔士〕”、“理”字通。先慎曰：孙说“茅”即“弟”之误，是也。《御览》六百三十八引正作“弟”，可证。

[2] 先慎曰：怒廷理之执法也。

[3] 卢文弨曰：“尚”、“上”同。“校”，疑当作“陵”。《说苑・至公》篇作“下陵上”。先慎曰：此当作“下校尚”，传写误倒耳。“下校尚”，谓下亢上也。《国策・秦策》：“足以校于秦矣。”高诱《注》：“‘校’犹‘亢’也。”“校”、“尚”误倒。《说苑》“乘”作“弃”，“校”作“陵”，皆刘向所易，

未可据。

一曰：楚王急召太子。楚国之法，车不得至于茆门。天雨，廷中有潦，太子遂驱车至于茆门。[1]廷理曰：[2]“车不得至茆门，非法也。”[3]太子曰：“王召急，不得须无潦。”遂驱之。廷理举殳而击其马，败其驾。太子入为王泣曰：“廷中多潦，驱车至茆门，廷理曰‘非法也’，举殳击臣马，败臣驾。王必诛之。”王曰：“前有老主而不逾，[4]后有储主而不属，矜矣。[5]是真吾守法之臣也。”乃益爵二级，[6]而开后门出太子，勿复过。

[1] 孙诒让曰：《说苑》：“楚庄王之时，太子车立于茅门之外。”

[2] 顾广圻曰：《说苑》云“少师庆”。

[3] 先慎曰：“至茆门”三字当重。

[4] 先慎曰：《北堂书钞》三十六引“老主”作“先王”，《说苑》作“老君”。

[5] 卢文弨曰：《说苑》作“少君在后而不豫”。下“矜矣”二字衍，凌本无。先慎曰：《北堂书钞》引有“矜矣”二字。“矜”与“贤”声相近，古通假。《文子·上仁》篇“矜”与“贤”韵。“矜矣”，犹“贤矣”。此楚王赞美廷理也。《书·大禹谟·传》“自贤曰矜”，朱骏声《说文通训定声》“矜”下云“‘矜’，借为‘贤’”，亦通。

[6] 先慎曰：《御览》六百三十六引“二”作“三”。

卫嗣君谓薄疑曰：“子小寡人之国以为不足仕，则寡人力能仕子，请进爵以子为上卿。”乃进田万顷。薄子曰：“疑之母亲疑，以疑为能相万乘所不窕也。[1]然疑家巫有蔡妪者，疑母甚爱信之，属之家事焉。疑智足以信言家事，[2]疑母尽以听疑也。然已与疑言者，亦必复决之于蔡妪也。故论疑之智能，以疑为能相万乘而不窕也；论其亲，则子母之间也；然犹不免议之于蔡妪也。今疑之于人主也，非子母之亲也，而人主皆有蔡妪。人主之蔡妪，必其重人也。重人者，能行私者也。夫行私者，绳之外也；[3]而疑之所言，法之内也。[4]绳之外与法之内，仇也，不相受也。"[5]

[1] 先慎曰："窕"与"篠"同。《荀子·赋论》"充盈太宇而不窕"，杨《注》："'窕'音'篠'。"

[2] 顾广圻曰："信"字当衍。

[3] 先慎曰："绳"，谓绳墨。

[4] 先慎曰：乾道本无"所"字。顾广圻云"《藏》本、今本有'所'字"，今据补。

[5] 先慎曰：张榜本此下有"如是则疑不得长臣矣"九字。

一曰：卫君之晋，谓薄疑曰："吾欲与子皆行。"薄疑曰："媪也在中，请归与媪计之。"卫君自请薄媪，曰：[1]"疑，君之臣也，君有意从之，甚善。"卫君曰："吾以请之媪，[2]媪许我矣。"薄疑归言之媪也，曰："卫君之爱疑奚与媪？"[3]媪曰："不如吾爱子也。""卫君之贤疑奚与媪也？"曰："不如吾贤子也。""媪与疑计家事已决矣，乃更请决之于卜者蔡妪。[4]今卫君从疑而行，虽与疑决计，必与他蔡妪败之，如是则疑不得长为臣矣。"

[1] 顾广圻曰:《藏》本重"薄媪"二字。

[2] 先慎曰:"以"当作"已"。

[3] 先慎曰:乾道本无"爱"字。顾广圻云"《藏》本无'爱'字,今本有,依下文当补",今据增。

[4] 先慎曰:乾道本无"更"字。卢文弨云"张本有",今据补。

夫教歌者,使先呼而诎之,其声反清征者,乃教之。[1]一曰:教歌者先揆以法,疾呼中宫,徐呼中征。疾不中宫,徐不中征,不可谓教。[2]

[1] 顾广圻曰:"反"当作"及"。

[2] 顾广圻曰:"谓"当作"为"。先慎曰:"为"、"谓"古通用,不必改作。

吴起,卫左氏中人也,使其妻织组而幅狭于度。吴子使更之,其妻曰:"诺。"及成,复度之,果不中度,吴子大怒。其妻对曰:"吾始经之而不可更也。"[1]吴子出之,其妻请其兄而索入,[2]其兄曰:"吴子,为法者也。其为法也,且欲以与万乘致功,必先践之妻妾,然后行之,子毋几索入矣。"[3]其妻之弟又重于卫君,[4]乃因以卫君之重请吴子,吴子不听,遂去卫而入荆也。

[1] 先慎曰:乾道本"吾"作"五",据赵本改。《北堂书钞》三十六引正作"吾"。

[2] 先慎曰:乾道本无"入"字。顾广圻云:《藏》本、今本"索"下有"入"字。先慎案:《北堂书钞》引亦有,今据补。

[3] 先慎曰:“毋几索入”,谓毋望索入也。《史记·晋世家》“毋几为君”,《吕不韦传》“则子无几得与长子”,《索隐》云:“‘几’犹‘望’也。”此文语意正与相同。

[4] 先慎曰:“又”,读为“有”。

一曰:吴起示其妻以组,曰:“子为我织组,令之如是。”组已就而效之,[1]其组异善。起曰:“使子为组,令之如是,而今也异善何也?”其妻曰:“用财若一也,加务善之。”吴起曰:“非语也。”使之衣而归。[2]其父往请之,吴起曰:“起家无虚言。”

[1] 先慎曰:“效”当作“较”。

[2] 先慎曰:乾道本无“而”字。顾广圻云:“衣”当作“夜”。先慎案:顾说非。《御览》四百三十、又八百十九、八百二十六引并有“而”字,今据补。《北堂书钞》三十六引无“而”字,陈禹谟据误本改之也。

晋文公问于狐偃曰:“寡人甘肥周于堂,卮酒豆肉集于宫,壶酒不清,[1]生肉不布,[2]杀一牛遍于国中,[3]一岁之功尽以衣士卒,[4]其足以战民乎?”狐子曰:“不足。”文公曰:“吾弛关市之征而缓刑罚,其足以战民乎?”狐子曰:“不足。”文公曰:“吾民之有丧资者,寡人亲使郎中视事,有罪者赦之,贫穷不足者与之,其足以战民乎?”狐子对曰:“不足。此皆所以慎产也。而战之者,杀之也。民之从公也,为慎产也,公因而迎杀之,失所以为从公矣。”[5]曰:“然则何如足以战民乎?”狐子对曰:“令无得不战。”公曰:“无得不战奈何?”

狐子对曰："信赏必罚，其足以战。"公曰："刑罚之极安至？"对曰："不辟亲贵，法行所爱。"文公曰："善。"明日，令田于圃陆，期以日中为期，后期者行军法焉。于是公有所爱者曰颠颉，后期，吏请其罪，文公陨涕而忧。[6]吏曰："请用事焉。"遂斩颠颉之脊以徇百姓，以明法之信也。而后百姓皆惧曰："君于颠颉之贵重如彼甚也，而君犹行法焉，况于我则何有矣。"文公见民之可战也，于是遂兴兵伐原，克之；[7]伐衛，东其亩，[8]取五鹿；攻阳，胜虢；[9]伐曹；南围郑，反之陴；[10]罢宋围；还与荆人战城濮，大败荆人；返为践土之盟，遂成衡雍之义。[11]一举而八有功。所以然者，无他故异物，从狐偃之谋，假颠颉之脊也。

[1] 先慎曰："壶"当作"壸"，形近而误。"酒"，饮也。

[2] 先慎曰：《左》昭十六年《传》注："布，陈也。"

[3] 先慎曰：言不独食。

[4] 先慎曰："功"，谓女功。

[5] 孙诒让曰："慎"，读为"顺"。"产"，与"生"义同字通。"迎杀"，"迎"当为"逆"。"慎产"者，言文公所言皆是顺其生之事。"迎杀"者，言战为逆而杀之之事。顺逆、生杀文正相对也。

[6] 先慎曰：不行法则失信，行法则失贵重之臣，故忧而不决。

[7] 卢文弨曰：张本"兵"下有"东"字。

[8] 顾广圻曰：与《左传》不同。《吕氏春秋·简选》篇亦云"东衛之亩"。先慎曰：《商君书·赏刑》篇"反郑之埤，东衛之亩"，"衛"讹作"徽"，说详《商子集校》。与《吕览》合，盖相传有此事耳。

[9] 顾广圻曰："阳"，当即阳繁。"胜虢"，未详。

[10] 王渭曰：《吕氏春秋》"反郑之埤"，高《注》："反，覆。覆郑之

埤。”先慎曰：《晋语》“伐郑，反其陴”，高《注》：“反，拨也。陴，城上女垣。”与《吕览》注异。《国语》此注上引贾侍中、唐尚书说，盖此注亦本前儒，虽未明其人，较反覆之义为长。本书“之”字，亦疑“其”之误，《商君书》与《吕氏春秋》同。

[11] 先慎曰：乾道本“成”作“城”，卢文弨云“‘城’字讹”，今据《拾补》改。

夫痤疽之痛也，非刺骨髓，则烦心不可支也；非如是，[1]不能使人以半寸砥石弹之。今人主之于治亦然，非不知有苦则安。欲治其国，[2]非如是不能听圣知而诛乱臣。乱臣者[3]必重人，重人者必人主所甚亲爱也。人主所甚亲爱也者，是同坚白也。夫以布衣之资，欲以离人主之坚白所爱，是以解左髀说右髀者，[4]是身必死而说不行者也。

[1] 顾广圻曰：“如”当作“知”，下同。

[2] 先慎曰：乾道本无“国”字。顾广圻云“今本‘其’下有‘国’字”，今据补。

[3] 先慎曰：乾道本不重“乱臣”二字。顾广圻云“今本重‘乱臣’，案当重，下属”，今据补。

[4] 顾广圻曰：《藏》本同。今本“以”作“犹”，误。按此当重“以解左髀说右髀”七字。先慎曰：赵本作“以”，不误。

韩非子卷第十四

外储说右下第三十五[1]

一、赏罚共则禁令不行。[2]何以明之？以造父、於期。[3]子罕为出彘，[4]田恒为圃池，[5]故宋君、简公弑。患在王良、造父之共车，田连、成窍之共琴也。[6]

[1] 先慎曰：乾道本无“下”字。顾广圻云“今本有‘下’字”，今据补。

[2] 旧注：令臣操之，故曰“共”也。

[3] 旧注：既善驭马，又能忍渴，及至彘趋饮，遂不能制。○卢文弨曰：注“渴”误“得”。先慎曰：赵本“渴”作“竭”，亦误。

[4] 旧注：罕行罚，一国畏之，因篡君。亦威分出彘之类也。

[5] 旧注：擅行赏，人归之，因弑简公。亦分圃池之比也。

[6] 旧注：王、造诚能御车，使共操辔则不进；田、成信善琴，令共操弹则曲不成。君臣共赏，亦由是也。

二、治强生于法，弱乱生于阿，[1]君明于此，则正赏罚而非仁下也；[2]爵禄生于功，[3]诛罚生于罪，[4]臣明于此，则尽死力而非忠君也。[5]君通于不仁，臣通于不忠，则可以王矣。[6]昭襄知主情，[7]而不发五苑；[8]田鲔知臣情，[9]故教田章，[10]而公仪辞鱼。[11]

[1] 旧注：法曲则乱。

[2] 先慎曰：乾道本无"而"字。顾广圻云"《藏》本、今本'非'上有'而'字"，今据增。今本"仁下"作"不仁"，误。

[3] 旧注：功立则爵生。

[4] 旧注：罪著则罚生。

[5] 先慎曰：乾道本无"非"字。顾广圻云：今本"而"下有"非"字，按依上文，"而"当作"非"。先慎按：上脱"而"字，此脱"非"字，并改从今本。

[6] 先慎曰：上欲治强，则必正法，故不仁。下欲爵禄，乃尽死力，故非忠君。

[7] 旧注：但当自求理以訾责也。百姓但当仰君，亦不须曲为爱，故君疾而祷者，责之以二甲。

[8] 旧注：应侯欲发蔬果以救饥人，昭王以为无功受赏，因止之也。

[9] 旧注：但当立功，盖因不须私忠于上也。

[10] 旧注：鲔教子章曰："富国，家自富；利君，身自利也。"

[11] 旧注：以为违法受鱼则失鱼，故不受。○卢文弨曰：注一本"为"误作"达"，脱"故"字。

三、明主者，鉴于外也，而外事不得不成，故苏代非齐王。[1]人主鉴于上也，[2]而居者不适不显，故潘寿言禹情。[3]人主无所觉悟，[4]方吾知之，故恐同衣于族，而况借于权乎。[5]吴章知之，故说以佯，而况借于诚乎？赵王恶虎目而壅。明主之道，[6]如周行人之却卫侯也。[7]

[1] 旧注：以令燕王专任子之，故不专任，终不成霸。

[2] 卢文弨曰："上"，张本作"士"。顾广圻曰：《藏》本"上"作"士"，按此当作"下"。先慎曰："上"字不误。"上"，谓上古也。"苏代非齐"，

"潘寿言禹",是一横说,一竖说,两事比勘,语极明显。张榜本亦误作"士"。

[3] 旧注:欲媚子之,故谓燕王言禹传位于益,终令启取之。王遂崇子之。

[4] 先慎曰:《拾补》"悟"作"寤"。

[5] 旧注:方吾知人皆知己,不与同服者共车,同族者共家,恐其因同而擅己,况君权可借臣乎?〇顾广圻曰:"衣于"当作"于衣",旧注未讹。

[6] 旧注:王圃中虎目而恶之,左右或言平阳君之目甚于虎目,遂杀言者。〇王先谦曰:注"王"下夺"观"字。先慎曰:赵本注"平阳君之目","目"讹"自"。

[7] 旧注:卫侯君名辟疆,行人以辟疆、天子同号,故不令朝。改名,然后纳之。〇先慎曰:注"卫侯",张榜本、赵本并作"君"。

四、人主者,守法责成以立功者也。闻有吏虽乱而有独善之民,[1]不闻有乱民而有独治之吏,[2]故明主治吏不治民。[3]说在摇木之本与引网之纲。[4]故失火之啬夫不可不论也。救火者,吏操壶走火,则一人之用也;操鞭使人,则役万夫。[5]故所遇术者,如造父之遇惊马,[6]牵马推车则不能进,代御执辔持策则马咸骛矣。[7]是以说在[8]椎锻平夷,榜檠矫直。不然,败在淖齿用齐戮闵王,李兑用赵饿主父也。[9]

[1] 旧注:吏虽乱,贤人不改操,殷之三仁、夏之龙逢是也。〇先慎曰:乾道本注"仁"作"人",误,今据张榜本、赵本改。

[2] 旧注:子率以正,孰敢不正。

[3] 旧注:吏治则民治矣。

[4] 旧注:摇木本则万本动,引网纲则万目张,吏正则国治也。〇先

慎曰：注“万本”当作“万叶”。

[5] 旧注：明主执契亦然。〇顾广圻曰：此二十二字，旧注误入正文。

[6] 先慎曰：张榜本、赵本“驚”作“駕”。

[7] 顾广圻曰：此十九字，旧注误入正文。

[8] 顾广圻曰：“是以”、“说在”例不复出，此当衍其一也。

[9] 先慎曰：“败”当作“则”。

五、因事之理则不劳而成，故兹郑之踞辕而歌以上高梁也。其患在赵简主税，吏请轻重；[1]薄疑之言国中饱，简主喜而府库虚，百姓饿而奸吏富也。故桓公巡民，而管仲省腐财怨女。[2]不然，则在延陵乘马不得进，造父过之而为之泣也。[3]

右经

[1] 旧注：主欲税，吏问轻重，主不自定其轻重之节，曰“勿轻重”而已。吏因擅意因以富。

[2] 旧注：公巡人，见有饥人及老而无妻者，以告仲，曰：“国有腐财则人饥，宫有怨女则人老而无妻也。”

[3] 旧注：前碍饰，后碍错。既不得前却，遂旁而佚。造父见之泣，犹赏罚失必致败也。〇先慎曰：注乾道本“得”上有“后”字，今从赵本删。

一、造父御四马，驰骤周旋而恣欲于马。[1]恣欲于马者，擅辔筴之制也。[2]然马惊于出彘，而造父不能禁制者，非辔筴之严不足也，威分于出彘也。[3]王子於期为驸驾，辔筴不用而择欲于马，[4]擅刍水之利也。然马过于圃池而驸马败者，[5]非刍水之利不足也，德分于圃池也。故王良、造父天下之善御者也，然而使王良操左革而叱咤之，使造父操右革而鞭笞之，马不能行十里，共故也。[6]田连、成窍天下善鼓琴者也，[7]然而田连鼓上，成窍擫下，[8]而不能成曲，亦共故也。[9]夫以王良、造父之巧，共辔而御，不能使马，人主安能与其臣共权以为治？以田连、成窍之巧，共琴而不能成曲，[10]人主又安能与其臣共势以成功乎？[11]

[1] 旧注：意所欲，马必随之也。

[2] 旧注：以辔筴专制之，故马不违也。

[3] 旧注：彘亦令马可畏，故曰"威分"。

[4] 先慎曰：此下当更有"择欲于马者"五字。

[5] 顾广圻曰："马"当作"驾"。

[6] 孙诒让曰："革"、"勒"古字通。《说文》："勒，马头络衔也。"《诗·小雅·蓼萧》"鞗革冲冲"，《传》："革，辔首也。""革"即"鞗革"，亦即"勒"也。

[7] 先慎曰：依上文，"善"上有"之"字。

[8] 先慎曰：各本"擫"作"櫼"。《拾补》引孙贻縠云：《文选·琴赋》注引作"擫"。顾广圻云：当依《选》注引作"擫"。先慎按：《说文》："擪，一指按也。"今据改。

[9] 先慎曰：乾道本无"共"字。顾广圻云"《藏》本、今本亦下有'共'字"，今据增。

[10] 先慎曰：依上文，"琴"上当脱"鼓"字。

[11] 先慎曰：乾道本无"其"字，《拾补》有，卢文弨云"脱"，今依补。

一曰：造父为齐王驸驾，渴马服成，[1]效驾圃中，渴马见圃池，去车走池，驾败。王子於期为赵简主取道争千里之表，其始发也，彘伏沟中，[2]王子於期齐辔筴而进之，彘突出于沟中，马惊驾败。

[1] 旧注：令马忍渴百日，服习之，故成也。

[2] 先慎曰：乾道本无“彘”字。顾广圻云“《藏》本、今本有”，今据补。

司城子罕谓宋君曰：“庆赏赐与，[1]民之所喜也，君自行之；杀戮诛罚，民之所恶也，臣请当之。”宋君曰：“诺。”于是出威令，诛大臣，君曰：“问子罕也。”于是大臣畏之，细民归之。处期年，子罕杀宋君而夺政。故子罕为出彘以夺其君国。[2]

[1] 先慎曰：“与”当作“予”。《说文》：“与，党与也。予，推予也。”义别。下文作“予”，《二柄》篇亦作“予”，不误。

[2] 旧注：罕用刑服国，是由出彘用威惧焉。○卢文弨曰：注“用威惧马”，“马”讹“焉”。

简公在上位，罚重而诛严，厚赋敛而杀戮民。田成恒设慈爱，明宽厚。[1]简公以齐民为渴马，不以恩加民，而田成恒以仁厚为圃池也。[2]

[1] 先慎曰：《经》无“成”字，“成”乃其谥，此作“成恒”，复。《吕氏春秋·慎势》篇、《淮南子·人间训》同，并误。

[2] 旧注：以仁济物，犹圃池也。○卢文弨曰：注“犹”，张本作

“由”，与上注同。

一曰：造父为齐王驸驾，以渴服马，百日而服成。服成，请效驾齐王，[1]王曰：“效驾于圃中。”造父驱车入圃，马见圃池而走，造父不能禁。造父以渴服马久矣，今马见池，驿而走，[2]虽造父不能治。今简公之法禁其众久矣，而田成恒利之，是田成恒倾圃池而示渴民也。

[1] 王先谦曰：下“服成”二字当衍。

[2] 先慎曰：《说文》：“驿，马突也。”字亦作“馯”。

一曰：天子於期为宋君为千里之逐。已驾，察手吻文，[1]且发矣，驱而前之，轮中绳；引而却之，马掩迹。拊而发之，彘逸出于窦中。[2]马退而却，筴不能进前也；马驿而走，辔不能止也。[3]

[1] 顾广圻曰：未详。先慎曰：“手”当为“毛”之误。马欲驰，其毛先竖，至今犹然。“察毛吻文”，谓察马之毛与吻文也。《汉书・王褒传》：“伤吻敝策而不进于行。”《说文》：“吻，口边也。”此言毛色动则吻不至于伤，是其所驾之马本欲驰也。故下云“且发矣”，於期因“拊而发之”。

[2] 先慎曰：“逸”当作“突”。“窦”，沟窦也。

[3] 先慎曰：乾道本“止”作“正”。卢文弨云“正，秦本作‘止’”，今据改。

一曰：司城子罕谓宋君曰：“庆赏赐予者，民之所好也，[1]君自行之；诛罚杀戮者，民之所恶也，臣请当之。”于是戮细民而诛大臣，君曰：“与子罕议之。”居期年，民知杀生之命制于子罕也，[2]故一国归焉。故子罕劫宋君而夺其政，法不能禁也。故曰：“子罕为出彘，而田成常为圃池也。”[3]令王良、造父共车，[4]人操一边辔而入门闾，驾必败而道不至也。[5]令田连、成窍共琴，人抚一弦而挥，则音必败曲不遂矣。

[1] 先慎曰：乾道本“赏”作“贺”。张榜本作“赏”，《御览》四百九十四、六百三十三引并作“赏”，今据改。

[2] 先慎曰：《御览》引“杀”作“死”。

[3] 先慎曰：“常”，《拾补》作“恒”，按“常”字汉人避讳改。赵本“池”作“地”，误。

[4] 先慎曰：赵本“令”上衍“今”字。

[5] 先慎曰：“入”，当作“出”。

二、秦昭王有病，百姓里买牛而家为王祷。[1]公孙述出见之，入贺王曰：“百姓乃皆里买牛为王祷。”王使人问之，果有之。王曰：“訾之人二甲。[2]夫非令而擅祷者，[3]是爱寡人也。夫爱寡人，寡人亦且改法而心与之相循者，是法不立；法不立，乱亡之道也。不如人罚二甲，而复与为治。”

[1] 先慎曰：下文无“家”字。

[2] 旧注：訾，毁也，罚之也。○先慎曰：注意谓毁其人而罚以甲也，是一“訾”字而用两义以申其说矣。案“訾之人二甲”者，谓量其人二甲也。《国语・齐语》“訾相其质”高《注》、《列子・说符》“财货无訾”张湛《注》并云：“訾，量也。”量财货曰“訾”，量民之贫富亦曰“訾”。“之”，犹其

也。"人",谓里人。计里买牛之力量之可以出二甲,非里中人人二甲也。下文"屯二甲",即其义。

[3] 先慎曰:乾道本无"者"字。卢文弨云"张本有",今据补。

一曰:秦襄王病,百姓为之祷;病愈,杀牛塞祷。[1]郎中阎遏、公孙衍出见之,曰:"非社腊之时也,奚自杀牛而祠社?"怪而问之。百姓曰:"人主病,为之祷;今病愈,杀牛塞祷。"阎遏、公孙衍说,见王拜贺曰:"过尧、舜矣。"王惊曰:"何谓也?"对曰:"尧、舜其民未至为之祷也,今王病而民以牛祷,病愈杀牛塞祷,故臣窃以王为过尧、舜也。"王因使人问之,何里为之,訾其里正与伍老屯二甲。[2]阎遏、公孙衍愧不敢言。居数月,王饮酒酣乐,阎遏、公孙衍谓王曰:"前时臣窃以王为过尧、舜,非直敢谀也,尧、舜病且其民未至为之祷也。今王病而民以牛祷,病愈杀牛塞祷,今乃訾其里正与伍老屯二甲,臣窃怪之。"王曰:"子何故不知于此?彼民之所以为我用者,非以吾爱之为我用者也,以吾势之为我用者也。吾释势与民相收,若是,吾适不爱而民因不为我用也。故遂绝爱道也。"[3]

[1] 先慎曰:"塞"、"赛"义同。《史记·封禅书》"冬赛",《索隐》:"赛,谓报神福也。"《汉书》"赛"并作"塞"。

[2] 旧注:屯,亦罚也。〇先慎曰:"屯"无罚义,《一切经音义》一引字书云:"屯,亦'村'也。"一村之中,或里正或伍老量出二甲。

[3] 先慎曰:乾道本"释势"作"适势"。顾广圻云:"吾适势"句绝,"与民相收若是"句绝。"吾适不爱","不"字当衍。"而民因不为我用也","因"当作"固"。此以"适势"、"适爱"相对。《藏》本、今本"势"上

“适”字作“释”，非。俞樾云：《藏》本作“吾释势与民相收”，当从之。上文云：“彼民所以为我用者，非以吾爱之为我用者也，以吾势之为我用者也。”是言君民之间，本是以势相制，若释势而用爱，则吾适有不爱，民遂不为我用矣，故不如绝爱道为得也。文义本甚分明，因“释”、“适”声近，又涉下句有“适”字，故乾道本误为“适势”，顾氏谓“适势”、“适爱”相对，非是。先慎按：俞说是，改从《藏》本。

秦大饥，应侯请曰：“五苑之草著[1]蔬菜橡果枣栗，足以活民，请发之。”昭襄王曰：“吾秦法使民有功而受赏，有罪而受诛。今发五苑之蔬果者，[2]使民有功与无功俱赏也。夫使民有功与无功俱赏者，此乱之道也。夫发五苑而乱，不如弃枣蔬而治。”一曰：“令发五苑之蓏蔬枣栗足以活民，是使民有功与无功互争取也。[3]夫生而乱，不如死而治，大夫其释之。”[4]

[1] 旧注：谓草木著地而生也。○俞樾曰：“著”字衍文，盖涉下文“今发五苑之蔬草者”，而于“草”下衍“者”字，又因“草”字及下“蔬菜”字皆从艸，遂又误“者”为“著”耳。注“谓草木著地而生”，殊为曲说。先慎曰：俞说是，《艺文类聚》八十七、《御览》四百八十六、九百六十四、九百六十五、《事类赋》二十六、《初学记》二十八并引无“著”字，“草”作“果”，无下“果”字，因误衍已久，姑存之。

[2] 先慎曰：乾道本“果”作“草”，《拾补》作“果”。卢文弨云：张本作“草”。顾广圻云：今本“草”作“果”。按下文云“不如弃枣蔬而治”，互异，未详。先慎按：作“果”者是也。下文“蓏蔬枣栗”，“蓏蔬”草属，“枣栗”果属，故此婟文云“蔬果”。若作“草”字，则偏而不备，下云“弃枣蔬而治”，即其例。《经》注云“应侯欲发蔬果以救人”，“蔬果”二字本此，是注所见之本尚不误，顾氏未之审耳，改从今本。《御览》引作“果蔬”。

[3] 先慎曰：各本“使”作“用”，“功”下无“互”字，据《艺文类聚》改。

[4] 先慎曰：《白孔六帖》卷九十九引《韩子》：“秦饥，应侯曰：‘秦王五苑之枣栗足以活人，请(主)〔王〕发与之。’惠王依之。”疑“一曰”以下脱文。“惠”当为“昭”之误。

田鲔教其子田章曰：[1]“欲利而身，先利而君；欲富而家，先富而国。”

[1] 先慎曰：乾道本连上，今从张榜本、赵本提行。

一曰：田鲔[1]教其子田章曰：“主卖官爵，臣卖智力。故曰：自恃无恃人。”[2]

[1] 先慎曰：《御览》八百二十八引“鲔”作“修”。

[2] 先慎曰：各本无“曰”字，据《御览》引补。

公仪休相鲁[1]而嗜鱼，一国尽争买鱼而献之，[2]公仪子不受。其弟谏[3]曰：“夫子嗜鱼而不受者何也？”对曰：“夫唯嗜鱼，故不受也。夫即受鱼，必有下人之色；有下人之色，将枉于法；枉于法则免于相，虽嗜鱼，此不必能自给致我鱼，[4]我又不能自给鱼。即无受鱼而不免于相，虽嗜鱼，我能长自给鱼。”此明夫恃人不如自恃也，明于人之为己者，不如己之自为也。

[1] 顾广圻曰：《藏》本同。今本“仪休”作“孙仪”，误。《韩诗外传》

三有。先慎曰:《白孔六帖》九十八、《御览》三百八十九、九百三十五、《事类赋》二十九引并作"公仪休",《淮南子·道应训》作"公仪子",高《注》:"公仪休,故鲁博士也。"

[2] 先慎曰:《御览》、《事类赋》引"国"作"邦"。

[3] 先慎曰:《韩诗外传》与此同。《淮南子》作"弟子",误。

[4] 卢文弨曰:"自给"二字,张本无。顾广圻曰:"自"当作"日"。先慎曰:《韩诗外传》、《淮南子》无"致我"二字。盖本书一本作"自给",一本作"致我",校者识于其下,刊时失删,遂致两有。顾氏不考,而改"自"为"日",终不可读。张榜本无"能自给"三字,亦非。

三、[1]子之相燕,贵而主断。苏代为齐使燕,王问之曰:"齐王亦何如主也?"对曰:"必不霸矣。"燕王曰:"何也?"对曰:"昔桓公之霸也,内事属鲍叔,外事属管仲,[2]桓公被发而御妇人,日游于市。今齐王不信其大臣。"于是燕王因益大信子之。子之闻之,使人遗苏代金百镒,而听其所使之。[3]

[1] 先慎曰:乾道本连上,今从赵本提行。

[2] 先慎曰:乾道本无"管"字。顾广圻云"《藏》本、今本有'管'字",今据补。

[3] 王渭曰:"之"字衍,《战国策》无。

一曰:苏代为秦使燕,见无益子之,则必不得事而还,贡赐又不出,于是见燕王乃誉齐王。燕王曰:"齐王何若是之贤也,则将必王乎?"苏代曰:"救亡不暇,安得王哉?"燕王曰:"何也?"曰:"其任所爱不均。"燕王曰:"其亡何也?"[1]

曰："昔者齐桓公爱管仲，置以为仲父，内事理焉，外事断焉，举国而归之，故一匡天下，九合诸侯。今齐任所爱不均，是以知其亡也。"燕王曰："今吾任子之，天下未之闻也。"于是明日张朝而听子之。

[1] 顾广圻曰：《藏》本同。今本"亡"作"任"，误。

潘寿谓燕王曰：[1]"王不如以国让子之。人所以谓尧贤者，以其让天下于许由；许由必不受也，则是尧有让许由之名，而实不失天下也。今王以国让子之，子之必不受也，则是王有让子之之名，而与尧同行也。"于是燕王因举国而属之，[2]子之大重。

[1] 顾广圻曰：《燕策》作"鹿毛寿"，《燕世家》同。(正义)〔集解〕云："一作'厝毛'。甘陵县本名厝。"《索隐》云"《春秋后语》亦作'厝毛寿'"，又引此。

[2] 先慎曰：乾道本无"是"字。顾广圻云：今本"于"下有"是"字，误。按此当依《策》衍"于"字，"属"下补"子"字。先慎按：乾道本脱"是"字，此当各依本书，今据今本增。

一曰：潘寿，阚者。[1]燕使人聘之。潘寿见燕王曰："臣恐子之之如益也。"王曰："何益哉？"[2]对曰："古者禹死，将传天下于益，启之人因相与攻益而立启。今王信爱子之，将传国子之，太子之人尽怀印，为子之之人无一人在朝廷者。[3]王不幸弃群臣，则子之亦益也。"王因收吏玺，自三百石以上皆效之子之，子之大重。夫人主之所以镜照者，诸侯之士徒也，今诸侯之士徒皆私门之党也；人主之所以自羽翼者，岩穴之士徒也，[4]今岩穴之士徒皆私门之舍人也。是何也？夺褫之资在子之也。[5]故吴章曰："人主不佯憎爱人。佯爱人不得复憎也，佯憎人不得复爱也。"

[1] 先慎曰：《拾补》"阙"作"隐"。卢文弨云：《藏》本、张本作"阙"。顾广圻云："今本'阙'作'隐'。"

[2] 先慎曰：问何以如益。

[3] 顾广圻曰：《藏》本同。今本"为"作"玺"，误。按"为"下当有"吏"字。先慎曰：顾说非，"为"字下属，读于妫反。

[4] 先慎曰：乾道本"羽翼"作"浅娋"。《拾补》作"羽翼"。卢文弨云：张本作"浅娋"。顾广圻云："今本作'羽翼'。"先慎按：《汉书·张良传》："太子相四皓，高帝曰：'羽翼已成。'"则"岩穴之士"真人主之羽翼。"浅娋"二字不辞，改从今本。

[5] 先慎曰：乾道本"褫"作"虩"。顾广圻云："虩"，《藏》本作"踬"，今本作"褫"，按此未详。先慎按：作"褫"是也。《说文》："褫，夺衣也。"《易·讼卦》："或锡之鞶带，终朝三褫之。"侯果云："褫，解也。""褫"字从"衣"旁，乾道本讹作"号"旁，《藏》本又讹为"足"旁，因去"虎"上"厂"以成字耳。改从今本。

一曰：燕王欲传国于子之也，问之潘寿，对曰："禹爱益而任天下于益。已而以启人为吏。及老，而以启为不足任天下，故传天下于益，而势重尽在启也。已而启与友党攻益而夺之天下，是禹名传天下于益而实令启自取之也。此禹之不及尧、舜明矣。今王欲传之子之，而吏无非太子之人者也，是名传之而实令太子自取之也。”燕王乃收玺，自三百石以上皆效之子之，子之遂重。[1]

[1] 先慎曰：乾道本不重“子之”二字。卢文弨云“旧不重，张本有”，顾广圻云“《藏》本重‘子之’，是也，《策》有”，今据补。

方吾子曰：“吾闻之，古礼行不与同服者同车，[1]不与同族者共家，[2]而况君人者乃借其权而外其势乎！”

[1] 先慎曰：据《经》，服，衣也。

[2] 顾广圻曰：“不”上当有“居”字。先慎曰：张榜本脱“不”字。

吴章谓韩宣王曰：[1]“人主不可佯爱人，一日不可复憎；不可以佯憎人，一日不可复爱也。[2]故佯憎佯爱之征见，则谀者因资而毁誉之，虽有明主不能复收，而况于以诚借人也！”

[1] 先慎曰：乾道本连上，今依张榜本、赵本提行。

[2] 先慎曰：“佯爱人”、“佯憎人”皆当重。

赵王游于圃中，左右以菟与虎而辍之，[1]虎[2]盼然环其眼。[3]王曰：“可恶哉，虎目也！”左右曰：“平阳君之目可恶过此。[4]见此未有害也，见平阳君之目如此者，则必死矣。”其明日，平阳君闻之，使人杀言者，而王不诛也。

[1] 旧注：辍而观之。

[2] 先慎曰：乾道本无“之虎”二字，张榜本、赵本“之虎”二字作“观之”。赵无注文。顾广圻云：“观之”二字，此旧注误入正文。先慎按：《御览》九百七、《事类赋》二十三引“辍”下有“之虎”二字，“虎”字属下读，今据增。

[3] 旧注：环转其眼以作怒也。〇王渭曰：“盼”当作“盻”。先慎曰：《事类赋》二十三引“盼”作“眄”，亦非。《说文》：“盻，恨视貌。”“盼”、“眄”二字，形与“盻”近而误。

[4] 先慎曰：《事类赋》注引本书注云：“平阳君，王弟也。”今本脱。

卫君入朝于周，周行人问其号，对曰：“诸侯辟疆。”周行人却之曰：“诸侯不得与天子同号。”[1]卫君乃自更曰：“诸侯毁。”而后内之。仲尼闻之曰：“远哉禁逼，虚名不以借人，况实事乎！”[2]

[1] 旧注：开辟疆土者，天子之号。

[2] 旧注：名辟疆，未必能辟疆，故曰“虚”也。〇先慎曰：“诸侯辟疆”、“诸侯毁”两“诸”字，皆涉“诸侯不得与天子同号”句而误，“诸”当作“卫”。

四、摇木者一一摄其叶则劳而不遍，左右拊其本而叶遍摇矣。[1]临渊而摇木，鸟惊而高，鱼恐而下。善张网者引其纲，不一一摄万目而后得；一一摄万目而后得，[2]则是劳而难。引其纲而鱼已囊矣。故吏者，民之本纲者也，故圣人治吏不治民。[3]

［1］旧注：拊，击动也。

［2］先慎曰：乾道本不重"一一摄万目而后得"八字，据《御览》八百三十四引增。张榜本上句"不"字作"若"，据误本而改也。

［3］旧注：治吏犹引纲，理人犹张目。

救火者，[1]令吏挈壶瓮而走火，则一人之用也；操鞭棰指麾而趣使人，则制万夫。是以圣人不亲细民，明主不躬小事。

［1］先慎曰：乾道本连上，今从赵本提行。

造父方耨，[1]得有子父乘车过者，[2]马惊而不行，其子下车牵马，父子推车，[3]请造父助我推车。[4]造父因收器辍而寄载之，[5]援其子之乘，乃始检辔持筴，未之用也，而马辔惊矣。[6]使造父而不能御，虽尽力劳身，助之推车，马犹不肯行也。令使身佚，[7]且寄载有德于人者，有术而御之也。故国者，君之车也；势者，君之马也。无术以御之，身虽劳犹不免乱；[8]有术以御之，身处佚乐之地，又致帝王之功也。[9]

［1］先慎曰：旧连上，今提行。

［2］顾广圻曰：《藏》本同。今本"得"作"时"，误。按"得"上有脱文。俞樾曰："得"当作"见"。因古"得"字作"㝵"，故"得"与"見"二字往往相混。《史记·赵世家》"逾年历岁未得一城"，《赵策》"得"作"见"；《留侯世家》"果见榖城山下黄石"，《汉书》"见"作"得"，并其证也。赵本改"得"为"时"，非是。顾氏疑"得"上有脱文，亦失之。

［3］先慎曰："父"下衍"子"字。

[4] 顾广圻曰："推车"二字当衍。

[5] 先慎曰："辍而"二字倒。

[6] 顾广圻曰：《藏》本同。今本"驚"作"鶩"。先慎曰："驚"字不误。"辔"当作"又"。

[7] 先慎曰：乾道本"使身"二字倒。顾广圻云"《藏》本、今本'身使'作'使身'"，今据乙。

[8] 旧注：术，则国之辔策也。○先慎曰：《拾补》"虽"下有"使"字。卢文弨云：张本有。

[9] 卢文弨曰："致"，《藏》本作"制"。

椎锻者，所以平不夷也；榜檠者，所以矫不直也。圣人之为法也，所以平不夷矫不直也。

淖齿之用齐也，擢闵王之筋；李兑之用赵也，饿杀主父。此二君者，皆不能用其椎锻榜檠，故身死为戮，而为天下笑。

一曰：入齐则独闻淖齿而不闻齐王，入赵则独闻李兑而不闻赵王。故曰：人主者不操术，则威势轻而臣擅名。

一曰：田婴相齐，人有说王者曰："终岁之计，王不一以数日之间自听之，则无以知吏之奸邪得失也。"王曰："善。"田婴闻之，即遽请于王而听其计。王将听之矣，田婴令官具押券斗石参升之计。[1] 王自听计，计不胜听，罢食，后复坐，[2]不复暮食矣。田婴复谓曰："群臣所终岁日夜不敢偷怠之事也，王以一夕听之，则群臣有为劝勉矣。"王曰："诺。"俄而王已睡矣，吏尽揄刀削其押券升石之计。[3] 王自听之，乱乃始生。

[1] 顾广圻曰：下文无"斗"、"参"，作"升石"，按此未详。孙诒让曰：

《商子·定分》篇："主法令之吏，谨其右券木押，以室藏之，封以法令之长印。"此"押券"即"右券"。"木押"，"押"与"柙"通。《说文·木部》："检，柙也。""参升"二字疑衍。

［2］顾广圻曰："罢食"句绝。"后"字当衍。

［3］孙诒让曰："升石"，当依上作"斗石"，"斗"、"升"隶书形近而误。

一曰：武灵王使惠文王莅政，李兑为相，武灵王不以身躬亲杀生之柄，故劫于李兑。

五、兹郑子引辇上高梁而不能支；兹郑踞辕而歌，前者止，后者趋，辇乃上。使兹郑无术以致人，则身虽绝力至死，[1]辇犹不上也。今身不至劳苦而辇以上者，有术以致人之故也。

［1］先慎曰：《拾补》"至"作"致"。卢文弨云：张本作"至"。顾广圻云：《藏》本同。今本"至"作"致"，误。

赵简主出税，[1]吏请轻重，简主曰："勿轻勿重。重则利入于上，若轻则利归于民，吏无私利而正矣。"[2]

［1］先慎曰：乾道本"税"下有"者"字，今据《御览》六百二十七引删。

［2］先慎曰：辞意未完，当有脱文。

薄疑谓赵简主曰：[1]"君之国中饱。"简主欣然而喜曰："何如焉？"对曰："府库空虚于上，百姓贫饿于下，然而奸吏富矣。"

［1］先慎曰：乾道本连上，今从赵本提行。

齐桓公微服以巡民家，人有年老而自养者，桓公问其故，对曰："臣有子三人，家贫无以妻之，佣未及反。"[1]桓公归，以告管仲。管仲曰：[2]"畜积有腐弃之财，则人饥饿；宫中有怨女，则民无妻。"桓公曰："善。"乃谕宫中有妇人而嫁之，[3]下令于民曰：[4]"丈夫二十而室，[5]妇人十五而嫁。"

[1] 先慎曰：乾道本无"及"字。赵本有，《御览》五百四十一引亦有，今据补。

[2] 先慎曰：乾道本不重"管仲"二字。顾广圻云：今本重。先慎按：《御览》引亦重"管仲"二字，今据补。

[3] 先慎曰：乾道本"谕"作"论"，据《御览》引改。

[4] 卢文弨曰："曰"，张本作"也"。顾广圻曰：《藏》本同。今本"曰"作"也"，误。先慎曰：《御览》引亦作"曰"。

[5] 先慎曰：《御览》引"二十"作"三十"。

一曰：桓公微服而行于民间，有鹿门稷者，行年七十而无妻。桓公问管仲曰："有民老而无妻者乎？"管仲曰："有鹿门稷者，行年七十矣而无妻。"桓公曰："何以令之有妻？"管仲曰："臣闻之，上有积财，则民臣必匮乏于下；宫中有怨女，则有老而无妻者。"桓公曰："善。"令于宫中女子未尝御出嫁之，乃令男子年二十而室，女年十五而嫁，则内无怨女，外无旷夫。

延陵卓子乘苍龙挑文之乘，[1]钩饰在前，[2]错錣在后。[3]马欲进则钩饰禁之，欲退则错錣贯之，马因旁出。造父过而为之泣涕曰："古之治人亦然矣。夫赏所以劝之，而毁存焉；罚所以禁之，而誉加焉。民中立而不知所由，[4]此亦圣人之所为泣也。”

[1] 旧注：言雕饰之。○俞樾曰：“挑”，当读为“翟”。下文“一曰延陵卓子乘苍龙与翟文之乘”，注云“马有翟之文”，是也。“挑”从兆声，与“翟”声相近，故“翟”通作“挑”。《尚书·顾命》篇“王乃洮頮水”，郑读“洮”为“濯”。《诗·大东》篇“佻佻公子”，《韩诗》“佻”作“嬥”。《尔雅·释鱼》“蜃小者珧”，众家本“珧”作“濯”。并其例也。旧注不知“挑”即“翟”之假字，而训为“雕饰”，误矣。先慎曰：俞说是。《御览》七百四十六、八百九十六引“挑”作“桃”，《拾补》作“桃”。卢文弨以“挑”字为讹，非也。“挑”、“桃”并“翟”之假借。

[2] 旧注：约钩使奋也。

[3] 旧注：錣，锹也，以金饰之。○先慎曰：《事类赋》二十一引“錣”作“缀”。

[4] 旧注：言赏则有毁，罚即有誉，故不知其所由。○先慎曰：《事类赋》引“民中立”作“犹人处急世”。注“即”字赵本作“则”。

一曰：延陵卓子乘苍龙与翟文之乘，[1]前则有错饰，后则有利錣，[2]进则引之，[3]退则筴之。马前不得进，后不得退，遂避而逸，因下抽刀而刎其脚。造父见之而泣，[4]终日不食，因仰天而叹曰：“筴所以进之也，错饰在前；引所以退之也，利錣在后。今人主以其清洁也进之，以其不适左右也退之；以其公正也誉之，以其不听从也废之。民惧，中立而不知所由，此圣人之所为泣也。”

[1] 旧注：马有翟之文。

[2] 先慎曰：乾道本脱下“有”字。顾广圻云“《藏》本、今本‘则’下有

‘有’字，依上文当补”，今据增。

[3] 先慎曰：乾道本“进”上有“筴”字。顾广圻曰：“筴”字衍。《藏》本、今本无“进”字，此误删。先慎按：顾说是，“筴”字不当有，今据张榜本、赵本删。又按：顾云：“今本多与张、赵本合，惟此条不同，故出之。”

[4] 先慎曰：乾道本无“而”字。《拾补》有，卢文弨云“脱，张本有”，今据补。

韩非子卷第十五

难一第三十六[1]

晋文公将与楚人战，召舅犯问之，曰："吾将与楚人战，彼众我寡，为之奈何？"舅犯曰："臣闻之，繁礼君子不厌忠信，[2]战阵之间不厌诈伪。[3]君其诈之而已矣。"文公辞舅犯，因召雍季而问之，曰："我将与楚人战，彼众我寡，为之奈何？"雍季对曰："焚林而田，偷[4]取多兽，后必无兽；[5]以诈遇民，偷取一时，后必无复。"[6]文公曰："善。"辞雍季，以舅犯之谋与楚人战以败之。[7]归而行爵，先雍季而后舅犯。群臣曰："城濮之事，舅犯谋也。夫用其言而后其身，可乎？"文公曰："此非君所知也。[8]夫舅犯言，一时之权也；雍季言，万世之利也。"仲尼闻之，曰："文公之霸也宜哉！既知一时之权，又知万世之利。"

[1] 旧注：古人行事，或有不合理，韩子立义以难之。

[2] 旧注：礼繁缛，故曰"繁礼"。唯忠信可以学礼，故曰"不厌忠信"。

[3] 旧注：非谲诈不能制胜，故曰"不厌诈伪"也。

[4] 旧注：苟且也。

[5] 先慎曰：乾道本无"取"字，"必"上有"不"字。顾广圻云：今本"偷"下有"取"字，无"不"字。先慎按：此皆四字句，有"取"字、无"不"字是也，改从今本。《吕氏春秋·孝行览·义赏》作"焚薮而田，岂不获得，

而明年无兽”。

[6] 旧注：因诈得利，必以诈为俗，故无复有忠信。○先慎曰：乾道本注“为”作“伪”，“无”作“言”，据赵本改。

[7] 先慎曰：《吕氏春秋》云：“文公用咎犯之言而败楚人于城濮。”

[8] 顾广圻曰：“君”当作“若”。

或曰：雍季之对，不当文公之问。凡对问者有因，因小大缓急而对也。[1]所问高大而对以卑狭，则明主弗受也。今文公问以少遇众，而对曰“后必无复”，此非所以应也。且文公不知一时之权，又不知万世之利。战而胜，则国安而身定，兵强而威立，虽有后复，莫大于此，万世之利，奚患不至？战而不胜，则国亡兵弱，身死名息，拔拂今日之死不及，[2]安暇待万世之利？待万世之利在今日之胜，今日之胜在诈于敌；[3]诈敌，万世之利也。[4]故曰：“雍季之对不当文公之问。”且文公又不知舅犯之言，舅犯所谓“不厌诈伪”者，不谓诈其民，谓诈其敌也。[5]敌者，所伐之国也，后虽无复，何伤哉！文公之所以先雍季者，以其功耶？则所以胜楚破军者，舅犯之谋也；以其善言耶？则雍季乃道其后之无复也，此未有善言也。舅犯则以兼之矣。舅犯曰：“繁礼君子不厌忠信”者，忠所以爱其下也，信所以不欺其民也。夫既以爱而不欺矣，言孰善于此！然必曰出于诈伪者，军旅之计也。舅犯前有善言，后有战胜，故舅犯有二功而后论，雍季无一焉而先赏。“文公之霸也，不亦宜乎”，[6]仲尼不知善赏也。[7]

[1] 先慎曰：乾道本下“因”字作“问”。顾广圻云：《藏》本同。今本

“问”作“因”，误。按“有”当作“在”，十字为一句。先慎按：顾说非。“问”字涉上文而误。“因大小缓急而对”，谓因其问之大小缓急而对也，正承上“凡对问者有因”而言。若作“问”字，则文气不属。改从今本。

[2] 顾广圻曰：“拔”、“拂”同字，或当衍其一也。先慎曰：“拔今日之死不及”与《孟子》“救死犹恐不暇”语意正同，“拂”即“拔”之复字。或一本作“拔”，一本作“拂”，校者旁注于下，而失删耳。

[3] 先慎曰：“诈于”当作“于诈”。

[4] 先慎曰：乾道本“也”字作“而已”二字，《拾补》无“而”字。卢文弨云：“‘而’字，《藏》本、张本无。‘已’字，张本作‘也’。”今据删改。

[5] 先慎曰：乾道本下“谓”字作“请”。顾广圻云：今本“请”作“谓”。先慎按：作“谓”是。言舅犯谓诈其敌，非谓诈其民也。“请”乃“谓”字形近而讹，改从今本。

[6] 先慎曰：乾道本无“也”字。卢文弨云“此二句乃述仲尼之语，‘也’字脱，《藏》本有”，今据补。

[7] 旧注：仲尼不知善赏，妄叹宜哉乎。

历山之农者侵畔，舜往耕焉，期年，甽亩正。[1]河滨之渔者争坻，[2]舜往渔焉，期年而让长。[3]东夷之陶者器苦窳，[4]舜往陶焉，期年而器牢。[5]仲尼叹曰：“耕渔与陶，非舜官也，[6]而舜往为之者，所以救败也。舜其信仁乎！乃躬藉处苦而民从之，[7]故曰：‘圣人之德化乎。’”

[1] 旧注：相谦，故正也。〇先慎曰：《艺文类聚》十一引作“期年而耕者让畔”。

[2] 旧注：坻，水中高地，钓者依之。

[3] 先慎曰：《艺文类聚》引“而”下有“渔者”二字。

[4] 旧注：苦窳，恶也。

[5] 先慎曰：《艺文类聚》引“器”下有“以”字。

[6] 旧注：非大人之事。〇先慎曰：赵本无注。卢文弨曰：张本有。

[7] 顾广圻曰：《藏》本、今本“藉”作“耕”。按“藉”、“借”同字。先慎曰：顾说是。上文“耕”、“渔”、“陶”三项，此不当牵合其一也。“躬藉处苦”，即下文“以身为苦而后化民”之义。

或问儒者曰：“方此时也，尧安在？”其人曰：“尧为天子。”“然则仲尼之圣尧奈何？[1]圣人明察在上位，将使天下无奸也。今耕渔不争，陶器不窳，[2]舜又何德而化？[3]舜之救败也，则是尧有失也。贤舜则去尧之明察，圣尧则去舜之德化，不可两得也。楚人有鬻楯与矛者，誉之曰：‘吾楯之坚，物莫能陷也。’[4]又誉其矛曰：‘吾矛之利，于物无不陷也。’或曰：‘以子之矛陷子之楯，何如？’其人弗能应也。夫不可陷之楯与无不陷之矛，不可同世而立。今尧、舜之不可两誉，矛楯之说也。且舜救败，期年已一过，三年已三过，舜有尽，寿有尽，[5]天下过无已者，以有尽逐无已，所止者寡矣。[6]赏罚使天下必行之，令曰：‘中程者赏，弗中程者诛。’令朝至暮变，暮至朝变，十日而海内毕矣，奚待期年？舜犹不以此说尧令从己，[7]乃躬亲，不亦无术乎！且夫以身为苦而后化民者，尧、舜之所难也；处势而骄下者，庸主之所易也。[8]将治天下，释庸主之所易，道尧、舜之所难，未可与为政也。”

[1] 旧注：尧在上，容人为恶，仲尼谓尧为圣者奈何？〇先慎曰：乾道本“容”作“三”，改从赵本。

［2］王渭曰："今"当作"令"。

［3］旧注：若尧以(舜)〔圣〕在上，则自有礼让，何须舜以化之。○卢文弨曰："而"，张本作"之"。

［4］先慎曰：乾道本无"吾"字、"物"字。顾广圻云：《藏》本、今本"曰"下有"吾"字。按依《难势》篇此无"吾"字。先慎按：下文"吾矛之利"与此"吾楯之坚"语正相对，下"以子之矛陷子之楯"，两"子"字与两"吾"字文又相照，乾道本脱"吾"字耳。《难势》篇作"誉其楯之坚"，文法不同，不得缘以为比。《北堂书钞》一百二十三、《御览》三百五十三引并有"吾"字、"物"字，今据补。《难势》篇亦有"物"字。

［5］顾广圻曰：上"有尽"二字当衍，四字为一句。

［6］先慎曰：乾道本"以"字在"已者"上，《拾补》无"者"字。卢文弨云："已者"，张本作"有已"，《藏》本作"以已"。顾广圻云："以已"当作"已以"，"已"字句绝，"以"下属。"者"字当衍。先慎按：张榜本、赵本"以"字在"有"字上，是也。谓天下之过不止耕、渔、陶三者，以舜寿之有尽，而治无已之过，则所止者寡矣。因"以"字误移于上，而卢、顾并去"者"字，非也。今依张、赵本改。

［7］先慎曰：言使民从己之令也。

［8］顾广圻曰：《藏》本同。今本"骄"作"令"。按此当作"矫"，《外储说右》篇云："榜檠矫直。"

管仲有病，[1]桓公往问之，曰："仲父病，不幸卒于大命，将奚以告寡人？"管仲曰："微君言，臣故将谒之。愿君去竖刁，除易牙，远卫公子开方。易牙为君主味，君惟人肉未尝，[2]易牙烝其子首而进之。[3]夫人情莫不爱其子，[4]今弗爱其子，安能爱君？君妒而好内，竖刁自宫以治内。人情莫不爱其身，身且不爱，安能爱君？开方事君十五年，[5]齐、卫之间不容数日行，弃其母，久宦不归。[6]其母不爱，安能爱君？

臣闻之：'矜伪不长，盖虚不久。'[7]愿君去此三子者也。"管仲卒死，[8]而桓公弗行。[9]及桓公死，虫出尸不葬。[10]

[1] 先慎曰：乾道本连上，今依赵本提行。

[2] 先慎曰：乾道本无"味君"二字。顾广圻云：《藏》本"主"下有"味君主"三字，今本有"味君"二字。先慎按：《藏》本衍"主"字，乾道本脱"味君"二字，今依今本增。《十过》篇作"为君主味，君之所未尝食，唯人肉耳"。

[3] 先慎曰："子首"，赵本作"首子"，说见《十过》及《二柄》两篇。

[4] 先慎曰：乾道本"情"上有"惟"字。顾广圻云"《藏》本、今本无'惟'字"，今据删。

[5] 先慎曰：乾道本"开"上有"闻"字。顾广圻云：《藏》本、今本无"闻"字。先慎按："闻"即"开"字之误而衍，今据删。

[6] 先慎曰：赵本"宦"作"官"。

[7] 旧注：言盖藏诈事不可久也。○俞樾曰："矜"字无义，乃"务"字之误。言务为诈伪不可以长也。《管子·小称》篇作"务伪不久，盖虚不长"，是其证。

[8] 先慎曰："卒"字衍。

[9] 先慎曰：乾道本无"而"字。卢文弨云"张本有"，今据补。

[10] 顾广圻曰："尸"当作"户"，下同。

或曰：管仲所以见告桓公者，非有度者之言也。[1]所以去竖刁、易牙者，[2]以不爱其身，适君之欲也。曰："不爱其身，安能爱君？"然则臣有尽死力以为其主者，[3]管仲将弗用也。[4]曰："不爱其死力，安能爱君？"是欲君去忠臣也。[5]且以不爱其身度其不爱其君，是将以管仲之不能死公子纠度其不死桓公也，是管仲亦在所去之域矣。明主之道不然，设民所欲以求其功，故为爵禄以劝之；设民所恶以禁其奸，故为刑罚以威之。庆赏信而刑罚必，故君举功于臣，而奸不用于上，[6]虽有竖刁，其奈君何？且臣尽死力以与君市，[7]君垂爵禄以与臣市，君臣之际，非父子之亲也，计数之所出也。[8]君有道，则臣尽力而奸不生；无道，则臣上塞主明而下成私。管仲非明此度数于桓公也，[9]使去竖刁，[10]一竖刁又至，[11]非绝奸之道也。且桓公所以身死虫流出尸不葬者，是臣重也。臣重之实，擅主也。有擅主之臣，则君令不下究，臣情不上通，一人之力能隔君臣之间，使善败不闻，祸福不通，故有不葬之患也。明主之道：一人不兼官，一官不兼事。卑贱不待尊贵而进论，[12]大臣不因左右而见。百官修通，群臣辐凑。有赏者君见其功，有罚者君知其罪。见知不悖于前，赏罚不弊于后，[13]安有不葬之患？管仲非明此言于桓公也，使去三子，故曰："管仲无度矣。"

[1] 先慎曰："度"，谓法度也。

[2] 先慎曰：乾道本无"去"字。顾广圻云：《藏》本、今本有"去"字。先慎按：有者是也。下"管仲非明此于桓公也，使去三子"，即承此而言，明此脱"去"字，今据补。

[3] 旧注：尽死力亦不爱身也。

[4] 卢文弨曰："弗"，张本作"不"。

[5] 先慎曰：乾道本无"欲"字。《拾补》有，卢文弨云"'欲'字脱"，今据补。

[6] 旧注：臣有功者举用之，自然奸不见用也。

[7] 先慎曰：乾道本脱"君市"二字。顾广圻云"今本'与'下有'君市'二字，依下文当补"，今据增。

[8] 旧注：君计臣力，臣计君禄。

[9] 王先谦曰："数"字疑衍。上云"非有度者之言"，下云"管仲无度"，即谓"此度"也。"数"字浅人所增。

[10] 先慎曰：句。

[11] 先慎曰：句。

[12] 顾广圻曰：《藏》本同。今本无"论"字。按"进"字当衍，上文云"舅犯有二功而后论"，《和氏》云"然犹两足斩而宝乃论"，此"论"字之义。

[13] 旧注：可赏赏，可罚罚，无所蔽塞也。〇顾广圻曰："弊"读为"蔽"。

襄子围于晋阳中，出围，赏有功者五人，[1]高赫为赏首。[2]张孟谈曰："晋阳之事，赫无大功，今为赏首，何也？"襄子曰："晋阳之事，寡人国家危，社稷殆矣。[3]吾群臣无有不骄侮之意者，惟赫不失君臣之礼，是以先之。"[4]仲尼闻之，曰："善赏哉襄子！赏一人而天下为人臣者莫敢失礼矣。"[5]

[1] 先慎曰：《御览》六百三十三引"五人"作"四人"。

[2] 顾广圻曰："赫"，他书作"赦"。先慎曰：《淮南·氾论》、《人间训》，《说苑·复恩》篇，《汉书·古今人表》并作"赫"。惟《吕氏春秋·孝行览》作"赦"。案"赦"即"赫"，声近而讹，当依此订正。《史记·赵世家》作"高共"，徐广云："一作'赫'。"

[3] 顾广圻曰：《藏》本同。今本无"家"字，误。先慎曰：《御览》引无"家"字，《吕氏春秋》亦无，不必有"家"字者是，无"家"字者非也。顾说泥。

[4] 先慎曰：各本"赫"下有"子"字。按"子"字〔不当〕有，《御览》引无，今据删。《吕览》作"而不失君臣之礼者惟赫"，亦无"子"字，是其证。

[5] 王渭曰：此《困学纪闻》所谓"事在孔子后，孔鲋已辨其妄者也"。

或曰：仲尼不知善赏矣。夫善赏罚者，百官不敢侵职，群臣不敢失礼，上设其法，而下无奸诈之心。如此，则可谓善赏罚矣。使襄子于晋阳也，令不行，禁不止，是襄子无国，晋阳无君也，尚谁与守哉？今襄子于晋阳也，知氏灌之，臼竈生鼃，[1]而民无反心，是君臣亲也。襄子有君臣亲之泽，操令行禁止之法，而犹有骄侮之臣，是襄子失罚也。[2]为人臣者，乘事而有功则赏。今赫仅不骄侮，而襄子赏之，是失赏也。[3]明主赏不加于无功，罚不加于无罪。今襄子不诛骄侮之臣，而赏无功之赫，安在襄子之善赏也。故曰："仲尼不知善赏。"

[1] 先慎曰：乾道本作"曰竈生鼃"，《拾补》"臼"作"穴"。卢文弨云："穴"，《藏》本作"臼"，"鼃"，《藏》本作"鼃"。顾广圻云：今本"曰"作"穴"，"鼃"作"鼃"。按此当依《赵策》作"臼竈生鼃"，《说苑·权谋》篇同。《太玄经·穷》上九亦云"臼竈生鼃"，盖本于彼也。先慎按："鼃"与"鼃"、"臼"与"曰"并形近而误，据卢、顾校改。

[2] 先慎曰：乾道本无"失"字。顾广圻云"《藏》本、今本'子'下有'失'字"，今据补。

[3] 旧注：臣有不骄，仅合臣礼，非有善可赏也。〇先慎曰：乾道本注"可"作"不"，据赵本改。

晋平公与群臣饮，饮酣，乃喟然叹曰："莫乐为人君！惟其言而莫之违。"师旷侍坐于前，援琴撞之，公披袵而避，琴坏于壁。公曰："太师谁撞？"师旷曰："今者有小人言于侧者，故撞之。"公曰："寡人也。"师旷曰："哑！[1]是非君人者之言也。"左右请除之。[2]公曰："释之，以为寡人戒。"[3]

［1］旧注：叹息之声。

［2］卢文弨曰："除"当作"涂"，《淮南·齐俗训》作"欲涂"。

［3］先慎曰：《淮南子》此下有"孔子闻之曰：'平公非不痛其体也，欲来谏者也。'韩子闻之曰：'群臣失礼而弗诛，是纵过也，有以夫平公之不霸也'"，疑此下脱文。

或曰：平公失君道，师旷失臣礼。夫非其行而诛其身，君之于臣也；非其行而陈其言，善谏不听则远其身者，臣之于君也。今师旷非平公之行，不陈人臣之谏，而行人主之诛，举琴而亲其体，是逆上下之位，而失人臣之礼也。夫为人臣者，君有过则谏，谏不听则轻爵禄以待之，[1]此人臣之礼义也。[2]今师旷非平公之过，举琴而亲其体，虽严父不加于子，而师旷行之于君，此大逆之术也。[3]臣行大逆，平公喜而听之，是失君道也。故平公之迹，不可明也，[4]使人主过于听而不悟其失。师旷之行亦不可明也，使奸臣袭极谏而饰弑君之道。不可谓两明，[5]此为两过。[6]故曰："平公失君道，师旷亦失臣礼矣。"

［1］先慎曰："待"当作"去"。

［2］先慎曰："义"字衍。

［3］顾广圻曰："夫为人臣者"至此六十一字当衍，乃旧注之错入者耳。先慎曰：顾说非。此六十一字专指臣下言。"夫为人臣者"至"此人臣之礼也"，申上"人臣之礼"；"师旷非平公之过"至"此大逆之术也"，申上"逆上下之位"；又以"严父不加于子"反譬而喻之，尤足见周、秦间之文法，非旧注所能及。且注家亦无此例也。

［4］先慎曰：赵本此及下"不可明也"，两"明"字并作"行"。卢文弨

云:《藏》本、张本作"明",下同。冯云:"行"宜作"明"。

[5] 顾广圻曰:"谓"字当衍。

[6] 顾广圻曰:《藏》本同。今本"为"作"谓",误。先慎曰:顾说非,"为"、"谓"同字。

齐桓公时,有处士曰小臣稷,桓公三往而弗得见。桓公曰:"吾闻布衣之士不轻爵禄,无以易万乘之主;万乘之主不好仁义,亦无以下布衣之士。"于是五往乃得见之。

或曰:桓公不知仁义。夫仁义者,忧天下之害,趋一国之患,不避卑辱,谓之仁义。故伊尹以中国为乱,道为宰于汤;百里奚以秦为乱,道为虏于穆公。[1]皆忧天下之害,趋一国之患,不辞卑辱,故谓之仁义。今桓公以万乘之势,下匹夫之士,将欲忧齐国,[2]而小臣不行见,[3]小臣之忘民也,[4]忘民不可谓仁义。仁义者,不失人臣之礼,不败君臣之位者也。是故四封之内,执会而朝,名曰臣。臣吏分职受事,名曰萌。今小臣在民萌之众,而逆君上之欲,故不可谓仁义。仁义不在焉,桓公又从而礼之。使小臣有智能而遁桓公,是隐也,宜刑;[5]若无智能而虚骄矜桓公,是诬也,宜戮。小臣之行,非刑则戮。桓公不能领臣主之理而礼刑戮之人,是桓公以轻上侮君之俗教于齐国也,非所以为治也。故曰:"桓公不知仁义。"

[1] 先慎曰:乾道本"虏"上无"为"字。顾广圻云:"以中国为乱"句绝,下句同。两"于"字当作"干"。《藏》本、今本"虏"上有"为"字。先慎按:有"为"字是,今据补。"道",由也。"道为虏干穆公",由为虏干穆

公。《难二》篇“伊尹自为宰干汤，百里奚自为虏干穆公”，“自”，亦由也。是其证。“于”即“干”之误。

［2］顾广圻曰：《藏》本“欲”作“与”，今本“欲”、“与”两有，皆误。

［3］先慎曰：“行”当作“得”。

［4］先慎曰：“小”上当脱“是”字。

［5］旧注：德修而隐，不为臣用，故宜刑也。○先慎曰：乾道本脱“宜刑”二字。顾广圻云“今本有‘宜刑’二字，依下文当补，旧注未讹”，今据增。

靡笄之役，[1]韩献子将斩人。郤献子闻之，驾往救之。比至，则已斩之矣。郤子因曰：“胡不以徇？”其仆曰：“曩不将救之乎？”郤子曰：“吾敢不分谤乎？”

［1］旧注：晋代齐也。靡笄，山名。○先慎曰：注“代”当作“伐”。

或曰：郤子言不可不察也，非分谤也。韩子之所斩也，若罪人则不可救，[1]救罪人，法之所以败也，法败则国乱。若非罪人则劝之以徇，[2]劝之以徇是重不辜也，[3]重不辜，民所以起怨者也，民怨则国危。郤子之言非危则乱，不可不察也。且韩子之所斩若罪人，郤子奚分焉？斩若非罪人，则已斩之矣，而郤子乃至，是韩子之谤已成，而郤子且后至也。[4]夫郤子曰“以徇”，不足以分斩人之谤，而又生徇之谤，[5]是子言分谤也？[6]昔者纣为炮烙，崇侯、恶来又曰“斩涉者之胫”也，奚分于纣之谤？[7]且民之望于上也甚矣，韩子弗得，[8]且望郤子之得之也；[9]今郤子俱弗得，则民绝望于上矣。[10]故曰：郤子之言非分谤也，益谤也。且郤子之往救罪也，以韩子为非也，不道其所以为非而劝之以徇，是使韩子不知其过也。夫下使民望绝于上，[11]又使韩子不知其失，吾未得郤子之所以分谤者也。

[1] 先慎曰：乾道本无“则”字。顾广圻云“《藏》本、今本有‘则’字”，今据补。

[2] 顾广圻曰：《藏》本同。今本“则”作“而”。按当作“不可”二字，与上文“不可救”句相对。先慎曰：“则”下脱“不可”二字耳，顾删“则”字亦非。乾道本“徇”作“殉”，据张榜本改。注及下同。

[3] 旧注：斩既不辜，徇又不辜，是重不辜也。

[4] 顾广圻曰：《藏》本同。今本无“子”字，误。

[5] 旧注：徇既不辜，益得一谤。

[6] 顾广圻曰：《藏》本同。今本“子”作“何”。按句有误。俞樾曰：此当作“是郤子之言非分谤也，益谤也”，今脱六字，则文义不明。下文云“故曰郤子之言非分谤也，益谤也”，正与此应，可以据补。先慎曰：俞说是。

[7] 旧注：此助为虐，更益谤也。

[8] 旧注：不得斩谓不辜也。

[9] 旧注：望郤子正韩子之过。

[10] 旧注：君上同恶，更何所望也。〇先慎曰：一本无注。卢文弨云：张本有。

[11] 先慎曰：“望绝”，当依上文作“绝望”。

桓公解管仲之束缚而相之。管仲曰：“臣有宠矣，然而臣卑。”公曰：“使子立高、国之上。”管仲曰：“臣贵矣，[1]然而臣贫。”公曰：“使子有三归之家。”管仲曰：“臣富矣，然而臣疏。”于是立以为仲父。霄略曰：[2]“管仲以贱为不可以治国,[3]故请高、国之上;以贫为不可以治富,故请三归;以疏为不可以治亲,故处仲父。管仲非贪,以便治也。”

[1] 先慎曰:《外储说左下》“贵”作“尊”。

[2] 顾广圻曰:未详。

[3] 王渭曰:“国”当作“贵”。

或曰:[1]今使臧获奉君令诏卿相,莫敢不听;非卿相卑而臧获尊也,主令所加,莫敢不从也。今使管仲之治,不缘桓公,是无君也,[2]国无君不可以为治。若负桓公之威,下桓公之令,是臧获之所以信也,奚待高、国、仲父之尊而后行哉!当世之行事都丞[3]之下征令者,不辟尊贵,不就卑贱。[4]故行之而法者,虽巷伯信乎卿相;行之而非法者,虽大吏诎乎民萌。今管仲不务尊主明法,而事增宠益爵,是非管仲贪欲富贵,必暗而不知术也。故曰:“管仲有失行,霄略有过誉。”

[1] 先慎曰:乾道本连上,今从赵本提行。

[2] 旧注:谓擅出其令,故曰“不缘”也。

[3] 旧注:都丞,宦官之卑者也。○先慎曰:注“宦”字,赵本无。卢文弨云:“脱。”

[4] 旧注:二官虽卑,奉命征令,亦不以尊即避、卑即就也。

韩宣王问于樛留:“吾欲两用公仲、公叔,其可乎?”樛留对曰:“昔魏两用楼、翟而亡西河,[1]楚两用昭、景而亡鄢、郢。[2]今君两用公仲、公叔，此必将争事而外市，[3]则国必忧矣。”

[1] 旧注：楼缓、翟璜也。○顾广圻曰：“楼、翟”，楼鼻、翟强也。事见《魏策》，旧注误甚。先慎曰：《说林上》“楼、翟”作“犀首、张仪”。

[2] 旧注：昭、景，楚之二姓。

[3] 旧注：与邻国交私以示己利，故曰“外市”也。

或曰：昔者齐桓公两用管仲、鲍叔，成汤两用伊尹、仲虺。夫两用臣者国之忧，则是桓公不霸，成汤不王也。湣王一用淖齿而身死乎东庙，[1]主父一用李兑，减食而死。主有术，两用不为患；[2]无术，两用则争事而外市，[3]一则专制而劫弑。[4]今留无术以规上，使其主去两用一，是不有西河、鄢、郢之忧，则必有身死减食之患，是樛留未有善以知言也。[5]

[1] 先慎曰：乾道本“身”作“手”。卢文弨云：“手”字讹。先慎按：卢说是。下“则必有身死减食之患”，“身死”即指湣王而言，明“手”为“身”之误。《拾补》作“身”，今从之。

[2] 顾广圻曰：《藏》本同。今本“主”下有“诚”字，误。

[3] 先慎曰：乾道本重“争”字。卢文弨云“凌本不重”，今据删。

[4] 顾广圻曰：“一”下当有“用”字。

[5] 先慎曰：“有”当作“为”。

难二第三十七[1]

景公过晏子曰："子宫小近市，请徙子家豫章之圃。"[2]晏子再拜而辞曰："且婴家贫，[3]待市食而朝暮趋之，不可以远。"景公笑曰："子家习市，识贵贱乎？"是时景公繁于刑，晏子对曰："踴贵而屦贱。"[4]景公曰："何故？"对曰："刑多也。"景公造[5]然变色曰："寡人其暴乎！"于是损刑五。

[1] 先慎曰：乾道本下行有"难三第三十八"六字。顾广圻云"子目衍，当删"，今依顾校。

[2] 顾广圻曰：与《左传》不合。

[3] 先慎曰："且"当作"臣"。

[4] 先慎曰："踴"即"踊"之俗字。

[5] 旧注：亡老反。〇顾广圻曰："造"，读为蹴。

或曰：晏子之贵踴，非其诚也，欲便辞以止多刑也。[1]此不察治之患也。夫刑当无多，不当无少；[2]无以不当闻，而以太多说，无术之患也。败军之诛以千百数，犹且不止。[3]即治乱之刑如恐不胜，而奸尚不尽。今晏子不察其当否，而以太多为说，不亦妄乎！夫惜草茅者耗禾穗，惠盗贼者伤良民。今缓刑罚，行宽惠，是利奸邪而害善人也，此非所以为治也。

[1] 旧注：卒问而对，非深思也。乱国重典，岂恶刑多，在当与不当耳，不在多少。

[2] 旧注：苟不当，虽少，犹以为多也。

[3] 顾广圻曰：《藏》本"且"作"北"，今本"且"、"北"两有，皆误。

齐桓公饮酒醉，遗其冠，耻之，三日不朝。管仲曰："此非有国之耻也，[1]公胡不雪之以政？"[2]公曰："善。"[3]因发仓囷赐贫穷，论囹圄出薄罪。处三日而民歌之曰："公乎，公乎，胡不复遗其冠乎！"[4]

[1] 卢文弨曰："非"字《意林》无。先慎曰：《意林》脱"非"字，《御览》四百九十七、六百八十四、八百四十五、《事类赋》十七引并有"非"字。

[2] 先慎曰：乾道本"胡"下有"其"字，据《御览》、《事类赋》引删。《意林》亦无"其"字。

[3] 先慎曰：乾道本"善"上有"胡其"二字。张榜本无，《艺文类聚》十九、《御览》、《事类赋》引并无"胡其"二字，今据删。

[4] 先慎曰：各本无"其"字及上"乎公乎"三字，据《艺文类聚》、《御览》引补。《意林》"冠"上亦有"其"字。

或曰：[1]管仲雪桓公之耻于小人，而生桓公之耻于君子矣。[2]使桓公发仓囷而赐贫穷，论囹圄而出薄罪，非义也，不可以雪耻使之而义也。桓公宿义，须遗冠而后行之，则是桓公行义，非为遗冠也。[3]是虽雪遗冠之耻于小人，而亦遗义之耻于君子矣。[4]且夫发囷仓而赐贫穷者，是赏无功也；论囹圄而出薄罪者，是不诛过也。夫赏无功则民偷幸而望于上，[5]不诛过则民不惩而易为非，此乱之本也，安可以雪耻哉！

［1］先慎曰：乾道本连上，今据张、赵本提行。

［2］先慎曰：小人以遗冠为耻，君子以遗义为耻。

［3］卢文弨曰："非"字衍。顾广圻曰："行"当作"遗"。先慎曰：顾说是。张榜本无"非也"二字，不知上文"行"为"遗"之误而删之也。

［4］顾广圻曰：《藏》本同。今本"遗"下有"宿"字，误。"亦"下当有"生"字。

［5］旧注：遗冠得赐，常望遗冠。

昔者文王侵盂、克莒、举豐，[1]三举事而纣恶之。文王乃惧，请入洛西之地、赤壤之国，方千里，以解炮烙之刑，[2]天下皆说。仲尼闻之曰："仁哉文王！轻千里之国而请解炮烙之刑。智哉文王！出千里之地而得天下之心。"

［1］先慎曰：各本"盂"作"孟"，"豐"作"酆"。王引之云："孟"为"盂"字之误也。《竹书纪年》："帝辛三十四年，周师取耆及邘。"《书·大传》："文王受命二年伐邘。"《史记·周本纪》："文王败耆国，明年，伐邘。"作"盂"者借字。顾广圻云："克"，今本作"尧"，误。"酆"，他书又作"豐"。先慎按："孟"为"盂"之误，"尧"为"克"之误。《御览》八十四引正作"侵盂、克莒、举豐"，今据改。

［2］先慎曰：各本"以"下有"请"字。案此承上"请入洛西之地"而言，不当有"请"字，浅人以下文"请解炮烙之刑"，遂于此误加"请"字，今据《艺文类聚》十二引删。

或曰：仲尼以文王为智也，不亦过乎！夫智者知祸难之地而辟之者也，是以身不及于患也。使文王所以见恶于纣者，以其不得人心耶？则虽索人心以解恶可也。纣以其大得人心而恶之，已又轻地以收人心，是重见疑也，固其所以桎梏囚于羑里也。郑长者有言：“体道，无为、无见也。”此最宜于文王矣，不使人疑之也。仲尼以文王为智，未及此论也。

晋平公问叔向曰：“昔者齐桓公九合诸侯，一匡天下，不识臣之力也，君之力也？”[1]叔向对曰：“管仲善制割，宾胥无善削缝，[2]隰朋善纯缘，[3]衣成，君举而服之，亦臣之力也，君何力之有？”师旷伏琴而笑之。公曰：“太师奚笑也？”师旷对曰：“臣笑叔向之对君也。凡为人臣者，犹炮宰和五味而进之君，君弗食，孰敢强之也。臣请譬之：君者壤地也，臣者草木也，必壤地美然后草木硕大，亦君之力也，[4]臣何力之有？”

[1] 先慎曰：乾道本无“君之力也”四字。卢文弨云：孙贻穀云：“《文选·四子讲德论》注引作‘臣之力邪，君之力邪’，此脱四字”。顾广圻云：“识”下当有“君之力也”四字。“也”，读为邪，《新序》四作“乎”。先慎案：张榜本有“君之力也”四字，今据补。《御览》六百二十引作“君之力，臣之力”。

[2] 旧注：言损益若女工翦削弥缝。

[3] 旧注：言增饰若女工之纯缘也。○顾广圻曰：《新序》二人事互易。

[4] 先慎曰：乾道本无“也”字。卢文弨云“‘也’字脱，张本有”，今据补。

或曰：叔向、师旷之对皆偏辞也。夫一匡天下，九合诸侯，美之大者也，非专君之力也，又非专臣之力也。昔者宫之奇在虞，僖负羁在曹，二臣之智，言中事，发中功，虞、曹俱亡者何也？此有其臣而无其君者也。且蹇叔处干而干亡，[1]处秦而秦霸，[2]非蹇叔愚于干而智于秦也，此有君与无臣也。[3]向曰“臣之力也”，不然矣。昔者桓公宫中二市，妇闾[4]二百，[5]被发而御妇人，得管仲为五百长；失管仲得竖刁而身死，虫流出尸不葬。[6]以为非臣之力也，且不以管仲为霸；以为君之力也，且不以竖刁为乱。昔者晋文公慕于齐女而忘归，[7]咎犯极谏，故使得反晋国。[8]故桓公以管仲合，文公以舅犯霸，[9]而师旷曰“君之力也”，又不然矣。凡五霸所以能成功名于天下者，必君臣俱有力焉。故曰：“叔向、师旷之对皆偏辞也。”

[1] 先慎曰：《拾补》“干”作“盂”。卢文弨云：《藏》本、张本同。或改作“虞”。顾广圻云：今本“干”作“于”，下同。按此未详。俞樾云：“干”，即虞也。《庄子·刻意》篇：“夫有干越之剑”，《释文》引司马云：“干，吴也。”《荀子·劝学》篇“干、越、夷、貉之子”，杨倞《注》：“‘干、越’犹言‘吴、越’。”《淮南子·原道》篇“干、越生葛絺”，高诱《注》亦云：“干，吴也。”是吴有“干”名，而“虞”与“吴”古同声而通用。桓十年《左传正义》云：“《谱》云：‘虞，姬姓也，武王克商，封虞仲之庶孙以为虞仲之后，处中国为西吴，后世谓之虞公。’”然则虞之始封，本为西吴，盖以别于荆、蛮之吴，因《春秋》经、传皆作“虞”，而西吴之名废矣。《汉书·地理志》：“河东郡大阳，吴山在西，上有吴城，周武王封太伯后于此，是为虞公。”夫虞之故城谓之吴城，是虞即吴也。吴得称干，则虞亦得称干也。“蹇叔处干”，即处虞也。先慎按：俞说是。今本作“于”，形近而误，或作“虞”者，不知

“干”即“虞”而改为“虞”也。

[2] 先慎曰：乾道本脱“处”字。顾广圻云“今本有‘处’字，依上文当有”，今据补。

[3] 卢文弨曰：“与”，或改“而”。顾广圻曰：“臣”当作“君”。

[4] 旧注：里门也。

[5] 先慎曰：《周策》作“宫中七市，女闾七百”。

[6] 先慎曰：“尸”当作“户”。

[7] 先慎曰：乾道本“忘”作“亡”。卢文弨云“‘亡’，张本作‘忘’”，顾广圻云“《藏》本作‘忘’，是也”，今据改。

[8] 先慎曰：乾道本无“得”字。卢文弨云“‘得’字脱，一本有”，今据补。

[9] 先慎曰：乾道本“文公”下无“以”字。顾广圻云“今本‘公’下有‘以’字，按依上文当有”，今据补。

齐桓公之时，晋客至，有司请礼，桓公曰“告仲父”者三。[1]而优笑曰：“易哉为君，一曰‘仲父’，二曰‘仲父’。”[2]桓公曰：“吾闻君人者劳于索人，佚于使人。吾得仲父已难矣，得仲父之后，何为不易乎哉！”

[1] 旧注：有司三请，皆曰“告仲父”。

[2] 旧注：优，俳优，乐者名。

或曰：桓公之所应优，非君人者之言也。桓公以君人为劳于索人，何索人为劳哉！伊尹自以为宰干汤，百里奚自以为虏干穆公。[1]虏，所辱也；宰，所羞也。蒙羞辱而接君上，贤者之忧世急也。然则君人者无逆贤而已矣，[2]索贤不为人主难。且官职所以任贤也，爵禄所以赏功也；设官职，陈爵禄，而士自至，君人者奚其劳哉！使人又非所佚也：人主虽使人必以度量准之，[3]以刑名参之；以事遇于法则行，[4]不遇于法则止；功当其言则赏，不当则诛。以刑名收臣，以度量准下，此不可释也，君人者焉佚哉！索人不劳，使人不佚，而桓公曰"劳于索人，佚于使人"者，不然。且桓公得管仲又不难。[5]管仲不死其君而归桓公，鲍叔轻官让能而任之，桓公得管仲又不难明矣。已得管仲之后，奚遽易哉！管仲非周公旦，周公旦假为天子七年，成王壮，授之以政，非为天下计也，为其职也。夫不夺子而行天下者，[6]必不背死君而事其仇；背死君而事其仇者，必不难夺子而行天下；不难夺子而行天下者，必不难夺其君国矣。管仲，公子纠之臣也，谋杀桓公而不能，其君死而臣桓公。管仲之取舍非周公旦，未可知也。[7]若使管仲大贤也，且为汤、武。汤、武，桀、纣之臣也，[8]桀、纣作乱，汤、武夺之。今桓公以易居其上，是以桀、纣之行居汤、武之上，桓公危矣。若使管仲不肖人也，且为田常。田常，简公之臣也，而弑其君。今桓公以易居其上，是以简公之易居田常之上也，桓公又危矣。管仲非周公旦以明矣，[9]然为汤、武与田常未可知也。为汤、武有桀、纣之危，为田常有简公之乱也。[10]已得仲父之后，桓公奚遽易哉！[11]若使桓公之任管仲，必知不欺己也，是知不欺主之臣也。然雖知不欺主之臣，[12]今桓公以任管仲之专借竖刁、易牙，[13]虫流出尸而不葬，[14]桓公不知臣欺主与不欺主已明矣；而任臣如彼其专也，故曰："桓公暗主。"

［1］俞樾曰：两“以”字皆衍文。“自”，由也。言由为宰以干汤，由为虏以干穆公也。《难一》篇：“故伊尹以中国为乱，道为宰干汤，百里奚以秦为乱，道为虏干穆公。”“道”，亦由也，与此一律。

［2］先慎曰：乾道本“逆”作“道”。顾广圻云：《藏》本、今本“道”作“逆”，误。先慎按：作“逆”是，顾说非。改从《藏》本、今本。

［3］先慎曰：乾道本脱“以”字。顾广圻云“《藏》本、今本有‘以’字”，今据补。

［4］顾广圻曰：下“以”字当衍。

［5］先慎曰：乾道本无“得”字。顾广圻云“今本有‘得’字，依下文当有”，今据补。

［6］顾广圻曰：《藏》本同。今本“不”下有“难”字，误。先慎曰：张榜本有“难”字，旁注云：“‘难’作‘肯’。”

［7］张榜曰：当云“非周公旦亦以明矣，然其贤与不贤未可知也”。卢文弨曰：“未”字衍。先慎曰：张说是。“未”上当有脱文。

［8］先慎曰：乾道本不重“汤武”二字。顾广圻云“今本重，按依下文当重”，今据补。

［9］顾广圻曰：《藏》本同。今本“旦”下有“亦”字，误。先慎曰：“以”当作“已”。

［10］先慎曰：下“之”字，张榜本无。

［11］先慎曰：赵本“遽”作“处”，误。

［12］先慎曰：“雖”当为“唯”之误。“惟”、“唯”古通，此承上起下之词。谓桓公任仲，知不欺己，则桓公能皆知不欺己之臣。乃惟管仲之不欺己，因谓竖刁、易牙亦不欺己，遂以任管仲者任二人，则桓公不知欺与不欺亦明矣。“唯”误作“雖”，遂不可读。

［13］王先谦曰：“今”字无义，疑“令”之讹。

［14］先慎曰：“尸”当作“户”。乾道本“不”作“作”。卢文弨云：“而”字衍。顾广圻云：今本“作”作“不”，误。按当作“后”。先慎按：作“不”字是，上文“虫流出尸不葬”即其证，今据改。

李兑治中山，苦陉令上计而入多。李兑曰："语言辨，听之说，不度于义，谓之窕言。[1]无山林泽谷之利而入多者，谓之窕货。君子不听窕言，不受窕货，子姑免矣！"[2]

[1] 旧注：苟且也。○顾广圻曰："语言辨"句绝。"说"，读为"悦"。孙诒让曰：蒲阪云："'李兑'合作'李克'，其治中山已见《外储说左下》。'语言'，下文作'言语'；'辨'、'辩'通；'听'合作'聪'。《魏都赋》注引李克书曰：'言语辩聪之说而不度于义者，谓之胶言。'"《文选》注。案蒲阪圆据刘逵引李克书校正此文，郅塙。《御览》一百六十一引《史记》，亦以此为李克事，今《史记》无此文。又案：此《难》诸篇皆杂举古书之文而难之，李克书即《汉书・艺文志》儒家《李克》七篇之佚文，刘逵所引未全，此可以补之。惟"窕言"、"胶言"义两通，《广雅・释诂》云"胶，欺也"，《方言》云"胶，诈也"，此李克书"胶"字之义。当各从本书。昭二十一年《左传》云"小者不窕"，杜《注》云："窕，细不满。"《吕氏春秋・适音》篇高《注》义同。盖"窕"本为空虚不充满之言，引申之，凡虚假不实者通谓之"窕"。"窕言"者，虚言不可信以为实。下文"窕货"者，虚货不可恃以为富也。旧注释为"苟且"，盖读为"佻愉"字，于义未切。先慎曰："听"字不误，《选》注作"聪"，形近而误。玩下文自知。

[2] 先慎曰：乾道本"子"作"之"，今据张榜本、赵本改。

或曰：李子设辞曰："夫言语辨，听之说，不度于义者，谓之窕言。""辩"在言者，"说"在听者，言非听者也。所谓"不度于义"，[1]非谓听者，必谓所听也。听者，非小人则君子也。小人无义，必不能度之义也；君子度之义，必不肯说也。夫曰"言语辨，听之说，不度于义"者，必不诚之言也。入多之为窕货也，未可远行也。李子之奸弗蚤禁，使至于计，是遂过也。无术以知而入多，入多者穰也，[2]虽倍入将奈何！举事慎阴阳之和，种树节四时之适，无早晚之失，寒温之灾，则入多。不以小功妨大务，不以私欲害人事，[3]丈夫尽于耕农，妇人力于织纴，则入多。务于畜养之理，察于土地之宜，六畜遂，五谷殖，则入多。明于权计，审于地形舟车机械之利，用力少，致功大，则入多。利商市关梁之行，能以所有致所无，客商归之，外货留之，俭于财用，节于衣食，宫室器械，周于资用，不事玩好，则入多。入多，皆人为也。若天事风雨时、寒温适，土地不加大，而有丰年之功，则入多。人事、天功[4]二物者皆入多，非山林泽谷之利也。夫"无山林泽谷之利入多"，因谓之"窕货"者，无术之言也。[5]

[1] 顾广圻曰：《藏》本、今本"也"下有"则辨非说者也"六字，按此不当有。

[2] 旧注：穰，丰多也。

[3] 先慎曰：乾道本"私"上有"和"字。顾广圻云：《藏》本、今本无"和"字。先慎案："私"、"和"二字形近而误衍，此与上"不以小功妨大务"句相对成文，不应此多一字，据《藏》本删。

[4] 卢文弨曰：张本"功"作"工"。

[5] 先慎曰：乾道本"言"作"害"。顾广圻曰"《藏》本、今本'害'作'言'"，今据改。

赵简子围卫之郛郭，[1]犀楯、犀橹立于矢石之所不及，[2]鼓之而士不起。简子投枹曰："乌乎！[3]吾之士数弊也。"行人烛过[4]免胄而对曰："臣闻之，亦有君之不能耳，士无弊者。[5]昔者吾先君献公并国十七，[6]服国三十八，战十有二胜，是民之用也。献公没，惠公即位，淫衍暴乱，身好玉女，[7]秦人恣侵，去绛十七里，[8]亦是人之用也。惠公没，文公受之，[9]围卫、取邺，[10]城濮之战，五败荆人，取尊名于天下，亦此人之用也。亦有君不能耳，[11]士无弊也。”简子乃去楯橹，立矢石之所及，鼓之而士乘之，战大胜。简子曰：“与吾得革车千乘，不如闻行人烛过之一言也。”

[1] 先慎曰：“郛”、“郭”同义，“郛”当作“附”。《吕氏春秋·贵直》篇作“附郭”，高《注》：“附郭，近郭也。”“郛”、“附”声近而误。

[2] 旧注：简子以犀为胁橹而自卧之。“橹”，楯类也。〇先慎曰：乾道本无“不”字。卢文弨云：“犀楯犀橹”，《吕氏春秋·贵直》篇作“犀蔽屏橹”，“所”下脱“不”字。注“胁”字疑作“楯”，又“卧”字讹。先慎按：卢说是，今依《拾补》增“不”字。“犀”，坚也，说见《奸劫弑臣》篇。

[3] 先慎曰：张榜本“乌”作“鸣”。

[4] 先慎曰：伪《子华子·去赵》篇赵简子有“烛过小人”之语。

[5] 旧注：但(者)〔君〕不能用之耳。〇先慎曰：乾道本脱“士”字。顾广圻云：《藏》本、今本“无”上有“士”字。先慎案：有“士”字是，今据补。《御览》三百五十一引《吕氏春秋》“士何弊之有”，今吕书亦脱“士”字。

[6] 先慎曰：《吕氏春秋》作“兼国十九”。

[7] 先慎曰：张榜本“玉”误“王”。

[8] 先慎曰：《吕氏春秋》作“秦人袭我，逊去绛七十”。

[9] 先慎曰：乾道本“受”作“授”。顾广圻云：“授”当作“受”。先慎按：张榜本作“受”，今据改。

[10] 顾广圻曰：《吕氏春秋》“邺”作“曹”。

[11] 先慎曰：乾道本“能”下有“士”字。顾广圻云：《藏》本、今本无“士”字。先慎按：《吕氏春秋》亦无“士”字，此涉下文而衍，今据删。

或曰：行人未有以说也，乃道惠公以此人是败，文公以此人是霸，未见所以用人也；[1]简子未可以速去楯橹也。[2]严亲在围，轻犯矢石，孝子之所爱亲也。[3]孝子爱亲，百数之一也。[4]今以为身处危而人尚可战，是以百族之子于上皆若孝子之爱亲也，是行人之诬也。[5]好利恶害，夫人之所有也。赏厚而信，人轻敌矣；[6]刑重而必，失人不比矣。[7]长行徇上，数百不一失。[8]喜利畏罪，人莫不然。将众者不出乎莫不然之数，而道乎百无一人之行，[9]行人未知用众之道也。[10]

[1] 旧注：文能以赏信必罚，未必去橹亲立于矢石间。

[2] 先慎曰：乾道本“楯”作“胁”。顾广圻云：《藏》本、今本“胁”作“楯”。先慎按：上云“简子乃去楯橹，立矢石之所及”，此即承上而云，作“楯”字是，今据改。

[3] 旧注：孝子所以轻犯矢石而救者，谓亲爱。○王渭曰：“所”下当有“以”字。

[4] 旧注：犯难救亲，百人无一人，言孝稀也。

[5] 旧注：能孝于亲者尚百无一，况于君百族而行孝哉！是诬也。○顾广圻曰：《藏》本同。今本“百族之子”下有“爱”字，误。先慎曰：张榜本“若”作“有”，乾道本注“一”作“益”，据赵本改。

[6] 顾广圻曰：“人”上当有“夫”字。

[7] 顾广圻曰：《藏》本同。今本无“失”字。按(矢)〔失〕当作“夫”。先慎曰：“比”，赵本作“北”。

[8] 顾广圻曰：《藏》本同。今本“失”作“人”。按此当衍。

[9] 先慎曰：乾道本“一”作“失”，《拾补》作“一”。卢文弨云“‘失’字讹”，今依改。

[10] 先慎曰：乾道本无“行”字、“用”字。顾广圻云“今本有‘行’字，《藏》本、今本有‘用’字”，今据补。

韩非子卷第十六

难三第三十八

鲁穆公问于子思曰:“吾闻庞糲氏之子不孝,其行奚如?”[1]子思对曰:“君子尊贤以崇德,举善以观民。[2]若夫过行,是细人之所识也,臣不知也。”子思出,子服厉伯入见,问庞糲氏子,[3]子服厉伯对曰:“其过三,皆君之所未尝闻。”[4]自是之后,君贵子思而贱子服厉伯也。

[1] 顾广圻曰:“糲氏”,《论衡·非韩》篇作“擱是”。按“氏”、“是”同字。“糲”,当依《论衡》作“擱”,字书无“糲”字。《史记·酷吏传》云“济南瞯氏”,《汉书·音义》云“音小儿瘌病也”,即此姓。“庞”,当是其里也。

[2] 顾广圻曰:《藏》本、今本“观”作“劝”,《论衡》作“劝”。按此以“观”为是。“观”,示也。

[3] 先慎曰:乾道本无“问”字。顾广圻云:《藏》本、今本有“问”字。先慎按:《论衡》亦有“问”字,今据补。

[4] 顾广圻曰:“之”,当依《论衡》作“子”。先慎曰:《论衡》“尝”作“曾”。

或曰:鲁之公室,三世劫于季氏,不亦宜乎!明君求善而赏之,求奸而诛之,其得之一也。故以善闻之者,以说善同于上者也;以奸闻之者,以恶奸同于上者也。此宜赏誉之所及也。[1]不以奸闻，是异于上而下比周于奸者也，此宜毁罚之所及也。今子思不以过闻，而穆公贵之；厉伯以奸闻，而穆公贱之。人情皆喜贵而恶贱，故季氏之乱成而不上闻，此鲁君之所以劫也。且此亡王之俗，[2]取、鲁之民所以自美，而穆公独贵之，不亦倒乎！

[1] 旧注：闻善、闻奸俱当赏也。○先慎曰：乾道本“及”作“力”。顾广圻云：《藏》本、今本“力”作“及”。先慎按：作“及”是，今据改。下“此宜毁罚之所及也”，正作“及”。

[2] 顾广圻曰：“王”当作“主”。

文公出亡，献公使寺人披攻之蒲城，[1]披斩其袪，文公奔翟。惠公即位，又使攻之惠窦，不得也。[2]及文公反国，披求见。公曰：“蒲城之役，君令一宿，而汝即至；惠窦之难，君令三宿，而汝一宿，何其速也？”披对曰：“君令不二。除君之恶，惟恐不堪。[3]蒲人、翟人，余何有焉！[4]今公即位，其无蒲、翟乎！且桓公置射钩而相管仲。”君乃见之。

[1] 先慎曰：“献公”，一本作“献子”，误。

[2] 顾广圻曰：“惠窦”，当依《左传》作“渭滨”。

[3] 先慎曰：乾道本无“惟”字。顾广圻云：《藏》本、今本有“惟”字。先慎按：《左传》亦有，今据补。

[4] 旧注：当时君为蒲、翟之人，无臣之分，则何有焉？○卢文弨曰：注“无臣之分”，“之”冯改“主”。

或曰：齐、晋绝祀，不亦宜乎！桓公能用管仲之功，而忘射钩之怨；文公能听寺人之言，而弃斩袪之罪。桓公、文公能容二子者也。後世之君，明不及二公，後世之臣，贤不如二子。以不忠之臣事不明之君，[1]君不知则有燕操、[2]子罕、田常之贼，知之则以管仲、寺人自解。君必不诛而自以为有桓、文之德，是臣仇而明不能烛，[3]多假之资，自以为贤而不戒，则虽无后嗣，不亦可乎！[4]且寺人之言也，直饰[5]君令而不贰者，则是贞于君也。死君後生臣不愧，而後为贞。[6]今惠公朝卒，而暮事文公，寺人之"不贰"何如？

[1] 先慎曰：乾道本"以"字在"臣"字下。顾广圻云：今本"以"字在"不"字上。先慎按：此当乙，今据改。

[2] 旧注：子之也。

[3] 顾广圻曰：《藏》本同。今本"仇"下有"君"字。

[4] 王先谦曰：韩子此言，殆为楚、魏相张仪之类而发。

[5] 旧注：非诚言也。○先慎曰：赵本注"诚"作"识"，误。

[6] 旧注：不皆死而後为贞。○先慎曰：乾道本下"後"字作"復"，《拾补》上"後"字亦作"復"。卢文弨云："復"作"後"，讹。注"不"字疑"必"。顾广圻云：今本"復"作"後"。按"復"、"後"互误。"生"下当更有"生"字。先慎按：今本"復"作"後"，是也。此言君死後臣生不愧，如荀息立奚齐、立卓子之类，而後为贞。若君朝卒而仇立，遂臣事之，非贞也。此与下文语意相承，极为明显。乾道、《道藏》本误"後"为"復"，其义遂晦耳。上"後"字不讹，卢、顾说并非，改从今本。

人有设桓公隐者，[1]曰："一难，二难，三难，何也？"桓公不能射，[2]以告管仲。管仲对曰："一难也，近优而远士。二难也，去其国而数之海。三难也，君老而晚置太子。"桓公曰:“善。”不择日而庙礼太子。

［1］先慎曰：乾道本连上，今从赵本提行。

［2］先慎曰：乾道本“射”作“对”。卢文弨云“‘对’，《藏》本作‘射’”，今据改。

或曰：管仲之射隐不得也。士之用不在近远，而俳优侏儒固人主之所与燕也。则近优而远士而以为治，非其难者也。夫处势而不能用其有，[1]而悖不去国，[2]是以一人之力禁一国。以一人之力禁一国者，少能胜之。明能照远奸而见隐微，必行之令，虽远于海内必无变。然则去国之海而不劫杀，非其难者也。楚成王置商臣以为太子，又欲置公子职，商臣作难，遂弑成王。公子宰，周太子也，[3]公子根有宠，遂以东州反，[4]分而为两国。此皆非晚置太子之患也。夫分势不二，庶孽卑，宠无藉，虽处耄老，[5]晚置太子可也。然则晚置太子，庶孽不乱，又非其难也。物之所谓难者，必借人成势，而勿使侵害己，[6]可谓一难也。贵妾不使二后，二难也。[7]爱孽不使危正适，专听一臣而不敢隅君，[8]此则可谓三难也。

［1］先慎曰：乾道本“势”作“世”。卢文弨云“‘世’，张本作‘势’”，顾广圻云“《藏》本‘世’作‘势’是也”，今据改。

［2］顾广圻云：《藏》本同。今本“悖”作“徒”。按“悖”当作“恃”。

［3］先慎曰：《六微》篇“宰”作“朝”，说见上。

［4］顾广圻曰：“州”，读为“周”，见《六微》篇。

［5］先慎曰：乾道本"耄老"作"大臣"，误，改从赵本。"庶孽卑"句。"宠无藉"，谓所宠之人无借以权势也。

［6］先慎曰：乾道本无"使"字。卢文弨云"'使'字脱，张本有"，今据补。

［7］先慎曰："二后"，犹并后也。"二难"上，依上下文当有"可谓"二字。

［8］顾广圻曰：《藏》本同。今本"隅"作"偶"。按"隅"当作"愚"。先慎曰："隅"、"偶"形近易讹。《诗·抑》"维德之隅"，《刘熊碑》作"偶"，是二字古人已有误者。此"隅"当作"偶"，顾说非。

叶公子高问政于仲尼，[1]仲尼曰："政在悦近而来远。"哀公问政于仲尼，仲尼曰："政在选贤。"齐景公问政于仲尼，仲尼曰："政在节财。"三公出，子贡问曰："三公问夫子政一也，夫子对之不同，何也？"仲尼曰："叶都大而国小，民有背心，故曰：'政在悦近而来远。'鲁哀公有大臣三人，外障距诸侯四邻之士，内比周而以愚其君，[2]使宗庙不扫除，社稷不血食者，必是三臣也。故曰：'政在选贤。'齐景公筑雍门，为路寝，一朝而以三百乘之家赐者三，[3]故曰：'政在节财。'"

［1］先慎曰：乾道本连上，今从赵本提行。

［2］先慎曰：赵本"其"作"于"。

［3］旧注：谓以大夫之业世赐与为寝也。〇先慎曰：注"世"，赵本作"也"。卢文弨云："业也"当作"菜地"。又"寝也"当作"寝者"。

或曰：仲尼之对，亡国之言也。叶民有倍心，[1]而说之"悦近而来远"，[2]则是教民怀惠。惠之为政，无功者受赏，则有罪者免，此法之所以败也。法败而政乱，[3]以乱政治败民，未见其可也。且民有倍心者，君上之明有所不及也。不绍叶公之明，[4]而使之悦近而来远，是舍吾势之所能禁而使与不行惠以争民，[5]非能持势者也。夫尧之贤，六王之冠也，舜一从而咸包，而尧无天下矣。有人无术以禁下，恃为舜而不失其民，不亦无术乎！明君见小奸于微，故民无大谋；行小诛于细，故民无大乱。此谓"图难于其所易"也，[6]"为大者于其所细"也。今有功者必赏，赏者不得君，[7]力之所致也；有罪者必诛，诛者不怨上，罪之所生也。民知诛罚之皆起于身也，[8]故疾功利于业，[9]而不受赐于君。"太上，下智有之。"[10]此言太上之下民无说也，[11]安取怀惠之民？上君之民无利害，说以"悦近来远"，亦可舍已！哀公有臣外障距内比周以愚其君，而说之以"选贤"，此非功伐之论也，选其心之所谓贤者也。使哀公知三子外障距内比周也，则三子不一日立矣。哀公不知选贤，选其心之所谓贤，故三子得任事。燕子哙[12]贤子之而非孙卿，[13]故身死为僇；夫差智太宰嚭而愚子胥，故灭于越。鲁君不必知贤，而说以"选贤"，是使哀公有夫差、燕哙之患也。明君不自举臣，臣相进也；[14]不自贤，[15]功自徇也。[16]论之于任，试之于事，课之于功。故群臣公正而无私，[17]不隐贤，不进不肖。然则人主奚劳于选贤？景公以百乘之家赐，而说以"节财"，是使景公无术以享厚乐，[18]而独俭于上，未免于贫也。有君以千里养其口腹，则虽桀、纣不侈焉。齐国方三千里，而桓公以其半自养，是侈于桀、纣也；然而能为五霸冠者，知侈俭之地也。为君不能禁下而自禁者，谓之劫；不能饰下而自饰者，谓之乱；不节下而自节者，谓之贫。[19]明君使人无私，以诈而食者禁；力尽于事，归利于上者必闻，闻者必赏；污秽为私者必知，知者必诛。然故忠臣尽忠于公，[20]民士竭力于家，百官精克于上，[21]侈倍景公，非国之患也。[22]然则说之以“节财”，非其急者也。夫对三公一言而三公可以无患，知下之谓也。知下明[23]则禁于微，禁于微则奸无积，[24]奸无积则无比周，无比周则公私分，公私分则朋党散，朋党散则无外障距内比周之患。知下明则见精沐，[25]见精沐则诛赏明，诛赏明则国不贫。故曰：“一对而三公无患，知下之谓也。”[26]

[1] 先慎曰：乾道本“叶”作“恐”。卢文弨云“‘恐’，张本作‘叶’”，今据改。

[2] 先慎曰：乾道本“说”上有“诚”字。顾广圻云“《藏》本、今本无‘诚’字”，今据删。

[3] 先慎曰：乾道本无“政”字。顾广圻云“《藏》本、今本有”，今据增。

[4] 卢文弨曰：“绍”，凌本作“咎”。顾广圻曰：句有误。孙诒让曰：“绍”当作“诏”。谓(诰)〔诏〕告之以尚明之义。“绍”、“诏”形声并相近。

[5] 顾广圻曰：《藏》本同。今本“不”作“天下”二字。按“不”字当作“下”，形近误。今本添“天”字，误甚。

[6] 顾广圻曰：《藏》本、今本“难”下有“者”字。

[7] 顾广圻曰：“得”当作“德”。

[8] 顾广圻曰：“罚”当作“赏”。

[9] 先慎曰：《拾补》“疾”作“习”。卢文弨云：张本作“疾”。顾广圻云：《藏》本同。今本“疾”作“习”，误。

[10] 顾广圻曰:“智”,读为知。按此《老子》第十七章文。

[11] 卢文弨曰:张本无“民”字。

[12] 顾广圻曰:《藏》本同。今本“子”作“王”,误。

[13] 顾广圻曰:“孙卿”,荀卿也。其事未详。

[14] 顾广圻曰:“臣”当作“功”。

[15] 顾广圻曰:“贤”上当脱“选”字。

[16] 顾广圻曰:《藏》本同。今本重“功”字,误。“自”作“相”。

[17] 先慎曰:乾道本“正”作“政”,今据赵本改。

[18] 先慎曰:“以享厚乐”,乾道本作“使智　之侈”,《藏》本作“使智之侈”,改从今本。

[19] 先慎曰:依上文,“不”下当有“能”字。

[20] 先慎曰:乾道本“公”上有“方”字。顾广圻云:《藏》本、今本无“方”字。按句有误。先慎按:“方”字衍。“然故”,即然则也。王引之《经传释词》云:“故,犹则也。”“忠臣尽忠于(上)〔公〕”与“民士竭力于家”、“百官精克于上”一律,“公”上不当有“方”字,今据删。

[21] 旧注:精廉克己。

[22] 旧注:但如上,虽侈,非国之患也。〇先慎曰:乾道本注“但”作“伊”,据赵本改。

[23] 顾广圻曰:“也”下当有脱文。此“知下明则”云云,哀公之无患也。下文“知下明则”云云,景公之无患也。所脱为叶公之无患也,因“知下明则”复出而误漏之耳。

[24] 先慎曰:乾道本不重“禁于微”三字。顾广圻云“今本重‘禁于微’,按此当更有”,今据补。

[25] 王渭曰:“精沐”二字疑。孙诒让曰:“精沐”,疑当为“精悉”。《说文》:“悉,详尽也。”“悉”或变作“悉”,又讹作“休”,与“沐”形近,因而致误。

[26] 旧注:韩子以齐桓侈于桀、纣犹未亏德,形于翰墨,著以为教,一何逆理之甚。其不得死秦狱,未必不由此也。〇先慎曰:赵本无此注

文。卢文弨云：张本有。

郑子产晨出，过东匠之间，[1]闻妇人之哭，抚其御之手而听之。有间，遣吏执而问之，则手绞其夫者也。[2]异日，其御问曰："夫子何以知之？"子产曰："其声惧。凡人于其亲爱也，始病而忧，临死而惧，已死而哀。今哭已死，不哀而惧，是以知其有奸也。"

[1] 先慎曰：乾道本"东"作"柬"。顾广圻云：《论衡》"柬"作"东"，"间"作"宫"。先慎按：张榜本、赵本并作"东"，今据改。

[2] 顾广圻曰：《论衡》"绞"作"杀"，下"异日"作"翼日"。

或曰：子产之治，不亦多事乎！[1]奸必待耳目之所及而后知之，[2]则郑国之得奸者寡矣。不任典成之吏，[3]不察参伍之政，[4]不明度量，恃尽聪明劳智虑[5]而以知奸，不亦无术乎！且夫物众而智寡，寡不胜众，智不足以遍知物，故因物以治物。[6]下众而上寡，寡不胜众者，言君不足以遍知臣也，故因人以知人。是以形体不劳而事治，智虑不用而奸得。故宋人语曰："一雀过羿，羿必得之，则羿诬矣。[7]以天下为之罗，则雀不失矣。"夫知奸亦有大罗，不失其一而已矣。不修其理，而以己之胸察为之弓矢，则子产诬矣。《老子》曰："以智治国，国之贼也。"其子产之谓矣。

[1] 旧注：不以法度而用智，故曰"多事"也。

[2] 先慎曰：乾道本"奸必"作"必奸"，据赵本改。《论衡·非韩》篇

正作“奸必”。

［3］旧注：典，主也。谓因事而责成之。○先慎曰：《论衡》“成”作“城”。乾道本注“因”作“其”，据赵本改。

［4］先慎曰：《论衡》“政”作“正”，二字古通。

［5］先慎曰：乾道本“尽”作“毒”。顾广圻云：《藏》本、今本“毒”作“尽”。按此以“毒”与“劳”对文。先慎案：顾说非，《论衡》亦作“尽”，今据改。《论衡》“恃”作“待”，误，当依此订正。

［6］旧注：谓若因龙以治鳞虫，因凤以治羽鸟也。○先慎曰：乾道本“故”下有“则”字。顾广圻云：今本无“则”字。俞樾曰：“故”、“则”二字无义，赵本删“则”字，当从之。惟此文有从旧注羼入者，《韩子》原文当云：“且夫物众而智寡，寡不胜众，故因物以治物；下众而上寡，寡不胜众，故因人以知人。”旧注于上句“寡不胜众”云“言智不足以遍知物也”，于下句“寡不胜众”云“言君不足以遍知臣也”，传写误入正文，而又有错误，遂参差而不可读矣。先慎案：俞说是。“则”字依赵本删。

［7］旧注：羿虽善射，见雀未必一一得之，故曰“诬”也。○先慎曰：乾道本不重“羿”字。卢文弨云“凌本重‘羿’字”，今据(删)〔增〕。

秦昭王问于左右曰：“今时韩、魏孰与始强？”左右对曰：“弱于始也。”“今之如耳、魏齐孰与曩之孟常、芒卯？”[1]对曰：“不及也。”王曰：“孟常、芒卯率强韩、魏犹无奈寡人何也！”[2]左右对曰：“甚然。”中期伏瑟而对[3]曰：“王之料天下过矣。夫六晋之时，知氏最强，灭范、中行，又率韩、魏之兵以伐赵，[4]灌以晋水，城之未沉者三板。知伯出，魏宣子御，韩康子为骖乘，知伯曰：‘始吾不知水可以灭人之国，吾乃今知之。汾水可以灌安邑，绛水可以灌平阳。’魏宣子肘韩康子，康子践宣子之足，肘足接乎车上而知氏分于晋阳之下。

今足下虽强，未若知氏，韩、魏虽弱，未至如其晋阳之下也。[5]此天下方用肘足之时，愿王勿易之也。”

[1] 卢文弨曰：“常”，张本作“尝”，下同。

[2] 顾广圻曰：《策》下有“今以无能之如耳、魏齐帅弱韩、魏以攻秦，其无奈寡人何亦明矣。”先慎曰：《说苑·敬慎》篇亦有，疑此脱。

[3] 先慎曰：各本“伏瑟”作“推琴”。顾广圻云：《史记·魏世家》云“中旗凭琴”，《索隐》云：“按《战国策》作‘推琴’，《春秋后语》‘中旗伏琴’，而《韩子》作‘推瑟’，《说苑》作‘伏瑟’，文各不同。”按《索隐》引此作“瑟”，是也。“推”当作“冯”，“冯”、“伏”同字。《难二》篇云：“师旷伏琴而笑之。”先慎案：《御览》四百五十九引作“中旗伏瑟”，今据改。

[4] 先慎曰：各本“又率”作“而从”，今据《御览》改。《说苑》亦作“又率”。

[5] 先慎曰：“其”字疑衍。

或曰：[1]昭王之问也有失，左右、中期之对也有过。凡明主之治国也，任其势。势不可害，则虽强天下无奈何也，而况孟常、芒卯、韩、魏能奈我何！其势可害也，则不肖如如耳、魏齐[2]及韩、魏犹能害之。然则害与不侵，在自恃而已矣，奚问乎？自恃其不可侵，[3]则强与弱奚其择焉？[4]夫不能自恃[5]而问其奈何也，其不侵也幸矣。申子曰：“失之数而求之信，则疑矣。”其昭王之谓也。知伯无度，从韩康、魏宣而图以水灌灭其国，[6]此知伯之所以国亡而身死，头为饮杯之故也。今昭王乃问孰与始强，其未有水人之患也；[7]虽有左右，非韩、魏之二子也，安有肘足之事？而中期曰“勿易”，此虚言也。且中期之所官，琴瑟也。弦不调，弄不明，中期之任也，此中期所以事昭王者也。中期善承其任，未慊昭王也，而为所不知，岂不妄哉！左右对之曰“弱于始”与“不及”则可矣，其曰“甚然”[8]则谀也。申子曰：“治不逾官，虽知不言。”今中期不知而尚言之，故曰：“昭王之问有失，左右、中期之对皆有过也。”

[1] 先慎曰：乾道本连上，今从赵本提行。

[2] 先慎曰：乾道本不重“如”字。卢文弨云“脱，凌本重”，今据补。

[3] 先慎曰：下“自”字赵本作“曰”。卢文弨云：“曰”字讹。

[4] 先慎曰：乾道本无“则”字。顾广圻云“《藏》本、今本有‘则’字”，今据补。

[5] 先慎曰：乾道本“夫不能”作“失在不”，今据赵本改。

[6] 先慎曰：“其”，《拾补》作“人”。卢文弨云：“其”字讹。先慎案：卢说非，“其”指韩、魏言，即上“汾水灌安邑，绛水灌平阳”也。

[7] 先慎曰：乾道本“未”作“畏”，“也”作“乎”。卢文弨云：凌本、秦本“畏”作“未”，“乎”作“也”。顾广圻云：“畏”字当有误，未详。先慎按：“畏”、“未”声近而讹。“未有水人之患”与“安有肘足之事”文法一律，今据改。

[8] 卢文弨曰：四字句。

管子曰：“见其可，说之有证；见其不可，恶之有形。赏罚信于所见，虽所不见，其敢为之乎？见其可，说之无证；[1]见其不可，恶之无形。赏罚不信于所见，而求所不见之外，不可得也。”

[1] 先慎曰：乾道本“证”上有“说”字。顾广圻云：《藏》本、今本无

下“说”字。先慎按:“说”字涉上文而衍,今据删。

或曰:广廷严居,众人之所肃也;晏室独处,曾、史之所僈也。[1]观人之所肃,非行情也。[2]且君上者,臣下之所为饰也。好恶在所见,臣下之饰奸物以愚其君必也。明不能烛远奸、见隐微,而待之以观饰行、定赏罚,不亦弊乎!

[1] 先慎曰:“僈”,赵本作“慢”,古字通用。

[2] 顾广圻曰:《藏》本同。今本“行”作“得”,误。

管子曰:“言于室满于室,言于堂满于堂,是谓天下王。”

或曰:管仲之所谓“言室满室、言堂满堂”者,非特谓游戏饮食之言也,必谓大物也。人主之大物,非法则术也。法者,编著之图籍,设之于官府,而布之于百姓者也。术者,藏之于胸中,以偶众端,而潜御群臣者也。[1]故法莫如显,而术不欲见。是以明主言法,则境内卑贱莫不闻知也,不独“满于堂”;用术,则亲爱近习莫之得闻也,不得满室。而管子犹曰“言于室满室,言于堂满堂”,非法术之言也。

[1] 先慎曰:张榜本“众”作“重”。

难四第三十九

卫孙文子聘于鲁，公登亦登。叔孙穆子趋进曰："诸侯之会，寡君未尝后卫君也。今子不后寡君一等，寡君未知所过也。子其少安。"孙子无辞，亦无悛容。穆子退而告人曰："孙子必亡。亡臣而不后君，[1]过而不悛，亡之本也。"

[1] 顾广圻曰：《藏》本、今本不重"亡"字。按当依《左传》云："孙子必亡，为臣而君。"衍"不后"二字。先慎曰：按此相传当日之语不同，应各依本书为是。"亡臣"，即下"其所以亡，其失所以得君也"。"亡臣"之"亡"，读若"忘"。孙子自忘己尚为臣，故与鲁君并行而不违。下文"孙子君于卫而后不臣于鲁"，正申"亡臣而不后君"之说。顾氏依《左传》改本书，失本书指矣。

或曰：天子失道，诸侯伐之，[1]故有汤、武。诸侯失道，大夫伐之，故有齐、晋。臣而伐君者必亡，则是汤、武不王，晋、齐不立也。[2]孙子君于卫，[3]而后不臣于鲁，臣之君也。[4]君有失也，故臣有得也。不命亡于有失之君，而命亡于有得之臣，不察。[5]鲁不得诛卫大夫，而卫君之明不知不悛之臣，孙子虽有是二也，臣以亡？[6]其所以亡，其失所以得君也。[7]

[1] 顾广圻曰："伐"当作"代"。"代之"，代为君也。下文尽同。

[2] 先慎曰：依上文，"晋、齐"当作"齐、晋"。

[3] 顾广圻曰：句绝。

[4] 王先谦曰：臣之君，谓臣变而为君也。

[5] 顾广圻曰：二字句绝。先慎曰："命"与"言"通。《书·大禹谟》"咸听朕命"，《墨子·兼爱》篇下作"咸听朕言"，《禹谟》即本《墨子》改"言"为"命"，可见古人"命"、"言"二(子)〔字〕相通。此谓穆子不言卫君有失之当亡，而言卫臣有得之必亡，是谓不明。

[6] 顾广圻曰：《藏》本同。今本无"臣"字，误。按"臣"当为"巨"。"讵"、"巨"同字。

[7] 顾广圻曰：《藏》本同。今本无"亡其"二字，误。"亡"句绝，下七字为一句。先慎曰："其所以亡"，谓亡其为臣也。"其失所以得君"，谓失其为臣之礼，故得为其君也。

或曰：[1]臣主之施，分也。臣能夺君者，以得相踦也。故非其分而取者，众之所夺也；辞其分而取者，民之所予也。是以桀索嶓山之女，纣求比干之心，而天下离；[2]汤身易名，[3]武身受詈，[4]而海内服；赵咺走山，[5]田外仆，[6]而齐、晋从。则汤、武之所以王，齐、晋之所以立，非必以其君也，彼得之而后以君处之也。[7]今未有其所以得，而行其所以处，是倒义而逆德也。倒义，则事之所以败也；逆德，则怨之所以聚也。败亡之不察，何也？

[1] 先慎曰：前三篇皆一难，此篇先立一义以难古人，又立一义以自难前说，其文皆出于《韩子》。

[2] 先慎曰：乾道本"离"作"谓"。顾广圻云"今本'谓'作'离'"，今据改。

[3] 顾广圻曰：未详。先慎曰：《路史》："桀杀关龙逄，汤闻而叹，使

人哭之，桀怒，囚汤于夏台，已而得释。”以下文“受詈”例之，当即此事。

[4] 顾广圻曰：见《喻老》篇。

[5] 顾广圻曰：“咺”当作“宣”。《左传》“宣子未出山而复”，是其事也。

[6] 顾广圻曰：《藏》本同。今本“田”下有“氏”字，误。此当有“成”字。即田成子去齐，走而之燕，负传随鸱夷子皮事也。见《说林上》篇。

[7] 赵用贤曰：非必夺君之位，分所当得也。以分所当得而后自处于君位也。

鲁阳虎欲攻三桓，不克而奔齐，景公礼之。[1]鲍文子谏曰：“不可。阳虎有宠于季氏而欲伐于季孙，[2]贪其富也。今君富于季孙，而齐大于鲁，阳虎所以尽诈也。”景公乃囚阳虎。

[1] 顾广圻曰：《藏》本、今本重“齐”字，误。

[2] 先慎曰：“伐”下衍“于”字。

或曰：[1]千金之家，其子不仁，人之急利甚也。桓公，五伯之上也，争国而杀其兄，其利大也。臣主之间，非兄弟之亲也，劫杀之功，制万乘而享大利，则群臣孰非阳虎也。事以微巧成，以疏拙败。群臣之未起难也，其备未具也。群臣皆有阳虎之心，而君上不知，是微而巧也。阳虎贪于天下以欲攻上，是疏而拙也。不使景公加诛于拙虎，[2]是鲍文子之说反也。臣之忠诈，在君所行也。君明而严则群臣忠，君懦而暗则群臣诈。知微之谓明，无赦之谓严。[3]不知齐之巧臣而诛鲁之成乱，不亦妄乎！

[1] 先慎曰：乾道本连上，今从赵本提行。

[2] 顾广圻曰："诛"下当有脱文，本云"不使景公加诛于齐之巧臣，而使加诛于拙虎"。下文云"不知齐之巧臣"，其证也。

[3] 先慎曰：乾道本"赦"上有"救"字，《拾补》无。卢文弨云"'救'字衍"，今据删。

或曰：仁贪不同心。故公子目夷辞宋，而楚商臣弑父；郑去疾予弟，[1]而鲁桓弑兄。五伯兼并，而以桓律人，[2]则是皆无贞廉也。且君明而严，则群臣忠。阳虎为乱于鲁，不成而走，入齐而不诛，是承为乱也。君明则诛，知阳虎之可以济乱也，[3]此见微之情也。语曰："诸侯以国为亲。"君严则阳虎之罪不可失，此无赦之实也。[4]则诛阳虎，所以使群臣忠也。未知齐之巧臣而废明乱之罚，责于未然而不诛昭昭之罪，此则妄矣。今诛鲁之罪乱以威群臣之有奸心者，而可以得季、孟、叔孙之亲，鲍文之说，何以为反？

[1] 顾广圻曰：与《左传》不同。《郑世家》亦云："坚者，灵公庶弟，而去疾之兄也。"

[2] 先慎曰："桓"上当有"三"字。

[3] 先慎曰："诛知"，赵本作"知诛"，误。"诛"字句，"知"下属。

[4] 先慎曰：乾道本"赦"上有"救"字，据《拾补》删。

郑伯将以高渠弥为卿，昭公恶之，固谏不听。及昭公即位，惧其杀己也，辛卯，弑昭公而立子亶也。[1]君子曰："昭公知所恶矣。"公子圉曰："高伯其为戮乎，报恶已甚矣！"

[1] 卢文弨曰："亶"，《左传》桓十七年《传》作"亹"，疑此因形近而讹。下"公子圉"，《传》作"达"，亦然。

或曰：公子圉之言也，不亦反乎！昭公之及于难者，报恶晚也。然则高伯之晚于死者，报恶甚也。明君不悬怒，[1]悬怒则臣罪，轻举以行计，[2]则人主危。故灵台之饮，[3]卫侯怒而不诛，故褚师作难。[4]食鼋之羹，郑君怒而不诛，故子公杀君。君子之举"知所恶"，非甚之也，曰知之若是其明也，而不行诛焉，以及于死，故曰"知所恶"，[5]以见其无权也。人君非独不足于见难而已，或不足于断制。今昭公见恶稽罪而不诛，使渠弥含憎惧死以侥幸，故不免于杀，是昭公之报恶不甚也。[6]

[1] 旧注：有怒不行且举之，故曰"悬怒"。

[2] 顾广圻曰：《藏》本同。今本"臣"下有"惧"字。按"臣罪"当作"罪臣"。此下当重有"罪臣轻举以行计"七字。

[3] 顾广圻曰：与《左传》不同。

[4] 先慎曰：乾道本"褚"作"楮"，据赵本改。

[5] 先慎曰：乾道本无"曰"字，《拾补》有。卢文弨云：张本无。顾广圻云：《藏》本同。今本"故"下有"曰"字。按当有"举"字。先慎按：有"曰"字是，今据补。

[6] 先慎曰："昭公"当作"高伯"。昭公含怒未发，不得言"昭公之报恶"。此即难公子圉"高伯其为戮乎，报恶已甚矣"之语。今本皆误"高伯"为"昭公"，文义不可通矣。

或曰：报恶甚者，大诛报小罪。大诛报小罪也者，狱之至也。[1]狱之患，故非在所以诛也，[2]以仇之众也。是以晋厉公灭三郤而栾、中行作难，郑子都杀伯咺而食鼎起祸，[3]吴王诛子胥而越句践成霸。则卫侯之逐，郑灵之弑，不以褚师之不死而子公之不诛也，[4]以未可以怒而有怒之色，未可诛而有诛之心。怒之当罪，[5]而诛不逆人心，虽悬奚害？夫未立有罪，即位之后，宿罪而诛，齐胡之所以灭也。[6]君行之臣，[7]犹有后患，况为臣而行之君乎？诛既不当，而以尽为心，是与天下为仇也，则虽为戮，不亦可乎！[8]

[1] 先慎曰：乾道本无下“报”字。顾广圻云“《藏》本、今本有‘报’字”，今据补。

[2] 顾广圻曰：“狱之患”句绝。“以”当作“已”。

[3] 顾广圻曰：未详。

[4] 先慎曰：乾道本“子公”作“公父”。顾广圻云：今本“公父”作“子公”，误。先慎按：作“子公”是。上“子公弑君”与“褚师作难”对言，是其证，改从今本。事见《左传》。

[5] 先慎曰：乾道本“之”作“其”。卢文弨云“‘其’，秦本作‘之’”，今据改。

[6] 先慎曰：乾道本“齐”下有“故”字。顾广圻云“《藏》本、今本无‘故’字。《国语》‘昔齐驺马繻以胡公入于贝水’，即其事”，今据删。

[7] 顾广圻曰：四字为一句。

[8] 先慎曰：《拾补》“乎”下有“哉”字。卢文弨云：脱，张本有。

卫灵公之时，[1]弥子瑕有宠于卫国，侏儒有见公者曰：“臣之梦践矣。”[2]公曰：“奚梦？”[3]“梦见灶者，为见公也。”公怒曰：“吾闻见人主者梦见日，[4]奚为见寡人而梦见灶乎?”侏儒曰:“夫日兼照天下,一物不能当也;人君兼照一国,一人不能壅也。故将见人主而梦日也。夫灶,一人炀焉,则后人无从见矣。或者一人炀君邪?则臣虽梦灶,不亦可乎!”公曰:“善。”遂去雍钼,退弥子瑕,而用司空狗。[5]

[1] 先慎曰:乾道本无“公”字。卢文弨云“脱,张本有”,顾广圻云“《藏》本有‘公’字,是也,《七术》篇有”,今据补。

[2] 先慎曰:乾道本“践”作“浅”,《拾补》作“践”,今据改。《七术》篇作“贱”,亦误。

[3] 先慎曰:此下当依《七术》篇有“对曰”二字。

[4] 先慎曰:乾道本“闻”下无“见”字。《拾补》有,《七术》篇有,今据补。《拾补》“梦”下删“见”字,非。

[5] 顾广圻曰:“雍钼”,《赵策》作“雍疸”。先慎曰:《孟子》、《卫策》作“痈疽”,《说苑·至公》篇作“雍睢”,皆音近通借。

或曰:侏儒善假于梦以见主道矣,然灵公不知侏儒之言也。“去雍钼,退弥子瑕,而用司空狗”者,是去所爱而用所贤也。郑子都贤庆建而壅焉,[1]燕子哙贤子之而壅焉。夫去所爱而用所贤,未免使一人炀己也。不肖者炀主,不足以害明;今不加(诛)〔知〕而使贤者炀己,[2]则必危矣。[3]

[1] 顾广圻曰:未详。

[2] 先慎曰:乾道本“己”上有“主”字。顾广圻云:今本无“己”字,误。按依下文当衍“主”字。先慎按:《拾补》有“己”字,无“主”字,卢文弨云“‘主’字非”,今据删。

[3] 先慎曰:乾道本“必危”二字作“贤”,误。顾广圻云“《藏》本、今

本'贤'作'必危'二字,按依下文是也",今据改。

或曰屈到嗜芰,文王嗜菖蒲菹,非正味也,而二贤尚之,所味不必美。晋灵侯说参无恤,[1]燕哙贤子之,非正士也,[2]而二君尊之,所贤不必贤也。非贤而贤用之,[3]与爱而用之同;[4]贤诚贤而举之,[5]与用所爱异状。[6]故楚庄举叔孙而霸。[7]商辛用费仲而灭,此皆用所贤而事相反也。燕哙虽举所贤,而同于用所爱,卫奚距然哉?[8]则侏儒之未见也,[9]君壅而不知其壅也。已见之后而知其壅也,故退壅臣,是加知之也。[10]日"不加知[11]而使贤者炀己,则必危",而今以加知矣,则虽炀己,必不危矣。

[1] 顾广圻云:未详。

[2] 先慎曰:乾道本重"之"字。顾广圻云"《藏》本不更有'之'字,是也",今据删。

[3] 顾广圻曰:《藏》本同。今本无下"贤"字,误。

[4] 顾广圻曰:句绝。

[5] 顾广圻曰:六字为一句。

[6] 顾广圻曰:"状"字衍。

[7] 王渭曰:"叔孙"当作"孙叔"。

[8] 先慎曰:《拾补》"奚"下有"独"字,"距"作"讵"。卢文弨云:"距"字非。顾广圻云:"距"读为"遽"。先慎按:顾说是。

[9] 先慎曰:乾道本"见"上有"可"字。卢文弨云:"'可'字,凌、秦本无",今据删。

[10] 顾广圻曰:"之"字当衍。

[11] 顾广圻曰:《藏》本同。今本"日"作"曰",误。

韩非子卷第十七

难势第四十

慎子曰："飞龙乘云，腾蛇游雾，云罢雾霁，[1]而龙蛇与螾蚁同矣，则失其所乘也。贤人而诎于不肖者，则权轻位卑也；[2]不肖而能服于贤者，则权重位尊也。尧为匹夫不能治三人，而桀为天子能乱天下。吾以此知势位之足恃，而贤智之不足慕也。夫弩弱而矢高者，激于风也；身不肖而令行者，得助于众也。尧教于隶属而民不听，至于南面而王天下，令则行，禁则止。由此观之，贤智未足以服众，而势位足以缶贤者也。"[3]

[1] 先慎曰：《初学记》二、《御览》十五、《事类赋》三引"霁"作"散"。

[2] 卢文弨曰：张本"贤"上有"故"字。

[3] 卢文弨曰："缶"，疑"乏"之讹。"乏"，古"正"字。《墨子》往往用此。顾广圻曰：句有误。俞樾曰："缶"乃"诎"字之误。"诎"阙坏而为"出"字，又因误为"缶"也。上文云"贤人乃诎于不肖者，则权轻位卑也"，此即势位足以诎贤者之说。赵本作"任贤"者，乃不得其字而臆改，不可从也。先慎曰：俞说是，张榜本亦改作"任"。

应慎子曰：飞龙乘云，腾蛇游雾，吾不以龙蛇为不托于云雾之势也。虽然，夫释贤而专任势，足以为治乎？[1]则吾未得见也。夫有云雾之势而能乘游之者，龙蛇之材美之也。[2]今云盛而螾弗能乘也，雾醲而蚁不能游也；夫有盛云醲雾之势而不能乘游者，螾蚁之材薄也。今桀、纣南面而王天下，以天子之威为之云雾，而天下不免乎大乱者，桀、纣之材薄也。且其人以尧之势以治天下也，其势[3]何以异桀之势也乱天下者也。[4]夫势者，非能必使贤者用已，而不肖者不用已也。[5]贤者用之则天下治，不肖者用之则天下乱。人之情性贤者寡而不肖者众，而以威势之利济乱世之不肖人，则是以势乱天下者多矣，[6]以势治天下者寡矣。夫势者，便治而利乱者也。故《周书》曰："毋为虎傅翼，将飞入邑，择人而食之。"[7]夫乘不肖人于势，是为虎傅翼也。桀、纣为高台深池以尽民力，为炮烙以伤民性，[8]桀、纣得乘四行者，[9]南面之威为之翼也。使桀、纣为匹夫，未始行一而身在刑戮矣。[10]势者，养虎狼之心，而成暴乱之事者也，[11]此天下之大患也。势之于治乱，本末有位也，[12]而语专言势之足以治天下者，则其智之所至者浅矣。夫良马固车，使臧获御之则为人笑，王良御之而日取千里；车马非异也，或至乎千里，或为人笑，则巧拙相去远矣。[13]今以国位为车，[14]以势为马，以号令为辔，[15]以刑罚为鞭筴，使尧、舜御之则天下治，桀、纣御之则天下乱，则贤不肖相去远矣。夫欲追速致远不知任王良，欲进利除害不知任贤能，此则不知类之患也。夫尧、舜亦治民之王良也。

[1] 先慎曰：乾道本"释"作"择"。《拾补》"择"作"释"，顾广圻云"当作'释'"，今据改。

［2］卢文弨曰：下“之”字，凌本无。王先谦曰：此与下“螾蚁之材薄也”对文，明下“之”字衍。

［3］顾广圻曰：《藏》本同。今本无“以也其势”四字。先慎曰：张榜本无“以也”二字。按“其势”二字属下读。

［4］卢文弨曰：一本无“者”字。顾广圻曰：《藏》本、今本无上“也”字。按“也”当作“以”。

［5］顾广圻曰：两“已”字当有误，未详。俞樾曰：两“已”字，当作“人已”之“已”，即以势而言，势者人人得而用之，不能使贤者用我，而不肖者不用我也。顾氏由不达古人语意耳。

［6］卢文弨曰：一本无“矣”字。

［7］先慎曰：乾道本无“将”字。顾广圻云：《藏》本、今本“飞”上有“将”字。按“之”字当衍。先慎按：《逸周书・寤儆》篇正有“将”字，今据补。彼脱“为”字，当依此订。

［8］顾广圻曰：句当有脱字。“高台”一也，“深池”二也，“炮烙”三也。下文云“四行”，其一未见。先慎曰：此随举二人暴虐之事，非必有四行也，炮烙即非桀所为，顾说太泥。

［9］顾广圻曰：《藏》本“乘”作“成”，今本“四”作“肆”，皆误。“乘”，当作“兼”，下文云“未始行一”，其证也。先慎曰“乘”下脱“势”字，“四”当作“肆”。“肆行”，即指尽民力伤民性言。顾说非。

［10］先慎曰：言匹夫未一行桀、纣之暴乱，刑戮随之也。顾氏以“一”对“四”言，非。

［11］先慎曰：乾道本“暴”下有“风”字。顾广圻云：今本无“风”字。按句有误。先慎按：无“风”字是，改从今本。此谓桀、纣得有天下之势以为之傅翼，所以暴乱之事成也。

［12］顾广圻曰：“末”当作“未”。

［13］先慎曰：乾道本无“巧”字。顾广圻云：《藏》本、今本有“巧”字。先慎案：《治要》亦有，今据补。

［14］先慎曰：《治要》无“位”字。

[15] 先慎曰：《治要》“辔”下有“衔”字。

复应之曰：其人以势为足恃以治官。客曰“必待贤乃治”，则不然矣。夫势者，名一而变无数者也。[1]势必于自然，则无为言于势矣；吾所为言势者，言人之所设也。今曰“尧、舜得势而治，桀、纣得势而乱”，吾非以尧、舜为不然也。虽然，非一人之所得设也。[2]夫尧、舜生而在上位，[3]虽有十桀、纣不能乱者，则势治也；桀、纣亦生而在上位，虽有十尧、舜而亦不能治者，则势乱也。故曰：“势治者则不可乱，而势乱者则不可治也。”此自然之势也，非人之所得设也。若吾所言，谓人之所得设也；若吾所言，谓人之所得势也而已矣。[4]贤何事焉！何以明其然也？客曰：“人有鬻矛与楯者，[5]誉其楯之坚：‘物莫能陷也。’俄而又誉其矛曰：‘吾矛之利，物无不陷也。’人应之曰：‘以子之矛，陷子之楯，何如？’其人弗能应也。”[6]以为不可陷之楯与无不陷之矛，为名不可两立也。夫贤之为势不可禁，而势之为道也无不禁，以不可禁之势，[7]此矛楯之说也。夫贤势之不相容亦明矣。且夫尧、舜、桀、纣千世而一出，是比肩随踵而生也；[8]世之治者不绝于中，吾所以为言势者中也。中者，上不及尧、舜而下亦不为桀、纣，抱法处势则治，背法去势则乱。今废势背法而待尧、舜，尧、舜至乃治，是千世乱而一治也；抱法处势而待桀、纣，桀、纣至乃乱，是千世治而一乱也。且夫治千而乱一，与治一而乱千也，是犹乘骥駬而分驰也，相去亦远矣。[9]夫弃隐栝之法，[10]去度量之数，使奚仲为车，不能成一轮；无庆赏之劝，刑罚之威，释势委法，尧、舜户说而人辩之，不能治三家。夫势之足用亦明矣,而曰"必待贤",则亦不然矣。[11]且夫百日不食以待粱肉,饿者不活;[12]今待尧、舜之贤乃治当世之民,是犹待粱肉而救饿之说也。夫曰"良马固车,臧获御之则为人笑,王良御之则日取乎千里",吾不以为然。夫待越人之善海游者[13]以救中国之溺人,越人善游矣,而溺者不济矣。[14]夫待古之王良以驭今之马,亦犹越人救溺之说也,不可亦明矣。夫良马固车,[15]五十里而一置,使中手御之,追速致远,可以及也,而千里可日致也,何必待古之王良乎!且御非使王良也,则必使臧获败之;治非使尧、舜也,则必使桀、纣乱之。此味非饴蜜也,必苦菜亭历也。[16]此则积辩累辞、离理失术、两未之议也,[17]奚可以难夫道理之言乎哉!客议未及此论也。[18]

[1] 先慎曰:有自然之势,有人设之势。

[2] 先慎曰:乾道本无"今曰"至"设也",据《藏》本、张榜本、赵本补三十(二)〔三〕字。

[3] 先慎曰:乾道(字)〔本〕"尧"作"圣"。顾广圻云:《藏》本、今本"圣"作"尧",非也。"舜"上当有脱文。先慎按:顾氏不审上文有三十(二)〔三〕字之本,故疑此下脱文。"尧、舜"承上言,"尧"不当作"圣"。《御览》六百二十四、《初学记》九引并作"尧",与《藏》本、今本合,是其证,今据改。《初学记》引"夫"上有"今"字,《艺文类聚》五十二引无"舜"字,有"尧"字,盖"尧"下脱"舜"字,然亦足见"圣"为"尧"之误。

[4] 先慎曰:乾道本无"设也若吾所言谓人之所得"十一字。顾广圻云:"谓人之所得"下有脱文。俞樾云:"势"当作"设"。上文云"此自然之势也,非人之得设也",故此曰"若吾所言,谓人之所得设也而已矣"。"设"误作"势",文不可通。顾氏因疑有脱文,非是。先慎案:张榜本

“得”下有“设也若吾所言谓人之所得”十一字，是，今据增。上“吾”字乃“客”之误，当作“若客所言，谓人之所得设也；若吾所言，谓人之所得势也而已矣”。“若客所言，谓人之得设”，正承上“非人之所得设也”而来，语极明晰。“客”误为“吾”，遂不可读，乾道本因删去“若吾所言，谓人之所得设也”十一字耳。顾氏知有缺文而失于考校，俞氏又强为之说而不加参订，均非。

[5] 先慎曰：《难一》篇“矛”、“楯”互易。《白孔六帖》五十八引无“与”字。

[6] 先慎曰：《白孔六帖》引“陷子之楯何如”作“击子之楯如之何”。

[7] 顾广圻曰：《藏》本同。今本“势”下有“与无不禁之道”，误。按当云“以不可禁之贤与无不禁之势”。

[8] 先慎曰：“是”上当有“反”字。

[9] 先慎曰：骥、駬并千里马，乘而分驰，违背必速。

[10] 先慎曰：张榜本、赵本“栝”作“括”。《公羊》何休《序》云“隐括使就绳墨”，是也。字当作“桰”，《说文》：“桰，檃也，从木，昏声。”今通用炊灶木之“栝”。又或从“括”，《书・太甲》“往省括于度”，是也。

[11] 先慎曰：乾道本无“不”字。顾广圻云“《藏》本、今本有‘不’字”，今据增。

[12] 先慎曰：《御览》八百六十三引“活”作“育”。

[13] 卢文弨曰：“海”字疑衍。先慎曰：“海”即“游”字误而复者。

[14] 先慎曰：上“矣”字当衍。“善”上当有“虽”字。《说林上》篇“越人虽善游，子必不生矣”，语句正同。

[15] 先慎曰：张榜本脱“马”字。

[16] 先慎曰：乾道本“菜”作“莱”。顾广圻云“今本‘莱’作‘菜’”，今据改。

[17] 卢文弨曰：“未”，张、凌本作“末”。顾广圻云：句有误。

[18] 顾广圻曰：句有误。先慎曰：语意明显，顾说谬。

问辩第四十一

或问曰："辩安生乎？"对曰："生于上之不明也。"问者曰："上之不明，因生辩也，何哉？"对曰："明主之国，令者，言最贵者也；法者，事最适者也。言无二贵，法不两适，故言行而不轨于法令者必禁。若其无法令而可以接诈应变、生利揣事者，上必采其言而责其实，言当则有大利，不当则有重罪，是以愚者畏罪而不敢言，智者无以讼，[1]此所以无辩之故也。乱世则不然，主上有令[2]而民以文学非之，官府有法民以私行矫之，[3]人主顾渐其法令而尊学者之智行，[4]此世之所以多文学也。[5]夫言行者，以功用为之的彀者也。夫砥砺杀矢而以妄发，其端未尝不中秋毫也；[6]然而不可谓善射者，无常仪的也。设五寸之的，引十步之远，[7]非羿、逢蒙不能必中者，有常也。[8]故有常则羿、逢蒙以五寸的为巧，[9]无常则以妄发之中秋毫为拙。今听言观行，不以功用为之的彀，[10]言虽至察，行虽至坚，则妄发之说也。是以乱世之听言也，以难知为察，以博文为辩；其观行也，以离群为贤，以犯上为抗。人主者说辩察之言，尊贤抗之行，故夫作法术之人，立取舍之行，别辞争之论，[11]而莫为之正。是以儒服带剑者众，而耕战之士寡；坚白无厚之词章，[12]而宪令之法息。故曰：'上不明则辩生焉。'"

[1] 先慎曰:“讼”,读为“诵”。

[2] 先慎曰:乾道本无“上”字。顾广圻云“《藏》本、今本有”,今据补。

[3] 先慎曰:依上文“民”上当有“而”字。

[4] 赵用贤曰:“澌”,没也,音“尖”。

[5] 先慎曰:张榜本“所”下脱“以”字。

[6] 先慎曰:“杀矢”,用诸田猎之矢,见《周礼·考工记·冶氏注》。

[7] 先慎曰:《外储说左上》篇同。按“十步”当作“百步”。

[8] 先慎曰:“常”下脱“仪的”二字,《外储说》有。

[9] 先慎曰:张榜本、赵本“巧”作“功”,误。“巧”与下文“拙”正相对待,《外储说》作“巧”,是其证。

[10] 先慎曰:张榜本、赵本“功”作“公”,误。

[11] 先慎曰:张榜本无“故夫”至此十七字。

[12] 先慎曰:《史记·荀卿传》:“赵有公孙龙,为坚白异同之辨。”《邓析子·无厚》篇:“天不能屏勃厉之气,全夭折之人,使为善之民必寿,此于民无厚也。凡民有穿窬为盗者,有诈伪相迷者,此皆生于不足,起于贫穷,而君必执法诛之,此于民无厚也。尧、舜位为天子,而丹朱、商均为布衣,此于子无厚也。周公诛管、蔡,此于弟无厚也。”

问田第四十二

徐渠问田鸠曰："臣闻智士不袭下而遇君，圣人不见功而接上。今阳成义渠明将也，[1]而措于毛伯；[2]公孙亶回圣相也，[3]而关于州部，何哉？"田鸠曰："此无他故异物，主有度，上有术之故也。且足下独不闻楚将宋觚而失其政，魏相冯离而亡其国？二君者，驱于声词，眩乎辩说，不试于毛伯，不关乎州部，故有失政亡国之患。由是观之，夫无毛伯之试，州部之关，岂明主之备哉！"

[1] 先慎曰：乾道本"今"作"令"，《拾补》作"今"。卢文弨云"'令'字非"，今据改。

[2] 顾广圻曰："毛"当作"屯"。《外储说右》篇云"屯二甲"，义同。先慎曰：顾说"毛"当作"屯"，是。其引"屯二甲"为证，非。"屯伯"即屯长，见《商君书·境内》篇。"措"，当依下文作"试"。

[3] 顾广圻曰：《文心雕龙·书记》引此云"孙亶回"，无"公"字，省耳。

堂溪公谓韩子曰："臣闻服礼辞让，全之术也；修行退智，遂之道也。今先生立法术，设度数，[1]臣窃以为危于身而殆于躯。何以效之？[2]所闻先生术曰：'楚不用吴起而削乱，秦行商君而富彊。[3]二子之言已当矣，然而吴起支解而商君车裂者，不逢世遇主之患也。'逢遇不可必也，患祸不可斥也。夫舍乎全遂之道而肆乎危殆之行，窃为先生无取焉。”韩子曰：“臣明先生之言矣。[4]夫治天下之柄，齐民萌之度，甚未易处也。然所以废先王之教，[5]而行贱臣之所取者，窃以为立法术，设度数，所以利民萌，便众庶之道也。故不惮乱主暗上之患祸，而必思以齐民萌之资利者，仁智之行也。惮乱主暗上之患祸，而避乎死亡之害，知明夫身而不见民萌之资利者，贪鄙之为也。[6]臣不忍向贪鄙之为，不敢伤仁智之行，先王有幸臣之意，然有大伤臣之实。”[7]

[1] 先慎曰：乾道本“生”作“王”。今据《拾补》改。

[2] 先慎曰：乾道本“効”作“效”。卢文弨云“‘效’，《藏》本作‘効’”，今据改。

[3] 先慎曰：乾道本“彊”作“疆”。今据张榜本、赵本改。

[4] 先慎曰：乾道本无“臣”字。顾广圻云“《藏》本、今本有”，今据补。

[5] 王渭曰：“王”当作“生”，下同。

[6] 先慎曰：乾道本“知明夫身而不见民萌之资利者”作“知明而不见民萌之资夫科身者”。卢文弨云“‘夫’字、‘身’字，凌本无”，顾广圻云“此当作‘知明夫身而不见民萌之资利者’，乾道本‘利’作‘科’，讹”，今据改。

[7] 俞樾曰：“先王”当作“先生”，即谓堂谿公也。(非)〔公〕讽韩子舍全遂之道而肆危殆之行，故曰“先生有幸臣之意”。“幸臣”，犹爱臣也，《吕氏春秋·至忠》篇“王必幸臣与臣之母”，是也。韩子自谓“不忍向贪鄙之为，不敢伤仁智之行”。若从堂谿公言，则仁智之行伤矣，故曰“然有大伤臣之实”。此“有”字，当读为“又”。

定法第四十三

问者曰："申不害、公孙鞅，此二家之言孰急于国？"应之曰："是不可程也。人不食，十日则死；大寒之隆，不衣亦死。谓之衣食孰急于人，则是不可一无也，皆养生之具也。今申不害言术，而公孙鞅为法。术者，因任而授官，循名而责实，[1]操杀生之柄，课群臣之能者也，此人主之所执也。法者，宪令著于官府，刑罚必于民心，赏存乎慎法，而罚加乎姦令者也，[2]此臣之所师也。君无术则弊于上，臣无法则乱于下，此不可一无，皆帝王之具也。"

[1] 先慎曰：乾道本"责"作"贵"，误。据张榜本、赵本改。

[2] 卢文弨曰："姦"，冯改作"奸"。

问者曰：[1]"徒术而无法，徒法而无术，其不可何哉？"对曰："申不害，韩昭侯之佐也。韩者，晋之别国也。晋之故法未息，而韩之新法又生；先君之令未收，而后君之令又下。申不害不擅其法，不一其宪令，则奸多，[2]故利在故法前令则道之，利在新法后令则道之。[3]利在故新相反，[4]前后相悖，[5]则申不害虽十使昭侯用术，而奸臣犹有所谲其辞矣。[6]故托万乘之劲韩，[7]七十年而不至于霸王者，[8]虽用术于上，法不勤饰于官之患也。公孙鞅之治秦也，设告相坐而责其实，[9]连什伍而同其罪，赏厚而信，刑重而必。是以其民用力劳而不休，逐敌危而不却，故其国富而兵强；然而无术以知奸，则以其富强也资人臣而已矣。及孝公、商君死，惠王即位，秦法未败也，而张仪以秦殉韩、魏。[10]惠王死，武王即位，甘茂以秦殉周。[11]武王死，昭襄王即位，穰侯越韩、魏而东攻齐，[12]五年而秦不益一尺之地，[13]乃成其陶邑之封；[14]应侯攻韩八年，成其汝南之封。[15]自是以来，诸用秦者，皆应、穰之类也。故战胜则大臣尊，益地则私封立，主无术以知奸也。[16]商君虽十饰其法，人臣反用其资。故乘强秦之资，数十年而不至于帝王者，法不勤饰于官，[17]主无术于上之患也。”

[1] 先慎曰："问"，张榜本作"或"。

[2] 先慎曰："不一其宪令"句，"则奸多"句。

[3] 先慎曰："道"，读为"导"，与下"使昭侯用术"同意。"利在故法前令"，申不害则使昭侯用故法前令；其"利在新法后令"，则使昭侯用新法后令。"前令"、"后令"即上"先君之令"、"后君之令"。今人以"前"、"后"两字逗，非也。

[4] 卢文弨曰："利在"二字衍。

[5] 先慎曰：乾道本"悖"作"勃"。顾广圻云：今本"勃"作"悖"，误。先慎案：《说文》"诗"下云"乱也"，或从心作"悖"；"勃"下云"排也"。明乖乱之字应作"悖"，而"勃"为假借字。顾氏以正字为误，盖未之审耳，今据改。

[6] 先慎曰：张榜本"用"误"利"。

[7] 先慎曰："万"，张榜本、赵本作"萬"。

[8] 顾广圻曰："七十"有误，或当作"十七"。

[9] 先慎曰："相"字浅人所加，此与下"连什伍而同其罪"对文。

[10] 顾广圻曰：句绝。

[11] 先慎曰：依上文，“甘”上当有“而”字。

[12] 先慎曰：《御览》一百九十八引无“韩”字。

[13] 先慎曰：各本“一尺”作“尺土”，据《御览》引改。

[14] 先慎曰：各本“成”作“城”，据《御览》引改。

[15] 顾广圻曰：《藏》本同。今本“成”作“城”，误。上文“乃城其陶邑之封”，亦当作“成”。先慎曰：《御览》此亦作“成”，不误。

[16] 先慎曰：张榜本“主”作“其”，误。“主”，谓秦王也。

[17] 卢文弨曰：“不”，或改“虽”。顾广圻曰：“不”当作“虽”。

问者曰：“主用申子之术，而官行商君之法，可乎？”对曰：“申子未尽于法也。[1]申子言：‘治不逾官，虽知弗言。’[2]‘治不逾官’，谓之守职也可；[3]‘知而弗言’，是谓过也。[4]人主以一国目视，故视莫明焉；以一国耳听，故听莫聪焉。今知而弗言，则人主尚安假借矣！[5]商君之法曰：[6]‘斩一首者爵一级，欲为官者为五十石之官；斩二首者爵二级，[7]欲为官者为百石之官。’官爵之迁与斩首之功相称也。今有法曰：‘斩首者令为医匠。’则屋不成而病不已。夫匠者手巧也，而医者齐药也；[8]而以斩首之功为之，则不当其能。今治官者，智能也；[9]今斩首者，勇力之所加也。以勇力之所加[10]而治智能之官，[11]是以斩首之功为医匠也。故曰：‘二子之于法术皆未尽善也。’”

[1] 顾广圻曰：当云“申子未尽于术，商君未尽于法也”。脱去六字。

[2] 先慎曰：乾道本无“治”字、“弗”字。顾广圻云“《藏》本、今本‘知’下有‘弗’字，今本‘不’上有‘治’字，按依下文当有。又见《难三》篇，

‘弗’亦作‘不’”,今据补。

［3］顾广圻曰:《藏》本、今本“也可”作“可也”。先慎曰:张榜本无“可”字。

［4］先慎曰:乾道本“是”下有“不”字。卢文弨云:“不”字脱,《藏》本、张本有。“也”、“邪”同。顾广圻云:今本无“不”字,按句有误。先慎按:“不”字衍文。下“知而弗言,则人主尚安假借矣”,即“是谓过也”意,今据改。

［5］先慎曰:“矣”当作“乎”。

［6］先慎曰:乾道本“曰”作“日”。据张榜本、赵本改。

［7］先慎曰:乾道本“爵二级”作“爵一级”。据张榜本、赵本改。

［8］先慎曰:乾道本无“病不”至“者齐”十三字,空十八字。顾广圻云“《藏》本、今本有‘病不已夫匠者手巧也而医者齐’十三字”,今依《藏》本、今本补,说详下。

［9］先慎曰:乾道本无“能也”二字。顾广圻云“空四字,《藏》本、今本有‘能也’二字”,今据补。

［10］先慎曰:乾道本无“勇力之所加也以”七字,不空,合计“屋不成”下缺五字,“智”下缺二字,正符七字之数,足见今本之字非臆撰也。今据今本补“勇力之所以加也以”七字。

［11］先慎曰:乾道本“治”下有“者”字。顾广圻云“《藏》本、今本无‘者’字,此未详”。先慎按:“者”字衍,今据删。此谓以勇力所得之官,而理智能之事,不当其能,无异令斩首之人为医匠也。

说疑第四十四[1]

凡治之大者，非谓其赏罚之当也。赏无功之人，罚不辜之民，[2]非所谓明也。[3]赏有功，罚有罪，而不失其人，方在于人者也，[4]非能生功止过者也。是故禁奸之法：太上禁其心，其次禁其言，其次禁其事。今世皆曰"尊主安国者，必以仁义智能"，而不知卑主危国者之必以仁义智能也。故有道之主，远仁义，去智能，服之以法。是以誉广而名威，民治而国安，知用民之法也。凡术也者，主之所以执也；法也者，官之所以师也。然使郎中日闻道于郎门之外，以至于境内日见法，又非其难者也。

[1] 顾广圻曰："疑"，读为"擬"。

[2] 先慎曰：乾道本"辜"下无"之"字。顾广圻云"《藏》本、今本有"，今据补。

[3] 顾广圻曰："明"字当衍。

[4] 顾广圻曰：《藏》本同。今本"人方"作"当乃"，误。按"在"当作"任"，形近误。先慎曰：顾说是。读当以"而不失其人"句，"方任于人者也"句。

昔者有扈氏有失度，讙兜氏有孤男，三苗有成驹，桀有侯侈，[1]纣有崇侯虎，晋有优施，此六人者，亡国之臣也。言是如非，言非如是；内险以贼，其外小谨，以征其善；称道往古，使良事沮；善禅其主，以集精微，[2]乱之以其所好，[3]此夫郎中左右之类者也。往世之主，有得人而身安国存者，有得人而身危国亡者。得人之名一也，而利害相千万也，[4]故人主左右不可不慎也。为人主者诚明于臣之所言，则别贤不肖如黑白矣。

[1] 顾广圻曰：《墨子·所染》篇云："夏桀染于干辛、推哆。"又《明鬼》篇云："推哆、大戏主别兕虎。"《古今人表下》中有"推侈"，即此"侯侈"。又《吕氏春秋·简选》篇云："移、大牺。"《淮南子·主术训》云："推移、大牺。""侈"、"哆"、"移"皆同字耳。王念孙曰："侯"当作"隹"，形相似而误。隶书从"隹"从"侯"之字往往讹溷，说见《墨子·非命》篇"(为)〔惟〕舌"下。《墨子·所染》篇、《明鬼》篇并作"推哆"，《晏子·谏》篇、《汉书·古今人表》并作"推侈"，"隹"与"推"声相近，故通作"推"也，其为"隹"字无疑。

[2] 顾广圻曰：句有误。先慎曰："禅"与"擅"通，《庄子·人间世·释文》"禅，本作'擅'"，是也。《说文》："擅，专也。""精微"，犹精细也。言平日擅专其主，无毫发之可间也。

[3] 先慎曰：投其所欲，引为不善也。

[4] 先慎曰：赵本"万"作"萬"。

若夫许由、续牙、[1]晋伯阳、[2]秦颠颉、卫侨如、[3]狐不稽、[4]重明、[5]董不识、[6]卞随、务光、伯夷、叔齐，此十二人者，皆上见利不喜，下临难不恐，或与之天下而不取，有萃辱之名，[7]则不乐食谷之利。夫见利不喜，上虽厚赏无以劝之；临难不恐，上虽严刑无以威之。此之谓不令之民也。此十二人者，[8]或伏死于窟穴，或槁死于草木，或饥饿于山谷，或沉溺于水泉。有民如此，[9]先古圣王皆不能臣，当今之世，将安用之？

[1] 顾广圻曰：此七友在第三。

[2] 顾广圻曰："晋"字当衍。此七友在第四。

[3] 顾广圻曰：未详。俞樾曰："颠颉"，晋人而系之秦；"侨如"，鲁人而系之卫，不可晓。且其人亦非如下文所云"伏死窟穴"者也。据下文云"若夫齐田(桓)〔恒〕、宋子罕、鲁季孙意如、晋侨如、卫子南劲、郑太宰欣、楚白公、周单荼、燕子之，此九人者之为其臣也，皆朋党比周以事其君"云云，疑"鲁季孙意如、晋侨如"当作"晋颠颉、鲁侨如"，而传写误入上文，又移"晋"字于"伯阳"之上，遂妄窜入"秦"字耳。

[4] 顾广圻曰：《庄子·大宗师》"狐不偕"，《释文》："司马云(云)：'古贤人也。'"

[5] 顾广圻曰：未详。

[6] 顾广圻曰：此七友在第五。按《齐策》云"舜有七友"，姚校云："雄陶、方回、续牙、伯阳、东不訾、秦不虚、灵甫。"《古今人表上》、《下》有"雒陶、续身、柏阳、东不訾、秦不虚"。颜师古曰："雒陶以下，皆舜之友也。""身"或作"耳"，"虚"或作"宇"，并见《尸子》。《上》中有"方回"。其"灵甫"《人表》未见也。此"续牙"即"续身"，"伯阳"即"柏阳"，"董不识"即"东不訾"。其馀或皆彼之驳异耳。

[7] 顾广圻曰：《藏》本同。今本"萃"作"卑"。先慎曰："萃"字不误，《说文》："萃，读若瘁。""瘁"即"顇"字。"顇"，顦顇也。《荀子·富国》篇"劳苦顿萃而愈无功"，正作"萃"，是其证。今本改"萃"为"卑"，失其义矣。

[8] 先慎曰：乾道本无"人"字。卢文弨云"凌本有"，今据补。

[9] 先慎曰：乾道本无"民"字。顾广圻云"《藏》本、今本有"，今据补。

若夫关龙逢、王子比干、随季梁、陈泄冶、楚申胥、[1]吴子胥，此六人者，皆疾争强谏以胜其君。言听事行，则如师徒之势；[2]一言而不听，一事而不行，则陵其主以语，从之以威，虽身死家破，[3]要领不属，手足异处，不难为也。如此臣者，先古圣王皆不能忍也，当今之时，将安用之？

[1] 顾广圻曰："申胥"当作"葆申"。"葆申"者，楚文王之臣，极言文王茹黄狗、宛路矰、丹姬事而变更之，下文所谓"疾争强谏以胜其君"者也。见《吕氏春秋》，高诱《注》云："葆，太葆，官。名申。"又载《说苑》，"葆"作"保"。《古今人表》同。"葆"、"保"同字也。

[2] 卢文弨曰："势"，秦本作"合"。

[3] 先慎曰：乾道本"从"作"待"，"威虽身"作"其身虽"。顾广圻云：今本"待"作"从"，"其身虽"作"威虽身"，按句有误。先慎按：今本是。"从之以威"句，此如鬻拳谏君以兵之类，改从今本。

若夫齐田恒、[1]宋子罕、鲁季孙意如、晋侨如、[2]卫子南劲、[3]郑太宰欣、[4]楚白公、周单荼、[5]燕子之，此九人者之为其臣也，皆朋党比周以事其君，隐正道而行私曲，上逼君，下乱治，援外以挠内，亲下以谋上，[6]不难为也。如此臣者，唯圣王智主能禁之；若夫昏乱之君，能见之乎？[7]

[1] 先慎曰：乾道本"齐田"作"田齐"。卢文弨云"'田齐'倒，张本作'齐田'"，今据改。

[2] 顾广圻曰：未详。先慎曰："晋"字衍。此即鲁叔孙宣伯。

[3] 顾广圻曰：未详。

[4] 顾广圻曰：未详。下文云："太宰欣取郑。"

[5] 顾广圻曰：未详。下文："单氏之取周。"

[6] 顾广圻曰：《藏》本同。今本"亲"作"侵"，误。

[7] 先慎曰："若夫"二字不当有。

若夫后稷、皋陶、伊尹、周公旦、太公望、管仲、隰朋、百里奚、蹇叔、舅犯、赵衰、[1]范蠡、大夫种、逢同、华登，此十五人者为其臣也，[2]皆夙兴夜寐，卑身贱体，竦心白意。明刑辟，治官职以事其君；进善言，通道法而不敢矜其善；有成功立事，而不敢伐其劳。[3]不难破家以便国，杀身以安主。以其主为高天泰山之尊，而以其身为壑谷鬴洧之卑；[4]主有明名广誉于国，而身不难受壑谷鬴洧之卑。[5]如此臣者，虽当昏乱之主，尚可致功，况于显明之主乎？此谓霸王之佐也。

[1] 先慎曰：乾道本下作"襄"。《拾补》作"衰"，顾广圻云"'襄'当作'衰'"，今依《拾补》改。

[2] 卢文弨曰："为其"疑倒，下同。先慎曰："者"下脱"之"字。上文"此九人者之为其臣也"，下文"此十二人者之为其臣也"，句法一律，明此脱"之"字。读当以十字为句。卢氏疑"为其"倒，非也。

[3] 先慎曰："立事"上当有脱字。

[4] 顾广圻曰："鬴洧"，未详。王先谦曰：《尔雅·释文》："鬴，古'釜'字。""釜洧"即"釜鍑"也。"洧"，古读与复声之字近。《水经·洧水注》："甲庚沟水枝分，东径洧阳故城南，俗谓之复阳城，非也。"盖"洧"、"复"字类音读变，是其证也。"洧"可读为"复"，则亦可读为"鍑"。《方言》"釜，自关而西或读之'釜'，或谓之'鍑'"，明"釜"、"鍑"连文。此"鬴洧"即"釜鍑"之通假字矣。"鬴洧"，四旁高而中央卑，与壑谷地形之卑相类，故并以为身卑之喻。

[5] 顾广圻曰：句有误。先慎曰：主得美名而身受卑名也。上文指位言，此指名言，文复而义不同。

若夫周滑之、[1]郑王孙申、[2]陈公孙宁、仪行父、荆芋尹申亥、[3]随少师、越种干、[4]吴王孙额、[5]晋阳成泄、[6]齐竖刁、易牙，此十二人者之为其臣也，[7]皆思小利而忘法义，进则揜蔽贤良以阴暗其主，退则挠乱百官而为祸难，皆辅其君，共其欲，苟得一说于主，[8]虽破国杀众不难为也。有臣如此，虽当圣王，尚恐夺之，而况昏乱之君，其能无失乎？有臣如此者，皆身死国亡，为天下笑。故周威公身杀，国分为二；[9]郑子阳身杀，国分为三；[10]陈灵公身死于夏征舒氏；[11]荆灵王死于乾溪之上；随亡于荆；吴并于越；智伯灭于晋阳之下；桓公身死七日不收。故曰："谄谀之臣，唯圣王知之；而乱主近之，故至身死国亡。"

[1] 顾广圻曰：《藏》本同。今本"之"作"伯"。按依下文，此周威王所用也，今无可考。

[2] 顾广圻曰：依下文，此郑子阳所用也。先慎曰：郑无王孙，"王"当为"公"之误。

[3] 先慎曰：赵本"芋"作"芊"。卢文弨云："芊"，误。

[4] 顾广圻曰："种干"，下文未见。

[5] 顾广圻曰："额"，《国语》作"雒"，"额"、"雒"同字也，他书"额"作"骆"。

[6] 顾广圻曰：依下文，智伯所用也。

[7] 顾广圻曰：按上文，但有十一人，当有脱文。

[8] 先慎曰："说"，即"悦"字。

［9］先慎曰："周威公"，河南桓公揭之子，桓公自封少子班于巩以奉王，号东周，而河南遂号西周。不详身杀之事。

［10］先慎曰：其事未详。

［11］先慎曰：乾道本无"公"字。顾广圻云"《藏》本、今本有"，今据补。

圣王明君则不然，内举不避亲，外举不避仇。是在焉从而举之，非在焉从而罚之。是以贤良遂进而奸邪并退，故一举而能服诸侯。其在记曰："尧有丹朱，而舜有商均，启有五观，商有太甲，武王有管、蔡。"五王之所诛者，皆父兄子弟之亲也，而所杀亡其身、残破其家者何也？[1]以其害国伤民败法类也。[2]观其所举，或在山林薮泽岩穴之间，或在囹圄緤绁缠索之中，[3]或在割烹刍牧饭牛之事。然明主不羞其卑贱也，[4]以其能，为可以明法，[5]便国利民，从而举之，身安名尊。

［1］王先谦曰："而"下"所"字当衍。

［2］顾广圻曰：《藏》本同。今本"法"下有"圯"字，误。

［3］卢文弨曰："缠"当作"缧"。顾广圻曰：《藏》本、今本"緤"作"缧"。

［4］顾广圻曰：《藏》本"然"下有"后"字，今本有"而"字，皆误。

［5］顾广圻曰：《藏》本、今本无"为"字。按"能"字逗。

乱主则不然，不知其臣之意行，而任之以国。故小之名卑地削，大之国亡身死，不明于用臣也。无数以度其臣者，[1]必以其众人之口断之。众之所誉，从而说之；众之所非，从而憎之。故为人臣者，破家残赚，[2]内构党与、外接巷族以为誉，[3]从阴约结以相固也，虚相与爵禄[4]以相劝也。曰："与我者将利之，[5]不与我者将害之。"众贪其利，劫其威。彼诚喜则能利己，忌怒则能害己。[6]众归而民留之，以誉盈于国，发闻于主；主不能理其情，因以为贤。彼又使谲诈之士，外假为诸侯之宠使，[7]假之以舆马，信之以瑞节，镇之以辞令，资之以币帛，使诸侯淫说其主，[8]微挟私而公议。所为使者，异国之主也；所为谈者，左右之人也。[9]主说其言而辩其辞，以此人者天下之贤士也。内外之于左右，[10]其讽一而语同。大者不难卑身尊位以下之，小者高爵重禄以利之。夫奸人之爵禄重而党与弥众，又有奸邪之意，则奸臣愈反而说之，曰："古之所谓圣君明王者，[11]非长幼弱也及以次序也。[12]以其构党与，聚巷族，逼上弑君而求其利也。"彼曰："何知其然也？"因曰："舜逼尧，禹逼舜，汤放桀，武王伐纣，此四王者，人臣弑其君者也，而天下誉之。察四王之情，贪得人之意也；[13]度其行，[14]暴乱之兵也。然四王自广措也，而天下称大焉；自显名也，而天下称明焉。则威足以临天下，利足以盖世，天下从之。"又曰："以今时之所闻，田成子取齐，司城子罕取宋，太宰欣取郑，单氏取周，易牙之取卫，[15]韩、魏、赵三子分晋，此六人，臣之弑其君者也。"[16]奸臣闻此，蹷然举耳以为是也。故内构党与，外攄巷族，[17]观时发事，一举而取国家。且夫内以党与劫弑其君，外以诸侯之权矫易其国，[18]隐正道，[19]持私曲，上禁君，下挠治者，不可胜数也。是何也？则不明于择臣也。记曰："周宣王以来，亡国数十，其臣弑君而取国者众矣。”[20]然则难之从内起与从外作者，相半也。能一尽其民力，破国杀身者，尚皆贤主也。若夫转身法易位，全众傅国，[21]最其病也。

[1] 顾广圻曰：《藏》本同。今本“无”上有“夫”字，误。先慎曰：“数”，谓术数。

[2] 赵用贤曰：“睟”，音“粹”，货也。

[3] 先慎曰：相为名誉。

[4] 顾广圻曰：“相”字当衍。

[5] 顾广圻曰：《藏》本、今本“曰”作“且”。按“曰”字是。

[6] 先慎曰：“忌”当作“诚”。

[7] 顾广圻曰：句绝。

[8] 顾广圻曰：《藏》本同。今本“侯”下有“而”字，误。按句有误。先慎曰：“侯”字衍。“使诸淫说其主”，谓使谲诈之士诵说于主前也。

[9] 先慎曰：如苏代为齐使燕，而使子之重权也。

[10] 卢文弨曰：“之于”二字或删去。

[11] 先慎曰：乾道本“者”上有“君”字。顾广圻云：“圣君明王”句绝。“君者”上当有脱文。《藏》本同。今本无下“君”字。先慎按：无下“君”字是，今据删。“曰”字上亦当有“者”字，各本夺“曰”上“者”字，连写，于“王”下增“君”字以补其缺耳。“而说之者”，即谓奸臣之党与，故下文“奸臣闻此，蹷然举耳以为是也”。顾氏不知“君”字为“曰”字上“者”字之误，因读“圣君明王”句绝，则疑“君者”上有脱文，宜矣。

[12] 顾广圻曰：“幼弱”二字，当衍其一。上“也”字当作“世”。九字为一句。

[13] 顾广圻曰：“人”字衍。

[14] 顾广圻曰：三字为一句。

[15] 顾广圻曰：未详。先慎曰：《吕氏春秋·先识览》：“卫公子启

方以书社四十下卫。”此“易牙”疑“开方”之误。“取”当作“下”。或因易牙倡乱，而开方始降卫，归罪于易牙，故云然。

[16] 俞樾曰：上文自“田成子”以下凡八人，不得言六。“六”疑“亦”字之误，承上文“舜逼尧，禹逼舜，汤放桀，武王伐纣”而言，故云“亦”也。先慎曰：此与上不相承。“六”当作“八”，“人”下当有“者”字，与上“此四王者”文法一例。俞说非。

[17] 卢文弨曰：“攄”，张本作“攎”。先慎曰：“攄”、“攎”并误，当依上文作“接”。

[18] 先慎曰：乾道本“权矫”作“欢骄”。顾广圻云“今本‘欢骄’作‘权矫’，按今本是也”，改从今本。

[19] 先慎曰：乾道本“正道”作“敦适”。顾广圻云：今本“敦适”作“正道”。未详。先慎按：作“正道”是也。“正道”，谓法度，与下“私曲”对文。上云“皆朋党比周以事其君，隐正道而行私曲”，《饬邪》篇“群臣朋党比周以隐正道行私曲”，并作“正道”，即其证，改从今本。

[20] 先慎曰：乾道本“君”上有“其”字，“取”上无“而”字。卢文弨云“‘而’字脱，张本有”，顾广圻云“今本无下‘其’字”，今据改。

[21] 顾广圻曰：今本无“身”字，“傅”作“傳”。按句当有误，未详。俞樾曰：“法”字衍文。“傅”当作“傳”。上所谓“破国杀身者”，以国君死社稷而言也，故曰“尚皆贤主也”。此所谓“转身易位，全众传国”者，则晋静公、齐康公之类，是以其不能死而反见屈于臣，故曰“最其病也”。赵本改“傅”为“传”，正得其字。惟不知“法”字之衍，而删去“身”字，失之。

为人臣者，[1]诚明于臣之所言，则虽罼弋驰骋，[2]撞钟舞女，国犹且存也；不明臣之所言，虽节俭勤劳，布衣恶食，国犹自亡也。赵之先君敬侯，不修德行而好纵欲，适身体之所安，耳目之所乐。冬日罼弋，夏浮淫，为长夜，数日不废御觞，不能饮者以筒灌其口，进退不肃、应对不恭者斩于前。

故居处饮食如此其不节也，制刑杀戮如此其无度也。然敬侯享国数十年，[3]兵不顿于敌国，地不亏于四邻，内无君臣百官之乱，外无诸侯邻国之患，明于所以任臣也。燕君子哙，邵公奭之后也。[4]地方数千里，持戟数十万，不安子女之乐，不听钟石之声，内不湮污池台榭，[5]外不罼弋田猎，又亲操耒耨以修畎亩。子哙之苦身以忧民如此其甚也，虽古之所谓圣王明君者，其勤身而忧世不甚于此矣。然而子哙身死国亡，夺于子之，而天下笑之，此其何故也？[6]不明乎所以任臣也。故曰：人臣有五奸而主不知也。为人臣者，[7]有侈用财货赂以取誉者，有务庆赏赐予以移众者，有务朋党徇智尊士以擅逞者，有务解免赦罪狱以事威者，有务奉下直曲、怪言、伟服、瑰称以眩民耳目者。此五者，明君之所疑也，[8]而圣主之所禁也。去此五者，则噪诈之人不敢北面谈立；[9]文言多，实行寡而不当法者，不敢诬情以谈说。[10]是以群臣居则修身，动则任力，非上之令不敢擅作疾言诬事，此圣王之所以牧臣下也。彼圣主明君不適疑物以窥其臣也，[11]见疑物而无反者，天下鲜矣。故曰：孽有拟適之子，配有拟妻之妾，廷有拟相之臣，臣有拟主之宠，此四者，国之所危也。故曰：内宠并后，外宠贰政，枝子配適，大臣拟主，乱之道也。故《周记》曰："无尊妾而卑妻，无孽適子而尊小枝，[12]无尊嬖臣而匹上卿，无尊大臣以拟其主也。"四拟者破，则上无意，下无怪也；[13]四拟不破，则陨身灭国矣。

[1] 先慎曰：乾道本"臣"作"主"。顾广圻曰"今本'主'作'臣'，按依上下文当作'臣'"，今据改。

［2］卢文弨曰："罼"，张本作"畢"。

［3］先慎曰：《史·世家》："敬侯即位十二年卒。"

［4］先慎曰：赵本"邵"作"召"，古字通。

［5］先慎曰：此句衍一字。

［6］先慎曰："何故"二字倒。

［7］先慎曰：乾道本"臣"作"主"，据赵本改。

［8］顾广圻曰："疑"，读为拟，下文同。又本篇二字互见。

［9］顾广圻曰：句有误。王先谦曰："谈立"二字疑倒。先慎曰："噪"当作"诡"。人君南面，故臣言"北面"。

［10］先慎曰：乾道本"敢诬"作"诬敢"。顾广圻云"今本作'敢诬'"，今据改。

［11］先慎曰："適"疑作"道"。

［12］先慎曰："无孽適子"，谓无以適子为孽也。

［13］先慎曰：君不道疑物以窥其臣，臣不诬情以谈说，是谓上无意，下无怪。

诡使第四十五

圣人之所以为治道者三：一曰利，二曰威，三曰名。夫利者所以得民也，威者所以行令也，名者上下之所同道也。非此三者，虽有不急矣。今利非无有也，而民不化上；威非不存也，而下不听从；官非无法也，而治不当名。三者非不存也，而世一治一乱者何也？夫上之所贵与其所以为治相反也。[1]

［1］先慎曰：《拾补》"与"上有"訾"字。卢文弨云："脱，秦本有。疑当作'常'。"

夫立名号所以为尊也，今有贱名轻实者，世谓之高。[1]设爵位所以为贱贵基也，而简上不求见者，世谓之贤。威利所以行令也，而无利轻威者，世谓之重。[2]法令所以为治也，而不从法令为私善者，世谓之忠。官爵所以劝民也，而好名义不进仕者，世谓之烈士。[3]刑罚所以擅威也，而轻法不避刑戮死亡之罪者，世谓之勇夫。[4]民之急名也，甚其求利也。如此，则士之饥饿乏绝者，焉得无岩居苦身以争名于天下哉！故世之所以不治者，非下之罪，上失其道也。常贵其所以乱而贱其所以治，是故下之所欲常与上之所以为治相诡也。今下而听其上，上之所急也。而惇悫纯信，用心怯言，则谓之窭。[5]守法固，听令审，则谓之愚。敬上畏罪，则谓之怯。言时节,行中适,则谓之不肖。无二心私学,听吏从教者,则谓之陋。[6]难致谓之正。难予谓之廉。难禁谓之齐。有令不听从谓之勇。无利于上谓之愿。宽惠行德谓之仁。[7]重厚自尊谓之长者。私学成群谓之师徒。閒静安居谓之有思。[8]损仁逐利谓之疾。[9]险躁佻反覆谓之智。[10]先为人而后自为,类名号言,泛爱天下,谓之圣。言大本称[11]而不可用,行而乖于世者,谓之大人。贱爵禄不挠上者,谓之杰。下渐行如此,入则乱民,出则不便也。[12]上宜禁其欲、灭其迹而不止也,[13]又从而尊之,是教下乱上以为治也。

[1] 先慎曰:乾道本无"之"字。顾广圻云:《藏》本、今本有"之"字。先慎按:依下文当有,今据补。

[2] 先慎曰:乾道本无"世"字。顾广圻云:《藏》本、今本有。先慎按:依上下文当有,今据补。

[3] 顾广圻曰:句绝。

[4] 顾广圻曰:句绝。

[5] 先慎曰:乾道本"则"作"时",据《藏》本、今本改。"怯言"二字,当为"少欲"之误。因"少欲"二字错简在"宽惠行德"句上,乾道本遂涉下文之字而误增。《藏》本以意改为"壹者",张、赵本改为"一者",并非。

[6] 先慎曰:乾道本"听"上有"吏"字。顾广圻云"今本无'吏'字",今据删。

[7] 先慎曰:乾道本"宽"上有"少欲"二字。顾广圻云:今本无"少欲"二字。先慎按:"少欲"二字,当在上"用心"下,误衍于此,据今本删。上下文皆四字句,无脱文。

[8] 先慎曰:乾道本"閒"作"閑",据赵本改。

[9] 顾广圻曰:句绝。

[10] 顾广圻曰：当脱一字。“险躁”连读，下文云“而险躁谗谀者任”。先慎曰：“佻”字衍文。“险躁反覆”四字为句。

[11] 顾广圻曰：《藏》本同。今本“本”作“不”。按句有误。

[12] 卢文弨曰：“便”，一作“使”。

[13] 先慎曰：乾道本“迹”作“近”。顾广圻云“《藏》本、今本‘近’作‘迹’”，今据改。

凡上所治者刑罚也，[1]今有私行义者尊。[2]社稷之所以立者安静也，而噪险谗谀者任。四封之内所以听从者信与德也，而陂知倾覆者使。令之所以行、威之所以立者恭俭听上，[3]而岩居非世者显。仓廪之所以实者，耕农之本务也，而綦组锦绣刻画为末作者富。名之所以成、城池之所以广者战士也，[4]今死之孤饥饿乞于道，[5]而优笑酒徒之属乘车衣丝。赏禄所以尽民力、易下死也，今战胜攻取之士劳而赏不沾，而卜筮视手理狐虫为顺辞于前者日赐。[6]上握度量，所以擅生杀之柄也，今守度奉量之士，欲以忠婴上而不得见，巧言利辞行奸轨以倖偷世者数御。[7]据法直言、名刑相当、循绳墨、诛奸人所以为上治也而愈疏远，谄施顺意从欲以危世者近习。悉租税，专民力，所以备难、充仓府也，而士卒之逃事狀匿，附托有威之门以避傜赋，而上不得者万数。[8]夫陈善田利宅，所以厉战士也，[9]而断头裂腹播骨乎平原野者，[10]无宅容身，死田亩，[11]而女妹有色，大臣左右无功者，择宅而受，择田而食。赏利一从上出，所以善剬下也，[12]而战介之士不得职，[13]而闲居之士尊显。[14]上以此为教，名安得无卑，位安得无危！夫卑名危位者，[15]必下之不从法令，有二心无私学，反逆世者也，[16]而不禁其行，不破其群，以散其党，又从而尊之，用事者过矣。上之所以立廉耻者，[17]所以厲下也，[18]今士大夫不羞污泥丑辱而宦，[19]女妹私义之门不待次而宦。[20]赏赐所以为重也，[21]而战斗有功之士贫贱，而便辟优徒超级。名号[22]诚信所以通威也，而主揜障。近习女谒并行，百官主爵迁人，用事者过矣。大臣官人与下先谋比周，虽不法行，威利在下，[23]则主卑而大臣重矣。

〔1〕先慎曰：乾道本无"上"字。卢文弨云"一本有"，今据补。

〔2〕顾广圻曰："私"下"行"字当衍。

〔3〕顾广圻曰：《藏》本同。今本"俭"下有"也不"二字，误。按"上"字下当有"也"字。

〔4〕顾广圻曰："池"，当作"地"。俞樾曰：顾说是也。惟"城地"连文，近于不辞，"城"疑衍文。"名之所以成"、"地之所以广"两文相对，不当有"城"字，盖即"成"字之误而衍者。

〔5〕顾广圻曰：《藏》本同。今本"死"下有"士"字，误。

〔6〕俞樾曰："虫"乃"蛊"之误。《春秋》"虫牢"，《春秋繁露·竹林》篇作"蛊牢"，即其例矣。"狐蛊"二字连文，见僖十五年《左传》。

〔7〕先慎曰：《广雅·释诂》："御，进也。""数"，音色角反。此言巧言利辞之人，得常常进见也。

〔8〕俞樾曰："狀匿"即"藏匿"也。"狀"与"壯"通，《考工记·㮚氏》"凡铸金之狀"，故书"狀"作"壯"，是也。"壯"与"莊"通，《汉书·古今人表》"柳壯"，《檀弓》作"柳莊"，是也。而"藏"字《说文》所无，古书多以"臧"为之。"臧"、"莊"声近。"狀"通作"壯"，"壯"又通作"莊"，则亦可通作"臧"矣。王先谦曰："狀"即"伏"字，形近而误。"伏匿"二字见《史记·范雎传》。俞说迂曲。

[9] 先慎曰：乾道本"厉战士"作"战士卒"。卢文弨云："脱'厉'字，衍'卒'字。"据《拾补》补。

[10] 顾广圻曰：《藏》本同。今本"原"下有"旷"字，误。按"平"字当衍，涉"乎"字形近耳。

[11] 顾广圻曰：今本重"身"字。《藏》本"畝"作"敏"，今本作"夺"。按句有误。先慎曰：乾道本不误，今本作"身死田夺"，非。"无宅容身"，则其田不待身死而夺也。《藏》本"畝"作"敏"，形近而误。"死田亩"，即孟子"死沟壑"之意。生既无宅，故死于外也。

[12] 先慎曰：乾道本无"以"字。《拾补》"善剬"作"擅制"。卢文弨云"'以'字脱，张本有。'制'，《藏》本作'剬'"，顾广圻云"'剬'、'制'字同。'所'下当有'以'字"，今据张本补。

[13] 顾广圻曰："战"当作"耿"。

[14] 先慎曰：乾道本"居"作"官"。顾广圻云"今本'官'作'居'"，今据改。

[15] 先慎曰：乾道本无"危"字。卢文弨云"'危'字脱，秦本有"，今据补。

[16] 卢文弨曰："无"字衍。顾广圻曰："二心"、"私学"，上下文凡五见。

[17] 先慎曰：乾道本"上"下有"世"字。顾广圻云"今本无'世'字"，今据删。

[18] 王念孙曰："屬"，乃"厲"之误，说详上《有度》篇。

[19] 先慎曰：句绝。

[20] 先慎曰：句绝。

[21] 先慎曰：乾道本"所"上有"之"字。顾广圻云：今本无"之"字，误。先慎按：顾氏句读误耳，此与下"诚信所以通威也"句法一律，不当有"之"字，从今本删。

[22] 先慎曰："便"上"而"字衍。

[23] 顾广圻曰：《藏》本同。今本无"与下先谋虽"五字。按句有误，未详。

夫立法令者以废私也，法令行而私道废矣。私者，所以乱法也。而士有二心私学，岩居窞路，[1]托伏深虑，大者非世，细者惑下，上不禁，又从而尊之，以名，[2]化之以实，是无功而显，无劳而富也。如此，则士之有二心私学者，焉得无深虑，勉知诈与诽谤法令，[3]以求索与世相反者也！凡乱上反世者，常士有二心私学者也。故《本言》曰："所以治者，法也；所以乱者，私也。法立，则莫得为私矣。"故曰："道私者乱，道法者治。"上无其道，则智者有私词，贤者有私意。上有私惠，下有私欲。圣智成群，造言作辞，以非法措于上，[4]上不禁塞，又从而尊之，是教下不听上，不从法也。是以贤者显名而居，奸人赖赏而富。贤者显名而居，奸人赖赏而富，是以上不胜下也。

[1] 顾广圻曰：《藏》本同。今本"路"作"处"，误。

[2] 顾广圻曰："又从而尊之"五字为一句。上下文及此凡四见。"以名"上有脱文，当本重"尊之"二字而脱耳。

[3] 卢文弨曰：凌本无"与"字。

[4] 顾广圻曰：《藏》本同。今本"措"作"令"，按句有误。

韩非子卷第十八

六反第四十六

畏死远难，[1]降北之民也，而世尊之曰“贵生之士”。学道立方，离法之民也，而世尊之曰“文学之士”。游居厚养，牟食之民也，而世尊之曰“有能之士”。语曲牟知，[2]伪诈之民也，而世尊之曰“辩智之士”。行剑攻杀，暴憿之民也，[3]而世尊之曰“磏勇之士”。[4]活贼匿奸，当死之民也，而世尊之曰“任誉之士”。[5]此六民者，世之所誉也。赴险殉诚，死节之民，[6]而世少之曰“失计之民”也。寡闻从令，全法之民也，而世少之曰“朴陋之民”也。力作而食，生利之民也，而世少之曰“寡能之民”也。嘉厚纯粹，整谷之民也，[7]而世少之曰“愚戆之民”也。重命畏事，尊上之民也，而世少之曰“怯慑之民”也。挫贼遏奸，明上之民也，[8]而世少之曰“谄谗之民”也。此六者，世之所毁也。奸伪无益之民六而世誉之如彼，耕战有益之民六而世毁之如此，此之谓六反。布衣循私利而誉之，世主听虚声而礼之，礼之所在，利必加焉。百姓循私害而訾之，世主壅于俗而贱之，贱之所在，害必加焉。故名赏在乎私恶当罪之民，而毁害在乎公善宜赏之士，索国之富强，不可得也。

[1] 先慎曰：乾道本无“远”字。顾广圻云：今本有“远”字。按句有误，未详所当作。先慎按：有“远”字是。“难”，读为患难之难，与下“虽犯军旅之难”同。《礼记·曲礼》：“临难无苟免。”“远难”即免难之义。“畏死远难”，有倖生之心，用以当敌，必不耻降北之辱。此“远”字不可少，据今本增。

[2] 顾广圻曰：“牟”字有误，未详所当作。先慎曰：《淮南·时则训》高《注》：“牟，多也。”“知”，读曰“智”。

[3] 顾广圻曰：本书《亡征》篇有“暴慠”，即此。未知孰是。先慎曰：作“慠”是，说详《亡征》篇。

[4] 先慎曰：《说文》：“磏，厉石也。”凡棱利之义即此字之转注，经传皆以“廉”为之。

[5] 卢文弨曰：“誉”疑是“侠”。

[6] 先慎曰：依上下文，“民”下当有“也”字。

[7] 王先谦曰：“整”，正；“谷”，善也。

[8] 先慎曰：“明上”，谓奉扬法令。

古者有谚曰：“为政犹沐也，虽有弃发必为之。”爱弃发之费，[1]而忘长发之利，不知权者也。

[1] 先慎曰：赵本重“爱”字。卢文弨云：下“爱”字，《藏》本不重。顾广圻云：“必为之”句绝。今本重“爱”字，误。先慎案：“必为之”，谓不以损发而不沐。《八说》篇“沐者有弃发”云云，与此意同。

夫弹痤者痛，饮药者苦；为苦惫之故不弹痤饮药，则身不活病不已矣。[1]

[1] 顾广圻曰：自此至末，皆当连，各本多提行，皆非是。

今上下之接，无子父之泽，[1]而欲以行义禁下，则交必有郄矣。且父母之于子也，产男则相贺，产女则杀之。此俱出父母之怀衽，然男子受贺，女子杀之者，虑其后便，[2]计之长利也。故父母之于子也，犹用计算之心以相待也，而况无父子之泽乎。

[1] 先慎曰：依下文，“子父”当作“父子”。

[2] 王渭曰：句绝。

今学者之说人主也，皆去求利之心，出相爱之道，[1]是求人主之过于父母之亲也，[2]此不熟于论恩诈而诬也，[3]故明主不受也。[4]圣人之治也，审于法禁，法禁明著则官法；[5]必于赏罚，赏罚不阿则民用。[6]官官治[7]则国富，国富则兵强，[8]而霸王之业成矣。霸王者，人主之大利也。人主挟大利以听治，故其任官者当能，其赏罚无私。使士民明焉尽力致死，则功伐可立而爵禄可致，爵禄致而富贵之业成矣。[9]富贵者，人臣之大利也。人臣挟大利以从事，故其行危至死，其力尽而不望。[10]此谓君不仁，臣不忠，则不可以霸王矣。[11]

[1] 王先谦曰：如《孟子》说世主不言利，而以仁为先。

[2] 先慎曰：乾道本无“于”字，今从《拾补》增。卢文弨云：“于”字，冯校增。

[3] 顾广圻曰：《藏》本同。今本“恩”作“思”，误。卢文弨曰：“思”，张本作“恩”。

[4] 先慎曰：乾道本无“主”字。顾广圻云“今本‘明’下有‘主’字，按此当有”，今据补。

[5] 顾广圻曰：句绝。“法”，依下文当作“治”。

[6] 顾广圻曰：句绝。

[7] 顾广圻曰：当作“民用官治”四字。

[8] 卢文弨曰：下“国”字，张本无。

[9] 卢文弨曰：“致”，张本作“至”。

[10] 先慎曰：大臣尽力从事，虽行危，至死无怨。

[11] 顾广圻曰：“不”字当衍。《外储说右》篇云：“君通于不仁，臣通于不忠，则可以王矣。”此其证也。

夫奸，必知则备，必诛则止；不知则肆，不诛则行。夫陈轻货于幽隐，虽曾、史可疑也；悬百金于市，虽大盗不取也。不知，则曾、史可疑于幽隐；必知，则大盗不取悬金于市。故明主之治国也，众其守而重其罪，[1]使民以法禁而不以廉止。母之爱子也倍父，父令之行于子者十母；[2]吏之于民无爱，令之行于民也万父母。父母积爱而令穷，[3]吏用威严而民听从，[4]严爱之筴亦可决矣。且父母之所以求于子也，动作则欲其安利也，行身则欲其远罪也；君上之于民也，有难则用其死，安平则尽其力。亲以厚爱關子于安利而不听，[5]君以无爱利求民之死力而令行。明主知之，故不养恩爱之心，而增威严之势。故母厚爱处，[6]子多败，推爱也；[7]父薄爱教笞，[8]子多善，用严也。[9]

[1] 先慎曰：张榜本“而”作“其”，误。守者众，以防于未发；罪者重，以杜其效尤。

[2] 卢文弨曰："者"，一作"也"。

[3] 先慎曰：乾道本不重"父母"二字。顾广圻云：今本"积"上有"父母"二字，误。先慎按：上"十母"、"万父母"并句绝。"父母积爱"与"吏用威严"相对成文，不当省"父母"二字，顾说非，改从今本。

[4] 先慎曰：乾道本无"用"字。卢文弨云"'用'字脱，张本有"，今据补。

[5] 卢文弨曰："關"或作"開"。

[6] 顾广圻曰：句有误，当脱一字。

[7] 旧注：推，行也。

[8] 顾广圻曰：五字为一句。

[9] 先慎曰：张榜本无"故母"至"用严"大小二十四字。

今家人之治产也，[1]相忍以飢寒，[2]相强以劳苦，虽犯军旅之难，饑馑之患，[3]温衣美食者必是家也。相怜以衣食，相惠以佚乐，天饑岁荒，嫁妻卖子者必是家也。故法之为道，前苦而长利；仁之为道，偷乐而后穷。圣人权其轻重，出其大利，故用法之相忍，而弃仁人之相怜也。[4]学者之言，皆曰轻刑，此乱亡之术也。[5]凡赏罚之必者，劝禁也。[6]赏厚则所欲之得也疾，罚重则所恶之禁也急。[7]夫欲利者必恶害，害者，利之反也，反于所欲，焉得无恶。欲治者必恶乱，乱者，治之反也。是故欲治甚者其赏必厚矣，其恶乱甚者其罚必重矣。今取于轻刑者，其恶乱不甚也，其欲治又不甚也。[8]此非特无术也，又乃无行。是故决贤不肖愚知之美，[9]在赏罚之轻重。且夫重刑者，非为罪人也，明主之法揆也。治贼非治所揆也，所揆也者，是治死人也。[10]刑盗非治所刑也，治所刑也者，是治胥靡也。故曰：重一奸之罪而止境内之邪,此所以为治也。重罚者盗贼也,而悼惧者良民也,欲治者奚疑于重刑?[11]若夫厚赏者,非独赏功也,又劝一国。[12]受赏者甘利,未赏者慕业,是报一人之功而劝境内之众也,欲治者何疑于厚赏?今不知治者,皆曰"重刑伤民,轻刑可以止奸,何必于重哉",此不察于治者也。夫以重止者,未必以轻止也;以轻止者,必以重止矣。是以上设重刑者而奸尽止,[13]奸尽止则此奚伤于民也?[14]所谓重刑者,奸之所利者细,而上之所加焉者大也。民不以小利蒙大罪,[15]故奸必止者也。[16]所谓轻刑者,奸之所利者大,上之所加焉者小也。[17]民慕其利而傲其罪,[18]故奸不止也。故先圣有谚曰:"不踬于山,而踬于垤。"[19]山者大,故人顺之;[20]垤微小,故人易之也。今轻刑罚,民必易之。犯而不诛,是驱国而弃之也;犯而诛之,是为民设陷也。是故轻罪者,民之垤也。是以轻罪之为民道也,[21]非乱国也,则设民陷也,此则可谓伤民矣。

[1] 顾广圻曰:《藏》本同。今本"今"作"令",误。

[2] 先慎曰:卢文弨《拾补》出"飢"字云:"饑,张本作'飢'。按下'饑馑'、'天饑',作'飢'非。"先慎按:下二"飢"字张榜本作"饑",不误。

[3] 先慎曰:"饑"字从张榜本改,下同。

[4] 顾广圻曰:"人"字当衍,此仁与法相对也。

[5] 先慎曰:乾道本无"刑"字。顾广圻云"今本有'刑'字,按依下文当有",今据补。

[6] 先慎曰:乾道本"必"作"心"。顾广圻云"今本'心'作'必',误";王先谦云"'必'字是,上言'必于赏罚'即其证,若作'心',则不当有'者'字",改从今本。

［7］先慎曰：乾道本“恶”作“惠”。《拾补》作“恶”，卢文弨云“‘惠’字非”，今据改。

［8］顾广圻曰：《藏》本“也”下更有“其欲治又不甚也”七字，今本有“其欲治又不甚也者”八字，皆误。

［9］顾广圻曰：《藏》本同。今本“知”作“智”，“美”作“分”。按句有误。俞樾曰：“美”乃“筴”字之误。上文云“严爱之筴亦可决矣”，此云“决贤不肖愚知之筴”，其文义正相似。作“美”者，形近而误，今本改“美”为“分”，未得其字。

［10］俞樾曰：此当作“明主之法也揆贼，非治所揆也，治所揆也者，是治死人也”，方与下文“刑盗非治所刑也，治所刑也者，是治胥靡也”，文法一律。“揆贼”之“揆”误移在上句，因移下句“治”字以补之，义不可通矣。《道藏》本、赵本但于“所揆也者”上加一“治”字，犹未尽得也。又按“揆”字未详何义，据与“刑盗”对文，疑“揆”当作“殺”。古字或以“蔡”为之，《尚书·禹贡》“二百里蔡”，郑《注》云：“‘蔡’之言‘殺’。”是“蔡”、“殺”声近义通。《说文·米部》臣锴引《左传》“槃蔡叔”，今作“蔡蔡叔”，亦其例也。“蔡”误作“葵”，传写者又以意改为“揆”耳。

［11］先慎曰：乾道本“刑”下有“名”字。顾广圻曰“《藏》本同。今本无‘名’字，按依下文不当有”，今据删。

［12］顾广圻曰：四字为一句。

［13］先慎曰：“者”字涉上下文而衍。

［14］先慎曰：能止奸，则重刑无伤。

［15］先慎曰：乾道本“蒙”作“加”。卢文弨云“加，张本作‘蒙’”，今据改。

［16］先慎曰：下文无“者”字。

［17］先慎曰：依上文“上”上当有“而”字。

［18］先慎曰：“傲其罪”，谓轻易其刑。

［19］先慎曰：《淮南子·人间训》尧戒“踬”作“蹪”，“垤”作“蛭”，高《注》：“蹪，踬也；蛭，蚁也。”按依义当作“垤”。

［20］顾广圻曰："顺"，读为慎。

［21］先慎曰："民"字不当有。此言轻罪之道非欲乱国，即为民设陷也。"民"字涉上下文而衍。

今学者皆道书筴之颂语，[1]不察当世之实事，曰："上不爱民，赋敛常重，则用不足而下恐上，[2]故天下大乱。"此以为足其财用以加爱焉，虽轻刑罚可以治也。此言不然矣。凡人之取重赏罚，固已足之之后也。[3]虽财用足而厚爱之，然而轻刑犹之乱也。[4]夫富家之爱子，[5]财货足用，[6]财货足用则轻用，[7]轻用则侈泰；亲爱之则不忍，不忍则骄恣。侈泰则家贫，骄恣则行暴，此雖财用足而爱厚，轻利之患也。[8]凡人之生也，财用足则隳于用力，上治懦则肆于为非。[9]财用足而力作者神农也，上治懦而行修者曾、史也。夫民之不及神农、曾、史亦已明矣。[10]

［1］先慎曰："颂语"，犹美语也。

［2］卢文弨曰："恐"疑是"怨"。先慎曰：卢说是。下不足于用则怨上，故下云"此以为足其财用以加爱"，"爱"与"怨"文正相对。

［3］王渭曰："赏"当作"刑"。

［4］先慎曰：乾道本"厚"上有"后"字，据赵本删。言上虽足民于财用而厚爱之，若不重罚，民犹趋乱。下云"则虽足民何可以为治"是也。

［5］先慎曰：乾道本"富"作"當"。《拾补》"當"作"富"，卢文弨云"'當'字讹"，今据改。

［6］卢文弨曰："财货"，张本倒，下同。

［7］先慎曰：此"财货"二字，乾道本作"货财"，据赵本乙。

［8］顾广圻曰：《藏》本同。今本"雖"作"则"，误。按"雖"当作"唯"。

[9] 先慎曰：乾道本无“治”字，《拾补》有。卢文弨云：旧倒，依下文改。先慎按：赵本不误，今据改。

[10] 先慎曰：乾道本无“已”字。卢文弨云“‘已’字脱，张本有”，今据补。

老聃有言曰：“知足不辱，知止不殆。”夫以殆辱之故而不求于足之外者，老聃也。今以为足民而可以治，[1]是以民为皆如老聃也。故桀贵在天子而不足于尊，[2]富有四海之内而不足于宝。君人者虽足民，不能足使为天子，[3]而桀未必以天子为足也，[4]则虽足民何可以为治也！故明主之治国也，适其时事以致财物，论其税赋以均贫富，厚其爵禄以尽贤能，重其刑罚以禁奸邪；使民以力得富，以事致贵，以过受罪，以功致赏而不念慈惠之赐，此帝王之政也。[5]

[1] 先慎曰：“民而”当作“而民”。

[2] 先慎曰：此与下相对，“子”下疑脱“之位”二字。

[3] 先慎曰：乾道本“为”下有“君”字。顾广圻云“《藏》本、今本无‘君’字”，今据删。

[4] 先慎曰：乾道本“以”作“为”，《拾补》“为”作“以”。卢文弨云：“为”字，张本无。顾广圻云：今本“必”下有“以”字，误。先慎按：今本“以”、“为”两有，非也。张本“为”作“以”，是，今据改。

[5] 先慎曰：张榜本“帝”误作“常”。

人皆寐则盲者不知，皆嘿则喑者不知；[1]觉而使之视，问而使之对，则喑盲者穷矣。不听其言也则无术者不知，不任其身也则不肖者不知；听其言而求其当，任其身而责其功，则无术不肖者穷矣。夫欲得力士而听其自言，虽庸人与乌获不可别也，授之以鼎俎，则罢健效矣。[2]故官职者，能士之鼎俎也，任之以事而愚智分矣。故无术者得于不用，不肖者得于不任。言不用而自文以为辩，身不任而自饰以为高，[3]世主眩其辩，滥其高而尊贵之，是不须视而定明也，不待对而定辩也，喑盲者不得矣。明主听其言必责其用，观其行必求其功，然则虚旧之学不谈，矜诬之行不饰矣。

[1] 先慎曰：盲喑混于寐嘿之中，人莫能辨。

[2] 顾广圻曰："俎"字当衍，下句同。

[3] 先慎曰：乾道本"任"下有"者"字。顾广圻云"今本无'者'字，按依上句不当有"，今据删。

八说第四十七

为故人行私谓之不弃，[1]以公财分施谓之仁人，轻禄重身谓之君子，枉法曲亲谓之有行，弃官宠交谓之有侠，离世遁上谓之高傲，交争逆令谓之刚材，[2]行惠取众谓之得民。不弃者，吏有奸也；仁人者，公财损也；君子者，民难使也；有行者，法制毁也；有侠者，官职旷也；高傲者，民不事也；刚材者，令不行也；得民者，君上孤也。此八者，匹夫之私誉，人主之大败也。反此八者，匹夫之私毁，人主之公利也。人主不察社稷之利害，而用匹夫之私誉，索国之无危乱，不可得矣。

[1] 先慎曰：谓不遗故旧。

[2] 先慎曰：刚材者，在下而与上争，故不行其令。

任人以事，存亡治乱之机也。无术以任人，无所任而不败。人君之所任，非辩智则修洁也。任人者，使有势也。[1]智士者未必信也，为多其智，因惑其信也，以智士之计，处乘势之资而为其私急，则君必欺焉。为智者之不可信也，[2]故任修士者，使断事也。修士者未必智，为洁其身，因惑其智，以愚人之所惛，[3]处治事之官而为其所然，[4]则事必乱矣。故无术以用人，任智则君欺，任修则君事乱，[5]此无术之患也。明君之道，贱德义贵，下必坐上，决诚以参，听无门户，[6]故智者不得诈欺。计功而行赏，程能而授事，察端而观失，有过者罪，有能者得，故愚者不任事。[7]智者不敢欺，愚者不得断，[8]则事无失矣。

[1] 先慎曰："任人"，则必使其人有势可凭借。

[2] 先慎曰："为"当作"惟"。

[3] 王先谦曰："所"字当衍。

[4] 先慎曰：乾道本无"其"字。顾广圻云：《藏》本、今本"为"下有"其"字。先慎按：此与上"而为其私急"对文，明有"其"字是，今据补。

[5] 王先谦曰：承上文言，不当有"君"字，此"君"字缘上下文而误衍。

[6] 旧注：人莫能测也。〇顾广圻曰：《藏》本同。"下必坐上决诚以"，今本作"法术倒言而诡使"。按"德义"当作"得议"，形近之误。《七术》篇云"夫不使贱议贵，下必坐上"云云，又《经》云"观听不参则诚不闻，听有门户则主壅塞"，即此文之证。"下必坐上"者，商君之告坐也。今本不能读，辄加改易，谬甚。先慎曰：顾说是。张榜本无"下必坐上决诚以"七字，亦非。《七术》篇不当有"必"字，说见彼。

[7] 先慎曰："不"下当有"得"字，与上"故智者不得诈欺"文一律。

[8] 先慎曰：不任修士使断事。

察士然后能知之，不可以为令，[1]夫民不尽察；贤者然后能行之，[2]不可以为法，[3]夫民不尽贤。杨朱、墨翟，天下之所察也，干世乱而卒不决，虽察而不可以为官职之令；鲍焦、华角，天下之所贤也，鲍焦木枯，[4]华角赴河，[5]虽贤不可以为耕战之士。[6]故人主之所察，[7]智士尽其辩焉；[8]人主之所尊，能士尽其行焉。[9]今世主察无用之辩，尊远功之行，索国之富强，不可得也。博习辩智如孔、墨，[10]孔、墨不耕耨，则国何得焉？修孝寡欲如曾、史，曾、史不战攻，则国何利焉？匹夫有私便，人主有公利。不作而养足，不仕而名显，此私便也；息文学而明法度，塞私便而一功劳，此公利也。错法以道民也，[11]而又贵文学，则民之所师法也疑；[12]赏功以劝民也，而又尊行修，则民之产利也惰。夫贵文学以疑法，尊行修以贰功，索国之富强，不可得也。

［1］先慎曰："令"，即法也。

［2］先慎曰：乾道本无"能"字。顾广圻云：今本有"能"字。先慎按：依上文当有，今据补。

［3］顾广圻曰：句绝。

［4］旧注：立死，若木之枯也。

［5］顾广圻曰：未详。

［6］先慎曰：乾道本无"贤"字。顾广圻云"今本有'贤'字，按依上文(常)〔當〕有"，今据增。

［7］先慎曰：乾道本无"所"字。《拾补》有，卢文弨云"'所'字脱，依下文当有"，今据补。

［8］顾广圻曰：《藏》本同。今本"士"下有"能"字，误。卢文弨曰：张本无"能"字。

［9］先慎曰：乾道本"士"下有"能"字。卢文弨云"张本又有'能'字，冯去之"，顾广圻云"今本无下'能'字，按此衍"，今据删。

［10］先慎曰：赵本"博"下提行。

［11］先慎曰："错"，施行也。

［12］王先谦曰："所"字衍。

搢笏干戚，不适有方铁铦；[1]登降周旋，不逮日中奏百;[2]狸首射侯,不当强弩趋发;[3]干城距冲,[4]不若堙穴伏橐。[5]古人亟于德,中世逐于智,当今争于力。古者寡事而备简,朴陋而不尽,故有珧铫而推车者。[6]古者人寡而相亲,物多而轻利易让,故有揖让而传天下者。然则行揖让,高慈惠而道仁厚,[7]皆推政也。[8]处多事之时,用寡事之器,非智者之备也;当大争之世,而循揖让之轨,非圣人之治也。[9]故智者不乘推车,圣人不行推政也。[10]

[1] 旧注:言国军异器。"方",楯也。言"搢笏"之议、"干戚"之舞,与夫方楯铁铦不相称适也。○顾广圻曰:"适"读为"敌"。"有方",未详。旧注全讹。孙诒让曰:"有方"当为"酋矛"。"酋"、"有"音近,"矛"、"方"形近,因而致误。《墨子·备水》篇云"亓二十人,人擅酋矛",今本亦讹作"有方",与此正同。详《墨子间诂》。

[2] 卢文弨曰:《荀子·议兵》篇:"魏之武卒,日中而趋百里。"顾广圻曰:"奏",读为凑。

[3] 王先谦曰:"趋"与"趣"同。

[4] 先慎曰:乾道本"冲"上有"衡"字。顾广圻云:今本无"衡"字。按"衡"即"冲"字复衍耳。《齐策》云"百尺之冲,折之衽席之上",即其义。先慎按:《荀子·强国》篇杨《注》引无"衡"字,今据删。"干",《荀子注》引作"平"。

[5] 王渭曰:《强国》篇杨《注》引"橐"作"櫜"。按"櫜"字是,见《墨子》。先慎曰:杨《注》引"穴"作"内"。卢文弨《荀子拾补》云:"'内'、'穴'古多通用。'橐'、'櫜'互异,疑此'櫜'字是,与韵协。"

[6] 旧注:珧,蜃。以蜃为铫也,即推轮也。上古摩蜃而耨也。○卢文弨曰:"推"当作"椎",下同。注"即椎轮也"四字,不应间在中,当云"椎车,即椎轮也",移置于末,始得。今本注字讹且衍,不可从。顾广圻曰:"推"当作"椎"。《淮南子》云"古之所为不可更,则推车至今无蝉匷",《盐

铁论·非鞅》云“推车之蝉攫，负子之教也”，亦当作“椎”。又《盐铁论·遵道》、《散不足》、《世务》皆言“椎车”，则作“椎”字不误可证。先慎曰：“推”字不误。《管子·禁藏》篇云“推引铫耨以当剑戟”，即此所本。“推车”，谓推引其车。卢、顾说非。

[7] 先慎曰：乾道本“道”下有“推”字。顾广圻云“今本无，按此不当有”，今据删。

[8] 卢文弨曰：“推”当作“椎”，下同。先慎曰：卢说非。“推政”，与《六反》篇“推爱”句法正同，义见上。

[9] 顾广圻曰：《藏》本同。今本“非”下有“也”字，误。

[10] 先慎曰：赵本“也”作“难”。卢文弨云：“难”字衍，张本作“也”，亦可省。

法所以制事，[1]事所以名功也。法立而有难，[2]权其难而事成则立之；[3]事成而有害，权其害而功多则为之。[4]无难之法，无害之功，天下无有也。[5]是以拔千丈之都，败十万之众，死伤者军之乘，[6]甲兵折挫，士卒死伤，而贺战胜得地者，出其小害计其大利也。夫沐者有弃发，除者伤血肉。[7]为人见其难，因释其业，是无术之事也。[8]先圣有言曰：“规有摩而水有波，我欲更之，无奈之何。”此通权之言也。是以说有必立而旷于实者，言有辞拙而急于用者，故圣人不求无害之言，而务无易之事。[9]人之不事衡石者，[10]非贞廉而远利也，石不能为人多少，衡不能为人轻重，求索不能得，故人不事也。明主之国，官不敢枉法，吏不敢为私，[11]货赂不行，[12]是境内之事尽如衡石也。此其臣有奸者必知，知者必诛。是以有道之主不求清洁之吏，而务必知之术也。

［1］卢文弨曰：当分段。

［2］先慎曰：乾道本“法”下有“有”字。顾广圻云“今本无‘有’字，按此不当有”，今据删。

［3］先慎曰：乾道本无“则立之”三字。顾广圻云“《藏》本、今本有”，今据补。

［4］顾广圻曰：《藏》本同。今本无“则”字，误。

［5］先慎曰：天下无不难之法，无不害之功，但权事之成否，功之多寡耳。乾道本“有”上无“无”字，则文不成义。顾广圻云“今本有，按此当有”，今据补。

［6］旧注：乘，谓其半也。○先慎曰：“乘”无“半”义。“乘”当作“垂”，形近之误。说见《内储说》篇。

［7］先慎曰：见《六反》篇。《广雅·释诂一》：“除，愈也。”欲病愈者攻以药石，药石所达，血肉必伤。

［8］先慎曰：“事”当作“士”。

［9］顾广圻曰：《藏》本同。今本“易”作“益”，误。

［10］卢文弨曰：当提行。

［11］先慎曰：乾道本“私”下有“利”字。案“利”即“私”之误而复者。“官不敢枉法，吏不敢为私”二文相对，不当多一字。《御览》八百三十引正无“利”字，今据删。

［12］顾广圻曰：《藏》本同。今本“行”下有“者”字，误。先慎曰：《御览》引亦有。

慈母之于弱子也，爱不可为前。[1]然而弱子有僻行，使之随师；有恶病，使之事医。不随师则陷于刑，不事医则疑于死。慈母虽爱无益于振刑救死，则存子者非爱也。子母之性，爱也；臣主之权，筴也。母不能以爱存家，君安能以爱持国？明主者通于富强，则可以得欲矣。故谨于听治，富强之法也。明其法禁,察其谋计。法明则内无变乱之患,计得则外无死虏之祸。[2]故存国者,非仁义也。仁者,慈惠而轻财者也;暴者,心毅而易诛者也。[3]慈惠则不忍,轻财则好与。心毅则憎心见于下,易诛则妄杀加于人。不忍则罚多宥赦,好与则赏多无功。憎心见则下怨其上,妄诛则民将背叛。故仁人在位,下肆而轻犯禁法,偷幸而望于上;暴人在位,则法令妄而臣主乖,民怨而乱心生。故曰:"仁暴者,皆亡国者也。"

[1] 旧注:不可先以爱养之也。○俞樾曰:"爱不可为前",犹言无前于此者,正见其爱之至也。旧注非是。

[2] 先慎曰:乾道本"则"作"于"。顾广圻云"今本'于'作'则'",今据改。

[3] 顾广圻曰:"暴"当作"义"。先慎曰:顾说非。此以"仁"、"暴"对言。"心毅则憎心见于下,易诛则妄杀加于人",即"暴"之实迹,若"义"则无"憎心"、"妄杀"之事。下"暴人在位"与"仁人在位"比勘,尤其证。此意谓仁人之亡人国,无异于暴者之亡人国也。

不能具美食而劝饿人饭,不为能活饿者也;[1]不能辟草生粟而劝贷施赏赐,[2]不为能富民者也。[3]今学者之言也,不务本作而好末事,知道虚圣以说民,[4]此劝饭之说,劝饭之说,明主不受也。

[1] 卢文弨曰:"为能"二字旧倒,今从《藏》本,下亦当同。先慎曰:乾道本作"为能",不误。

[2] 先慎曰:"劝"字,浅人依上文误加。

[3] 先慎曰：乾道本“为能”作“能为”。

[4] 顾广圻曰：《藏》本同。今本无“知”字，“圣”作“惠”，皆误。

书约而弟子辩，法省而民讼简，[1]是以圣人之书必著论，明主之法必详事。[2]尽思虑，揣得失，智者之所难也；无思无虑，挈前言而责后功，愚者之所易也。明主虑愚者之所易，[3]以责智者之所难，[4]故智虑不用而国治也。[5]

[1] 顾广圻曰：“简”当作“萌”，在“讼”字上。“萌”，氓也。“民萌讼”与“弟子辩”相对。“讼”犹“辩”也。

[2] 先慎曰：乾道本“详”下有“尽”字。顾广圻云“今本无‘尽’字，按此不当有”，今据删。

[3] 顾广圻曰：《藏》本同。今本“虑”作“操”，误。

[4] 顾广圻曰：“以”，当作“不”。

[5] 先慎曰：乾道本“虑”下有“力劳”二字。卢文弨云“‘力劳’二字，凌本无”，今据删。顾广圻云“当作‘故智不劳，力不用’”，与原本不合，非是。

酸甘咸淡，不以口断而决于宰尹，则厨人轻君而重于宰尹矣。[1]上下清浊，不以耳断而决于乐正，则瞽工轻君而重于乐正矣。治国是非，不以术断而决于宠人，则臣下轻君而重于宠人矣。人主不亲观听，而制断在下，托食于国者也。[2]

[1] 卢文弨曰：张本下两句皆无“于”字，此亦当衍。先慎曰：乾道本下两句亦有“于”字，卢说非。

[2] 先慎曰：张榜本此下接“今生杀之柄”云云，不提行。

使人不衣不食而不饥不寒，又不恶死，则无事上之意。意欲不宰于君，则不可使也。今生杀之柄在大臣，[1]而主令得行者，未尝有也。虎豹必不用其爪牙，而与鼷鼠同威；万金之家必不用其富厚，而与监门同资。[2]有土之君，[3]说人不能利，恶人不能害，索人欲畏重己，不可得也。

[1] 先慎曰：乾道本“之”作“人”，今据张榜本、赵本改。

[2] 先慎曰：“而”犹“则”也。“而”、“则”古通用，见《经传释(辞)〔词〕》。

[3] 先慎曰：赵本“土”误作“上”，卢文弨云“上，张、凌本作‘土’”，是也。

人臣肆意陈欲曰侠，人主肆意陈欲曰乱。人臣轻上曰骄，人主轻下曰暴。[1]行理同实，下以受誉，上以得非。人臣大得，人主大亡。[2]明主之国，有贵臣，无重臣。贵臣者，爵尊而官大也；[3]重臣者，言听而力多者也。明主之国，迁官袭级，官爵受功，[4]故有贵臣；言不度行，[5]而有伪必诛，故无重臣也。

[1] 孙诒让曰：“骄”当作“挢”，谓挢君也。《荀子·臣道》篇云“有能比知同力，率群臣百吏而相与(疆)〔彊〕君挢君，君虽不安，不能不听，遂以解国之大患，除国之大害，成于尊君安国，谓之辅”，即此所谓“人臣轻上曰挢”。此“侠”与“挢”皆美名，“乱”与“暴”皆恶名，故云“下以受誉，上以得非”，若作“骄”则不得为誉矣。“挢”字又作“矫”，《荀子》杨《注》：“挢，与

'矫'同,屈也。"后《忠孝》篇云"故烈士内不为家,乱世绝嗣而外矫于君",义亦同。先慎曰:《五蠹》篇专诋"侠骄"之无益人主而为邦之蠹,则韩非不以"侠骄"为美名可知,此下以受誉指时人而言,孙说失本书之指。

[2] 先慎曰:张榜本自"有土之君"至此,皆删去。

[3] 先慎曰:乾道本"者"上无"臣"字。顾广圻云:《藏》本、今本有"臣"字。先慎按:有"臣"字是,今据补。依下文,"也"上当有"者"字。

[4] 顾广圻曰:句有误。先慎曰:此言凡迁官袭级,必因其功而官爵之,"官爵受功",与《八经》篇云"爵禄循功"语意正同。

[5] 先慎曰:"不"当作"必"。

八经第四十八[1]

一、凡治天下，必因人情。人情者有好恶，故赏罚可用；赏罚可用则禁令可立，而治道具矣。君执柄以处势，故令行禁止。柄者，杀生之制也；势者，胜众之资也。废置无度则权渎，赏罚下共则威分。是以明主不怀爱而听，不留说而计。故听言不参则权分乎奸，智力不用则君穷乎臣。[2]故明主之行制也天，[3]其用人也鬼。[4]天则不非，[5]鬼则不困。[6]势行教严，逆而不违，[7]毁誉一行而不议。[8]故赏贤罚暴，举善之至者也；赏暴罚贤，举恶之至者也。是谓赏同罚异。赏莫如厚，使民利之；誉莫如美，使民荣之；诛莫如重，使民畏之；毁莫如恶，使民耻之。然后一行其法，[9]禁诛于私家，[10]不害。[11]功罪赏罚必知之，[12]知之，道尽矣。

因情[13]

[1] 先慎曰：赵本无下“八”字。卢文弨云：“十”下脱“八”字。顾广圻云：此篇多不可通。

[2] 顾广圻曰：《藏》本同。今本“力”作“术”，误。

[3] 旧注：不可测也。

[4] 旧注：如鬼之阴密。

[5] 旧注：既高不测，谁能非之。

[6] 旧注：既阴密，谁能困之。

[7] 旧注：雖逆天下不敢违，此势之用也。○先慎曰：乾道本注“雖”误作“誰”，据赵本改。

[8] 旧注：毁誉一行而天下不敢议。

[9] 顾广圻曰：句绝。

[10] 顾广圻曰："禁诛"连文，《奸劫弑臣》篇云"以禁诛于己也"，《外储说右》篇云"夫不处势以禁诛擅爱之臣"，皆可证。

[11] 先慎曰："不害"，即无害。

[12] 顾广圻曰：《藏》本同。今本"功"作"公"。按句有误。先慎曰："不害"二字当连上为句，"功罪赏罚必知之"为句。知功罪赏罚，则治天下之道得矣。今本"功"误"公"，顾氏又以"不害"属下为句，故疑有误。

[13] 旧注：一曰"收智"。

二、力不敌众，智不尽物，[1]与其用一人，不如用一国。[2]故智力敌而群物胜，揣中则私劳，不中则在过。[3]下君尽己之能，中君尽人之力，[4]上君尽人之智。是以事至而结智，一听而公会。听不一则后悖于前，后悖于前则愚智不分。不公会则犹豫而不断，不断则事留。[5]自取一听，则毋随壑之累，[6]故使之讽，讽定而怒。[7]是以言陈之日必有筴籍，[8]结智者事发而验，结能者功见而谋，[9]成败有征，[10]赏罚随之。事成则君收其功，规败则臣任其罪。君人者合符犹不亲，而况于力乎？事智犹不亲，而况于悬乎？[11]故非用人也不取同，同则君怒；使人相用则君神，君神则下尽。[12]下尽下则臣上[13]不因君而主道毕矣。

主道[14]

[1] 先慎曰：此谓一人之力，一人之智也。

[2] 旧注：用君之一人之智力，不知任众而用国也。○卢文弨曰：注"用君"下"之"字衍。又"不知"当作"不如"。

[3] 顾广圻曰：《藏》本同。今本"在"作"有"。先慎曰："在"当作"任"，形近而误。今本以臆改也。

［4］先慎曰：乾道本“人”下无“之”字。顾广圻云“《藏》本、今本有‘之’字”，今据增。

［5］顾广圻曰：句绝。

［6］先慎曰：乾道本无“听”字，“毋”下有“道”字。顾广圻云：《藏》本、今本有“听”字，无“道”字。按“自取一”三字逗，下文《听法》云“使君自取一以避罪”，即此句之义。下句有误。先慎按：顾读误。“自取一听”句，上“一听而公会”、“听不一则后悖于前”两见。此言君能“自取一听”，即不为臣下所动，自毋堕入臣下谿壑之忧。乾道本错误不可读，改从《藏》本、今本。

［7］顾广圻曰：《藏》本同。今本“而”下有“不”字。按句有误，未详。先慎曰：“讽”，谏也。“讽定而怒”，即下“揆伍必怒”意。

［8］先慎曰：乾道本“日”作“曰”，赵本作“由”。卢文弨云“由，《藏》本作‘日’，是”，今据改。

［9］先慎曰：“谋”当作“论”，字之误也。

［10］先慎曰：乾道本重“成败”二字。顾广圻云“今本不重”，今据删。

［11］顾广圻曰：“智”，当作“至”。

［12］先慎曰：乾道本不重“君神”二字。顾广圻云：今本重，按句有误。先慎按：“君神”，即上文“其用人也鬼”义，取其不可测度也。“君神”二字当重，改从今本。

［13］先慎曰：“则”上衍“下”字。

［14］旧注：一曰“结智”。

三、知臣主之异利者王，以为同者劫，[1]与共事者杀。故明主审公私之分，审利害之地，奸乃无所乘。[2]乱之所生六也：主母、后姬、子姓、弟兄、大臣、显贤。[3]任吏责臣，主母不放。[4]礼施异等，后姬不疑。分势不贰，庶適不争。[5]权籍不失，兄弟不侵。[6]下不一门，大臣不擁。[7]禁赏必行，显贤不。乱臣有二因，谓外内也。[8]外曰畏，[9]内曰爱。所畏之求得，所爱之言听，此乱臣之所因也。外国之置诸吏者，结诛亲暱重帑，[10]则外不籍矣；[11]爵禄循功，请者俱罪，则内不因矣。外不籍，内不因，则奸宄塞矣。[12]官袭节而进，以至大任，智也。其位至而任大者，以三节持之：[13]曰质，曰镇，曰固。亲戚妻子，质也；爵禄厚而必，镇也；参伍贵帑，固也。[14]贤者止于质，贪饕化于镇，奸邪穷于固。忍不制则下上，[15]小不除则大诛，[16]而名实当则径之。[17]生害事，死伤名，则行饮食；不然，而与其仇。此谓除阴奸也。翳曰诡，诡曰易。见功而赏，见罪而罚，而诡乃止；[18]是非不泄，说谏不通，而易乃不用。[19]父兄贤良播出曰游祸，其患邻敌多资。僇辱之人近习曰狎贼，其患发忿疑辱之心生。藏怒持罪而不发曰增乱，其患徼幸妄举之人起。大臣两重提衡而不踦[20]曰卷祸，[21]其患家隆劫杀之难作。[22]脱易不自神曰弹威，[23]其患贼夫酖毒之乱起。此五患者人主之不知，则有劫杀之事。[24]废置之事生于内则治，[25]生于外则乱。[26]是以明主以功论之内，而以利资之外，[27]故其国治而敌乱。[28]即乱之道：[29]臣憎则起外若眩，臣爱则起内若药。[30]

起乱[31]

[1] 先慎曰：赵本“以”下有“异”字。卢文弨云：《藏》本无“异”字。

[2] 先慎曰：下“审”字衍。“公私之分”、“利害之地”，并蒙“故明主审”四字而言。

[3] 旧注：主母，君幼称制；后姬、子姓，则强庶逼；兄弟，则公子擅国；大臣，代主执物者；显贤，则虚名掩君。〇先慎曰：“弟兄”倒，下文“兄弟不侵”，明此当作“兄弟”，旧注未讹。乾道本注“子姓”作“之姓”，“代

主”作“代圭”,今据赵本改。

[4] 旧注:废乱辄责于臣。○先慎曰:此谓以法任吏,以势责臣,则主母有所畏惮不敢放肆。注说非。

[5] 旧注:不令庶子贰適也。

[6] 旧注:权柄国籍不失于下也。○卢文弨曰:“籍”,张本下作“藉”,此亦当同。顾广圻曰:“籍”,读为“藉”。

[7] 旧注:不令一门专制,则不得权。○卢文弨曰:“擁”当从“土”旁。先慎曰:注“權”当为“擁”之误。

[8] 先慎曰:“不”下当有脱字。“乱臣有二因”为句,下文“此乱臣之所因也”,即其证。今以“乱”字属上,非。

[9] 旧注:外臣行威,物皆畏。○先慎曰:“外”,谓敌国;“内”,谓近习。注非。

[10] 顾广圻曰:《藏》本无“结”字,今本“结诛”作“诛其”,皆误。按“帑”读为“孥”,下同。孙诒让曰:“结”当作“诘”,同声假借字。“外国之置诸吏者”,谓邻国之为内臣求官者,战国时往往有之。“结诛”,谓诘其罪而诛之。王先谦曰:“结”,孙说是。“帑”,不误。“重帑”,谓厚币。敌所亲暱重赂为反间者,则诘而诛之。

[11] 先慎曰:“籍”,读为“藉”。下同。

[12] 先慎曰:乾道本“宄”作“充”。顾广圻云:今本“充”作“宄”。先慎按:作“宄”是也。“塞”训为“闭”。《淮南·主术训》、《晋语》注并云:“塞,闭也。”“外不藉,内不因”,则奸宄之途闭。后人误以“塞”为充满,故改“宄”为“充”以就其义,非也。改从今本。孙诒让云“充,疑作‘兑’”,亦误。

[13] 王先谦曰:“袭节”,犹上言“袭级”,“节”、“级”义同。以节持之,亦谓以上下之等治之。

[14] 先慎曰:“贵帑”当作“责怒”,形近而误。下《立道》云“行参以谋多,揆伍以责失,行参必折,揆伍必怒”,即其义。

[15] 顾广圻曰:《藏》本“下上”作“上下”,今本作“下失”,皆误。先

慎曰：当作"上不制则下忍"，与"小不除则大诛"文正相对。"忍"、"上"二字互讹也。

[16] 王先谦曰：即"毫末不拔，将寻斧柯"意。

[17] 顾广圻曰："而"上当更有"诛"字。"径"者，谓显诛也，下文乃隐诛之。"生"者，不诛也；"害事"者，实不当也；"死"者，诛之也；"伤名"者，名不当也；"则行饮食"者，以饮食行其诛也；"不然"者，不行饮食也；"而与其仇"者，以所诛与其仇也。故曰："此谓除阴奸也。"

[18] 先慎曰：乾道本"翳"作"医"，"见功"作"易功"。《拾补》"翳"字下旁注"繄"字，"易功"作"见功"，旁注"易均"。卢文弨云："繄"，秦本作"翳"。"诡"字，《藏》本不重。"易均"，张本作"易功"，亦讹。俞樾云："翳"者，蔽也。下文"见功而赏，见罪而罚，而诡乃止矣"，"见功"、"见罚"是不翳也，不翳"而诡乃止"，可证"翳曰诡"之义。先慎按：俞说是，改从《拾补》。

[19] 王先谦曰：不为臣下所轻易。

[20] 王先谦曰：若齐阚止、田常之比。

[21] 孙诒让曰："卷"当作"养"，谓养成祸乱也。"养"、"卷"形近误。

[22] 孙诒让曰："隆"，读为"閧"。《吕氏春秋·察微》篇："楚卑梁公举兵攻吴之边邑，吴王怒，使人举兵侵楚之边邑，吴、楚以此大隆。""大隆"，即大閧也。《孟子》云"邹与鲁閧"，孙奭《音义》引刘熙《注》云："閧，构也，构兵以斗也。"《说文·(門)〔鬥〕部》云："閧，斗也。"此云"家隆"，即家閧，亦谓私家构兵争斗也。"隆"与"閧"古音相近，得相通借，《古文苑》扬雄《宗正箴》云："昔在夏时，太康不恭，有仍二女，五子家降。""降"与"隆"声类亦同，古字通用。彼"家降"与此"家隆"，事异而义同。

[23] 王先谦曰："弹"疑"殚"，形近而误。"脱易不自神"，则威竭尽于外。"弹威"无义。

[24] 先慎曰："主"下"之"字当衍文。

[25] 顾广圻曰：自此下皆未详。王先谦曰：国事废置，皆当自内主之，由人主权其利害则无不治。

[26] 先慎曰:“外”,谓敌国也,上文“外曰畏,所畏之求得,此乱臣之所因”,即其义。

[27] 王先谦曰:论功于朝廷,取利于敌国。

[28] 先慎曰:乾道本“故其”作“其故”。卢文弨曰:张本作“故其”。顾广圻云:今本“其”作“是”。按句有误。先慎按:作“故其”语已明显,今据改。

[29] 顾广圻曰:按句有误。王先谦曰:“即”,就也。“即乱”,犹《左传》言“即死”,谓去安就危也。先慎曰:《拾补》“乱”下有“亡”字。卢文弨云:“亡”,《藏》本作“之”,并非。

[30] 王先谦曰:不当憎而憎,则乱臣起外,若楚伍员之类;不当爱而爱,则乱臣起内,若吴宰嚭之类。眩不自持,形骸之疾;饮药致毙,心腹之疾。

[31] 旧注:一曰“乱起”。

四、参伍之道:行参以谋多,揆伍以责失;[1]行参必折,[2]揆伍必怒。不折则渎上,不怒则相和。[3]折之微足以知多寡,[4]怒之前不及其众。观听之势,[5]其征在比周而赏异也,[6]诛毋谒而罪同。[7]言会众端,必揆之以地,谋之以天,验之以物,参之以人。四征者符,乃可以观矣。参言以知其诚,易视以改其泽。[8]执见以得非常。一用以务近习,重言以惧远使,[9]举往以悉其前,即迩以知其内,疏置以知其外。[10]握明以问所暗,诡使以绝黩泄,倒言以尝所疑,[11]论反以得阴奸,[12]设谏以纲独为,[13]举错以观奸动,明说以诱避过,卑适以观直谄,宣闻以通未见,作斗以散朋党,[14]深一以警众心,[15]泄异以易其虑。似类则合其参,陈过则明其固,[16]知辟罪以止威,[17]阴使时循以省衰,[18]渐更以离通比，[19]下约以侵其上，相室约其廷臣，廷臣约其官属，兵士约其军吏，遣使约其行介，县令约其辟吏，[20]郎中约其左右，后姬约其宫媛。此之谓条达之道，言通事泄则术不行。

立道

［1］王先谦曰："多"，犹胜也，贤也，故行参以谋之。又揆之于伍，其众以为失者，则加罪责。

［2］王先谦曰：三人从二，不用者必折抑之。先慎曰：乾道本"折"作"拆"。卢文弨云"《藏》本、张本作'折'，下同"，今据改，下同。

［3］王先谦曰：群下和同，非上之利，故必责以怒之。

［4］先慎曰：乾道本"微"作"徵"，《拾补》作"微"。卢文弨云："微"，张本作"徵"。顾广圻云：今本"徵"作"微"。按句有误。先慎按：此谓分别众谋于极微，始知得失之多少。作"微"字是，改从今本。

［5］王先谦曰："折"、"怒"双承，此句有误。

［6］卢文弨曰："也"字衍。先慎曰：臣下比周，则赏在立异。

［7］顾广圻曰：今本"毋谒"作"罚"，误。先慎曰："毋"字衍。"诛谒"，即上文"爵禄循功请者俱罪"意。

［8］先慎曰："改"当作"孜"，形近而误。"泽"，读为"择"，谓择守也。参听人言以审察其诚否，易地而观以孜验其择守。《礼记·射义》："泽者，所以择士也。""泽"有"择"义，其字又相通。《曲礼》上郑《注》"泽，或为'择'"，是其证。

［9］先慎曰：乾道本"言"作"官"。顾广圻云"《藏》本、今本'官'作'言'"，今据改。王先谦云：重其禁令，则远使知惧。

［10］俞樾曰："疏置"当作"置疏"。"疏"与"迩"对，今作"疏置"则不对矣。

［11］先慎曰："诡使"、"倒言"，并见《七术》篇。

［12］俞樾曰："论反"当作"反论"。"反论"与"倒言"相对，传写误也。

[13] 王渭曰:“谏”读为“间”。王先谦曰:“为”,读为“伪”。

[14] 王先谦曰:即上文“不怒则相和”意。

[15] 王先谦曰:深藏于一心,则众莫测喜怒。先慎曰:乾道本“警”作“敬”。顾广圻云“《藏》本、今本‘敬’作‘警’”,今据改。

[16] 先慎曰:“固”,犹故也。

[17] 顾广圻曰:《藏》本、今本“知”下有“罪”字。王渭曰“按句有误”。先慎曰:“辟”,即“避”字。既知避罪,则上可以止威。

[18] 顾广圻曰:《藏》本同。今本“衰”作“衷”,误。王先谦曰:阴遣使循视敌国,省其衰敝之衅。

[19] 王先谦曰:虑我使与外国通比,又逐渐更易以离其交,故下申之云:“言通事泄,则术不行。”

[20] 卢文弨曰:“令”,张本作“吏”,非。

五、明主,其务在周密。是以喜见则德偿,[1]怒见则威分。[2]故明主之言隔塞而不通,周密而不见。故以一得十者下道也,以十得一者上道也。[3]明主兼行上下,故奸无所失。伍、官、连、县而邻,谒过赏,失过诛。[4]上之于下,下之于上,亦然。是故上下贵贱相畏以法,相诲以和。[5]民之性有生之实,有生之名;为君者有贤知之名,有赏罚之实。名实俱至,故福善必闻矣。

参言

[1] 顾广圻曰:“偿”当作“渎”。

[2] 卢文弨曰:“则”,《藏》本作“其”。先慎曰:作“则”是。

[3] 先慎曰:“上下”二字互误。

[4] 先慎曰:“失”字衍。

[5] 顾广圻曰:句有误。先慎曰:“和”当作“利”。

六、听不参则无以责下，言不督乎用则邪说当上。[1]言之为物也以多信，[2]不然之物十人云疑，百人然乎，千人不可解也。[3]呐者言之疑，辩者言之信。[4]奸之食上也，取资乎众，籍[5]信乎辩，而以类饰其私。[6]人主不餍忿而待合参，其势资下也。有道之主，听言督其用，课其功，功课而赏罚生焉。[7]故无用之辩不留朝，任事者知不足以治职则放官收。[8]说大而夸则穷端，[9]故奸得而怒。[10]无故而不当为诬，诬而罪臣。[11]言必有报，说必责用也，故朋党之言不上闻。凡听之道，人臣忠论以闻奸，[12]博论以内一；人[13]主不智，则奸得资。明主之道，己喜则求其所纳，己怒则察其所构，论于已变之后，以得毁誉公私之征。[14]众谏以效智，使君自取一以避罪。[15]故众之谏也，败君之取也。[16]无副言于上以设将然，今符言于后以知谩诚语。[17]明主之道，臣不得两谏，必任其一；语不得擅行，必合其参。故奸无道进矣。

听法

[1] 先慎曰：不督其用，徒听其言，则奸邪之说当于人主之心矣。

[2] 王先谦曰：言以多而易信，即三人成市虎义。

[3] 顾广圻曰：句有误。先慎曰：凡不然之物，十人以为然，则疑信已半；若百人言之，愈不能决；至于千人之言，则己以为不然者亦已为然矣。此足上文“言之为物也以多信”义，顾以为误，非也。

[4] 先慎曰：呐者言之，方以为疑；辨者言之，心无不信矣。

[5] 先慎曰：“籍”，读为“藉”。“藉”，助也。

[6] 先慎曰：“信”，读曰“伸”。谓辨士以相类之事文饰其私也。

[7] 先慎曰：张榜本“生”作“上”，误。

[8] 顾广圻曰：“官收”当作“收官”。“放”字当衍，即“收”字之误耳。王渭曰“句绝”。先慎曰：顾、王说是。张榜本无“任事”至下“说”十四

字，而以“大而夸”为句，非。

[9] 先慎曰：句。

[10] 先慎曰：“而”，犹则也，下“诬而罪臣”同。既得其夸大之奸情，则人主必怒。

[11] 顾广圻曰：以上皆有误。先慎曰：谓非为他事所阻，而功不当其言为诬，诬则罪其臣。

[12] 先慎曰：“闻奸”，使奸得上闻。张榜本“闻”作“文”，非。

[13] 王先谦曰：“内”，与下“纳”同。“一人”，谓君。

[14] 王先谦曰：闻辨言而喜，必求其所纳之虚实；闻讦言而怒，必察其所构之是非。又于已变之后考论之，则毁誉公私皆得其征验矣。

[15] 先慎曰：乾道本“使”上有“故”字。顾广圻云“今本无‘故’字”，今据删。

[16] 先慎曰：防众谏败取也。

[17] 卢文弨曰：“今”疑“令”。顾广圻云：《藏》本同。今本无“语”字。按句有误，未详。先慎曰：“今”当作“令”，“语”字衍。言能符于后则为诚，不符则为谩。“符”，犹合也。

七、官之重也，毋法也；法之息也，上暗也。上暗无度则官擅为，官擅为故奉重无前，奉重无前则征多，[1]征多故富。官之富重也，乱功之所生也。[2]明主之道，取于任，[3]贤于官，[4]赏于功。言程、主喜俱必利，不当、主怒俱必害，则人不私父兄而进其仇雠。势足以行法，奉足以给事，而私无所生，故民劳苦而轻官。[5]任事者毋重，[6]使其宠必在爵；处官者毋私，使其利必在禄。故民尊爵而重禄。爵禄所以赏也，民重所以赏也则国治。[7]刑之烦也，名之缪也，赏誉不当则民疑，民之重名与其重赏也均。赏者有诽焉不足以劝，罚者有誉焉不足以禁。明主之道，赏必出乎公利，名必在乎为上。赏誉同轨，非诛俱行。[8]然则民无荣于赏之内。[9]有重罚者必有恶名，故民畏。罚所以禁也，民畏所以禁则国治矣。

类柄

[1] 先慎曰：乾道本不重"奉重无前"四字。顾广圻云"今本重"，今据增。

[2] 王先谦曰："乱功"无义，"功"字当衍。

[3] 旧注：能任事则取之。

[4] 旧注：能守官则赞扬之。

[5] 王先谦曰：民皆力耕，故劳苦；不为官扰，故轻官。

[6] 先慎曰：乾道本"者"作"也"。顾广圻曰"今本'也'作'者'，按依下文当作'者'"，今据改。

[7] 先慎曰：官轻则民重。

[8] 先慎曰："非"、"诽"字同。此即蒙上"赏者有诽焉不足以劝"句。

[9] 王渭曰：句有误脱。

八、行义示则主威分，慈仁听则法制毁。民以制畏上，而上以势卑下，故下肆很触[1]而荣于轻君之俗，则主威分。民以法难犯上，而上以法挠慈仁，故下明爱施而务赇纹之政，[2]是以法令隳。尊私行以贰主威，行赇纹以疑法，[3]听之则乱治，不听则谤主，[4]故君轻乎位，而法乱乎官，此之谓无常之国。明主之道，臣不得以行义成荣，不得以家利为功。功名所生，必出于官法。法之所外，虽有难行，不以显焉，故民无以私名。设法度以齐民，信赏罚以尽能，[5]明诽誉以劝沮；名号、赏罚、法令三隅，[6]故大臣有行则尊君，百姓有功则利上，此之谓有道之国也。

主威[7]

[1] 卢文弨曰："很"，凌本作"狼"。

[2] 旧注：务为货贼。○顾广圻曰："纹"字有误，未详所当作，下同。孙诒让曰："纹"当作"纳"，篆文"纳"作"[篆字]"，"纹"作"[篆字]"，二形相近而误。"纳"，谓纳货财子女也。《国语·郑语》说褒(似)〔姒〕云："褒人有狱而以为入。""入"、"纳"义同。

[3] 先慎曰："法"下当有"令"字。

[4] 顾广圻曰："主"当作"生"。王先谦曰："谤主"与"乱治"对文，句义本通，不烦改字。

[5] 先慎曰：乾道本"尽"下有"民"字。顾广圻云"今本无'民'字，按不当有"，今据删。

[6] 先慎曰：此下当有脱文。

[7] 先慎曰：乾道本脱此二字，今依《拾补》增。卢文弨云：末一行脱"主威"二字。

韩非子卷第十九

五蠹第四十九

上古之世，人民少而禽兽众，人民不胜禽兽虫蛇；[1]有圣人作，构木为巢，以避群害，而民悦之，使王天下，号之曰有巢氏。[2]民食果蓏蜯蛤，腥臊恶臭而伤害腹胃，民多疾病；有圣人作，钻燧取火，以化腥臊，而民说之，使王天下，号之曰燧人氏。中古之世，天下大水，而鲧、禹决渎。近古之世，桀、纣暴乱，而汤、武征伐。今有构木钻燧于夏后氏之世者，必为鲧、禹笑矣；有决渎于殷、周之世者，必为汤、武笑矣。然则今有美尧、舜、汤、武、禹之道于当今之世者，必为新圣笑矣。[3]是以圣人不期修古，[4]不法常可，[5]论世之事，因为之备。宋人有耕者，[6]田中有株，兔走触株，折颈而死；因释其耒而守株，冀复得兔，兔不可复得，而身为宋国笑。[7]今欲以先王之政，治当世之民，皆守株之类也。

[1] 先慎曰：《御览》七十八引"众"作"多"，"虫蛇"作"虵虺"。

[2] 先慎曰：各本"号"下无"之"字，《御览》有，依下文当有，今据补。

[3] 先慎曰："舜"下脱"鲧"字，"汤、武、禹"当作"禹、汤、武"。

[4] 旧注：在扶世急也。

[5] 顾广圻曰：《藏》本同。今本"可"作"行"，误。

[6] 先慎曰：旧本"耕"下有"田"字。《艺文类聚》九十五、《御览》四

百九十九及八百二十二、九百七、《事类赋》二十三引“耕”下无“田”字，今据删。

[7] 先慎曰：《艺文类聚》引“笑”上有“所”字。

古者[1]丈夫不耕，草木之实足食也；妇人不织，禽兽之皮足衣也。[2]不事力而养足，人民少而财有馀，故民不争。是以厚赏不行，重罚不用，而民自治。今人有五子不为多，子又有五子，大父未死而有二十五孙。是以人民众而货财寡，事力劳而供养薄，故民争；虽倍赏累罚而不免于乱。

[1] 卢文弨曰：“古”下似当分段。

[2] 先慎曰：张榜本、赵本“妇人”作“妇女”。

尧之王天下也，[1]茅茨不翦，采椽不斫；[2]粝粢之食，藜藿之羹；冬日麑裘，[3]夏日葛衣：虽监门之服养不亏于此矣。[4]禹之王天下也，身执耒臿，以为民先；[5]股无胈，[6]胫不生毛：虽臣虏之劳不苦于此矣。以是言之，[7]夫古之让天子者，是去监门之养而离臣虏之劳也，古传天下而不足多也。[8]今之县令，一日身死，子孙累世絜驾，故人重之。是以人之于让也，轻辞古之天子，难去今之县令者，薄厚之实异也。夫山居而谷汲者，膢腊而相遗以水；[9]泽居苦水者，买庸而决窦。[10]故饑岁之春，幼弟不饟；[11]穰岁之秋，疏客必食。[12]非疏骨肉，爱过客也，[13]多少之心异也。[14]是以古之易财，非仁也，财多也；[15]今之争夺，非鄙也，财寡也。轻辞天子，非高也，势薄也；重争土橐，[16]非下也，权重也。故圣人议多少、论薄厚为之政，故罚薄不为慈，诛严不为戾，称俗而行也。故事因于世，而备适于事。

[1] 卢文弨云："尧"下亦当分段。先慎曰：乾道本"也"下有"有"字。顾广圻云：今本无"有"字，按当云"尧之有天下也"，《李斯列传》可证。先慎案："有"字系后人用《史记》校记于"王"下失删耳。《北堂书钞》一百四十三、《御览》八十、《初学记》九引并无"有"字，今据删。

[2] 先慎曰：《御览》一百八十八引"斫"作"刮"。案《李斯传》、《淮南·主术训》亦作"斫"。此下《李斯传》有"虽逆旅之宿不勤于此矣"，似非《韩子》原文。此下云"古之让天下者，是去监门之养而离臣虏之劳"，不言"逆旅之宿"，明《韩子》无此十字。馀亦烦省不同，当各依本书。

[3] 先慎曰：《御览》二十七、又八十、又六百九十四引并作"鹿裘"，《李斯传》亦作"鹿"。

[4] 先慎曰：《御览》八十引"亏"作"敌"，八百四十九及《北堂书钞》一百四十三引作"厌"，并误。"亏"，损也。

[5] 先慎曰：《御览》八十二引"耒臿"作"木畚"。

[6] 先慎曰：乾道本"胈"作"肢"，据张榜本改。《李斯传》亦作"胈"，《御览》引作"股无完胈"。

[7] 先慎曰："以"，张榜本作"又"，误。

[8] 先慎曰："古"，张榜本、赵本作"故"。"古"、"故"字通。

[9] 旧注：谷水难得，故节以水相遗也。〇先慎曰：《说文》："膢，楚俗以二月祭饮食也。""腊，冬至后三戌腊祭百神。"《风俗通》引"相遗以水"作"买水"。

[10] 旧注：泽者苦水，故买人功使决窦也。〇先慎曰："庸"，张榜本作"傭"。

[11] 旧注：幼弟可惜，犹不饟之也。〇先慎曰：《意林》、《御览》八百四十九引"幼"作"从"，《意林》"饟"作"讓"。

[12] 先慎曰：乾道本"穰"作"饟"，涉上文而误，据《拾补》改。卢文

弨云："饟"，张本作"穰"。"疏"，《意林》作"过"。

[13] 先慎曰：乾道本无"客"字。顾广圻云：今本"过"下有"客"字，按"疏"下当有"客"字。先慎按：顾说非。"非疏骨肉"逗，《御览》、《意林》引同，无下"爱过客也"四字，改从今本。"爱过客"蒙上"疏客必食"言。"过客"即"疏客"。

[14] 先慎曰：乾道本"心"作"实"。卢文弨云：《意林》"实"作"心"。先慎按：《御览》亦引作"心"，今据改。

[15] 卢文弨曰：张本"之"作"人"。

[16] 先慎曰：乾道本无"重"字。顾广圻云：今本"争"上有"重"字。按未详。先慎按："争"上有"重"字是。"轻辞天子"、"重争土橐"相对为文。"土"当作"士"，形近而误。"士"与"仕"同。"橐"与"託"通。《淮南·修务》、《说林》"项託"，《汉书·董仲舒传》孟康《注》作"项橐"，是"橐"、"託"通用之证。"士橐"即"仕託"，古今字。《外储说左上》篇"晋国之辞仕託者国之錘"，又云"晋国之辞仕託慕叔向者国之錘"，彼云"辞仕託"，此云"争仕託"，可见"仕託"之义。

古者文王处丰、镐之间，[1]地方百里，行仁义而怀西戎，遂王天下。徐偃王处汉东，地方五百里，行仁义，割地而朝者三十有六国，[2]荆文王恐其害己也，举兵伐徐，遂灭之。[3]故文王行仁义而王天下，偃王行仁义而丧其国，是仁义用于古而不用于今也。故曰："世异则事异。"当舜之时，有苗不服，禹将伐之，舜曰："不可。上德不厚而行武，非道也。"乃修教三年，执干戚舞，有苗乃服。共工之战，铁铦短者及乎敌，[4]铠甲不坚者伤乎体，是干戚用于古不用于今也。故曰："事异则备变。"上古竞于道德，中世逐于智谋，当今争于气力。齐将攻鲁，鲁使子贡说之，齐人曰："子言非不辩也，吾所欲者土地也，非斯言所谓也。”遂举兵伐鲁，去门十里以为界。故偃王仁义而徐亡，子贡辩智而鲁削。以是言之，夫仁义辩智，非所以持国也。去偃王之仁，息子贡之智，循徐、鲁之力，使敌万乘，则齐、荆之欲不得行于二国矣。

［1］先慎曰：乾道本“文”作“大”，据《拾补》改。卢文弨云：“古”下似当分段。

［2］先慎曰：《论衡·非韩》篇作“三十二国”。

［3］卢文弨曰：徐偃王当周穆王时，与楚文王相去远，谯周据此以驳史，失之不考。

［4］先慎曰：乾道本“短”作“矩”。卢文弨云“‘矩’，张本作‘短’”，顾广圻云“今本‘矩’作‘距’，误，案当作‘短’”，今据改。

夫古今异俗，新故异备，如欲以宽缓之政治急世之民，犹无辔策而御駻马，[1]此不知之患也。今儒、墨皆称先王兼爱天下，[2]则视民如父母。[3]何以明其然也？曰：“司寇行刑，君为之不举乐；闻死刑之报，君为流涕。”此所举先王也。夫以君臣为如父子则必治，推是言之，是无乱父子也。人之情性莫先于父母，父母皆见爱而未必治也，君虽厚爱，奚遽不乱！[4]今先王之爱民，不过父母之爱子；子未必不乱也，[5]则民奚遽治哉！且夫以法行刑而君为之流涕，此以效仁，非以为治也。夫垂泣不欲刑者，仁也；然而不可不刑者，法也。先王胜其法不听其泣，则仁之不可以为治亦明矣。且民者固服于势，寡能怀于义。仲尼，天下圣人也，修行明道以游海内，海内说其仁，美其义，而为服役者七十人。盖贵仁者寡,能义者难也。故以天下之大,而为服役者七十人,而仁义者一人。[6]鲁哀公,下主也,南面君国,境内之民莫敢不臣,民者固服于势。势诚易以服人,[7]故仲尼反为臣,而哀公顾为君。仲尼非怀其义,服其势也。故以义则仲尼不服于哀公,乘势则哀公臣仲尼。今学者之说人主也,不乘必胜之势,而务行仁义[8]则可以王。是求人主之必及仲尼,而以世之凡民皆如列徒,[9]此必不得之数也。

[1] 先慎曰:《淮南·汜论训》高《注》:"駻马,突马也。"

[2] 先慎曰:乾道本无"称"字。顾广圻云:今本"皆"下有"称"字。按句有误。先慎按:有"称"字其义已明,乾道本脱"称"字。《显学》篇云"孔子、墨子俱道尧、舜",此即儒、墨皆称先王兼爱之证。

[3] 先慎曰:《拾补》"视民"作"民视君"三字。卢文弨云:"民视"二字旧倒,"君"字脱,俱依张本补正。顾广圻云:句有误。先慎按:"视民"当作"民视",卢说"旧倒"是也。"君"字不当有。"先王兼爱天下,则民视之如父母",此即指先王之民而言,张本增"君"字,非也。

[4] 先慎曰:乾道本不重"父母"二字,无"君"字,"爱"下有"矣"字,据《拾补》改增。卢文弨云:"父母"、"君"三字脱。

[5] 先慎曰:乾道本"子"下无"未"字。顾广圻云"今本'子'下有'未'字",王渭云"当有",今据补。

[6] 先慎曰:《拾补》"而"下有"为"字。卢文弨云:张本无。顾广圻云:《藏》本同。今本"而"下有"为"字,误。按"一人",仲尼也。

[7] 先慎曰:乾道本不重"势"字。顾广圻云:《藏》本、今本"诚"上有"势"字。按句有误。先慎按:有"势"字是也,今据补。"固服于势"句,文义属上;"势诚易以服人"句,文义属下。

[8] 先慎曰:乾道本"务"上有"胜"字。顾广圻云:《藏》本、今本无"胜"字。按句有误。先慎按:"胜"字衍,今据删。"务行仁义"四字当重。

[9] 旧注：则七十子也。○先慎曰：乾道本“世”作“势”。顾广圻云“《藏》本、今本‘势’作‘世’，误，按‘势’上当脱‘服’字”；王先谦云“作‘世’文义自明，无庸增‘服’字”。今据《藏》本、今本改。

今有不才之子，父母怒之弗为改，乡人谯之弗为动，师长教之弗为变。夫以父母之爱，乡人之行，师长之智，三美加焉而终不动，其胫毛不改；[1]州部之吏，操官兵，推公法而求索奸人，然后恐惧，变其节，易其行矣。故父母之爱不足以教子，必待州部之严刑者，民固骄于爱，听于威矣。故十仞之城，楼季弗能逾者，峭也；千仞之山，跛牂易牧者，夷也。故明王峭其法而严其刑也。布帛寻常，庸人不释；[2]铄金百溢，盗跖不掇。[3]不必害则不释寻常，必害手则不掇百溢，[4]故明主必其诛也。是以赏莫如厚而信，使民利之；罚莫如重而必，使民畏之；法莫如一而固，[5]使民知之。故主施赏不迁，行诛无赦。誉辅其赏，毁随其罚，则贤不肖俱尽其力矣。

[1] 顾广圻曰：下有脱文。

[2] 先慎曰：八尺曰“寻”，倍寻曰“常”。《论衡·非韩》篇“释”误“择”。

[3] 旧注：金销烂，虽多，跖弃而不掇。○先慎曰：《论衡》“溢”作“镒”，“掇”作“搏”，《李斯列传》引与《论衡》同。案此当各依本书。

[4] 顾广圻曰：《藏》本同。今本“手则”作“则手”，误。

[5] 先慎曰：乾道本“固”作“故”。卢文弨云“‘故’，张本作‘固’，二字古通”；顾广圻云“今本‘故’作‘固’，误”；王先谦云“下文云‘明主之道，一法而不求智，固术而不慕信’，即此所谓‘一而固’也，作‘固’是”。改从今本。

今则不然，其有功也爵之，[1]而卑其士官也；以其耕作也赏之，而少其家业也；以其不收也外之，而高其轻世也；以其犯禁也罪之，[2]而多其有勇也。毁誉赏罚之所加者相与悖缪也，故法禁坏而民愈乱。今兄弟被侵必攻者廉也，[3]知友被辱随仇者贞也；[4]廉贞之行成，而君上之法犯矣。人主尊贞廉之行而忘犯禁之罪，故民程于勇而吏不能胜也。[5]不事力而衣食则谓之能，不战功而尊则谓之贤；[6]贤能之行成，而兵弱而地荒矣。人主说贤能之行，[7]而忘兵弱地荒之祸，[8]则私行立而公利灭矣。[9]

[1] 卢文弨曰："然"下当有"以"字，与下同。

[2] 先慎曰：乾道本"禁"下无"也"字。卢文弨云"'也'字脱，张、凌本有，与上二句同"，今据补。

[3] 旧注：世谓之有廉隅之人。

[4] 先慎曰：乾道本无"被"字。顾广圻云：今本"友"下有"被"字，误。先慎按："知友被辱"句，与上"兄弟被侵"相对为文，不当少一字，改从今本。

[5] 先慎曰：《礼记·儒行》"不程勇"，注："程，犹量也。"

[6] 先慎曰：乾道本无下"则"字。顾广圻云：《藏》本、今本有"则"字，误。先慎案：上"则谓之能"与此句法一律，有"则"字为是，今据补。

[7] 先慎曰：乾道本无"成而兵弱而地荒矣人主说贤能之行"十五字。顾广圻云"《藏》本、今本有"，今据补。

[8] 先慎曰：乾道本"荒"作"弱"。顾广圻云"《藏》本、今本下'弱'字作'荒'"，今据改。

[9] 先慎曰：乾道本"公"上有"功"字。顾广圻云"《藏》本、今本无'功'字"，今据删。

儒以文乱法，[1]侠以武犯禁，而人主兼礼之，此所以乱也。夫离法者罪，而诸先生以文学取；[2]犯禁者诛，而群侠以私剑养。故法之所非，君之所取；吏之所诛，上之所养也。法趣上下，四相反也，而无所定，虽有十黄帝不能治也。故行仁义者非所誉，[3]誉之则害功；[4]工文学者非所用，[5]用之则乱法。楚之有直躬，其父窃羊而谒之吏。令尹曰："杀之！"以为直于君而曲于父，报而罪之。以是观之，夫君之直臣，父之暴子也。鲁人从君战，三战三北。仲尼问其故，对曰："吾有老父，身死，莫之养也。"仲尼以为孝，举而上之。以是观之，夫父之孝子，君之背臣也。[6]故令尹诛而楚奸不上闻，仲尼赏而鲁民易降北。上下之利若是其异也，而人主兼举匹夫之行，[7]而求致社稷之福，必不几矣。古者苍颉之作书也，自环者谓之私，背私谓之公。[8]公私之相背也，乃苍颉固以知之矣。今以为同利者，不察之患也。然则为匹夫计者，莫如修行义而习文学。[9]行义修则见信，见信则受事；文学习则为明师，为明师则显荣。此匹夫之美也。然则无功而受事，无爵而显荣，有政如此，[10]则国必乱，主必危矣。故不相容之事不两立也：斩敌者受赏，而高慈惠之行；拔城者受爵禄，而信廉爱之说；坚甲厉兵以备难，而美荐绅之饰；富国以农，距敌恃卒，而贵文学之士；废敬上畏法之民，而养游侠私剑之属。举行如此，治强不可得也。国平养儒侠，难至用介士，所利非所用，所用非所利。是故服事者简其业，而游学者日众，[11]是世之所以乱也。

[1] 卢文弨曰:“儒”下似当分段。

[2] 先慎曰:乾道本“生”作“王”,无“取”字,《拾补》“王”作“生”,有“取”字。卢文弨云:“王”,张本作“生”。顾广圻云:“王”,当作“生”。今本“学”下有“取”字,依下文当有。先慎按:卢、顾说是,今据改。张榜本“诸”误“诛”。

[3] 王渭曰:句绝。

[4] 王渭曰:为一句,下文“非所用”句绝。“用之”属下,同此例。

[5] 先慎曰:乾道本“文”上无“工”字。顾广圻云:今本“文”上有“工”字。按句有误,未详。先慎按:有“工”字是。上文“行仁义者非所誉”,与“工文学者非所用”句法一律,明此不当少一字,改从今本。

[6] 先慎曰:两“父”字,皆当作“母”,涉上文而误,《御览》四百九十六引《尸子》:“鲁人有孝者,三为母北,鲁人称之。”汪继培云:“此即卞庄子事。《韩诗外传》十及《新序·义勇》篇并云‘养母’,与《尸子》同。《韩子》以为养父,非也。”

[7] 先慎曰:乾道本“兼”下有“也”字。顾广圻云:《藏》本、今本无“也”字。先慎按:此不当有“也”字,今据删。

[8] 卢文弨曰:《说文》引作“自营为厶”,“营”、“环”本通用。“私”当作“厶”,下同。顾广圻曰:《说文》又云:“公,从八,从厶。八,犹背也。”引此曰“背厶为公”。先慎曰:据《说文》所引,则本书本多古字,今尽改之,不一存焉,惜哉!

[9] 先慎曰:“行”当作“仁”。上文云“行仁义,工文学”,此云“修仁义,习文学”,“仁义”、“文学”篇内对举,明“行”为“仁”之误,下同。

[10] 先慎曰:乾道本“有”上有“为”字。卢文弨云:“为”字,凌本无。先慎按:“为”字衍,今依凌本删。顾广圻谓“有”字衍,非。

[11] 先慎曰:乾道本“游”上有“于”字。顾广圻云“《藏》本、今本无‘于’字”,今据删。

且世之所谓贤者,[1]贞信之行也;所谓智者,微妙之言也。微妙之言，上智之所难知也。今为众人法，而以上智之所难知，则民无从识之矣。故糟糠不饱者不务粱肉，[2]短褐不完者不待文绣。[3]夫治世之事，急者不得，则缓者非所务也。今所治之政，民间之事，夫妇所明知者不用，而慕上知之论，则其于治反矣。故微妙之言，非民务也。若夫贤良贞信之行者，[4]必将贵不欺之士；[5]贵不欺之士者，[6]亦无不欺之术也。[7]布衣相与交，无富厚以相利，无威势以相惧也，故求不欺之士。今人主处制人之势，有一国之厚，重赏严诛，得操其柄，以修明术之所烛，[8]虽有田常、子罕之臣，不敢欺也，奚待于不欺之士！今贞信之士不盈于十，而境内之官以百数，必任贞信之士则人不足官，人不足官则治者寡而乱者众矣。故明主之道，一法而不求智，固术而不慕信，故法不败而群官无奸诈矣。

[1] 卢文弨曰："且"下似当分段。

[2] 先慎曰："梁"当作"粱"。

[3] 先慎曰：《御览》八百五十四引"饱"作"厌"，"务"作"待"，"肉"下有"而饱"二字，"待"作"须"，"绣"下有"而好"二字。

[4] 顾广圻曰："良"字当衍，上文云："且世之所谓贤者，贞信之行也。"

[5] 先慎曰：张榜本"将"作"待"。

[6] 先慎曰：乾道本无"贵"字。顾广圻云："今本'不'上有'贵'字"，今据补。

[7] 顾广圻曰："不"下当有"可"字。

[8] 先慎曰：张榜本无"所"字。

今人主之于言也，说其辩而不求其当焉；其用于行也，美其声而不责其功焉。[1]是以天下之众，其谈言者务为辩而不周于用，故举先王言仁义者盈廷，而政不免于乱；行身者竞于为高而不合于功，故智士退处岩穴，归禄不受，而兵不免于弱，政不免于乱，此其故何也？民之所誉，上之所礼，乱国之术也。今境内之民皆言治，藏商、管之法者家有之，而国愈贫，[2]言耕者众，[3]执耒者寡也；境内皆言兵，藏孙、吴之书者家有之，而兵愈弱，言战者多，被甲者少也。故明主用其力不听其言，赏其功必禁无用，[4]故民尽死力以从其上。夫耕之用力也劳，而民为之者，曰："可得以富也。"战之为事也危，[5]而民为之者，曰："可得以贵也。"今修文学，习言谈，[6]则无耕之劳而有富之实，无战之危而有贵之尊，则人孰不为也！是以百人事智而一人用力。事智者众则法败，用力者寡则国贫，此世之所以乱也。故明主之国，无书简之文，以法为教；无先王之语，[7]以吏为师；无私剑之捍，以斩首为勇。是境内之民，其言谈者必轨于法，动作者归之于功，为勇者尽之于军。是故无事则国富，有事则兵强，此之谓"王资"。既畜"王资"而承敌国之亹，超五帝侔三王者，必此法也。

[1] 先慎曰：乾道本无"焉"字。顾广圻云"今本'功'下有'焉'字，按依上句当有"，今据补。

[2] 先慎曰：乾道本无"愈"字。顾广圻云：《藏》本、今本"国"下有"愈"字。先慎按：依下文当有，今据补。

[3] 先慎曰：乾道本"言"作"民"。顾广圻云"今本'民'作'言'，按依

下文当作‘言’”，今据改。

[4] 先慎曰：乾道本“必”作“伐”。顾广圻云：今本“伐”作“必”。按句有误。先慎按：“无用”即上“不周于用”，故明主必禁之。乾道本作“伐”，误，改从今本。

[5] 先慎曰：旧本无“为”字。《艺文类聚》五十五、《御览》六百七引并有“为”字，是也。“战之为事也危”与“耕之用力也劳”相对，不应少一字，今据补。

[6] 先慎曰：《艺文类聚》、《御览》引“言谈”并作“谈论”。

[7] 顾广圻曰：“王”当作“生”，此与下文“吏”对。

今则不然，士民纵恣于内，言谈者为势于外，外内称恶以待强敌，不亦殆乎！故群臣之言外事者，非有分于从衡之党，则有仇雠之忠，[1]而借力于国也。从者，合众弱以攻一强也；[2]而衡者，事一强以攻众弱也。皆非所以持国也。今人臣之言衡者，皆曰：“不事大则遇敌受祸矣。”事大未必有实，则举图而委，效玺而请兵矣。[3]献图则地削，效玺则名卑；地削则国削，名卑则政乱矣。事大为衡未见其利也，而亡地乱政矣。人臣之言从者，皆曰：“不救小而伐大则失天下，失天下则国危，国危而主卑。”救小未必有实，则起兵而敌大矣。[4]救小未必能存，而交大未必不有疏，[5]有疏则为强国制矣。出兵则军败，退守则城拔。救小为从未见其利，而亡地败军矣。是故事强则以外权士官于内，[6]救小则以内重求利于外。国利未立，[7]封土厚禄至矣；主上虽卑，人臣尊矣；国地虽削，私家富矣。事成则以权长重，事败则以富退处。人主之听说于其臣，[8]事未成则爵禄已尊矣；事败而弗诛，则游说之士，孰不为用矰缴之说而徼倖其后？故破国亡主以听言谈者之浮说,此其故何也?是人君不明乎公私之利,[9]不察当否之言,而诛罚不必其后也。皆曰:"外事,大可以王,小可以安。"夫王者,能攻人者也;而安,则不可攻也。强,则能攻人者也;治,则不可攻也。治强不可责于外,[10]内政之有也。[11]今不行法术于内,而事智于外,则不至于治强矣。鄙谚曰:"长袖善舞,多钱善贾。"此言多资之易为工也。故治强易为谋,弱乱难为计。故用于秦者十变而谋希失,用于燕者一变而计希得。非用于秦者必智,用于燕者必愚也,盖治乱之资异也。故周去秦为从,期年而举;[12]卫离魏为衡,[13]半岁而亡。[14]是周灭于从,卫亡于衡也。使周、卫缓其从衡之计,而严其境内之治,[15]明其法禁,必其赏罚,尽其地力以多其积,致其民死以坚其城守,天下得其地则其利少,攻其国则其伤大;万乘之国莫敢自顿于坚城之下,而使强敌裁其弊也,此必不亡之术也。舍必不亡之术而道必灭之事,治国者之过也。智困于内而政乱于外,[16]则亡不可振也。

[1] 顾广圻曰:《藏》本同。今本"忠"作"患",误。

[2] 先慎曰:乾道本"强"、"弱"互易,今据《拾补》改。

[3] 先慎曰:乾道本"则举"作"举则"。顾广圻云:《藏》本"举则"作"则举",今本"委"下有"地"字。按句有误。俞樾云:"举则"二字误倒,当从《道藏》本。《韩子》原文本作"事大必有实,则举图而委,效玺而请矣","未"字、"兵"字皆衍文也。言事大必有事大之实,非空言事大而已,"举图而委,效玺而请",皆其实也。所谓"举图而委"者,谓举地图而委之大国,故下文云"献图则地削"也。所谓"效玺而请"者,谓收百官之玺,效之

大国而请大国发之也，故下文云“效玺则名卑”也。《外储说右》云：“王因收吏玺自三百石以上，皆效之子之，子之大重。”此虽非以小事大，然效玺之事则同。效玺非请兵，浅人不得其解，于“请”下增入“兵”字，殊失本旨。赵用贤本乃于上句“委”字之下增“地”字以配之，谬矣。下文“救小未必有实，则起兵而敌大矣”，“未”字亦衍文，谓救小必有救小之实，起兵敌大，是其实也。与此文正相对，因涉下文“救小未必能存”句而衍“未”字，遂于“事大必有实”句亦增“未”字。浅人不详文义，率意增益，往往如此。

［4］俞樾曰：“未”字衍文。

［5］顾广圻曰：《藏》本同。今本无“有”字，误。卢文弨曰：“有”字似不必增。王渭曰：“交”当作“敌”。先慎曰：顾、王说是。

［6］顾广圻曰：《藏》本同。今本“士”作“市”，误。上文云“而卑其士官也”。

［7］顾广圻曰：四字为一句。

［8］先慎曰：乾道本作“人主之于其听说也于其臣”。卢文弨云“‘之’下‘于其’二字、‘说’下‘也’字，皆衍，凌本无”，今据删。

［9］卢文弨曰：“乎”，张本作“于”。

［10］先慎曰：句。

［11］顾广圻曰：《藏》本同。今本“有”作“修”，误。

［12］顾广圻曰：句绝。

［13］顾广圻曰：五字为一句。

［14］先慎曰：全祖望云：“六国尽亡而卫尚存，韩子之言谬矣。”案《六国表》：“(秦庄襄王)〔秦王政〕六年，五国共击秦，拔魏朝歌，卫从濮阳徙野王。”卫故属魏，或因衡而不救。此韩子当时事，闻见有真，当不谬也。

［15］先慎曰：乾道本无“严”字。顾广圻云：今本“而”下有“严”字。按句有误。先慎按：有“严”字是，今据增。

［16］顾广圻曰：“内”、“外”当互易，上文云“而事智于外”。

民之政计，皆就安利如辟危穷。[1]今为之攻战，进则死于敌，退则死于诛，则危矣；弃私家之事而必汗马之劳，家困而上弗论，则穷矣。穷危之所在也，民安得勿避？故事私门而完解舍，解舍完则远战，远战则安。行货赂而袭当途者则求得，求得则私安，私安则利之所在，安得勿就？[2]是以公民少而私人众矣。

[1] 先慎曰：《拾补》"政"作"故"，"如"下旁注"皆"字。卢文弨云："故"，张本作"政"。"皆"，张本作"如"，与"而"同。当分段。顾广圻云：今本"政"作"故"。按句有误。先慎按：赵本改"如"为"皆"，非也。"政"当作"自"。

[2] 顾广圻曰："解"、"廨"同字也。俞樾曰："解舍完"三字衍文也。"事私门而完解舍则远战"，与"行货赂而袭当途者则求得"两文相对，不当衍此三字也。"求得则私"，"私"乃"利"字之误。"远战则安"、"求得则利"与上文"穷"、"危"相对。"安"对"危"言，"利"对"穷"言也。"安私安则利之所在"，当作"安利之所在"。上文"穷危之所在也，民安得勿避"，此云"安利之所在，安得勿就"，两文亦相对。先慎曰："解舍完"三字不当有，应增一"者"字。下"行货赂而袭当途者则求得"，正有"者"字，此不当少一字。

夫明王治国之政，使其商工游食之民少而名卑，以寡趣本务而趋末作。[1]今世近习之请行则官爵可买，官爵可买则商工不卑也矣；[2]奸财货贾得用于市，则商人不少矣。聚敛倍农而致尊过耕战之士，[3]则耿介之士寡而高价之民多矣。

[1] 先慎曰：《拾补》"趋"作"外"。卢文弨云："趋"讹，旧人改。先慎

按：张榜本作“减”，较旧义为近。

[2] 先慎曰：张榜本无“也”字。

[3] 卢文弨曰：“致尊过”三字，旧作“不贵”，今从张本。顾广圻曰：《藏》本同。今本作“不贵”，误。

是故乱国之俗，其学者则称先王之道，以籍仁义、盛容服而饰辩说，以疑当世之法而贰人主之心。其言古者，[1]为设诈称，借于外力，以成其私而遗社稷之利。其带剑者，聚徒属，立节操，以显其名而犯五官之禁。[2]其患御者，[3]积于私门，尽货赂而用重人之谒，退汗马之劳。其商工之民，修治苦窳之器，聚弗靡之财，[4]蓄积待时而侔农夫之利。[5]此五者，邦之蠹也。人主不除此五蠹之民，不养耿介之士，则海内虽有破亡之国，削灭之朝，亦勿怪矣。

[1] 顾广圻曰：“古”当作“谈”，上文云“言谈者为势于外”。

[2] 先慎曰：“五官”，谓司徒、司马、司空、司士、司寇，典司五众者。

[3] 卢文弨曰：“患”，疑是“串”字。《尔雅》“串，习也”，此犹言近习。俞樾曰：“患”读为“串”。《诗·皇矣》篇“串夷载路”，毛《传》“串，习也”，《释文》云“串，本作‘患’”，是其证也。先慎曰：卢、俞说是。张榜本、赵本改作“近”，非。

[4] 顾广圻曰：《藏》本同。今本“弗”作“沸”，误。

[5] 顾广圻曰：“牟”、“侔”同字也。

显学第五十

世之显学，儒、墨也。儒之所至，孔丘也。墨之所至，墨翟也。自孔子之死也，有子张之儒，有子思之儒，有颜氏之儒，有孟氏之儒，有漆雕氏之儒，有仲良氏之儒，[1]有孙氏之儒，[2]有乐正氏之儒。自墨子之死也，有相里氏之墨，有相夫氏之墨，[3]有邓陵氏之墨。故孔、墨之后，儒分为八，墨离为三，取舍相反不同，[4]而皆自谓真孔、墨；孔、墨不可复生，[5]将谁使定后世之学乎？[6]孔子、墨子俱道尧、舜，而取舍不同，皆自谓真尧、舜；尧、舜不复生，将谁使定儒、墨之诚乎？殷、周七百馀岁，虞、夏二千馀岁，而不能定儒、墨之真，今乃欲审尧、舜之道于三千岁之前，意者其不可必乎！无参验而必之者，愚也；弗能必而据之者，诬也。故明据先王，必定尧、舜者，非愚则诬也。愚诬之学，杂反之行，[7]明主弗受也。

[1] 卢文弨曰："良"，张本作"梁"。顾广圻曰：《藏》本"良"作"梁"，按"梁"、"良"同字也。

[2] 顾广圻曰：孙，孙卿也。《难三》篇云："燕子哙贤子之而非孙卿。"

[3] 先慎曰：《意林》"夫"作"芬"。孙诒让云：蒲阪圆引山仲质云："相夫，一本作'祖夫'。"案《广韵》二十"陌伯"字注云："《韩子》有伯夫氏，墨家流。"则古本"相"或作"伯"，山氏所见本作"祖夫"，疑即"伯夫"之误。

“相”，或当为“柏”之误，古“柏”、“伯”声同字通。

［4］先慎曰：“相反不同”，语意重复。盖一本作“相反”，一本作“不同”，校者旁注于下，刊时失删耳。

［5］先慎曰：乾道本不重“孔墨”二字。顾广圻云：今本“不”上更有“孔墨”二字，按当有。先慎按：《北堂书钞》九十六引重“孔墨”二字，今据增。

［6］先慎曰：乾道本无“后”字。据张榜本、赵本补。

［7］先慎曰：乾道本“反”下无“之”字。顾广圻云“今本有‘之’字，按当有”，今据增。

墨者之葬也，冬日冬服，夏日夏服，桐棺三寸，服丧三月，[1]世主以为俭而礼之。[2]儒者破家而葬，[3]服丧三年，[4]大毁扶杖，世主以为孝而礼之。夫是墨子之俭，将非孔子之侈也；是孔子之孝，将非墨子之戾也。今孝戾、侈俭俱在儒、墨，而上兼礼之。漆雕之议，[5]不色挠，不目逃，行曲则违于臧获，行直则怒于诸侯，世主以为廉而礼之。宋荣子之议，[6]设不斗争，[7]取不随仇，不羞囹圄，见侮不辱，世主以为宽而礼之。夫是漆雕之廉，将非宋荣之恕也；是宋荣之宽，将非漆雕之暴也。今宽廉、恕暴俱在二子，人主兼而礼之。自愚诬之学、杂反之辞争，而人主俱听之，故海内之士言无定术，行无常议。[8]夫冰炭不同器而久，寒暑不兼时而至，杂反之学不两立而治。今兼听杂学缪行同异之辞，安得无乱乎！听行如此，其于治人又必然矣。

［1］卢文弨曰：《墨子·公孟》篇作“三日”，《淮南·齐俗》篇与此同。先慎曰：《北堂书钞》九十二、《御览》五百五十五引此作“三日”，“服”

作“执”。

［2］先慎曰：乾道本“世”下无“主”字。卢文弨云：“主”字脱，据下文补。先慎按：《北堂书钞》、《御览》引有“主”字，今据补。

［3］先慎曰：《北堂书钞》、《御览》引有“赁子而偿”四字。

［4］先慎曰：《北堂书钞》、《御览》引“服”均作“执”。

［5］先慎曰：上有“漆雕之儒”，此别一人。

［6］顾广圻曰：《荀子·正论》篇云：“子宋子曰：‘见侮人之不辱，使人不斗。’”又《天论》、《解蔽》皆云“宋子”。《汉书·艺文志》“《宋子》十八篇”，在小说家，云：“孙卿道宋子，其言黄、老意。”先慎曰：《庄子·逍遥游》：“宋荣子犹然笑之，且举世誉之而不加劝，举世非之而不加沮，定乎内外之分，辩乎荣辱之竟。”《释文》：“宋荣子，司马、李云：‘宋国人也。’崔云：‘贤者也。’”“宋荣”即宋钘，“荣”、“钘”偏旁相通，《月令》“腐草为萤”，《吕览》、《淮南》作“蚈”。“荣”之为“钘”，犹“萤”之为“蚈”也。

［7］先慎曰：“设”，疑“语”讹。

［8］顾广圻曰：《藏》本同。今本“(义)〔议〕”作“仪”，误。

今世之学士[1]语治者，多曰：“与贫穷地以实无资。”今夫与人相若也，[2]无丰年旁入之利，而独以完给者，非力则俭也；与人相若也，无饥馑疾疢祸罪之殃，[3]独以贫穷者，非侈则惰也。[4]侈而惰者贫，而力而俭者富。今上征敛于富人以布施于贫家，是夺力俭而与侈惰也，而欲索民之疾作而节用，不可得也。

［1］卢文弨曰：“今”下当分段。

［2］先慎曰：乾道本“若”作“善”，下同。俞樾云：“善”字皆“若”字之误。“与人相若也”，犹曰钧是人也。俗书“若”字作“若”，“善”字作“善”，两形相似而误。先慎按：张榜本“善”字作“若”，不误，今据改。

[3] 先慎曰:《拾补》"疚"作"疫"。卢文弨云:"疚",旧人改"疫"。

[4] 先慎曰:乾道本"惰"作"堕",张榜本作"惰",下同,今据改。

今有人于此,义不入危城,不处军旅,不以天下大利易其胫一毛,世主必从而礼之,贵其智而高其行,以为轻物重生之士也。夫上所以陈良田大宅,设爵禄,所以易民死命也;[1]今上尊贵轻物重生之士,而索民之出死而重殉上事,不可得也。藏书策,习谈论,聚徒役,服文学而议说,世主必从而礼之,曰:"敬贤士,先王之道也。"夫吏之所税,耕者也;而上之所养,学士也。耕者则重税,学士则多赏,而索民之疾作而少言谈,不可得也。立节参民,[2]执操不侵,怨言过于耳,必随之以剑,世主必从而礼之,以为自好之士。夫斩首之劳不赏,而家斗之勇尊显,而索民之疾战距敌而无私斗,不可得也。国平则养儒侠,难至则用介士,所养者非所用,所用者非所养,此所以乱也。且夫人主于听学也,[3]若是其言,宜布之官而用其身;[4]若非其言,宜去其身而息其端。今以为是也而弗布于官,以为非也而不息其端。是而不用,非而不息,乱亡之道也。

[1] 先慎曰:乾道本"宅"作"泽"。顾广圻云:《藏》本、今本"泽"作"宅"。先慎按:作"宅"是,今据改。《内储说上》篇云"赐之上田上宅",是其证。

[2] 顾广圻曰:《藏》本、今本"民"作"明"。

[3] 顾广圻曰:《藏》本、今本"主"下有"之"字,今本"于听"作"听于",皆误。

[4] 先慎曰:“官而”,张榜本、赵本作“而官”,误倒。

澹台子羽,[1]君子之容也,仲尼几而取之,与处久而行不称其貌。[2]宰予之辞,雅而文也,仲尼几而取之,与处而智不充其辩。[3]故孔子曰:“以容取人乎,失之子羽;以言取人乎,失之宰予。”故以仲尼之智而有失实之声。今之新辩滥乎宰予,而世主之听眩乎仲尼,为悦其言,因任其身,则焉得无失乎?是以魏任孟卯之辩而有华下之患,[4]赵任马服之辩而有长平之祸,[5]此二者任辩之失也。夫视锻锡而察青黄,区冶不能以必剑;[6]水击鹄雁,陆断驹马,则臧获不疑钝利。发齿吻形容,[7]伯乐不能以必马;授车就驾而观其末途,则臧获不疑驽良。观容服,听辞言,仲尼不能以必士;试之官职,课其功伐,则庸人不疑于愚智。故明主之吏,宰相必起于州部,猛将必发于卒伍。夫有功者必赏,则爵禄厚而愈劝;迁官袭级,则官职大而愈治。夫爵禄大而官职治,王之道也。

[1] 卢文弨曰:“澹”下当分段。

[2] 卢文弨曰:“久”字,《藏》本无,下同。

[3] 顾广圻曰:《藏》本同。今本“处”下有“久”字。

[4] 先慎曰:“华下”,即华阳。事在秦(武)〔昭〕王三十四年,魏安釐王四年。

[5] 先慎曰:一本“平”误“年”。

[6] 顾广圻曰:“区”,他书又作“欧”。先慎曰:“区”、“欧”古通。《周礼》司桓氏职文云:“凡金多锡则刃白。”《考工记》:“六齐,视锡之品数以为上下。”故治剑必锻以锡,然色之青黄仍不能决其剑之利钝。

[7] 王先谦曰：按五字不成句。形容在外，不待发也。“吻”下当有二字，与“视锻锡”句相配，而今夺之。

磐石千里，[1]不可谓富；象人百万，[2]不可谓强。石非不大，数非不众也，[3]而不可谓富强者，磐不生粟，[4]象人不可使距敌也。今商官技艺之士，亦不垦而食，是地不垦，与磐石一贯也。儒侠毋军劳显而荣者，则民不使，[5]与象人同事也。夫祸知磐石象人，[6]而不知祸商官儒侠为不垦之地、不使之民，不知事类者也。故敌国之君王[7]虽说吾义，吾弗入贡而臣；关内之侯虽非吾行，吾必使执禽而朝。是故力多则人朝，力寡则朝于人，故明君务力。夫严家无悍虏，[8]而慈母有败子，吾以此知威势之可以禁暴，而德厚之不足以止乱也。

[1] 卢文弨曰：“磐”下当分段。

[2] 卢文弨曰：“象人”，或作“俑言”，《韩诗外传》四作“愚民”。先慎曰：“象人”，即俑人也。《孟子》曰：“始作俑者，其无后乎。”谓其象人而用之也。作“象人”是。

[3] 先慎曰：“数”，当作“象人”二字，上下文可证。

[4] 顾广圻曰：“磐”下当有“石”字。

[5] 王先谦曰：“显而”当作“而显”。

[6] 顾广圻曰：“祸知”当作“知祸”。此以“知祸”与下句“不知祸”相对也。

[7] 卢文弨曰：“故”下似当分段。

[8] 顾广圻曰：《李斯列传》引“悍”作“格”。

夫圣人之治国，[1]不恃人之为吾善也，而用其不得为非也。恃人之为吾善也，境内不什数；用人不得为非，[2]一国可使齐。[3]为治者用众而舍寡，[4]故不务德而务法。夫必恃自直之箭，百世无矢；[5]恃自圜之木，千世无轮矣。[6]自直之箭，自圜之木，百世无有一，然而世皆乘车射禽者何也？隐栝之道用也。[7]虽有不恃隐栝[8]而有自直之箭、自圜之木，[9]良工弗贵也。何则？乘者非一人，射者非一发也。不恃赏罚而恃自善之民，明主弗贵也。何则？国法不可失，而所治非一人也。故有术之君，不随适然之善，[10]而行必然之道。

[1] 卢文弨曰："夫"下当分段。

[2] 先慎曰：乾道本无"为"字。顾广圻云"今本'得'下有'为'字"，今据补。

[3] 顾广圻曰：五字为一句。

[4] 顾广圻曰：《藏》本同。今本"者"作"也"，误。

[5] 先慎曰：《意林》、《御览》九百五十二引"恃"作"待"，下同。"矢"下有"矣"字。案《困学纪闻》卷十引作"恃"，与此合。

[6] 卢文弨曰："世"，张本作"岁"。先慎曰：《意林》、《御览》引亦作"岁"。《困学纪闻》引仍作"世"，与此合。

[7] 先慎曰："栝"，张榜本、赵本作"括"，说见前《难势》篇。下。

[8] 先慎曰："虽有"二字衍。

[9] 先慎曰："有"当作"恃"。

[10] 旧注：适然，谓偶然也。

今或谓人曰：[1]"使子必智而寿。"则世必以为狂。[2]夫智，性也；寿，命也。性命者，非所学于人也，而以人之所不能为说人，此世之所以谓之为狂也。谓之不能然，则是谕也。夫谕，性也。[3]以仁义教人，[4]是以智与寿说人也，[5]有度之主弗受也。故善毛啬、西施之美，[6]无益吾面；用脂泽粉黛，则倍其初。言先王之仁义，无益于治；明吾法度，必吾赏罚者，亦国之脂泽粉黛也。故明主急其助而缓其颂，故不道仁义。

[1] 卢文弨曰："今"下当分段。

[2] 张榜曰："狂"与"诳"同。

[3] 王渭曰：句有误。先慎曰：张榜本、赵本"谕"皆作"喻"。

[4] 先慎曰：乾道本无"义"字。顾广圻云"今本'仁'下有'义'字，按依下文当有"，今据补。

[5] 先慎曰：乾道本无"人"字。卢文弨云："'人'字脱，一本有"，今据补。

[6] 先慎曰：《拾补》"啬"作"嫱"。卢文弨云：《藏》本作"廧"。顾广圻云：《藏》本作"廧"，是也。今本作"嫱"，误。按《左》昭三年《传》，《释文》："嫔廧，本又作'嫱'。"哀元年："妃嫱，本又作'廧'。""嫱"在《说文·新附》。先慎按：《艺文类聚》五十二、《御览》六百二十四、七百一十九引并作"嫱"。

今巫祝之祝人曰："使若千秋万岁。"千秋万岁之声聒耳，[1]而一日之寿无征于人，此人所以简巫祝也。今世儒者之说人主，不言今之所以为治，[2]而语已治之功；不审官法之事，不察奸邪之情，而皆道上古之传誉，先王之成功。儒者饰辞曰：[3]"听吾言则可以霸王。"此说者之巫祝，有度之主不受也。故明主举实事，去无用，不道仁义者故，[4]不听学者之言。

[1] 先慎曰：乾道本上“岁”字与下“秋”字互易，“聒”作“括”。卢文弨云：“千岁”讹，下同。“括”，《藏》本作“聒”。顾广圻云：《藏》本下“秋”字与上“岁”字互易，是也。今本二“秋”字皆作“岁”，误。《战国策》云：“犀首跪行为仪千秋之祝。”《藏》本“括”作“栝”，案当作“聒”。先慎按：此当读“使若千秋万岁”句，“千秋万岁之声聒耳”句。“括”，张榜本作“聒”是，今据改。

[2] 先慎曰：乾道本“言”作“善”。今据张榜本、赵本改。

[3] 先慎曰：乾道本无“者”字，“饰”作“释”。顾广圻云：《藏》本、今本“释”作“饰”，今本“儒”下有“者”字。按句有误。先慎按：有“者”字是，“释”当作“饰”，今据增改。

[4] 卢文弨曰：“者”字，旧人删。顾广圻云：“者”字当衍。俞樾曰：“者”字，与古“诸”通。《礼记·郊特牲》云“或诸远人乎”，《仪礼·士虞礼注》引作“或者远人乎”，是其证。《广雅·释言》：“诸，之也。”“不道仁义诸故”，即“不道仁义之故”，与“不听学者之言”两句相对。“诸”、“之”互用，古书多有，《礼记·少仪》篇“申之面，拖诸帣”，《孟子·滕文公》篇《注》“诸海注之江”，皆是也。《大戴记·将军文子》篇“道者孝弟，说之以义，而观诸体者与”，“诸”并犹“之”也。顾氏以“者”为衍，而以“故”字属下读，失其义矣。

今不知治者[1]必曰：“得民之心。”欲得民之心而可以为治，则是伊尹、管仲无所用也，将听民而已矣。民智之不可用，犹婴儿之心也。夫婴儿不剔首则腹痛，[2]不揊痤则寖益。[3]剔首、揊痤必一人抱之，慈母治之，然犹啼呼不止，婴儿子不知犯其所小苦，致其所大利也。今上急耕田垦草以厚民产也，而以上为酷；修刑重罚以为禁邪也，而以上为严；

征赋钱粟以实仓库，且以救饥馑、备军旅也，而以上为贪；[4]境内必知介而无私解，[5]并力疾斗，所以禽虏也，而以上为暴。此四者所以治安也，而民不知悦也。[6]夫求圣通之士者，为民知之不足师用。昔禹决江浚河，而民聚瓦石；子产开亩树桑，郑人谤訾。禹利天下，子产存郑，皆以受谤，夫民智之不足用亦明矣。故举士而求贤智，为政而期适民，皆乱之端，未可与为治也。[7]

[1] 卢文弨曰："今"下当分段。

[2] 旧注：首病不治，则加痛也。○先慎曰："腹"乃"復"字之讹。《素问·疟论》："病极则復。""復"与"复"通，《说文》："复，重也。"今皆以"複"为之。注训为加，是所见本作"復"不误。

[3] 旧注：谓痈也。䮑威而溃之，披䮑也。○先慎曰："搁"字不见于字书。下作"揊"，亦后起之字。注作"䮑"，是也。《说文》："副，判也。《周礼》曰：'副，辜祭。'籀文作'䮑'。"今《周礼》"副"亦作"䮑"，"副"、"䮑"同。古本《韩子》作"䮑"，或改作"副"，写者又误加手旁，校者又于下文去刀旁，展转讹误，遂不成字，幸注文犹存真。又案：注"威"字，当为"痤"之讹。"披䮑"二字亦倒。下"揊"，张榜本、赵本作"搁"，非。

[4] 先慎曰：乾道本无"上"字。顾广圻云：今本"以"下有"上"字。先慎按：有"上"字是，上下文皆有，乾道本脱，从今本增。

[5] 顾广圻曰：《藏》本同。今本作"境内教战阵阅士卒"，误。按"境内必知"者，《八说》篇云"此其臣有奸者必知"，又云"而务必知之术也"，是其义。"介"当作"分"。"分而无私"者，《制分》篇云"宜务分刑赏为急"，又云"亡者其制刑赏不分也"云云，是其义。"解"字上下当有脱文。

[6] 卢文弨曰：凌本作"知之而不悦也"，并注云："谓民不悦也。"

[7] 先慎曰：乾道本无"士者"至"治也"七十六字。顾广圻云：《藏》

本、今本有，未详所出。先慎按：《御览》九百五十五、《事类赋》二十五引并有“子产开亩树桑，郑人谤訾”二句，是宋本不尽脱也。今据《藏》本补。赵本“而民聚瓦石”下并有注云“有以击禹也”五字。张榜本末句“可与”作“可以”。

韩非子卷第二十

忠孝第五十一

天下皆以孝悌忠顺之道为是也，而莫知察孝悌忠顺之道而审行之，是以天下乱。皆以尧、舜之道为是而法之，是以有弑君，[1]有曲父。[2]尧、舜、汤、武，或反君臣之义，乱后世之教者也。尧为人君而君其臣，舜为人臣而臣其君，[3]汤、武为人臣而弑其主、刑其尸，[4]而天下誉之，此天下所以至今不治者也。夫所谓明君者，能畜其臣者也；所谓贤臣者，能明法辟、治官职，以戴其君者也。今尧自以为明而不能以畜舜，舜自以为贤而不能以戴尧，汤、武自以为义而弑其君长，此明君且常与，而贤臣且常取也。故至今为人子者有取其父之家，为人臣者有取其君之国者矣。父而让子，君而让臣，此非所以定位一教之道也。臣之所闻曰："臣事君，子事父，妻事夫，三者顺则天下治，三者逆则天下乱。此天下之常道也。"明王贤臣而弗易也，则人主虽不肖，臣不敢侵也。今夫上贤任智无常，[5]逆道也；而天下常以为治，是故田氏夺吕氏于齐，戴氏夺子氏于宋。此皆贤且智也，岂愚且不肖乎？是废常、上贤则乱，舍法、任智则危。故曰："上法而不上贤。"

[1] 先慎曰：一本"弑"作"乱"。卢文弨云："乱"，《藏》本作"弑"。

[2] 先慎曰：乾道本"父"上有"于"字。顾广圻云：今本无"于"字，

误。先慎案:“弑君”、“曲父”相对,“于”字不当有,据今本删。下“舜见瞽瞍,其容造焉”,即承“曲父”言。

[3] 王先谦曰:此为燕子之事而发。

[4] 先慎曰:乾道本无“为”字。卢文弨云“‘为’字脱,《藏》本有”,今据补。

[5] 王先谦曰:“常”,上文所谓“常道”也。

记曰:“舜见瞽瞍,其容造焉。”[1]孔子曰:“当是时也,危哉!天下岌岌,有道者,父固不得而子,君固不得而臣也。”臣曰:[2]孔子本未知孝悌忠顺之道也。[3]然则有道者,进不得为臣主,退不得为父子耶?[4]父之所以欲有贤子者,家贫则富之,父苦则乐之;君之所以欲有贤臣者,国乱则治之,主卑则尊之。今有贤子而不为父,则父之处家也苦;有贤臣而不为君,则君之处位也危。然则父有贤子,君有贤臣,适足以为害耳,岂得利焉哉![5]所谓忠臣不危其君,孝子不非其亲,今舜以贤取君之国,而汤、武以义放弑其君,此皆以贤而危主者也,而天下贤之。古之烈士,进不臣君,退不为家,是进则非其君,退则非其亲者也。且夫进不臣君,退不为家,乱世绝嗣之道也。是故贤尧、舜、汤、武而是烈士,天下之乱术也。瞽瞍为舜父而舜放之,象为舜弟而杀之。[6]放父杀弟,不可谓仁;妻帝二女而取天下,不可谓义。仁义无有,不可谓明。《诗》云:“普天之下,莫非王土;率土之滨,莫非王臣。”信若《诗》之言也,是舜出则臣其君,入则臣其父,妾其母,妻其主女也。故烈士内不为家,乱世绝嗣;而外矫于君,朽骨烂肉,施于土地,[7]流于川谷,不避蹈水火,使天下从而效之，是天下遍死而愿夭也，此皆释世而不治是也。世之所为烈士者，雖众独行，[8]取异于人，为恬淡之学，而理恍惚之言。臣以为恬淡，无用之教也；恍惚，无法之言也。言出于无法，教出于无用者，[9]天下谓之察。臣以为人生必事君养亲，事君养亲不可以恬淡；之人[10]必以言论忠信法术，[11]言论忠信法术不可以恍惚。恍惚之言，恬淡之学，天下之惑术也。孝子之事父也，非竞取父之家也；忠臣之事君也，非竞取君之国也。夫为人子而常誉他人之亲曰："某子之亲，夜寝早起，强力生财，以养子孙臣妾。"是诽谤其亲者也。为人臣常誉先王之德厚而愿之，是诽谤其君者也。[12]非其亲者，知谓之不孝；[13]而非其君者，天下贤之。[14]此所以乱也。故人臣毋称尧、舜之贤，毋誉汤、武之伐，毋言烈士之高，尽力守法，专心于事主者为忠臣。

[1] 旧注：造，愁貌也。○先慎曰："造"与"蹙"通，见《孟子·万章》篇。

[2] 先慎曰："臣"，韩非自谓。

[3] 先慎曰：《拾补》"未"下旁注"末"字。卢文弨云："末"，张、凌本作"未"。

[4] 先慎曰：乾道本两"不"字下皆无"得"字。卢文弨云："得"字脱，张、凌本有。先慎按：有"得"字是，今据补。"臣主"当作"主臣"。言进不得为主之臣，退不得为父之子也。

[5] 卢文弨曰："焉哉"二字旧倒，张本作"焉哉"。顾广圻曰：《藏》本同。今本"焉哉"作"哉焉"，误。先慎曰：赵本无"焉"字，据误本而删之也。"焉哉"当作"哉焉"，"哉"字句绝，"焉"字属下读，卢、顾说非。

[6] 先慎曰：依上文，"杀"上当有"舜"字。

[7] 先慎曰:"施",陈也。

[8] 王渭曰:"雎"当作"離"。四字为一句。

[9] 先慎曰:乾道本"教"作"数"。卢文弨云"'数',张本作'教'",顾广圻云"《藏》本'数'作'教',案依上文是也",今据改。

[10] 顾广圻曰:《藏》本同。今本无"之人"二字,按此不当有。先慎曰:"之人"当作"人生",属下读。上文"人生必事君养亲",此作"人生必言论忠信法术"。"人生"误作"之人",赵本不思其误,从而删之,非也。

[11] 先慎曰:依上文不当有"以"字。

[12] 先慎曰:乾道本无"是"字。顾广圻云"今本'诽'上有'是'字,按依上文当有",今据补。

[13] 先慎曰:乾道本无"之"字。顾广圻云"《藏》本有'之'字,是。今本'谓'作'其',误",今据补。

[14] 先慎曰:乾道本"天下"下有"此"字。顾广圻云"《藏》本、今本无'此'字",今据删。

古者黔首悗密蠢愚,[1]故可以虚名取也。今民儇调智慧,[2]欲自用,不听上。上必且劝之以赏,然后可进;又且畏之以罚,然后不敢退。而世皆曰:"许由让天下,赏不足以劝;盗跖犯刑赴难,罚不足以禁。"[3]臣曰:未有天下而无以天下为者,许由是也;已有天下而无以天下为者,尧、舜是也。毁廉求财,犯刑趋利,忘身之死者,盗跖是也。此二者,殆物也。[4]治国用民之道也,不以此二者为量。治也者,治常者也;道也者,道常者也。殆物妙言,治之害也。天下太平之士,[5]不可以赏劝也;天下太平之士,[6]不可以刑禁也。[7]然为太上士不设赏,为太下士不设刑,则治国用民之道失矣。故世人多不言国法而言从横。诸侯言从者曰[8]

“从成必霸”，而言横者曰“横成必王”。山东之言从横，未尝一日而止也，然而功名不成，霸王不立者，虚言非所以成治也。王者独行谓之王，是以三王不务离合，[9]而止五霸不待从横，[10]察治内以裁外而已矣。[11]

［1］旧注：悗，忘情貌。○卢文弨曰：“古”下当分段。孙诒让曰：《尔雅・释诂》：“密，静也。”“悗密”，谓忘情而静谧也。《庄子・大宗师》篇云：“(悦)〔悗〕乎忘其言也。”

［2］先慎曰：“诇”，音朽政反，反间也，见《汉书・淮南王安传》注。近人谓“诇”当作“谲”，非。

［3］先慎曰：乾道本无“罚”字。顾广圻云：“今本‘不’上有‘罚’字，按依上文当补”，今据增。

［4］先慎曰：《拾补》“二”字下旁注“三”字。卢文弨云：“三”，《藏》本作“二”，盖唯指许由、盗跖言。先慎按：“二”，赵本讹作“三”，下仍作“二”，不误。

［5］先慎曰：乾道本“士”上无“之”字，依下文当有，据《藏》本、今本增。顾广圻云：“平”当作“上”，见下文。

［6］顾广圻曰：“平”当作“下”，见下文。

［7］先慎曰：乾道本“以”下有“为”字。卢文弨云“‘以’下‘为’字，张本无”，顾广圻云“‘为’字当衍”，今据删。

［8］顾广圻曰：“侯”字当衍。

［9］顾广圻曰：句绝。

［10］顾广圻曰：句绝。“止”字当衍，即“王”之形近而复误耳。先慎曰：赵本“止”作“正”，“横”下有“而”字，句读亦异。盖赵用贤改增以成其义也。

［11］顾广圻曰：九字为一句。

人主第五十二

人主之所以身危国亡者，大臣太贵，左右太威也。[1]所谓贵者，无法而擅行，操国柄而便私者也。所谓威者，擅权势而轻重者也。此二者，不可不察也。夫马之所以能任重引车致远道者，以筋力也。万乘之主、千乘之君所以制天下而征诸侯者，以其威势也。威势者，人主之筋力也。今大臣得威，左右擅势，是人主失力；人主失力而能有国者，千无一人。虎豹之所以能胜人执百兽者，以其爪牙也；当使虎豹失其爪牙，则人必制之矣。[2]今势重者，人主之爪牙也，君人而失其爪牙，虎豹之类也。宋君失其爪牙于子罕，简公失其爪牙于田常，而不蚤夺之，故身死国亡。今无术之主，皆明知宋、简之过也，而不悟其失，不察其事类者也。

[1] 先慎曰：《拾补》"威"下旁注"戚"字。卢文弨云："戚"，张本作"威"。顾广圻云：《藏》本同。今本"威"作"戚"，误。

[2] 先慎曰：赵本"当"作"而"。卢文弨云："而"，张本作"当"。顾广圻云：《藏》本同。今本"当"作"而"，误。

且法术之士与当途之臣不相容也。何以明之？主有术士，则大臣不得制断，近习不敢卖重，大臣左右权势息，则人主之道明矣。今则不然，其当途之臣得势擅事以环其私，[1]左右近习朋党比周以制疏远，则法术之士奚时得进用，人主奚时得论裁？故有术不必用，而势不两立，法术之士焉得无危？故君人者非能退大臣之议而背左右之讼，独合乎道言也，则法术之士安能蒙死亡之危而进说乎？此世之所以不治也。明主者[2]推功而爵禄，称能而官事；所举者必有贤，所用者必有能；贤能之士进，[3]则私门之请止矣。夫有功者受重禄，有能者处大官，则私剑之士安得无离于私勇而疾距敌，[4]游宦之士焉得无挠于私门而务于清洁矣。此所以聚贤能之士，而散私门之属也。今近习者不必智，人主之于人也或有所知而听之，[5]入因与近习论其言，听近习而不计其智，是与愚论智也。其当途者不必贤，人主之于人或有所贤而礼之，入因与当途者论其行，听其言而不用贤，是与不肖论贤也。故智者决策于愚人，贤士程行于不肖，[6]则贤智之士奚时得用，而人主之明塞矣。[7]昔关龙逄说桀而伤其四肢，[8]王子比干谏纣而剖其心，子胥忠直夫差而诛于属镂。此三子者，为人臣非不忠，而说非不当也，然不免于死亡之患者，主不察贤智之言，而蔽于愚不肖之患也。[9]今人主非肯用法术之士，听愚不肖之臣，则贤智之士孰敢当三子之危而进其智能者乎！此世之所以乱也。

[1] 先慎曰："环"读为"营"。《说文》引本书"自营为私"，《五蠹》篇作"自环为私"，与此同，即其证。

[2] 先慎曰：赵本"主"作"王"。

[3] 先慎曰：乾道本"贤"下有"用"字。顾广圻云"《藏》本、今本无'用'字"，今据删。

[4] 先慎曰："疾"下当有"于"字，此与下"务于清洁"文正相对。

[5] 先慎曰:“知”读为“智”。与下“或有所贤”句相对。《孤愤》篇正作“智”。

[6] 先慎曰:“程”,量也。

[7] 先慎曰:乾道本“而”作“以”,改从赵本。

[8] 卢文弨曰:“肢”,张本作“支”。

[9] 先慎曰:乾道本无“于”字。顾广圻云“今本‘蔽’下有‘于’字”,今据补。

饬令第五十三[1]

饬令则法不迁,[2]法平则吏无奸。法已定矣,不以善言售法。[3]任功则民少言,任善则民多言。行法曲断,[4]以五里断者王,[5]以九里断者强,[6]宿治者削。[7]以刑治,以赏战。[8]厚禄以周术,[9]国无奸民,[10]则都无奸市。[11]物多末众,[12]农弛奸胜,则国必削。民有馀食,使以粟出爵,必以其力,则震不怠。[13]三寸之管毋当,不可满也。[14]授官爵出利禄不以功,是无当也。国以功授官与爵,此谓以成智谋,以威勇战,[15]其国无敌。国以功授官与爵,则治见者省,言有塞,[16]此谓以治去治,以言去言。以功与爵者也,故国多力而天下莫之能侵也。兵出必取,取必能有之;案兵不攻必富。[17]

[1] 卢文弨曰:“饬”,张本作“饰”,古通用。顾广圻曰:此篇皆《商子·靳令》篇文。先慎曰:秦本《商子》作“饬”,与此同。

[2] 先慎曰:《商子》“法不迁”作“治不留”。

[3] 先慎曰:“售”当作“害”,形近而误。《商子》作“害”,是其证。

[4] 顾广圻曰:“曲”当作“由”。先慎曰:《商子》亦误作“曲”。

[5] 旧注:能参验五里,然后断定其罪,如此者王也。〇先慎曰:此谓行法之速也。“五里断”、“九里断”,皆对“宿治”言,旧注非。

[6] 旧注:既王且(张)〔强〕。〇先慎曰:行九里而断,较五里为迟矣,然亦能断,则其国必强。旧注并王而言,误。《商子》“九”作“十”。

[7] 旧注:宿,置也。若委置其法,则必削。

[8] 顾广圻曰：三字为一句，见《商子》。

[9] 顾广圻曰：《藏》本、今本"周"作"用"。按句有误。先慎曰："周术"，《商子》作"自伐"。

[10] 先慎曰：乾道本作"行都之过"。顾广圻云：今本作"国无奸民"。先慎按：《商子》正作"国无奸民"，今据改。

[11] 先慎曰："市"，《商子》作"示"。

[12] 先慎曰：乾道本"末"作"者"。顾广圻云"今本'者'作'末'，案依《商子》是也"，今据改。

[13] 顾广圻曰："震"当作"農"，见《商子》。先慎曰：上"爵"字当重，《商子》作"官爵"，亦重，是其证。

[14] 旧注：虽受不多，然当无则不可满也。○先慎曰：《意林》"毋"作"无"。《商子》"三寸"作"四寸"，"毋"亦作"无"。注"当无"二字误。

[15] 顾广圻曰："成"，读为"盛"。"威"当作"成"，亦读为"盛"。《商子·靳令》篇作"盛"，《去强》篇作"成"。

[16] 顾广圻曰："见"字当衍，"有"当作"者"。《商子》作"则治省言寡"。

[17] 顾广圻曰："當"当作"富"，见《商子》。

朝廷之事，小者不毁，[1]效功取官爵，廷虽有辟言，不得以相干也，[2]是谓以数治。以力攻者，出一取十；以言攻者，出十丧百。国好力，此谓以难攻；国好言，此谓以易攻。其能胜其害，[3]轻其任，而道坏馀力于心，[4]莫负乘宫之责于君，[5]内无伏怨，使明者不相干，[6]故莫讼；使士不兼官，故技长；使人不同功，故莫争。[7]言此谓易攻。[8]

[1] 先慎曰：《商子》"小"作"少"。下有"多者不损"句，疑此脱。

[2] 先慎曰："辟言"，即上"善言"也。《商子》"辟"作"辩"。

[3] 王渭曰：此以下皆当依本书《用人》篇改正。顾广圻曰：《用人》篇云："人臣皆宜其能胜其官。"

[4] 顾广圻曰："道坏"，《用人》云"莫怀"。

[5] 顾广圻曰："乘宫"，《用人》云"兼官"。

[6] 顾广圻曰：《用人》云"明君使事不相干"。

[7] 顾广圻曰：句绝。

[8] 顾广圻曰：此五字涉上文而衍。

重刑少赏，上爱民，民死赏；[1]多赏轻刑，上不爱民，民不死赏。[2]利出一空者，[3]其国无敌；利出二空者，其兵半用；利出十空者，民不守。重刑明民，大制使人，则上利。[4]行刑重其轻者，轻者不至，[5]重者不来，此谓以刑去刑。[6]罪重而刑轻，[7]刑轻则事生，此谓以刑致刑，其国必削。

[1] 先慎曰："上爱民"，即下"以刑去刑"义。

[2] 先慎曰：乾道本"民"下无"不"字。顾广圻云"今本'民'下有'不'字，按此当有"，改从今本。

[3] 顾广圻曰："空"，读为"孔"。

[4] 王先谦曰：平日重刑，俾民知上指，临事又大为禁制以使之。

[5] 先慎曰：乾道本"至"下重"至"字。顾广圻云：今本不重"至"字，按此不当有。先慎案：《商子》亦不重，今据删。

[6] 先慎曰：此下当有"其国必强"四字，与下"其国必削"对文。

[7] 卢文弨曰："刑轻"二字，张本倒，下同。

心度第五十四

圣人之治民，度于本，不从其欲，期于利民而已。故其与之刑，非所以恶民，爱之本也。刑胜而民静，赏繁而奸生。故治民者，刑胜治之首也，赏繁乱之本也。夫民之性，喜其乱而不亲其法。[1]故明主之治国也，明赏则民劝功，严刑则民亲法。劝功则公事不犯，亲法则奸无所萌。故治民者，禁奸于未萌；而用兵者，服战于民心。禁先其本者治，兵战其心者胜。圣人之治民也，先治者强，先战者胜。夫国事务先而一民心，专举公而私不从，赏告而奸不生，明法而治不烦。能用四者强，不能用四者弱。夫国之所以强者，政也；主之所以尊者，权也。故明君有权有政，乱君亦有权有政，积而不同，其所以立异也。故明君操权而上重，一政而国治。故法者，王之者也；[2]刑者，爱之自也。

[1] 顾广圻曰："喜其乱"，《藏》本同。今本无"其"字，误。

[2] 顾广圻曰：《藏》本、今本"者"作"本"。按当作"自"。

夫民之性，恶劳而乐佚，佚则荒，荒则不治，不治则乱，而赏刑不行于天下者必塞。[1]故欲举大功而难致而力者，大功不可几而举也；[2]欲治其法而难变其故者，民乱不可几而治也。[3]故治民无常，唯治为法。[4]法与时转则治，治与世宜则有功。[5]故民朴而禁之以名则治，世知维之以刑[6]则从。[7]

时移而治不易者乱，能治众而禁不变者削。[8]故圣人之治民治，[9]法与时移而禁与能变。[10]

[1] 王渭曰："乱"字当更有。"赏"字衍。顾广圻曰："天"字当衍。"塞"字有误，未详。

[2] 顾广圻曰：《藏》本、今本"致"下无"而"字，按当作"其"。

[3] 先慎曰："欲治其法"当作"欲治民乱"。上言"欲举大功而难致其力者，大功不可几而举也"，此言"欲治民乱而难变其故者，民乱不可几而治也"。"举大功"、"治民乱"相对为文。

[4] 王先谦曰：当作"唯法为治"，文误倒。

[5] 先慎曰：乾道本"治与"作"与世"。顾广圻云"《藏》本、今本'与世'作'治与'"，今据改。

[6] 卢文弨曰："世知"二字旧无，张本有。顾广圻曰：《藏》本同。今本无"世知"二字，误。按"知"读为"智"，下当有"而"字。先慎曰：赵本有"世"字，无"知"字，亦非。

[7] 王先谦曰：二字上属，顾读误。

[8] 顾广圻曰："治众"二字误，未详所当作。王先谦曰："治不易"当作"法不易"。"能治众"，"治"字当衍。"能众"，即下"能耕"、"能战"是也。

[9] 顾广圻曰：《藏》本同。今本下"治"字作"也"。按此字衍。

[10] 顾广圻曰：《藏》本同。今本"能"作"治"，误。

能越力于地者富，[1]能起力于敌者强，强不塞者王。故王道在所闻，[2]在所塞，塞其奸者必王。故王术不恃外之不乱也，恃其不可乱也。恃外不乱而治立者削，[3]恃其不可乱而行法者兴。故贤君之治国也，适于不乱之术。[4]贵爵则上重，故赏功爵任而邪无所关。[5]好力者其爵贵，爵贵则上尊，上尊则必王。国不事力而恃私学者，其爵贱，爵贱则上卑，上卑者必削。故立国用民之道也，[6]能閉外塞私而上自恃者，王可致也。

[1] 顾广圻曰："越"当作"趋"。下句"能起力"，"起"亦当作"趋"。

[2] 顾广圻曰：《藏》本同。今本"聞"作"開"。按当作"閉"，下文云"能閉外塞私"。

[3] 顾广圻曰："治"当作"始"。

[4] 先慎曰：乾道本"適"上有"敵"字。顾广圻云：《藏》本、今本无"敵"字，按当云"道于不可乱之术"。先慎按："敵"即"適"之误而衍者，据《藏》本、今本删。

[5] 先慎曰：《饬令》篇"辟言不得以相干"，即其义。

[6] 先慎曰："也"字衍。

制分第五十五

夫凡国博君尊者，[1]未尝非法重而可以至乎令行禁止于天下者也。[2]是以君人者分爵制禄，则法必严以重之。[3]夫国治则民安，事乱则邦危。法重者得人情，禁轻者失事实。且夫死力者，民之所有者也，情莫不出其死力以致其所欲；[4]而好恶者，上之所制也，民者好利禄而恶刑罚。上掌好恶以御民力，[5]事实不宜失矣，[6]然而禁轻事失者，刑赏失也。其治民不秉法为善也，如是，则是无法也。故治乱之理，宜务分刑赏为急。治国者莫不有法，然而有存有亡。亡者，其制刑赏不分也。治国者，其刑赏莫不有分，有持异以为分，[7]不可谓分。至于察君之分，独分也。是以其民重法而畏禁，愿毋抵罪而不敢胥赏。[8]故曰："不待刑赏而民从事矣。"

[1] 顾广圻曰："夫"当作"大"。

[2] 顾广圻曰："天"字当衍。

[3] 顾广圻曰：《藏》本、今本"制禄"作"禄制"。

[4] 顾广圻曰：《藏》本同。今本"情"上有"人"字，误。

[5] 先慎曰：乾道本"掌"作"赏"。顾广圻云"《藏》本、今本'赏'作'掌'"，今据改。

[6] 王先谦曰："不宜"乃"宜不"倒文。

[7] 先慎曰：乾道本"异以"作"以异"。卢文弨云："异以"二字旧倒，

今从张本。

[8] 先慎曰:"胥"与"须"古今字。"须",俟也。

是故夫至治之国,善以止奸为务,是何也?[1]其法通乎人情,关乎治理也。然则去微奸之奈何?[2]其务令之相规其情者也。[3]则使相窥奈何?[4]曰"盖里相坐而已"。[5]禁尚有连于己者,理不得相窥,[6]惟恐不得免。有奸心者不令得忘,窥者多也。如此,则慎己而窥彼,发奸之密。告过者免罪受赏,失奸者必诛连刑。[7]如此,则奸类发矣。奸不容细,[8]私告任坐使然也。[9]

[1] 先慎曰:乾道本无"也"字。顾广圻云"今本'何'下有'也'字",今据补。

[2] 顾广圻曰:《藏》本、今本"之"下有"道"字,按非也,此当衍"之"字。孙诒让曰:此当云"然则微奸之法奈何"。此篇首以"法重"发端,以下至篇末,"法"字凡十五见。此"去"亦即"法"之坏字,校者不知其误,因移著"微奸"之上,遂不可通矣。"微"者,"覹"之借字。《说文·见部》云:"覹,司也。"《墨子·迎敌祠》篇云"谨微察之",亦以"微"为"覹",与此正同。"微奸之法",谓司察奸人之法也,"之"非衍字。《藏》本、今本"道"字固后人臆增,顾校亦未允。

[3] 卢文弨曰:"规",张本作"窥"。顾广圻曰:"规",读为"窥",与下文互(易)〔见〕。"其情者也"句有误。先慎曰:"微奸"之法,务令人彼此窥察其隐情也。"其务令之相规其情者也"十字为一句。顾氏句读未明,故疑误。

[4] 先慎曰:"则"上当有"然"字,此与上"然则微奸之法奈何"句法一律。

[5] 旧注:同里有罪,罪必相坐。

［6］顾广圻曰："理"当作"里"。

［7］王先谦曰：诛则必，刑则连。

［8］顾广圻曰：句绝。

［9］旧注：任，保也。同里相保之人则坐之，故曰"任坐"。○顾广圻曰：七字为一句。先慎曰：乾道本注"故曰"作"人则"，改从赵本。

夫治法之至明者，任数不任人。是以有术之国，不用誉则毋過，[1]境内必治，任数也；亡国使兵公行乎其地，而弗能圉禁者，任人而无数也。自攻者人也，攻人者数也。故有术之国，去言而任法。凡畸功之循约者難知，[2]過刑之于言者難见也，[3]是以刑赏惑乎贰。所谓循约難知者，奸功也；臣過之難见者，失根也。[4]循理不见虚功，度情诡乎奸根，则二者安得无两失也！是以虚士立名于内，而谈者为略于外，故愚怯勇慧相连，而以虚道属俗而容乎世，故其法不用，而刑罚不加乎僇人。如此，则刑赏安得不容其二？实故有所至，[5]而理失其量；量之失，非法使然也，法定而任慧也。[6]释法而任慧者，则受事者安得其务？务不与事相得，则法安得无失，而刑安得无烦？是以赏罚扰乱，邦道差误，刑赏之不分白也。[7]

［1］先慎曰：乾道本"過"作"適"。卢文弨云：张本作"過"。先慎按：张本作"過"是也。谓有术之国，不用人之誉则毋過。"過"即下"過形之于言者難见"之"過"。"過"与"適"形相近，乾道本因误为"適"。赵用贤改"则毋過"三字为"得人之情"，误。顾广圻谓"適"、"敵"同字，亦未见作"過"之本，从而为之辞也。

［2］王先谦曰："畸功"，谓偏畸不当理者，如攘夺增级之类。"循

约”，谓与立功之约相依循，故曰“奸功”、“虚功”也。先慎曰：乾道本“難”作“雖”。顾广圻云：《藏》本、今本“雖”作“難”。先慎按：“難”字是。下文所谓“循约難知”，即承此而言，今据改。

［3］卢文弨曰：“刑”，旧校改“形”，本通用。

［4］王先谦曰：“之”字当衍。

［5］卢文弨曰：“实故”旧倒，《藏》本作“实故”。顾广圻曰：《藏》本“二”作“贰”，是也，上文云“刑赏惑乎贰”。今本“实故”作“故实”。按句有误。王先谦曰：“容其”二字当衍，“故实”是也，“至”字误。

［6］先慎曰：“法定”当作“释法”。

［7］顾广圻曰：“不分”当作“分不”。先慎曰：顾说非。“白”下脱“黑”字，《用人》篇“如此则白黑分矣”，《说疑》篇“为人主者诚明于臣之所言，则别贤不肖于黑白矣”，皆有“黑”字，是其证。

國學典藏

《国学典藏》丛书
已出书目

周易［明］来知德 集注
诗经［宋］朱熹 集传
尚书曾运乾 注
礼记［元］陈澔 注
论语·大学·中庸［宋］朱熹 集注
孟子［宋］朱熹 集注
左传［战国］左丘明 著［晋］杜预 注
孝经［唐］李隆基 注［宋］邢昺 疏
尔雅［晋］郭璞 注
战国策［宋］鲍彪 校注
［元］吴师道 重校
国语［三国吴］韦昭 注
荀子［战国］荀况 著［唐］杨倞 注
老子［汉］河上公 注［汉］严遵 指归
［三国魏］王弼 注
庄子［清］王先谦 集解
列子［晋］张湛 注［唐］卢重玄 解
［唐］殷敬顺［宋］陈景元 释文
孙子［春秋］孙武 著［汉］曹操 等注
墨子［清］毕沅 校注
韩非子［清］王先慎 集解
吕氏春秋［汉］高诱 注
［清］毕沅 校
管子［唐］房玄龄 注［明］刘绩 补注
世说新语［南朝宋］刘义庆 著
［南朝梁］刘孝标 注
山海经［晋］郭璞 注［清］郝懿行 笺疏
徐霞客游记［明］徐霞客 著
梦溪笔谈［宋］沈括 著
容斋随笔［宋］洪迈 著
困学纪闻［宋］王应麟 著
［清］阎若璩等 注
楚辞［汉］刘向 辑
［汉］王逸 注［宋］洪兴祖 补注
玉台新咏［南朝陈］徐陵 编
［清］吴兆宜 注
［清］程琰 删补

乐府诗集［宋］郭茂倩编撰
唐诗三百首［清］蘅塘退士 编选
［清］陈婉俊 补注
宋词三百首［清］朱祖谋 编选
词综［清］朱彝尊 汪森 编
陶渊明集［晋］陶渊明 著［清］陶澍 集注
王维诗集［唐］王维 著［清］赵殿成 笺注
孟浩然诗集［唐］孟浩然 著［宋］刘辰翁 评
李商隐诗集［唐］李商隐 著［清］朱鹤龄 笺注
杜牧诗集［唐］杜牧 著［清］冯集梧 注
李贺诗集［唐］李贺 著
［宋］吴正子 注［宋］刘辰翁 评
李煜词集（附李璟词集、冯延巳词集）
［南唐］李煜著
柳永词集［宋］柳永 著
晏殊词集·晏幾道词集
［宋］晏殊、晏幾道 著
苏轼词集［宋］苏轼 著［宋］傅幹 注
黄庭坚词集［宋］黄庭坚 著
秦观词集［宋］秦观 著
李清照词集［宋］李清照 著
辛弃疾词集［宋］辛弃疾 著
纳兰性德词集［清］辛弃疾 著
西厢记［元］王实甫 著［清］金圣叹 评点
牡丹亭［明］汤显祖 著
［清］陈同、谈则、钱宜合评
长生殿［清］洪昇 著［清］吴人 评点
桃花扇［清］孔尚任著［清］云亭山人 评点
古文辞类纂［清］姚鼐编纂
古文观止［清］吴楚材、吴调侯编选
文心雕龙［南朝梁］刘勰 著
［清］黄叔琳 注 纪昀 评
李详 补注 刘咸炘 阐说
人间词话王国维 著

部分将出书目

（敬请期待）

仪礼	汉书	日知录
周礼	后汉书	文选
公羊传	三国志	乐府诗集
穀梁传	淮南子	杜甫诗集
说文解字	颜氏家训	李白诗集
史记	孔子家语